Korea's Seaweed History

미역인문학

Korea's Seaweed History

미역인문학

김남일 지음

1판 1쇄 발행 | 2022. 2. 15

발행처 | **Human & Books**
발행인 | 하응백
출판등록 | 2002년 6월 5일 제2002-113호
서울특별시 종로구 삼일대로 457 1409호(경운동, 수운회관)
기획 홍보부 | 02-6327-3535, 편집부 | 02-6327-3537, 팩시밀리 | 02-6327-5353
이메일 | hbooks@empas.com

ISBN 978-89-6078-756-8 03380

Korea's Seaweed History

미역인문학

김남일 지음

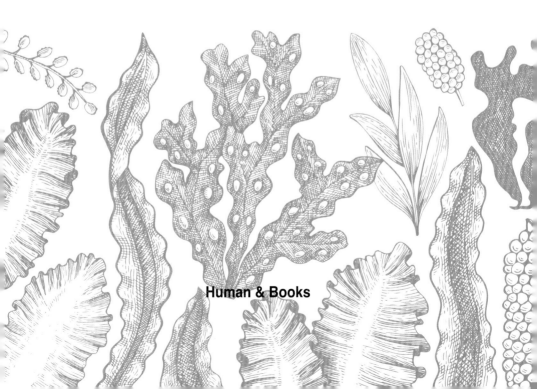

Human & Books

미역의 현재

미역의 미래

미역의 재발견 — 동해의 정체성, 미역문화에서 찾다

　미역국은 생일이나 가족과 함께 하는 중요한 집안 행사에 집밥의 대명사로 꼭 빠지지 않고 올라오는 대표적인 건강 음식이다. 많은 한국 사람들은 미역국 하면 어머니의 손맛을 떠올리기도 한다. 어릴 때부터 어머니가 손수 끓여주신 미역국에 익숙해서 그렇기도 하다. 미역은 미역국을 만드는 데 사용되어 온 바다에서 채취하는 오랜 전통의 식자재이다. 나아가 미역, 김, 다시마 등의 다양한 해조류의 활용과 섭취는 어느 나라에도 볼 수 없는 우리나라의 독특한 식문화다. 미역을 포함한 해조류는 오래도록 이어온 한민족의 소울푸드로 한국인의 식생활에서 매우 중요한 역할을 해왔다.

　한국인은 미역을 수천 년 동안 섭취해왔지만, 더욱 대중화된 것은 1970년대에 미역 양식이 성공하면서부터이다. 특히 남해안을 중심으로 전복 양식이 보급되고 라면과 같은 가공식품에 미역을 첨가하면서 미역 수요가 증가했다. 이후 많은 연구와 함께 미역이 대량으로 생산되었고, 그 이후 미역은 상당히 저렴한 가격으로 전국 어디서나 쉽게 구매할 수 있게 되었다.

본격적으로 양식되기 전의 미역은 매우 귀한 식재료였다. 조선시대에는 왕실의 별식(別食)이나 사찰의 선식(禪食) 등으로 특수계층들에 의해 제한적으로 이용되었다. 건강 약재나 식재료로 중국 등에 수출되는 주요 거래 품목의 하나였다. 또한 미역은 조세제도에 의한 진상품으로 국가가 직접 관리하는 귀하고 값비싼 바다 화폐나 다름없었다.

일반 서민들은 언제 미역을 먹었을까? 잘 알다시피 산모에게 해산 후 필시 미역국을 끓여 먹었다. 산모가 미역국을 먹는 문화는 아기의 무병장수를 기원하기 위해 삼신할머니에게 미역을 바치는 일종의 제의적·상징적 의미가 담겨 있지만, 실용적 측면에서 보자면 산모의 미역국 취식은 해산으로 인한 부기를 빼거나 출산으로 인해 손실된 영양을 보충하기 위해서였다. 일반인들도 생일에는 미역국을 먹었다.

필자의 미역문화에 대해 관심은 오랫동안 독도(Dokdo) 업무를 하면서 동해(East Sea)를 지키고 지속가능한 동해안의 어촌공동체를 만들어 나가는 방법을 생각하면서 자연스럽게 형성되었다. 동해안의 어촌공동체의 활성화를 위해서는 강원도와 경상북도, 울산시, 그리고 장기적으로는 북한까지의 어촌 생활문화를 비롯한 해양유산 등을 체계적으로 연구 조사하고 데이터를 축적해야 하며, 아카이브를 구축해야 한다. 그 일환으로 필자는 '동해학'의 정립과 '동해인문아카이브센터'의 필요성을 주장해 왔다.

특히 경상북도 동해바다를 총괄하는 업무를 하면서 문무대왕을 비롯한 해양역사 인물 선양 프로젝트의 구체화 작업과 제주도 다음으로 많은 경상북도 해녀문화를 재조명하는 일을 진행했다. 이와 연계하여 전통 작업 배인 떼배를 활용하여 미역바위(미역짬, 곽암)에서 돌미역을 채취하는 어촌마을 공동체 문화를 발굴하였고, '울진·울릉 돌미역 떼배 채취어업'을 동해안지역에서는 처음으로 국가중요어업유산에 등재할 수 있게 하였다. 이런 일련의 업무를 진행하면서 필자는 한민족의 미역문화를 좀 더 쉽게 이해할 수 있는 책이 거의 없다는 사실에 상당히 놀랐다. 그것이 이 책을 집필하게 된 가장 큰 동기다.

십여 년 전 필자는 세계적인 해양과학연구단지인 미국의 우즈홀에 있는 1888년에 설립된 해양생물연구소(Marine Biological Laboratory)에 방문한 적이 있다. 그 연구소의 복도에 "Discovery is to see what everybody has seen and think what nobody has thought."라는 문구가 걸려 있었고, 그 글귀에 큰 감동을 받았다. 1937년 노벨생리의학상을 받은 헝가리 출신 미국 생화학자인 알베르트 센트죄르지(Albert Szent-Györgyi)가 한 말인데, "새로운 발견은 누구나 똑같이 보면서도, 아무도 생각하지 않았던 것을 생각하는 일"이라는 의미이다. 우리는 미역을 새롭게 발견할 필요가 있다.

한민족은 언제부터 미역을 먹어왔고, 왜 먹었을까? 그리고 외국의 미역문화는 어떠하고, 미역의 해양생태적 가치와 첨단 산업으로서의 미역의 활용성은 무엇일까? 미역문화의 과거, 현재, 미래를 짚어보는 일은 흥미로운 일이다. 해양학, 생물학, 민속학을 전공하지는 않았지만 이러한 한민족만의 고유한 전통 해양문화유산인 미역의 음식문화에서 새로운 가치를 찾아내고, 지속적으로 이어나갈 브랜딩(branding) 작업의 일환으로 '미역 인문학'의 정립은 매우 의미있는 일일 것이다.

마침 이웃 일본, 중국, 대만에 비해 해양문화의 창달과 해양교육의 추진이 늦은 감이 있지만, 2021년 2월 19일 시행된 「해양교육 및 해양문화의 활성화에 관한 법률」에 발맞춰 우리 청소년들이 친근하게 접하는 미역음식을 통해 바다의 중요성을 일깨우고 역동적인 동해의 역사문화를 깊게 이해하는 데 기여하고 싶었다. 또한 우리나라가 세계 미역문화의 발상지임에도 불구하고 이미 와카메(wakame)로 일본에게 이미지를 선점당할 우려가 있어 미역(miyeok)문화의 주권을 회복하는 데도 디딤돌이 되고 싶었다.

동해의 미역문화를 비롯한 해양유산의 재조명과 체계적 기록이 필요한 이유는 지금 동해의 연안환경과 바다속의 생태환경이 급격하게 변화하는 등 갖은 몸살을 하고 있기 때문이기도 하다. 수도권과의 접근성이 좋아지면서 경관과 전망(view) 등이 좋은 지역을 중심으로 대규모 리조트나 소규모 풀빌라와 브런치 카페 등이 우후죽순처럼 생겨나 전통 어촌문화 환경을 헤치고 있는 것이 현실이다. 대규모 화력발전소나 항만개발로 인해 연안침식 또한 심각해지고 있으며, 기후변화의 지표인 해조류나 해초류가 사라지는 백화현상으로 인해 바다 사막화 현상이 상당히 진행되고 있기도 하다.

바다의 생태지표로서 해초류(잘피)와 해조류 등은 건강한 동해를 만드는 데 매우 중요하다. 남북한 협력으로 동해의 고유종인 토종 미역과 다시마 등 해조류 종자를 함께 지켜나가야 한다. 우리는 이미 동해에서 귀신고래와 명태가 사라진 경험을 하고 있지 않은가? 이것을 교훈으로 앞으로 지킬 것은 철저히 지켜야 한다. 독도에 사는 많은 한반도 고유종인 식물류들이 다케시마와 자포니카라는 일본어 학명이 붙어 있는 것을 보더라도 미역을 비롯한 해조류의 과학화, 국제화는 우리의 혼과 맛을 지켜나가는 일이기도 하다.

경북 동해안에는 해양생태계와 어촌문화 공동체가 잘 보존되어 있는 지역이 많다. 특히 울릉도·독도에는 국제보호종인 넓미역의 서식지와 동해특산종인 대황의 군락지가 있으며, 울릉도의 연안 전체가 해양보호구역으로 지정되어 있고 해마(海馬)도 서식하고 있어 세계적인 생태섬이자 해초류와 해조류의 생태적 보고이기도 하다.

필자는 이러한 문제의식과 동해의 생태환경을 감안하여 경북 동해안 어촌지역을 중심으로 전승되어 오는 미역문화 공동체를 연구하기 위해 어촌계와 해녀들을 만나 면접 조사하고, 그동안 해양업무를 통해 쌓아온 경험을 바탕으로 습득한 이야기와 기존의 해조류와 관련되는 국내외 학술서와 논문, 외국 관련 서적 등 선행연구들을 조사하고 분석하였다. 주로 수산양식과 식품영양학 전문서적, 음식 레시피북, 어촌마을 민속조사서, 조류(藻類) 생태학적인 서적들이 주류를 이루었다. 따라서 서남해안의 갯벌문화의 보존 사례를 참고했을 때, 동해안 어촌마을의 지속가능한 미래를 지켜나가기 위해서는 인문학을 중심으로 자연과학과 사회과학을 아우르는 관점에서 미역이라는 해조류 하나를 중심으로 분석 정리한 미역전문서가 필요하다. 이것이 또한 『미역인문학』을 집필하게 된 동기이기도 하다.

이 책은 크게 기존의 육지 중심보다는 어촌 중심으로 로컬 지향적 입장에 서서, 수산음식으로서 객체가 아니라 인문 콘텐츠의 주체로서 미역문화사를 분석하여 그 인문학적 가치체계를 정립하고자 했다. 또 지속가능한 미역생산 체제를 갖추기 위한 동해안 지역의 어촌 생활문화의 보존 전승방안과 국제적인 마케팅 브랜딩 방안도 제시하였다. 그렇게 된다면 서남해안의 갯벌의 유네스코 세계자연유산 등재 추진에 이어 동해안의 미역 공동체 문화를 비롯한 해조류 문화의 유네스코 세계무형유산 등재에도 도움이 될 것이다.

책의 주요 내용은 미역문화의 과거인 해양 유산적(heritage) 관점에서 조사한 우리나라의 미역 역사 문화, 소멸 위기에 있는 어촌문화공동체 보존 가능성, 해양생태적(ecology) 관점에서 기후환경 위기에 대응한 해조류 연구 방향과 해양바이오산업(biology) 관점에서 분석한 가공 산업, 건강한 동해바다의 생태를 지켜 나가기 위한 미역산업의 발전 가능성과 국제화 필요성, 미역문화의 미래를 위한 정책 제안 등이다.

미역인문학의 정립을 계기로 세계미역문화의 종주국으로서 경북 동해안의 해양유산적 가치를 잘 보존하는 동시에, 강원도와 북한지역까지의 미역문화유산벨트가 환동해안 전체의 지속가능한 해양생태계 보존과 해양생활 문화사 보존에도 기여하기를 기대해 본다. 우리의 자랑스런 동해안의 미역문화를 장차 세계중요농업유산(GIAHS)과 유네스코 세계무형유산으로 등재하고, 이를 위해 가칭 「해조류의 보존 및 산업진흥에 관한 법률」의 제정과 함께 '동해인문아카이브센터'의 설립도 필요하다.

일선 공무원의 자세는 백성 속으로, 무엇을 도와드려야 하는지 도움을 주고자 찾아 다니는 근민관풍(近民觀楓)의 정신이라야 한다. 근민관풍이 되어야 근민위민(近民爲民)의 정책이 나온다.

필자는 운이 좋아 동해와 관련하여 일할 기회가 많았다. 그 덕에 해양인문학자, 해양생태학자, 해양과학자, 어업인들과 해녀분들까지, 다양한 현장에서 일하시는 분들과 가깝게 지낼 수 있었다. 그분들은 무엇을 도와주는 것보다 오히려 공직자가 찾아와 함께 하는 것 자체를 좋아하셨다. 어부와 해녀와 같은 바닷가 마을, 갯가 분들을 만날 수 있었던 것은 공직생활에서 가장 큰 보람이었다. 이 책을 처음 쓰겠다고 하였을 때도 적극적으로 응원해 주면서 각종 자료와 자문을 하며 용기를 준 분들도 현장을 지키는 분들이었다.

해양에 관한 모든 지식과 지혜는 현장으로부터 나온다. 경북에 있는 바닷가 포항, 경주, 영덕, 울진, 울릉도의 5개 시군 152개 어촌계와 수협조합장님들, 특히 동해안 바다와 접한 지역의 27개 읍면장님들, 그리고 경북에 있는 천여 명의 해녀님들로부터 많은 영감과 동해안의 중요한 전통어업과 생활사에 대한 살아있는 지식을 얻었던 게 이 책을 집필하는 데 큰 힘이 되었다는 것을 다시 한번 밝혀둔다.

마침 국가공무원인재개발원에 1년간 교육 파견으로 책을 정리할 수 있게 한 경상북도와 부족한 글이지만 흔쾌히 출판을 해 주신 휴먼앤북스의 하응백 대표님, 동해안의 주요 현장 자료와 사진들을 제공해 주신 울릉도 독도해양연구기지 김윤배 박사와 이동춘 사진작가, 구룡포 지역의 시인인 권선희 작가 그리고 국립제주박물관 김창일 학예사님을 비롯한 해양수산 분야 전문가와 동료 공직자분들께도 감사를 드린다.

가족을 위하여 한 번도 미역국을 끓여준 적 없는 무뚝뚝하고 부족한 남편을 위해 늘 응원해 준 아내와 서희, 보성 두 아이들에게, 그리고 허리도 아픈데 쉬엄쉬엄하라고 몸을 걱정해 주시는 고향에 계시는 장모님께도 감사를 드린다. 아울러 동해안 시군 공직자와 지금도 대대로 동해를 지키면서 바닷가에서 생업에 종사하고 계시는 해녀님들을 비롯한 어촌문화 공동체를 위해 일하시는 모든 분들께 박수를 보낸다.

동해는 살아있다. 지속가능한 미역문화를 지켜나간다면 건강한 동해가 펼쳐진다. 동해의 정체성을 미역문화에서 찾고, 미역인문학에서 새로운 동해의 길을 발견하고자 한다.

2022년 1월
김남일

미역의 과거

1. 바다의 선물, 미역나물

　우리나라 사람이라면 미역과 미역국을 모르는 사람은 없다. 미역은 오랜 세월 동안 한식 밥상의 대표적인 음식 재료였다. 또 미역은 산모의 해독을 풀어주고 부기를 빼주는 건강 음식으로 알려져 있고 생일상에는 꼭 미역국이 올라야 하는 것으로 인식되어 왔다. 아울러 미역이 생산되는 어촌에는 독특한 생산 공동체 문화가 형성되어 왔다. 이처럼 미역은 오랫동안 우리의 밥상을 지켜오면서 가족문화와 어촌문화공동체 문화 형성에 촉매제 구실을 했다.

　조선 시대에 미역은 각 해안 지역의 주요 진상품이었다. 인삼이나 모피 등과 함께 중국과의 주요 교역품이기도 했다. 현대에도 자연산 미역 채취 및 미역 양식은 어민 소득 증대에 큰 역할을 한다.

　그러나 미역에 대한 기초적인 지식을 쉽게 전달하면서 미역 문화가 언제 시작되었고, 이러한 문화를 왜 전승·보전해야 하는지 그리고 새로운 산업과 국제적인 마케팅을 위해 무엇을 해야 하는지에 대한 인문적 소양서는 없다고 해도 과언이 아니다.

가장 먼저 미역의 근원과 역사부터 알아볼 필요가 있다. 우리 민족이 언제부터 미역을 먹었는지 정확한 연대를 특정할 수는 없다. 하지만 고구려 시대 이전이라는 것을 짐작할 수는 있다. 고구려에서는 우리 말 '물'을 '매(買)'라고 한자로 표현했다. 미역을 '여뀌'라는 풀과 비슷하다고 해서 '물여뀌'라는 의미로 '매여뀌'라고 불렀다.

'매여뀌'에서 'ㄲ' 아래 모음이 탈락하면 '매역'이 되고 '매역'에서 모음변이가 일어나 오늘날 '미역'이라고 부르게 되었다. 이렇게 생각할 수 있는 또 다른 증거로는 고문헌과 제주 방언을 통해 살펴볼 수 있다. 1527년 최세진의 『훈몽자회』에서는 미역을 '메역'으로 기술하고 있다. 제주도에서는 지금도 '메역'이라 부르고 있으며, 미역이 많은 바당(해녀들이 물질하는 곳)을 메역바당이라 부르고, 우뭇가사리가 많은 바당을 우미바당이라 부른다. 이를 종합하여 단순화시키면 다음과 같다.

매여뀌 → 매역 → 미역

고구려 때부터 미역의 명칭이 있었다는 것은 고구려 시대 이전부터 우리 민족이 이미 미역을 먹었을 것으로 추측할 수 있다. 대개 명칭은 동식물이나 행위에 대한 인식 이후에 생기기 때문이다.

8세기 당나라에서 발간된 일종의 백과사전인 『초학기(初學記)』에 "고래가 새끼를 낳은 뒤 미역을 뜯어 먹은 뒤 산후의 상처를 낫게 하는 것을 보고 고려 사람들이 산모에게 미역을 먹인다."라는 내용이 나와 있는 것도 우리 민족이 오래 전부터 미역을 먹었다는 것을 증명한다.[1]

---

1 『초학기(初學記)』는 8세기 초 중국 당나라의 서견 등이 편찬한 유서(類書:일종의 백과사전)로 30권으로 구성됨. 고금(古今)의 시문(詩文)을 전거(典據)로 하여, 23부 313항목(項目)으로 분류·배열하였다.

『고려도경』에도 예로부터 동해안 북부를 주산지로 하는 양질의 해조류(미역과 다시마)를 중국으로 교역되는 주요 품목이라고 기록되어 있다. 조선시대에는 어염세와 선박세와 함께 곽암(미역바위)에 세금을 부과하는 곽전세(藿錢稅)를 거두었다는 기록이 여러 군데 남아 있다. 지금도 울산시 북구 강동동 판지마을의 해안 바닷속 '곽암(藿巖, 미역이 붙어서 자라는 바위)'은 지방 기념물로 지정되어 있다.

『삼국유사』'연오랑세오녀' 편에도 미역이 등장하는 것으로 추정할 수 있다. "신라 서기 157년, 동해 바닷가에 연오랑(延烏郞)과 세오녀(細烏女) 부부가 살고 있었다. 어느 날 연오가 바다에 나가 해조(미역)를 따고 있었는데, 갑자기 어떤 바위가 나타나 연오를 싣고 일본으로 갔다."

『삼국유사』에서 연오가 따던 해초 부분 원문은 '一日延烏歸海採藻(일일연오귀해채조)'이다. '海採藻(해채조)'는 연오랑세오녀 설화의 현장이라고 추정되는 포항시 동해면 임곡리의 바닷가 정황과 설화 속의 상황으로 보아 미역으로 특정할 수 있다.

오랜 기간 약용이나 식용으로 이용되다 보니 미역은 각종 고문헌에서는 해채(海茱), 감곽(甘藿), 조곽(早藿), 해곽(海藿), 해대(海帶) 등으로 다양한 이름으로 기술되어 있다. 이들 용어는 어떨 때는 미역의 한 종류를 지칭하기도 하지만 미역, 다시마 등 미역과 비슷하게 생긴 다른 해조류를 통칭하기도 한다.

우리나라의 다양한 해조류를 최초로 기록한 책인 정약전의『자산어보(玆山魚譜)』해초(海草) 부분에는 해조(海藻), 미역(海帶), 토의채(土衣茱), 김(海苔), 감태(甘苔), 청각채(靑角茱)를 포함하여 총 35종의 다양한 해조류를 관찰, 기록하면서 해초(海草) 분류안에 해조(海藻)를 넣어 설명하고 있듯이 과거에는 해초와 해조의 구분이 명확하지 않았다. 지금도 일반인들은 해초와 해조를 혼용하고 있다.

가장 단순하게 설명하면 해초는 바다풀이다. 바다 식물 중 종자를 통해 번식하는 고등 식물이다. 잘 알려진 해초로 잘피(거머리말)가 있다. 잘피는 꽃이 피는 일반 풀과 같다. 다만 서식지가 얕은 바다라는 것이 다르다. 육지에서 바다로 간 동물이 고래라면 육지에서 바다로 간 식물이 잘피다. 잘피 군락은 바닷물을 정화시키고, 다양한 어류와 해마 등 해양생물의 산란지

울릉도 현포항내 잘피류(거머리말) 군락 사진

한국해양과학기술원 동해연구소 울릉도독도해양연구기지는 2020년 11월 이달의 울릉도(독도) 해양보호생물 지정했다. 거머리말은 국제자연보존연맹(IUCN) 관심필요종으로 암수한몸의 여러해살이풀로, 잘피라고도 부른다. 동·서·남해의 만이나 하구에서 군락을 이루어 서식한다.

독도 연안의 미역 숲

및 서식지 역할을 한다.

해중식물, 바다에 사는 식물 중 해초(海草, seagrasses)와 해조(海藻, sea algae)는 보통 사람들이 많이 혼동하여 사용하고 있지만 완전히 분류학적으로 다른 식물군이다. 우리가 알고 있는 미역, 다시마, 김, 우뭇가사리, 감태 등은 모두 해조류다.

해조류는 바다의 먹이사슬에서 기초단위로 초식성 패류의 먹이감이 되며, 소형어류는 다시 이들을 포식한다. 소형어류는 먹이사슬로 대형어류로 연결된다. 즉 해조류는 다양한 어류들이 서식하는 풍요로운 어장을 구성하는 데 중요한 역할을 한다. 해양생태계 보존에 큰 역할을 하며, 건강한 바다를 만들어준다. 특히 미역은 단년생 해조류라 매년 녹은 미역은 전복, 소라, 고둥(고동) 등의 먹이가 되므로 바다를 살찌우는 보배같은 존재다. 해양생태계 먹이사슬은 다음과 같이 구조화 시킬 수 있다.

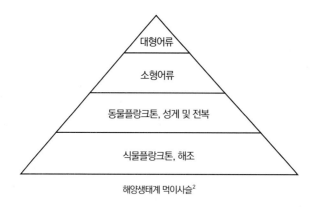

해양생태계 먹이사슬[2]

해초류와 해조류는 근본적으로 태생적 족보 자체가 전혀 다르다. 해초는 잎, 줄기, 뿌리 조직이 뚜렷이 나누어져 꽃을 피우고 씨앗을 맺어 번식하는 현화식물(顯花植物)이며, 여러해살이풀로 고등 식물이다. 그러나 해조류는 육상식물과 달리 광합성 색소를 가지고 독립영양 생활을 하는 다세포 식물로서 잎, 줄기, 뿌리의 구분이 없고, 포자에 의해 번식하는 은화식물(隱花植物)로 하등 식물 또는 원생생물로 분류된다. 그리고 광합성을 하지 않는 균류(fungi, 菌類)[3]와도 다르다.[4]

해초(잘피)는 광합성을 하는 식물이므로 햇빛이 잘 들고, 수심이 얕은 모래뻘에서 사는데, 세계적으로는 5과 13속 70여 종이 분포되어 있다. 우리나라는 3과 4속 9종이 서식하는 것으로 알려져 있다. 우리나라 연안에 사는 잘피 종류로는 거머리말(잘피)이 가장 흔하며, 이를 포함하여 애기거머리

---

2 松永勝彦 저, 윤양호 역, 『숲이 사라지면 바다도 죽는다』, 136쪽.

3 균류(fungi, 菌類) : 광합성을 하지 않고 다른 유기물에 기생하여 생활하고 포자로 번식하는 하등식물. 세균류·점균류·버섯류·곰팡이류가 모두 이에 포함된다.
조류(algae, 藻類) : 대부분 광합성 색소를 가지고 독립영양 생활을 하며, 포자에 의해 번식한다. 생육 장소에 따라서 담수조류(淡水藻類)·해조류(海藻類) 등으로 나눌 수 있다.

4 최근 들어 유전자 기술의 발달로 생물학적(계통분류학적) 분석에 따르면 해조류 중 녹조류는 식물에 포함시키지만, 갈조류는 확실히 과거에 식물로 분류되었지만 식물이 아니란 것이다. 미역과 다시마가 속해 있는 갈조류는 한때 원생생물에 속하기도 했지만, 이 분류가 해체되고 보다 구체화되어 지금은 SAR 상군의 부등편모조류에 속해 있다. 예를 들어 미역의 유전자적 특성은 우뭇가사리나 김 같은 홍조류보다 차라리 플랑크톤 등과 더 가깝다는 것이다.(문화일보, 2021. 2. 25, 〈이우석의 푸드로지〉 바다가 키운 '미래식량' 기사 및 인터넷 자료 참고)

말, 포기거머리말, 왕거머리말, 수거머리말, 새우말, 게바다말(말잘피), 줄말 등 모두 8종이 알려져 있었으나, 기후 온난화로 바닷물 온도가 올라가면서 아열대성 잘피인 해호말이 2009년 발견되어 모두 9종으로 늘었다.

잘피가 없으면 살 수 없는 물고기가 바로 해마(sea horse)다. 해마는 낮에는 포식자를 피해 잘피에 붙어 쉬고, 밤에는 동물성 플랑크톤을 찾아 수면 위로 올라온다. 그리스 신화에서 '바다의 신' 포세이돈이 해마가 끄는 마차를 타고 다니는 것으로 묘사되는데, 신화에서의 거대하고 강한 해마와 실제 해마의 모습은 정반대다.[5]

해마는 전 세계에 54종이 분류되어 있고, 평균 3년에서 5년 정도 사는 것으로 알려져 있다. 평균 몸길이는 8~9cm 정도이나 우리나라에는 대부분 매우 작은 편이며, 현재까지 5종이 분포하는 것으로 알려져 있다. 헤엄도 잘 치지 못해 해류에 휩쓸리지 않기 위해 잘피와 같은 해초에 항상 꼬리를 감아 생활하며, 수컷의 배에 새끼를 넣어 기르는 주머니가 있어, 암컷이 여기에 알을 낳는다. 수컷은 새끼가 부화하여 독립할 때까지 키우는 것으로 유명하다.

전 세계적으로 잘피는 1990년 이래 매년 약 7%씩 줄어들고 있다고 한다. 우리나라에서는 잘피를 2016년 5월 이달의 해양생물로 지정하고, 매년 5월 10일 바다식목일에 잘피를 심는 등 해양생태계 보존 및 보호 노력을 기울이고 있으며, 해양수산부 산하 한국수산자원공단(FIRA)에서 해중숲 조성 등 관련 업무를 담당하고 있다.

미역이 속하는 해조류는 바닷말이라고 하는 녹조류, 갈조류, 홍조류를 일컫는 말이다. 전 세계에 약 1만여 종 이상이 서식하고 있으며, 우리나라는 약 500종 이상이 밝혀져 있는데, 식품으로 섭취가 가능한 것은 약 50여

---

5 주간경향 1414호, 2021. 2. 8, 〈우정이야기-해양보호생물 우표, 잘피와 해마〉 기사 참고.

울릉도 해마. 현포항에서 관찰된 해마는 잘피에 붙어 서식하고 있다.(출처:울릉도독도해양연구기지)

독도에서 발견된 해마(출처:울릉도독도해양연구기지)

종으로 알려져 있다.[6] 국립해양생물자원관 해양생명자원통합정보시스템
(MBRIS)의 유용 해조류도감에서는 유용 해조류를 '우리나라 해역에서 출
현하는 육상식물을 제외한 모든 광합성 생물 중 식용이나 약용 또는 공업
용으로 활용되는 바닷말(marine algae)'이라 정의하고 서남해안에 총 86

---

6 우리나라 서해 전 해역에서 출현한 해조류는 총 110종이었고, 이 중 중부에서는 74종으로 가장 다양하였고, 남부
와 북부에서 각각 66종과 51종이 출현하였다는 보고서가 있다.(『생태계가 살아 숨쉬는 바다, 서해-그 현황과 특성』,
국립수산과학원, 2009.)

종을 기술하고 있는데, 앞으로 동해안 지역에서도 체계적인 연구조사가 필요하다고 본다. 해조류는 보통 5~20m까지 분포하며, 수심 50m까지 자라기도 한다. 물의 깊이에 따라 수온과 광조건에 의해 영향을 받으므로 조류가 여러 종류의 색을 띠는 것은 분포하는 지역의 투과광의 파장에 따라 조류가 적응한 결과라고 과학계는 보고 있다.[7]

일반적으로 표층으로부터 깊은 수심으로 내려가면서 바다 깊이에 따라 녹조류, 갈조류, 홍조류의 순으로 나타난다. 녹조류(green algae)는 가장 얕은 곳에 서식하며, 녹색이다. 파래, 매생이, 청각, 청대 등이 여기에 속한다. 갈색 또는 흙갈색이며 중간 깊이에 많이 분포하는 갈조류(brown algae)에는 미역, 대황, 다시마, 톳, 감태, 모자반, 곰피 등이 있다. 붉은색을 띠고 가장 깊은 곳까지 서식하는 홍조류(red algae)는 김, 꼬시래기, 우뭇가사리(한천), 갈래곰보, 세모가사리 등이다. 이를 표로 정리하면 다음과 같으나 아래의 그림, 인천 백령도의 사례처럼 실제 해역에서는 약간의 차이가 있다.

해조류의 종류[8]

	특징	종류	비고
녹조류 (green algae)	녹색을 띠고, 가장 얕은 곳에서 서식	파래, 매생이. 청각, 청대 등 ※ 민물김 (세계적인 희귀종으로 민물에 서식하는 녹조류의 일종)	갈조류와 홍조류는 바다에서 생육하지만, 녹조류의 경우 13.8%만이 해양에서, 나머지는 담수에서 서식하는 것으로 알려짐.
갈조류 (brown algae)	갈색, 흑갈색을 띠고, 중간 깊이에 많이 분포	미역, 대황, 다시마, 톳, 감태, 모자반, 곰피 등	
홍조류 (red algae)	붉은색을 띠고, 가장 깊은 곳까지 분포	김, 꼬시래기, 우뭇가사리(한천), 갈래곰보, 세모가사리 등	

---

7 독일인 T. W. 앵겔만이 제창한 조류(藻類)의 색과 광파장(光波長)의 관계에 관한 학설로, 조류는 녹색·갈색·홍색 등의 색을 가지며, 이에 따라 녹조류· 갈조류·홍조류로 구분되는데 이들이 서식하는 물의 깊이는 모두 다르다.
8 한국 동해 연안 해조류 생태도감(국립수산과학원, 2008)과 두산백과 등 인터넷 지식백과 발췌 재작성.

그리고 국립공원연구원(해양연구센터) 보고서에 의하면 2015년부터 2019년까지 해양국립공원 내 26개 주요 섬(변산반도 하섬 포함) 조사를 통하여 얻어진 해조류 출현종의 수는 총 241종으로 녹조류 24종, 갈조류 54종 그리고 홍조류 163종이 확인되었다.[9]

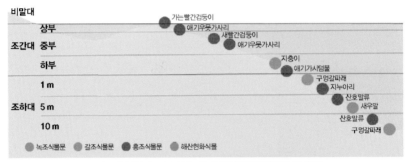

백령도해역 해양식물의 수심분포 특성(국립해양생물자원관 자료 제공)

갈조류와 홍조류는 바다에서 생육하지만, 녹조류의 경우 13.8%만이 해양에서, 나머지는 담수에서 서식하는 것으로 알려져 있다. 홍조류인 김과 달리 세계적인 희귀종인 민물에 서식하는 민물김은 녹조류의 일종으로 분류된다. 민물김은 현재 세계적으로 우리나라의 삼척과 일본의 일부 지역(규슈 지방)에만 서식하는 것으로 알려져 있다. 영월 지역(막골 계곡)에서도 서식했으나 탄광 개발 이후 완전히 멸종됐고, 삼척 지역(초당굴 하류)의 수확량도 급격히 줄었다. 강원도는 삼척시 등과 함께 민물김 복원 사업을 2011년부터 본격적으로 시작했으며, 2012년 10월에는 민물김 서식지인 삼척 소한계곡을 생태·경관 보존지역으로 지정해 보호하고 있다.[10]

---

9 국립공원연구원, 2019, 「국립공원 주요 섬 수중생태계 조사」, 134쪽.
10 삼척과 영월 등 민물 김이 자생했던 지역에선 과거 산후조리식으로 미역국 대신 민물 김을 활용했다는 기록이 있을 정도로 흔한 먹거리였으나 현재는 자생 규모가 크게 줄어든 상태다.(삼척시청 홈페이지)

대표적인 식용 갈조류인 미역은 학명 *Undaria pinnatifida*(Harvey) *Suringar*로, 갈조강, 다시마목 미역과에 속하는 1년생 식물이다.[11] 우리나라 전 연안에 자라는 미역은 나무뿌리 형태의 부착기로 암반에 착생하며, 줄기 양쪽에 미역귀라 불리우는 포자엽이 발달하고, 줄기는 납작하며 깃털 모양 열편을 가진다. 1~2m까지 자란다. 포자엽은 기부 근처에서부터 줄기 양쪽으로 주름진 형태로 겹쳐서 형성되며, 포자엽 피층 위에 조밀하게 긴 곤봉형의 모자낭군이 형성된다.[12]

바닷 속의 그린벨트인 잘피 군락지와 마찬가지로 미역을 비롯한 다시마, 대황, 감태 등 다시마목과 모자반목류를 포함한 대형 갈조류가 우점하는 해조 군락을 해조숲(해중림, seaweed beds)이라 부른다. 해조숲은 가장 중요한 일차 생산이 일어나는 장소일 뿐 아니라, 엽상체를 생활 기반으로 하는 부착동물 군집부터 시작해서 해조 군락을 서식지, 산란장, 은신처로 이용하는 전복, 성게, 소라 등 초식동물, 볼락, 조피볼락(우럭), 쥐노래미 등 어류에 이르기까지 다양한 생물상을 가지는 고유의 생물군집을 구성하고 있어 해양생물의 다양성을 구성하는 데 필수적이다.[13]

현재 해양수산부 산하 해양환경공단(해양환경조사연구원, 해양생태팀)에서 국가 해양생태계 종합조사 및 복원 사업을 하고 있으며, 국립수산과학원(수산종자육종연구소)에서는 해조류유전자원보존실을 두고 해조류 유전자원 보존 및 개발과 산업적 이용 연구 등을, 국립해양생물자원관에서는 해양생물종의 기초연구 및 조사사업을 하며 역할분담을 하고 있다.[14]

---

11 갈조강, 다시마목, 미역과에 소속되어 있는 다른 종류는 대황, 감태, 곰피 등이 있으며, 유사 미역 이름이 붙어 있는 쇠미역사촌과 야키시리구멍 쇠미역은 갈조강, 다시마목, 다시마과에 속하며, 개미역쇠는 갈조강, 고리매목, 고리매과에 속한다.(『한국 동해연안 해조류 생태도감』, 국립수산과학원 동해수산연구소, 2008. 참고.)

12 『유용한 남해의 바닷말』, 국립해양생물자원관, 2017. 42쪽.

13 『한국 동해연안 해조류 생태도감』, 국립수산과학원 동해수산연구소, 2008. 73쪽.

14 2021년 3월, 국립수산과학원의 기존 해조류연구센터는 육종연구센터의 패류육종연구 기능을 통합하여 수산종자육종연구소로 개편되었고, 전라남도 해남군에 위치하고 있다.

해조류 종자은행이 있는 국립수산과학원에 따르면 총 163종(김 121종, 미역 21종, 기타 21종)의 계통주를 갖고 있으며, 국내에서 양식되는 해조류는 약 90만톤 가량인데, 이 가운데 80% 이상이 일본산에 뿌리를 두고 있으며, 다시마는 중국 종자가 대부분이라고 한다.[15]

미역은 수심, 수온, 조류 등의 서식지 환경이나 재배밀도 및 지역 개체군에 따라서 형태의 변화가 극심하며 품종의 형질은 유전자형과 환경과의 상호작용에 의해서 발현된다고 한다. 최근에는 지속적인 품종 개발 및 개량으로 국내에서 품종 보호권이 출원된 미역품종은 7품종이다.[16]

실제 미역 자체를 먹는 나라는 전 세계에서 한국, 일본, 중국, 대만, 하와이 등이지만, 보편적으로 전 국민이 상용하고 있는 곳은 한국과 일본뿐이다. 특히 일본은 김과 다시마의 활용이 보편적인 반면, 1인당 연간 5kg의 해조류를 먹는 것으로 알려진 우리나라는 오래전부터 미역 이용이 월등하게 많은 미역 종주국이다. 한국에서는 해조류 소비의 75%가 미역이다. 일본에서는 김이 모든 식용 해조류의 45%를 차지한다.

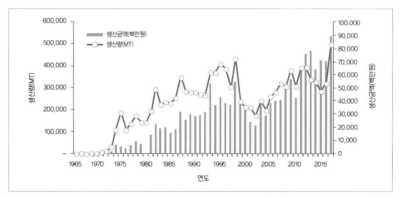

국내 미역 생산량 및 생산금액 변화(1965~2016)[17]

---

15 중앙일보, 2013. 5. 5, 〈양식 해조류 씨앗 80%가 외국산 '금보다 비싼 종자'를 개발하라〉 기사 참고.

16 국내에서 품종보호권 출원된 미역은 수과원해오름, 수과원비바리, 수과원청해, 수과원201, 수과원202, 수과원203, 수과원204 등 7종류가 있다.(국립수산과학원, 2018, 『미역양식 표준 매뉴얼』, 13쪽)

17 국립수산과학원, 2018, 『미역양식 표준 매뉴얼』, 12쪽.

국내 해조류 생산을 보면 미역, 김, 다시마, 톳, 파래의 순으로 미역이 1위이다. 1990년 대비 2008년의 생산량의 증감 비율을 보면, 미역은 41%, 김은 120%, 다시마는 263% 증가한 반면, 톳은 15%, 파래는 20% 감소하였다. 특히 다시마 생산이 급격히 증가한 이유는 2000년대부터 전복 양식이 성공하면서 사료 수요가 늘어났기 때문이다.[18]

바다가 미역을 키운다는 말에서 알 수 있듯이 조류와 영양염류 등을 비롯한 다양한 연안환경과 지형에 따라 같은 바다라도 미역의 맛은 달라지기 마련이다. 같은 바다에서도 맛이 다른 쫀득쫀득한 북방형 미역과 부들부들한 남방형 미역이 자랄 수 있다. 우리나라에서 생산되는 미역은 입체 모양과 분포의 차이에 따라 잎의 열각(裂刻)의 깊이와 열편(裂片)의 수가 달라지는 특성을 지니고 있어 크게 동해안과 울릉도 일대의 북방산 미역과 남해안과 제주도 일대의 부들부들한 남방산 미역으로 나뉜다.[19] 즉 같은 바다라 하더라도 지역에 따라 미역의 크기와 맛이 조금씩 다르다.

북방산 미역은 울릉도·독도와 동해안 북부지역 수심이 깊고 조류가 빠른 곳에 서식하며, 일반적으로 좌우로 뻗은 잎의 열각의 수가 몸길이에 비해 적으며, 미역귀(포자엽)의 주름이 많은 특징을 지니고 있다. 줄기가 잎보다 발달하여 길고, 잎이 좁고 두께가 두꺼우며, 넓이가 좁고 단단하다. 식감이 질겨 조리 시 쉽게 풀어지지 않고 탄력이 있다. 산모용과 마른미역으로 주로 활용되며, 쫀득쫀득하여 '쫄쫄이 미역'이라고 부른다.

남방산 미역은 남해안 도서지역 일대와 제주도 연안에서 자란다. 북방산에 비해 바다가 잔잔한 곳에서 자라며, 잎의 열각이 얕고 체장에 비해 엽편의 수가 많으며, 미역귀의 주름이 적다. 잎이 발달하여 넓고 두께가 얇으

---

18 한국해양수산개발원, 2009, 『해조류 바이오산업화를 위한 전략 및 정책방향』, 66쪽.
19 국립수산과학원 동해수산연구소, 2010, 『테마가 있는 생물이야기, 동해』, 13쪽.

며, 북방산에 비해 긴데 1.5m 정도 자란다. 줄기 또한 넓고 두꺼운 것이 특징이다. 북방산에 비해 식감이 부드러우며 조리시 잘 풀려, 음식 가공용과 전복 먹이용으로 주로 양식되고 있다. 부들부들하여 '넙데기 미역'이라고 부른다.

일반적으로 북방형은 부산 기장미역이 대표적이며, 남방형은 전남 완도 산이 대표적이다. 이는 과거부터 이들 지역이 미역 주산지로 유명한 점도 있지만, 양식산업이 활성화되어 관련 기업들이 많아 다양한 종류의 제품이 많이 생산되다 보니 대표성을 가지게 된 것이다. 기장미역은 기장반도가 동해안 끝자락에 붙어 있어 북방형 미역이며, 조류가 빠르며 깊은 곳에 사는 견내량산(통영산) 미역은 남해안 지역에 서식하지만 북방형 미역으로 분류된다. 이를 표로 정리하면 다음과 같다.

쫀득쫀득한 북방형 미역과 부들부들한 남방형 미역 비교

	생산지역	식감과 특징	주요 활용도	주산지	방언	비고
북방형 미역 (동해산)	동해안 북부 또는 수심이 깊고 조류가 빠른 곳, 울릉도·독도 등	일반적으로 좌우로 뻗은 잎의 열각의 수가 몸길이에 비해 적으며, 미역귀(포자엽)의 주름이 많다. 잎이 좁고 두께가 두껍고, 줄기가 잎보다 발달해 있어 길고, 넓이가 좁고 단단하다. 식감이 질겨 조리시 쉽게 풀어지지 않고 탄력이 있다.	산모용, 마른미역	울진, 울릉 등 경북과 강원도 동해안, 부산시 기장군	쫄쫄이 미역	일반적으로 북방형은 부산 기장산, 남방형은 전남 완도산으로 대표하여 불려지고 있음.
남방형 미역 (남해산)	남해안 도서지역 일대와 제주도 연안	잎의 열각이 얕고 체장에 비해 엽편의 수가 많으며, 미역귀의 주름이 적다. 잎이 발달하여 넓고 두께가 얇다. 북방산에 비해 긴데 1.5m 정도 자란다. 줄기 또한 넓고 두꺼운 것이 특징이다. 북방산에 비해 식감이 부드럽다.	가공용, 전복먹이용	완도, 고흥 등 전남 도서지역	넙데기 미역	※ 조류가 빠르며 깊은 곳에 사는 견내량산(통영) 미역은 남해안이지만 북방형[20]

---

20 장계남, 2002, 『해조류·갑각류양식』, 삼광출판사, 22쪽.

한편 『한국의식주생활사전』(국립민속박물관, 미역부분 집필자는 김창일)에서는 돌미역을 두 가지 종류로 나누고 있다. 잎이 넓적한 미역을 동해안 지역에서는 '펄미역'이라 하고 서해안 지역에서는 '떡미역'이라 한다. 반대로 잎이 적고 줄기가 발달한 미역을 동해안 지역에서는 '쫄쫄이 미역', 서해안 지역에서는 '가새미역'이라 한다. 종류는 같으나 생장 환경에 따라 잎이 발달하기도 하고 줄기가 발달하기도 한다.

요즘 1~2인 가구가 늘어나고 가정 간편식(HMR) 시장의 급성장 등으로 젊은 층에서는 일찍부터 대부분 가공용 미역으로 접하면서 남방형 미역에 길들여져 있다. 북방형 미역, 그것도 자연산 북방형 미역은 오래 끓여야 하고, 좀 질감이 억세어 지역 특산품으로 현지에서 사거나 어민들과 직거래가 많은 편이다. 그래도 산모 미역으로는 여전히 꼭 북방형 미역 중에서도 자연산을 찾는 경우가 많다.

북방형이든 남방형이든 양식산은 자연산에 비해 미역 채취 시기가 조금 빠르다. 약간 깊은 바다의 자연산 미역의 경우는 깊은 맛이 있고, 두세 번 끓여도 쉽게 녹지 않아 오래 두고 먹어도 좋다. 양식에 비해서 약간 텁텁하고 뻣뻣한 느낌은 있다. 미역의 양식 면적으로는 전남의 바다가 압도적으로 넓으나 자연산은 경상북도와 강원도의 동해안 바닷가에서 어촌계를 중심으로 여전히 생산되고 있다.

정약전의 『자산어보』에도 "산모가 먹는 미역을 '해산(海産)미역(산모곽)'이라고 하며, 뿌리의 맛은 달고 잎의 맛은 담담하며 임산부의 여러 가지 병을 고치는데 이보다 나은 것이 없다."고 소개하고 있듯이[21] 아무리 세월이 변해도 여전히 산모 미역으로는 자연산 돌미역, 그 중에서도 전남 진도산이나 동해산을 찾는 경우가 많다.

---

21 『자산어보』, 215쪽(더스토리 번역본)

지금까지 미역의 기본적인 뿌리를 이해해 보았다. 바다의 풀은 해초, 바다의 나물은 해조 ⇒ 해조류(녹조류, 갈조류, 홍조류) ⇒ 갈조류 ⇒ 미역(북방형, 남방형)처럼, 기본적으로 바다의 나물, 바다의 채소에는 우리에게 가장 친근한 식용 바닷말인 미역, 다시마, 김 등 해조류가 있고, 해조류 중에서도 미역은 갈조류로 입체 모양과 분포의 차이에 따라 북방형 미역과 남방형 미역으로 구분된다는 것을 알아보았다.

바다의 밭에는 한민족과 오랫동안 함께 한 미역이라는 바다 채소가 산다. 근대에 이르러 양식기술이 도입되면서 바다도 육지처럼 경작의 공간으로 변모했다. '어경(漁耕)'의 공간이 된 것이다. 어경의 공간이 되면서 미역은 우리 식탁에 올라오는 전통 식품의 영역을 넘어서게 되었다. 미역은 최근 바이오 에너지, 화장품, 기능성 의약품 등으로 다양한 변신을 거듭하고 있다. 미역은 '바다 채소'를 넘어 '바다 보물'로 발전을 거듭하고 있다.

앞에서는 자연과학적으로 미역의 위상을 개괄적으로 살펴보았다. 자원으로서의 미역만큼 중요한 것이 바로 문화로서의 미역이다. 미역문화가 언제, 어디서부터 시작했는지 해양유산적 가치를 알아볼 필요가 있다. 또한 미역문화의 생태산업적 가치와 미역 생산기반인 어촌문화 공동체의 지속적인 발전 가능성도 검토해야 한다. 이는 궁극적으로는 미역문화의 국제적 가치 획득으로 연결될 것이다. 미역문화의 국제적 가치 인정은 우리나라 해조류 산업의 번성과도 긴밀한 연관 관계가 있다.

해초와 해조의 비교 및 가치성[22]

	종류	서식 분포	특징	중요성	주요 연구 기관	비고
해초(海草), sea grasses – 잘피 ※ 바다풀	거머리말(잘피), 애기거머리말, 포기거머리말, 게바다말(말잘피), 새우말, 왕거머리말, 수거머리말, 해호말, 줄말(강하구에 발견) 등	우리나라는 3과 4속 9종 서식 (세계적으로는 5과 13속 70여 종 분포)	연안해역의 해수에 완전히 잠겨서 서식하며, 꽃이 피는 현화식물(顯花植物) 잎, 줄기, 뿌리 조직이 뚜렷이 나누어져 꽃을 피우고 씨앗을 맺어 번식 ※ 해조류와는 달리 잎, 줄기, 뿌리기관을 가진 고등 식물	바닷물을 정화시키고, 다양한 어류와 해양생물의 산란지 및 서식지로서 해양생태계에 중요한 역할	해양환경공단 (KOEM) 한국수산자원공단 (FIRA)	해양수산부 소관, 해양생태계법과 수산식품산업법 등이 있으며, 해양환경공단(해양환경조사연구원, 해양생태팀)에서 국가해양생태계 종합조사 및 해양생태계 보원 사업을 하고 있음. 환경부 산하 국립공원공단, 국립공원연구원(해양연구센터)에서 해양국립공원의 수중생태계 연구조사, 증식복원 사업을 하고 있음.
해조(海藻) sea algae – 바닷말 ※ 바다나물	녹조류, 갈조류, 홍조류	우리나라는 약 500종 이상이 밝혀져 있고, 식품섭취 가능한 것은 50여 종(전세계는 약 1만 여종 이상 서식)	바닷물 속에서 육상식물과 달리 잎, 줄기, 뿌리의 구분이 없고, 암수 구별없이 포자에 의해 번식하는 은화식물(隱花植物) 광합성 색소를 가지고 독립영양 생활을 하는 다세포 식물. 수온과 광조건의 영향을 받아, 보통 5~20m까지 분포하며, 수심 50m까지 분포	초식성 패류의 먹이로서 해양생태계 먹이사슬의 기초단위로서 중요한 역할 우리나라의 경우 식품과 약용으로서 중요도가 더 큼	국립수산과학원 (수산종자육종연구소, 동해수산연구소, 독도수산연구센터) 국립해양생물자원관	

22 『한국의 잘피』(한국수산자원관리공단, 2015)와 『한국 동해연안 해조류 생태도감』(국립수산과학원, 2008)과 『테마가 있는 생물이야기, 동해』(국립수산과학원, 2010) 등을 참고하여 재정리.

2. 미역문화의 탄생 – 한민족은 해조민족(海藻民族)

미역인문학의 태동을 위하여

한국인은 미역을 언제부터, 어디서, 왜 먹기 시작하였을까? 쿠킹북, 수산 양식과 해양 바이오 관련 국내외 문헌과 기록, 여러 언론과 인터넷 자료들을 분석하고 오랫동안 해양 관련 업무를 해 오면서 내린 결론은 다음과 같다.

1. 미역은 동아시아와 태평양지역, 일부 유럽과 중앙아메리카의 연안 지역에서 섭취하는 해조류다.
2. 한국인이 전세계에서 미역을 가장 많이 먹는다.
3. 한국인에게 미역은 단순한 음식 재료가 아니라 음식 문화다.
4. 미역문화의 발상지는 대한민국이다.

미역에 대한 인식체계와 공동체 생산기반 그리고 다양한 형태로 오랫동안 전승된 요리문화 등으로 볼 때, 미역문화가 제일 먼저 시작되고 가장 발달한 곳은 대한민국 동해(East Sea)이다. 따라서 세계 미역문화의 발상지도 자연스럽게 대한민국이라고 특정할 수 있다.

자랑스러운 선조들의 문화인 미역문화를 지키고 체계적으로 발전시키며 글로벌화 해나가는 일은 해양생태계의 보고인 울릉도·독도를 포함한 동해를 대대로 지켜나가는 일이기도 하다. 바다가 건강해야 그곳에 살아가는 사람도 건강하듯이 동해안의 미역 공동체 문화를 잘 전승 보전하는 일은 한민족의 미래와 우리 모두에게 큰 의미가 있다.

필자가 이러한 생각을 더욱 굳히게 된 것은 경상북도의 동해를 총괄하는 환동해지역본부장을 역임하면서 동해안에 전승되어 오는 떼배 미역어업을 국가어업유산으로 등재하는 작업을 하면서부터다. 또한 사라져가는 해양유산과 어촌문화의 지속가능한 보전, 전승을 위하여 동해인문학 정립을 위한 기초 연구 및 저술 작업 지원을 하면서 더욱 확실한 생각을 가지게 되었다. 오래된 미래의 가치를 잘 보존하는 일 중의 하나가 바로 미역의 가치에 주목하는 일이었다. 자연산 미역은 흑산도와 같은 서해, 진도와 완도 같은 남해에서도 서식하지만, 고구려 시대부터 주 생산지는 우리의 동해였다.

미역의 본거지, 동해는 어떤 바다인가?

동해는 남·북한, 러시아, 일본 열도에 둘러싸인 바다로, 면적은 약 1,007,600㎢다. 대한민국 면적의 약 10배에 해당한다. 동해의 평균 수심은 약 1,684m로, 서해의 평균 수심이 약 44m, 남해의 평균 수심이 약 101m 임을 감안하면 매우 깊은 바다다. 동해에서 가장 깊은 곳은 연해주와 일본 홋카이도 사이로 4,049m에 이른다. 남·북한, 러시아, 일본의 관할 수역으로 구성된 동해의 지리적 면적 중에 대한민국이 관할하는 동해의 면적은 약 120,447㎢로, 동해 전체 면적의 약 12% 정도다.[23]

---

23 『울릉도·독도백과사전』, 459쪽.

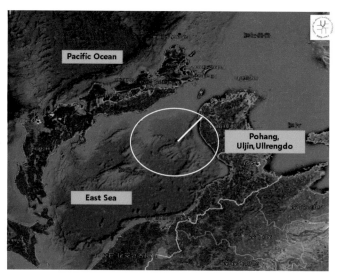

거꾸로 그린 지도로 보는 동해

　한편 경상북도는 동해의 과학적 이해와 연구를 통해 동해안 해양문화를 창달하고, 문화적 삶의 질 향상 및 해양에 대한 이해 증진에 이바지하기 위하여 전국 최초로「경상북도 해양문화 및 해양교육 진흥 조례」를 제정했다. 이 조례 제2조 3항에서 "동해인문학이란 동해안과 관련된 사람, 언어, 문학, 역사, 철학, 풍속, 정체성, 기억 등을 비롯한 문화 전반에 대하여 연구하는 학문분야"라고 정의하였다. 동해인문학을 발전시키는 여러 과제 중의 하나는 전세계에서도 독특하면서도 유구한 역사를 자랑하는 미역문화의 정체성을 확립하는 것이다. 대한민국 동해의 정체성은 여러 가지가 있고, 그 중의 하나가 바로 미역문화라는 의미이다.

　동해의 미래상을 정립하는 것은 동해의 과거를 결정하는 일이고, 반대로 동해의 역사를 탐색하는 일은 동해의 현재를 조명하는 작업이다. 우리는 생활과 역사의 공간으로서 동해를 얼마나 이해하고 있는지 자문(自問)해 보아야 한다. 우리가 앞으로도 동해라는 이름을 영원히 지키기 위해서는, 동해의 역사와 문화를 먼저 돌아보아야 한다.[24] 그 동해의 역사와 문화 중에 먹는 수산자원이 아닌 해양문화유산인 헤리티지(heritage)로서의 미역문화를 살펴보아야 한다.

자연과 사람이 공존하는 지속가능한 건강한 동해를 만드는 데 미역문화는 중요한 요소다. 미역이 단순한 먹거리를 넘어서 협동과 화합의 측면에서 마을공동체 문화를 형성하는 데 매우 중요하게 기능했기 때문이다. 미역과 미역문화와 관련하여 동해를 터전으로 살아가는 사람들의 여러 측면을 연구하는 학문을 '미역인문학'이라 명명할 수 있을 것이다. '미역인문학'은 '동해인문학'의 하위 범주에 해당한다.

미역은 자주 접하기에 한국인들에게 해양의 DNA를 각인시켜주는 존재이기도 하다. 태어날 때부터 먹기 시작해 평생 살아가면서 생일마다 먹는 미역국은 한국인에게 선험적으로 무의식 속에서 해양성을 각인시켜왔다. 그동안 미역이라고 하면 '식품으로서의 미역'에만 관심이 있었기 때문에 쿠킹북에서만 미역의 효능 위주로 이해하는 것이 대부분이었다. 하지만 미역 생산과정에서의 공동체의 가치와 다양한 선조들의 기록으로 보는 '문화유산으로서의 미역', 그리고 우리의 건강한 바다를 지켜온 '생태지표로서의 미역', 그리고 첨단산업으로 나아가고 있는 '산업으로 보는 미역', 장기적으로는 지속가능성에 보다 가치를 두고 '힐링과 콘텐츠 산업로서의 미역' 등 다양한 시각에서 미역을 바라볼 수 있는 것이다. 우리 한민족은 전 세계 어디에서도 볼 수 없는 독특한 미역문화를 수천 년 동안 이어오고, 발전시켜 왔음을 우리 스스로 깨닫고 확인해야 한다. 미역과 미역문화에 대한 체계적인 연구가 바로 '미역인문학(Miyeok Humanities, Seaweed Humanities)'이다.

---

24 김혜정, 2009, 『동해의 역사와 형상』, 경희대학교 혜정박물관, 4쪽.

미역인문학의 내용과 방향

	기본요소	주요내용	비고
과거	신화의 바다 (문화유산적 가치 -heritage)	어촌 공동체의 유적, 유물, 전설로 보는 바다(반구 대 암각화와 경해, 동해묘와 해신당, 연오랑세오 녀 전설, 해녀문화와 곽암 등)	지속가능한 건강 한 동해바다를 만 드는 데 미역문화 가 중요한 요소
현재	생명의 바다 (생태적 가치 -ecology)	해양생태와 수산업, 첨단산업으로서의 바다(해중 숲과 기수역, 어촌 공동체와 수산가공업, 해양바 이오산업 등)	
미래	인문의 바다 (지속가능성 가치 -sustainability)	해양문화와 해양치유로서의 바다(청소년 해양교 육, 해양문화콘텐츠 개발, 해양 힐링산업으로 국 제화로 열린 바다)	

동해의 역사와 문화 중 가장 유니크하면서도 오랜 기간 정착되어 온 미역섭취는 한국인에게는 '탄생과 시작, 희망'을 의미한다. 우리는 태어나자마자 어머니를 통해 미역을 처음으로 접하기 때문이다. 민간에서는 산후선약(産後仙藥)이라 하여 산모가 출산한 후에 바로 미역국을 먹게 한다. 미역국을 첫 번째 사랑이자 '첫국밥'이라 하는 이유이기도 하다. 한국인의 미역의 소비행태 조사에 의하면, 선호하는 미역요리 형태는 미역국용이 전체 90% 이상으로 나타나는 것으로 보아, 이러한 풍습이 매년 생일날에 미역국을 먹는 것으로 연결되어 오랫동안 대를 이어 전래되었다 할 것이다.

그럼 미역은 언제, 어디서, 왜 먹기 시작되었을까? 단순히 음식으로서의 미역을 넘어 한민족의 소울푸드로 정착되기까지, 미역문화의 진정한 가치와 의미를 찾아보고, 세계 유산으로서의 미역문화의 가치에 대해서도 알아보고자 한다.

강원도 정선 매둔동굴에서 지금으로부터 2만 9,000년 전에 사용한 것으로 추정되는 인류의 물고기잡이 역사에서 시기적으로 가장 이른 유물로 추정되는 그물추가 발견되었다. 한편 약 2만 3,000년 전에 만들어진 세계 최고(最古)의 낚싯바늘이 일본 오키나와 섬에서 발견되었다. 그물추나 낚싯바늘과 같은 고고학적 발굴을 토대로 유추해보면 인간은 생존을 위해 먹이 획득이 쉬운 강가나 해안가에서 정착 생활을 했다는 것을 짐작할 수 있다.

정선 매둔동굴에서 발견된 2만 9천년 전의 그물추

동해는 일찍이 고래의 바다, 경해(鯨海)라고 불리었다. 최소 5,000년 전에 만들어진 선사시대 울산 반구대암각화에 근거하여 인류 최초로 고래잡이를 한 곳[25]이 동해라 추정되기도 한다. 동해(東海)라는 명칭은『삼국사기』동명성왕 편에 고구려 건국과 관련하여 등장한다.

또한『삼국사기』문무왕 편에 신라 30대 통일대왕인 문무왕의 유언에 따라 서기 681년 동해구(東海口)[26] 대석상(대왕암)에 대왕을 장사를 지냈다는 기록이 있다.『대동여지도』에는 현재 대종천을 동해천(東海川)이라 표기했고, 1895년에는 양북·감포지역을 경주군 동해면(東海面)이라 표현했다. 이런 사실들로 미루어 볼 때 수천 년에 걸쳐 이어져 온 우리 민족의 생활 터전이 바로 동해다.

고대로부터 우리 민족의 생활 터전이 동해였으니 당연히 우리 민족의 삶과 함께한 미역문화도 바로 동해에서 출발했다고 할 수 있다.

고문헌에 의하면 우리 조상들은 어미 고래가 미역을 먹는 것을 보고 미역 섭취를 시작했다고 한다. 동해가 고래의 바다인 경해(鯨海)로 불리었던

---

25 반구대 바위에는 작살 맞은 고래 등 총 200여 점의 그림이 새겨져 있는데 고래 관련 그림이 전체의 5분의 1인 58점이나 된다.

26 고대국가 신라의 수도였던 경주의 토함산 계곡에서 흘러나온 물이 모여 동해로 들어가는 하구(河口) 일대를 가리키는 말이다.

점과 고래와 관련된 가장 오래된 유적인 반구대암각화 등 유적과 문무왕 능비의 비편에 나오는 분골경진(粉骨鯨津)의 글귀, 그리고 연오랑세오녀 이야기를 비롯한 다양한 전래 이야기를 근거로 유추해 볼 수 있다.

국립수산과학원 고래연구소장 김장근 박사는 〈고래와 한국의 문화〉라는 한 강연에서 다음과 같이 말했다.

동해구 비석(東海口 碑石)

고래바다란 명칭을 탐색해보면 신라시대로 거슬러 올라간다. 조선 후기 사천왕사 터 부근에서 발견된 문무왕 능비의 비편에는 분골경진(粉骨鯨津)이란 글귀가 있다. 문무왕이 죽어 장사지낼 때 화장한 뼈가루를 고래가 사는 바다에 뿌렸다는 뜻이다. 이후에도 조선 중종 26년 (1531)에 발간된 지리서 신증동국여지승람의 울산편에는 경해(鯨海)라는 명칭이 있다. 울산이 닿아 있는 동해바다를 경해(鯨海)라 한 것이다. 중국의 원나라와 명나라 시절(서기 1271-1644년)에 동해를 경해(鯨海)라 불렀다. 반구대암각화는 선사시대에 다양한 대형고래류들이 한반도 바다에 서식하였던 것을 보여주기는 하나 양적인 정보는 알 수 없다. 19세기 우리바다에서 조업한 서구 열강들의 포경일지를 살펴보면 경해의 진실을 엿볼 수 있다. 1849년 한반도 연안에서 조업한 미국 포경선의 포경일지에는 "아주 많은 고래(great number of whales), 많은 고래(plenty of whales), 아주 많은 혹등고래(a great many humpback whales), 아주 많은 대왕고래(a great many sulphur bottoms), 한 무리의 참고래(a number of fin whales), 아주 많은 긴수염고래(a great number of right whales), 사면팔방에 고래(you can see whales every direction), 고래가 무수히 보였다(whales in sight without number) 등과 같이 기록한 것을 보면 대형고래가 많았던 것 같다. 1899년 일본의 한 포경선의 항해일지를 보면, 1월 13일 강원도 영일만에 들어갔는데 백두의 귀신고래떼가 들어와 있었다. 1월 18일, 영일만 동북동 20마일 정도, 사방팔방에 참고래떼가 득실, 30-40마일에 걸쳐 고래뿐이었다. 배가 빨리 갈 때는 고래등 위로 올라가기도 하고 고래가 배를 향해 오기도 하였다. 그 수를 따지면, 몇 천 두에 달하여 쉽게 그 두수를 알 수 없었다.”고 적고 있다. 당시 대형고래들의 분포상황을 짐작할 수 있다. 경해가 고래가 많은 바다임을 증명하는 데 손색이 없는 정보이다.[27]

1947년 구룡포 강두수 씨 소유의 영어호가 포획한 귀신고래

---

27 한국의 문화와 고래-국립수산과학원(https://www.nifs.go.kr › download)

이 강연은 동해에 얼마나 많은 고래가 서식했는지를 웅변적으로 말해준다. 우리 동해에는 고래가 매우 많이 서식했던 것이다. 고래가 많이 서식했으니 우리 민족은 해안가에서도 고래를 자주 접했을 것이다.

당나라에서 발간된 일종의 백과사전인 『초학기(初學記)』에 "고래가 새끼를 낳은 뒤 미역을 뜯어 먹은 뒤 산후의 상처를 낫게 하는 것을 보고 고려 사람들이 산모에게 미역을 먹인다.(鯨鱼产崽后, 食海带, 以康复, 高丽人以此为鉴, 使产妇食海带)"는 내용이 나와 있는 것도 우리 민족이 오래 전부터 산모가 미역을 먹었다는 것을 증명한다.[28]

한편 국립중앙박물관은 일제강점기인 1926년, 1929년 조선총독부박물관이 발굴조사한 서봉총(129호분)을 2016년~2017년 재발굴 조사하고 출토유물을 분석하였다. 이 조사를 통해 신라인들의 바다와 관련 식문화를 추정할 수 있는 흥미로운 사실들을 발견할 수 있다. 대개 고분에서 다량의 유기물이 발견되는 사례는 많지 않지만 서봉총 남분에서 출토된 제사에 사용되었던 제물을 담은 큰 토기 항아리에서 아래 표에서 보듯이 어류, 패각류, 해양포유류, 파충류 등 다양한 동물 유체가 출토되었다.[29]

그런데 왜 육지 동물 뼈는 나오지 않았을까. 연구에 참여한 연구사는 "국가가 하늘에 지내는 제사에는 소나 말 같은 신성한 동물을 바치고, 개인의 무덤에는 수생(水生) 동물을 넣는 의례 규범의 차이일 수도 있고, 당시 신라 왕족이 즐긴 식생활이나 망자의 음식 취향이 반영됐을 수도 있다."고 고 했다.[30]

---

28 『초학기(初學記)』는 8세기 초 중국 당나라의 서견 등이 편찬한 유서(類書:일종의 백과사전)로 30권으로 구성됨. 고금(古今)의 시문(詩文)을 전거(典據)로 하여 23부 313항목(項目)으로 분류·배열하였다.

29 국립중앙박물관, 『서봉총Ⅱ(재발굴 보고서)』, 2020, 201~229쪽.

30 조선일보, 2020. 9. 8,〈고대 신라 왕족, 제사 음식으로 돌고래 고기 바쳤다〉기사 참고.

서봉총 남분 출토된 2~5번 토기의 공헌물(총 52종)

패류 (33종)		어류 (14종)	갑각류 (2종)	해양포유류 (1종)	성계류 (1종)	파충류 (1종)	비고
해수패류 (32종)	고둥류, 소라, 전복, 참굴, 백합, 홍합, 바지락 가무락조개 등	상어류, 청어, 볼락, 조피볼락, 감성돔, 참돔, 방어, 민어, 망상어, 넙치류, 참복류, 노래미, 농어, 고등어	거북손, 큰청홍따개비	돌고래	보라성게	남생이(담수 서식)	모두 수생동물(水生動物)이라는 공통점
담수패류 (1종)	주름다슬기						

이를 미루어 볼 때 경주를 포함한 인근 울산, 포항지역에서 다양한 해산물들이 공급되었을 것이라 추정된다. 출토 음식물 가운데 대부분이 지금도 환동해안 지역에서 생산되고 있는 점을 감안한다면 이 당시 신라인들은 어패류와 함께 미역을 비롯한 해조류도 섭취했을 것으로 추정할 수 있다.

송나라 때 서긍이 지은 『고려도경』「잡속(雜俗)」편, '어(漁)' 항목에서 "고려 풍속에 양과 돼지가 있지만 왕공이나 귀인이 아니면 먹지 못하며, 가난한 백성은 해산물을 많이 먹는다. 미꾸라지[鰌]·전복[鰒]·조개[蚌]·진주조개[珠母]·왕새우[蝦王]·문합(文蛤)·붉은게[紫蟹]·굴[蠣房]·거북이다리[龜脚]·해조(海藻-미역)·다시마[昆布]는 귀천 없이 잘 먹는데, 구미는 돋구어 주나 냄새가 나고 비리고 맛이 짜 오래 먹으면 싫어진다."고 하여 미역을 일반 백성들도 많이 먹었음을 알 수 있다.[31]

조선 헌종 때 실학자 이규경(1788~1863)의 『오주연문장전산고(五洲衍文長箋散稿)』에 나오는 「산부계곽변증설」(産婦鷄藿辨證說)에는 구전 전승을 다음과 같이 기록하고 있다. "어떤 사람이 바다에서 헤엄치다가 막 새끼를 낳은 고래에게 먹혀 배 속에 들어갔더니 그 안에 미역이 가득 붙어 있

---

31 國俗有羊豕。非王公貴人。不食細民。多食海品。故有鰌, 鰒, 蚌, 珠母, 蝦王, 文蛤, 紫蟹, 蠣房, 龜脚。以至海藻, 昆布。貴賤通嗜。多勝食氣。然而臭腥味鹹。久亦可猒也(한국고전번역원, 김동욱 역)

었으며 장부(臟腑)의 악혈이 모두 물로 변해 있었다. 고래 배 속에서 겨우 빠져나와 미역이 산후 조리하는 데 효험이 있다는 것을 세상에 알렸다."[32]

조선 후기의 문신이자 학자인 성대중(1732~1809)은 『청성잡기(靑城雜記)』「성언(醒言)」편에서 "어미 고래는 새끼를 낳을 때가 되면 반드시 미역이 많은 바다를 찾아 실컷 배를 채우는데, 먹이를 탐하여 비좁은 물길로 들어갔다가 빠져나오지 못하고 죽는 경우도 많다. 이것이 바다의 큰 물고기가 주는 교훈 중의 하나이다. 그러나 산모가 미역의 도움을 받는 것 역시 고래에게서 얻은 교훈이다."라고 하였다.[33]

이러한 문헌들의 기록들을 미루어 볼 때 산모(産母)가 미역을 먹는 것은 자연에서 체득한 조상들의 지혜이다. 물론 우리 민족이 동해를 삶의 터전으로 삶고 살다 보니 자연발생적으로 우연히 미역을 채취하여 섭취했을 가능성이 많다. 실제로도 그러했을 것이다. 그러나 우리 민족은 그러한 미역 취식을 사람처럼 새끼에게 젖을 먹이면서 키우는 고래의 행위와 연결시켰다. 미역 취식을 바다의 가장 큰 동물이자 신비로운 동물인 고래와 연결시켜 신비성과 신성성을 부여했다. 즉 고래의 긍정적 상징성을 미역에 이입시켜 미역의 가치를 고도화한 것이다.

따라서 동해의 고래와 미역 식문화는 서로 상관관계가 높다. 동해는 고래가 살던 경해(鯨海)이자 고래가 먹던 미역이 사람의 문화가 되는 곽해(藿海), 즉 미역의 바다가 된다. 그리고 미역이 나오는 동해는 우리 조상들로부터 숭배와 경외의 대상이기도 하다. 방위적인 의미인 동쪽 바다는 일출의 바다로, 희망의 바다로 상징화된다. 그 희망은 새로운 탄생을 의미한다.

---

32 我東傳言。海藻人泅水。爲新産鯨所嚙呑。入鯨腹。見鯨之腹中。海滯葉滿付。臟腑惡血。盡化爲水。僅得出腹。始知海帶爲産後補治之物。傳於世人。始知良驗。(한국고전종합DB)
33 鯨母將産, 必擇藿, 港餌充其肚, 貪餌入隘, 不得出而斃者亦多, 海大魚之爲戒, 此其一也。然産之藉藿, 亦以此。(한국고전번역원, 박재영 역)

태양은 동해에서 매일 새로운 탄생을 거듭하며, 그 태양의 생명력은 동해에 사는 고래, 동해에서 채취하는 미역으로 전이된다. 그렇게 하여 미역은 희망의 음식으로 상징화되어, 한민족의 산모 음식으로, 어머니와 함께하는 생일날의 가족 음식으로 받아들여졌다.

동해와 미역, 연오랑세오녀 이야기

동해(East Sea)는 우리 조상들에게는 동해신을 모시는 숭배와 경외의 대상으로 민족의 상징적 바다[34]이며, 신화(神話)의 바다다. 여러 가지 동해와 관련되는 설화와 이야기는 우리 민족의 무의식에 녹아들어 있다. 애국가의 첫 소절이 '동해물과'로 시작하는 것은 결코 우연이 아니다. 우리 민족의 의식 혹은 무의식의 DNA에는 바다의 대표로 동해가 깊숙이 자리 잡고 있다.

삼국시대부터 조선시대에 이르기까지 동해는 국가에서 거행하는 제사의 대상으로 빠진 적이 없다.『삼국사기』「제사지(祭祀志)」에 따르면 신라는 종묘(宗廟)를 우선으로 하고, 그 다음에 삼산(三山) 이하 명산대천을 나누고 대사(大祀)·중사(中祀)·소사(小祀)로 구분하여 국가에서 제사를 올렸다. 동해를 포함한 사해(四海)에 제사를 드렸고, 동해신을 모시는 신사는 아등변(阿等邊)에 있다고 하였다.[35]『신증동국여지승람』에 따르면 아등변은 경상도 흥해군[36]에 있었다고 한다.

---

34 2006년 문화관광부는 '100대 민족문화 상징'을 여러 전문가의 연구와 국민들의 의견을 들어 발표한 바가 있다. 음식으로는 김치, 냉면, 된장과 청국장, 떡, 불고기, 삼계탕, 한우, 전주비빔밥, 자장면 등이 보이고, 바다와 관련 된 것은 동해, 독도, 갯벌, 해녀(잠녀), 거북선 등이 선정되었다. 미역 혹은 미역국은 선정되지 않았다.

35 "아등변(阿等邊) 또는 근오형변(斤烏兄邊)이라고도 한다. 신라에서 동해신(東海神)을 여기에 제사 지냈음이 중사(中祀)에 실려있다."(『신증동국여지승람』흥해군편)

36 흥해군(興海郡)은 현재의 경상북도 포항시 북구 대부분을 관할하던 옛 행정 구역으로 1914년 4월 1일 흥해군과 연일현, 청하현, 장기현이 영일군으로 통폐합되었다. 그리고 영일군(迎日郡)은 1995년에 포항시에 도농통합시로 통합되었다.

포항 동해면 일월사당의 일월신제

　남한에 남아 있는 신사는 동해묘(東海廟)와 남해신사 둘 뿐인데, 남해신사는 복원은 되어 있으나 본디 터전은 불확실하다. 반면에 양양의 동해묘는 비석이 남아 있어 정확한 터전이 확인되는 남한 땅의 국가적 해양 성소이다. 고을 단위나 개별적으로 용신, 해신 등에 제사 지내는 신사 굿당 등은 즐비하지만 국가 제사 터는 매우 드물기에 이곳의 의미는 더욱 각별하다. 더욱이 동해는 묘(廟), 서해는 단(壇), 남해와 두만강은 신사(神祀), 압록강은 사(祀)를 두었으니 동해묘의 위상이 가장 높았음을 알 수 있다. 즉 동해의 문화적 상징물 1호, 더 나아가 우리나라 해신사의 1번지는 두말할 것도 없이 동해묘이다.[37] 동해묘에 대한 국가의 전통적인 숭배와 제사 문화가 지금의 한민족만의 독특한 동해 해돋이 문화, 그리고 전국적인 신년 해돋이 문화로 전승되어 왔음을 상상해 본다.

---

37 주강현, 2007, 〈동해, East Sea, 동해의 역사와 민속〉, 『향토와 문화 45(대구은행)』, 15쪽.

강원도 양양 동해신묘

　신라시대 흥해군에 있었던 동해묘는 『고려사』에 "익령현(翼嶺縣)에 동해신사(東海神祠)가 있다."고 한 기록으로 볼 때, 익령은 강원도 양양의 옛 이름이므로 고려시대에 강원도 양양으로 옮겨진 것으로 보인다. 정확한 설치 연대는 알 수 없지만, 국가의 제사와 관련한 제도가 건국 초기에 제정되는 관례로 보아 고려 초기에 설치되었을 것이다. 그런데 1661년 삼척부사로 부임했던 허목은 "화비령(火飛嶺)의 남쪽에 지명이 정동(正東)이라는 곳이 있는데 동해 가의 작은 산이다. 산은 전부 돌이고 산의 나무는 모두 소나무인데 춘분에 산에서 동쪽을 바라보면 해가 한가운데에서 떠오른다. 옛날에는 동해신의 사당(東海神祠)이 있었으나, 중고(中古)에 양양(襄陽)으로 옮겼다."는 기사를 남겼다.[38] 이러한 것을 종합적으로 추정해 볼 때 고려

---

38 "火飛南。有地名正東者。蓋東海上小山。山皆石。山木皆松。春分東望。日出正中。古有東海神祠。中古移祠於襄陽" 『기언(記言)』에 나온다. 『기언(記言)』은 허목(許穆, 1595~1682)의 시문집.(한국고전번역원, 허선휴 역)

왕조는 개성을 수도로 삼으면서 국토의 남쪽에 치우쳐 있던 동해묘를 북쪽으로 이동하여 다시 설치했는데, 처음에는 강릉의 화비령에 두었다가 양양으로 옮긴 것으로 추정할 수 있다.[39]

『삼국유사』 연오랑세오녀의 이야기는 미역에 관한 오래된 공식적인 문헌기록이라 그 의미가 중대하다. 이 기록을 근거로 한다면 적어도 AD 157년에 우리나라는 해조류를 채취하는 문화가 있었던 것으로 추정된다. 문헌으로 보아도 세계 미역문화의 발상지가 되는 것이다. 『삼국유사』 '연오랑세오녀(延烏郞 細烏女)' 부분의 원문은 다음과 같다.

第八阿達羅王卽位四年丁酉 東海濱 有延烏郞 細烏女 夫婦而居 一日
延烏歸海採藻 忽有一巖[一云一魚] 負歸日本 國人見之曰 此非常人也
乃立爲王

"제8대 아달라(阿達羅)왕이 즉위한 지 4년은 정유년(157)이다. 동해 바닷가에 연오랑(延烏郞)과 세오녀(細烏女) 부부가 살고 있었다. 하루는 연오가 바다에 나가 해조(海藻)를 따는데, 갑자기 바위 하나(혹은 물고기라고도 한다)가 나타나 태워서 일본으로 갔다. 그 나라 사람들이 이를 보고 '이는 비상한 사람이다'라고 하여 이내 왕으로 삼았다."[40]

이 기록은 신화적이어서 연오랑이 바위를 타고 일본으로 갔다는 것은 사실 그대로를 반영했다고 보아서는 안 된다. 아마도 배를 타고 갔거나 표류했을 것이다. 이 연오랑세오녀 신화의 기저에 놓인 확실한 사실은 "하루는 연오가 바다에 나가 해조(海藻)를 따는데(一日延烏歸海採藻)" 부분이다. 바다에 가서 채조(採藻)했다는 건 바로 미역을 땄다는 것으로 추정할

---

39 김혜정, 2009,『동해의 역사와 형상』, 경희대학교 혜정박물관, 110쪽.
40 고운기 옮김,『삼국유사』, 홍익출판사, 45쪽.

수 있다. 왜냐하면 우리나라 연안의 주요 해조류가 미역, 다시마, 김, 톳 등이 있는데, 김이나 기타 해조류는 서·남해안에 많이 자생하고, 이 지역에는 한대성 해조류인 다시마는 거의 살지 않고, 현재에도 미역만큼 많이 생산되는 것이 없으므로 당연히 미역이라 추론하는 것이 타당하다. 즉 지금도 많이 생산되고 있는 미역을 따러 갔다고 보는 것이 합리적이다. 이를 뒷받침하듯, 이 지역의 해안 지형은 미역이 살기 좋은 미역바위(짬)의 분포가 많은 암반 생태계 지역이다.

따라서 연오랑세오녀 설화의 현장이라고 추정되는 포항시 동해면 임곡리 암반 생태계 바닷가 정황과 설화 속의 상황을 종합적으로 유추해 볼 때 '조(藻)'는 미역으로 특정할 수 있다.

포항 해맞이 광장에 있는 연오랑세오녀상

또 하나, 똑같은 포항의 연오랑세오녀 이야기가 일출명소인 부산시 기장군 오랑대에 전해지고 있다. 여기에도 연오랑과 세오녀 부부가 살고 있었고, 연오랑은 미역을 건져 올리러 바다에 갔다가 일본에 가게 되는 등『삼국유사』의 이야기와 거의 흡사하다. 이에 연오랑의 이름을 따 '연오랑대'라 불리다가 '오랑대'가 되었다는 것이다. 한편 오랑대의 오랑은 '연오랑세오녀'의 오랑이 아니라 다섯 명의 남자(오랑, 五郞)로, 오랑대는 옛날 기장으로 유배 온 친구를 만나러 시랑 벼슬을 한 다섯 명의 선비가 이곳에 왔다가 바다 위 암벽 위에 둘러앉아 술을 마시며 풍류를 즐겼다는 데서 유래했다는 설이 있기도 하다. 연오랑세오녀 이야기는 삼국시대이고, 유배 이야기는 조선시대라 시대가 다르다. 오랑대 바로 윗마을이 기장 미역으로 유명한 일광면으로 기장 미역 다시마

오랑대와 인근에 있는 용왕단(부산 기장군)

축제가 열리는 곳이니 신라시대부터 유래한 전설이 더 신빙성이 있다. 오랑대 전설이 사실이냐, 아니냐를 떠나 '미역을 건져 올리다가' 일본으로 갔다는 것을 유념해서 보아야 한다. 포항과 기장의 연오랑 전설은 한반도의 미역섭취 문화가 일본으로 건너간 것으로 해석할 수 있다. 연오랑은 바닷가 사람이니 고기잡이도 했겠지만, 미역을 채취하여 식용하는 방법을 일본 사람들에게 전파했을 것이다.

연오랑세오녀의 설화의 무대가 바로 '해와 달의 고장'이라는 뜻으로 '일월향(日月鄕)'으로 불려온 영일군(迎日郡)이고, 연오랑세오녀가 일본으로 떠난 후 일월의 정기가 없어졌을 때, 연오랑이 보내준 비단으로 제사를 지냈다는 장소가 바로 일월지(日月池)이다.[41] 현재 포항시 동해면에는 연오

---

41 예전에는 이곳에 일월신을 모신 사당이 있어 천제당 또는 일월사당이라 불렸고, 신라시대에는 왕실에서, 고려·조선시대에는 영일현감이 제사를 지냈고, 그 뒤로는 이 못의 물로써 농사를 짓던 농민들이 봄과 가을에 제사를 지냈다고 전해진다. 지금은 일월지(경상북도 기념물 제120호로 지정)가 포항시 남구 오천읍 해병대 부대 안에 있으며, 부근에 신라 때부터 내려오는 천제당이란 사당이 있었으나 일제강점기 때 철거되었다고 한다.

랑세오녀를 제향하는 일월사당(日月祀堂)이 복원되어 있다. 『삼국유사』에 따르면 신라시대 하늘에 제사 지낸 곳을 영일현(迎日縣) 또는 도기야(都祈野)라고도 했는데 도기야는 현재 동해면 도구리를 지칭하는 것으로 알려져 있다.

이처럼 포항을 비롯한 영덕, 경주의 동해안 일대가 세계 미역문화의 발원지인 이유는 여러 근거로 증명될 수 있다.

연오랑세오녀 전설이 전해지는 도기야(都祈野) 지역은 영일만을 끼고 있는 호미곶 일대로서 천혜의 해양지형으로 연안 암반 절벽과 해식애[42]가 발달되어 있으며, 암반에서 떨어져 나온 크고 작은 바위(짬)들이 육지와 연접되어 있고, 물이 맑고 바위 사이로 각종 해조류와 전복 소라 등 패류들이 서식하는 것이 눈에 보이곤 한다. 따라서 미역 등 해조류가 서식하기 좋은 최적의 지역으로 미역바위가 많아 지금도 해녀들의 돌미역 채취와 해루질이 성행하고 있으며, 송라면 방석리 '거무돌 미역'과 장기면 '창바우 돌미역'이 그 명성과 역사를 잇고 있다.

또한 포항은 다음 그림에서 보듯이 조선시대 때 해도(海島), 하도(下島), 죽도(竹島), 분도(分島), 상도(上島)의 5개 섬으로 이루어진 섬의 도시였다. 이 작은 섬이

〈1872년 지방지도〉 중 포항진 지도(출처 : 규장각 한국학연구원)

---

42 해식애(海蝕崖, sea cliff) : 파도의 침식 작용과 풍화 작용에 의해 해안에 생긴 낭떠러지.

형산강 상류에서 내려오는 다양한 유기물들과 바다가 만나는 기수역 지역으로서 연안의 다른 바위들과 어울려져 미역을 비롯한 다양한 해조류가 살았던 연안 해양생태계의 보고였다. 근대에 와서는 해도동, 죽도동, 상도동, 대도동, 송도동으로 달리 불리고 있어 포항이 5도 섬을 가진 도시였다는 것을 아는 사람은 많지 않다.

신라 때부터 있었던 동해 숭배정신과 연오랑세오녀의 이야기를 비롯하여 동해묘가 있었던 곳인 포항의 영일만과 호미곶은 한국 미역문화가 시작된 곳이고, 한국 해조류 문화의 성지인 것이다.

이처럼 오랫동안 지속되어 온 동해의 미역문화와 서·남해안의 김 문화, 그리고 북한의 다시마 문화까지 연계되어, 지금 한국이 해조류 소비 1위의 나라가 되었다고 보아야 할 것이다. 아울러 미역과 김 생산량 세계 1위, 김 수출국 1위라는 명예도 우연히 이루어진 게 아니다.

신라의 미역, 동해의 미역

영일만과 호미곶 일대의 해양생태계의 체계적인 보호를 위해, 그 일대의 장기숲 등 산림자원과 연계한 '호미반도 국가해양정원'을 추진한다고 한다. 이는 바다거북이 출현하고 게바다말 군락지가 있는 호미곶 해양보호구역과 함께 동해안의 해조류 역사문화를 세계적으로 알릴 좋은 기회다.

호랑이 꼬리의 끝에 구만리 까꾸리계(구포계·鉤浦溪) 마을이 있다. 포항 일대에서 가장 바람과 파도가 거친 곳으로 유명하다. 풍파가 일 때 청어 떼가 해안까지 떠밀려 나와 갈고리(까꾸리)로 찍어 잡는다고 해서, 갈고리 구(鉤)자를 쓰는 것으로 미루어 보아 까꾸리계는 예로부터 청어가 풍부한 곳이었다. 청어가 많으니 청어를 먹이로 하는 고래의 출몰도 잦았다. 구만리

해안도로를 따라 이어진 바닷가에는 바위와 암초가 많고, 마고할멈의 전설이 있는 다릿돌(矯石礁 : 교석초) 지역은 미역 등의 해조류도 풍부하다. 즉 미역과 청어와 고래가 연결되는 해양생태계를 시각적으로 살펴볼 수 있는 곳이기도 하다. 인근 호미곶면에는 다무포 고래마을과 포경선이 드나들던 구룡포항이 있다.

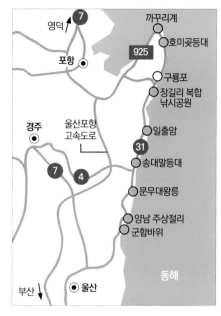

우리나라는 현재 상업적 포경을 금지해 12종의 고래(귀신·남방큰돌·대왕·보리·북방긴수염·브라이드·참·향·혹등고래·상괭이·범고래·흑범고래)를 해양 보호 생물 종으로 지정해 보호하고 있다. 과거 우리나라 바다에 많이 서식한 참고래는 대왕고래 다음가는 대형 수염고래였다. 주로 작은 갑각류와 정어리, 청어, 삼치 등을 잡아먹었다. 우리말에서 '참'자가 접두어로 붙으면 '진짜' 혹은 '친근한' '익숙한' 등의 의미가 된다. 참새, 참기름, 참꽃(진달래), 참나무 등이 그러한 예이다. 음식 재료의 경우 '맛있다'는 의미도 포함된다. 그래서 이 지역 해산물에는 유독 '참'자가 붙은 경우가 많다. 참미역, 참다시마, 참모자반, 참김 등 '참'자가 많이 붙는다.

한편 동해안 강원도 삼척지역에 전해오는 애랑이와 애바위와 관련된 이야기를 미루어 보면 동해안에서 전승되어 온 미역문화의 한 모습을 살펴볼 수 있다.

옛날 삼척 신남마을에는 장래를 약속한 처녀 애랑이와 총각 덕배가 살고 있었다. 어느 봄날 애랑이가 마을에서 떨어진 '돌섬(미역바위)'으로 미역을 따러 간다기에 덕배는 떼배로 애랑을 바위섬에 실어다 주고 자신은 밭에 나가 일을 하고 있었다. 그런데 갑자기 풍랑으로 집채 같은 파도가 일어 배를 띄울 수가 없게 되었다. 처녀 애랑은 살려 달라고 목이 터져라 덕배를 부르며, 애원하다가 안타깝게도 높은 파도에 휩쓸려 죽고 말았다.

애랑이가 죽은 뒤부터 신남마을에는 고기가 전혀 잡히지 않았을 뿐 아니라, 바다에 나간 어부들이 해난사고로 집으로 돌아오지 못하는 일이 자주 생겼다. 애쓰다가 죽은 처녀의 한(恨) 때문이라는 뒤숭숭한 소문이 온 마을에 퍼지던 어느 날, 덕배의 꿈에 산발한 애랑이가 울면서 나타났다. 덕배는 원혼을 달래 달라는 처녀 애랑이의 애달픈 소원을 듣고 다음날 당장 향나무로 남근을 깎아 애랑의 혼을 위로하는 제사를 올렸다. 그 후부터 신기하게도 덕배에게는 고기가 많이 잡혔다.

그 이야기를 전해 들은 마을 사람들은 애랑신을 모신 해신당(海神堂) 신수(神樹)에 남근을 깎아 매달아 마을 공동으로 치성을 올렸으며, 혼인 못한 애랑의 원혼을 달래고 풍어와 소원성취를 기원하게 되었다. 또한 돌섬의 이름은 높은 파도에 휩쓸리면서도 살려고 애를 쓰다 죽었다 하여 '애바위'라 부르게 되었다. 지금도 매년 두 차례(음력 정월 대보름, 음력 시월 첫 오(午)일) 해신당에 제사를 올리는데, 이 행사는 신남마을의 민속행사로 해신당의 전설과 함께 계속 이어져 내려오고 있다.[43]

삼국유사에 기록된 포항 지역의 연오랑세오녀 이야기와 구전으로 전래되어 오는 삼척지역의 애바위 전설 외에도 미역문화의 시발점이 영일만과 호미반도를 아우르는 동해안 지역이라는 것은 다음 사료로도 증명할 수 있다.

---

43 이승철 외, 2016, 『강원도 동해안 바위설화』, 강원도환동해본부.

동해를 주영역으로 삼았던 신라는 해조류를 중국에 수출했다. 신라의 해조류는 당시 중국(당나라)에까지 수출되는 명성이 자자한 신라의 특산품이었다. 한치윤(韓致奫:1765~1814)이 편찬한 『해동역사(海東繹史)』 '물산지(物産志)'에는 다음과 같은 기록이 있다.

> 곤포(昆布)
>
> ○ 곤포는 지금 오로지 고려에서만 난다. 삼[麻]을 꼬듯이 새끼줄을 꼬고, 황흑색이며, 부드럽고 쫄깃해서 먹을 수가 있다.《명의별록 주》
>
> ○ 곤포는 신라에서 나는 것은 황흑색으로, 잎이 가늘다. 신라 사람들은 이것을 채취하여 꼬아서 새끼줄을 만든 다음, 배 위의 그늘에서 말려 중국으로 가지고 온다.《남해약보(南海藥譜)》
>
> ○ 발해의 풍속에서 귀하게 여기는 것은 남해(南海)의 곤포이다.《신당서》
>
> ○ 고려의 곤포로 국을 끓이는 법은 다음과 같다. 곤포 1근을 쌀뜨물[白米泔]에 담가서 하루 저녁을 묵혀 신맛을 씻어 내고, 물 1두(斗)를 넣어 끓여서 익힌다. 그런 다음 곤포를 3촌(寸)쯤 되는 길이로 잘라서 4, 5분(分)가량 걸쭉하게 하고, 이어 파[蔥白] 한 줌을 2촌(寸) 길이로 썰어 넣고서 다시 끓이되, 곤포가 문드러질 때까지 끓인다. 이어 소금, 초(酢), 된장[豉], 쌀가루[糝]를 넣고서 간을 맞춘 다음, 다시 국을 끓이는 법과 같이 끓여서 떫거나 시지 않게 한다. 여기에다가 생강, 귤피(橘皮), 후춧가루[椒末] 등을 넣어 간을 맞추면, 조밥이나 쌀밥과 먹기에 좋다.《본초도경(本草圖經)》[44]

곤포는 일반적으로 다시마를 지칭하는 것으로 알려져 있다. 그러나 위 『해동역사(海東繹史)』 '물산지(物産志)' 곤포 부분의 설명을 잘 들여다보

---

44 한국고전번역원, 한국고전종합DB, 정선용 역.

면, 여기서 말한 곤포란 다시마가 아니라 미역이라는 추론이 가능하다. 특히 "삼[麻]을 꼬듯이 새끼줄을 꼬고, 황흑색이며, 부드럽고 쫄깃해서 먹을 수가 있다."는 다시마에 대한 설명으로 보기 어렵다. 또한 "곤포는 신라에서 나는 것은 황흑색으로, 잎이 가늘다. 신라 사람들은 이것을 채취하여 꼬아서 새끼줄을 만든 다음" 부분을 보면 더욱 확실해진다. 또한 곤포국을 끓이는 방식은 지금의 자연산 미역으로 국을 끓이는 방식과 흡사하다.

이런 여러 사실로 미루어 추측하면 『해동역사(海東繹史)』 '물산지(物産志)'에 나오는 곤포는 미역임이 확실하고, 신라인들은 그 미역을 가공해서 중국에 수출했던 것임을 알 수 있다. 또한 발해도 중국에 미역을 수출했다는 기록이 보이며, 발해의 남해는 바로 동해(東海)이기에, 동해산 미역을 중국에 수출했던 것이다.[45]

희망의 미역과 동해의 일출

앞에서 한국인은 동해에 대한 남다른 인식체계를 가지고 있으며, 신화의 바다인 동해인 주요 성지(聖地)에 동해묘와 해신당을 세웠음을 언급한 바 있다. 국가 차원이든 어촌마을 공동체 차원이든 간에 제의의식을 지내면서 동해안 사람들은 미역문화를 형성해 왔다. 한민족의 독특한 미역 식문화의 의미는 무엇일까? 여러 가지가 있을 것이다. 그 중에서도 근원적인 생명사상에 입각한 의미적 차원을 생각해 본다.

---

45 ○ 28년(740, 문왕4) -경진- 10월에 발해가 사신을 파견하여 초서피(貂鼠皮)와 곤포(昆布)를 바쳤다.《책부원귀》
○ 후당(後唐) 동광 3년(925, 애왕25) -을유- 2월에 -살펴보건대《오대사》에는 2월 신사로 되어 있다.- 발해의 왕 대인선이 정당성 수화부소경(政堂省守和部少卿) 사자금어대(賜紫金魚袋) 배구(裵璆)를 사신으로 파견하여 인삼(人蔘), 잣(松子), 곤포(昆布), 황명세포(黃明細布), 초서피(貂鼠皮) 이불 1채, 요 6채, 발화혁노자(髮靴革奴子) 2개를 조공하였다.《책부원귀》
○ 명종(明宗) 천성(天成) 원년(926, 애왕26) -병술- 4월에 -살펴보건대《오대사》에는 4월 갑인으로 되어 있다.- 발해국의 왕 대인선이 사신 대진림(大陳林) 등 116인을 파견하여 조공하면서 어린아이와 여자 각 3인씩을 바치고, 인삼(人蔘), 곤포(昆布), 백부자(白附子), 호피(虎皮) 등을 바쳤다.《책부원귀》

먼저 우리 지구의 생명의 원천은 태양에너지이다. 생명의 원천은 햇빛이고, 그 빛의 원천은 태양이다. 그 태양이 떠오르는 곳이 바로 동해. 우리 선조는 그래서 해를 남다르게 인식했으며, 이는 해돋이 문화로 표출되었다. 그런 바다에서 자연스럽게 채취할 수 있었던 미역이 생명성을 상징하게 된 것은 자연스럽다.

우리나라의 해돋이 문화가 동해의 일월(日月)사상과 연관이 있고, 거기에 미역문화가 얽혀 있다는 것은 우연은 아니다. 결국 태양, 동해, 다산(多産), 생명, 출생, 모성, 어머니는 하나의 의미로 이어지는 것이다. 그 의미의 마지막 부분, 먹을거리에 이르면 미역문화는 현재도 숨을 쉬고 있다. 미역국에는 물론 영양적 의미도 있겠지만 그보다는 생명을 잉태하고 생명을 키워주는 태양의 상징성이 스며들어 있다고 보아야 할 것이다. 태양은 희망의 상징이고, 생명력을 주는 에너지이고, 늘 어머니와 같은 존재였다. 아울러 매일 떠오르는 태양을 보고 출산(出産)의 희망과 기대 그리고, 다산(多産)과 풍요의 의미도 함께 기원했다고 본다. 그리고 태양은 왕이나 귀족이나 서민들까지, 농민이나 어민까지 그 누구에게나 빛을 골고루 비춘다. 누구에게나 관용을 베풀고 그 누구도 포용한다. 태양 아래 독불장군은 없다. 태양은 홍익인간의 정신을 우리에게 늘 가르쳐 준다. 떠오르는 해를 바라보면서 우리 선조들은 그런 생각에 빠졌을 것이다.

동해바다를 안고 있는 영일땅 장기현(지금은 장기면)에는 이곳이 예로부터 해돋이의 고장이었다는 증거가 많이 있다. 오늘날 호미곶이 있는 지역까지 이전에는 장기현이었다. 장기의 신라시대 때 지명은 지답현(只沓縣)이었다. 여기서 '답(沓)'자는 '물이 끓어넘친다'라는 뜻이다. 즉 해 뜨기 전에 바닷물이 붉게 타오르는 것을 바닷물이 끓어오른다고 하여 지답이라 이름을 붙였다. 그러니까 지명에 일출이 묘사된 셈이다.[46]

---

46 이재원, 〈해맞이 본고장, 영일〉, (『동해인문학』, 경상북도, 237쪽)

포항 호미반도 장기면에는 최남선이 쓴 『조선상식문답』(1946년)에서 '조선 10경'으로 꼽은 장기 일출이 있고, 장기 읍성안에는 조해루(朝海樓)의 흔적과 배일대(拜日臺)가 아직 남아 있다. 매년 1월 1일 호미곶 해돋이 축제가 이루어지는 곳도 인근에 있는 것은 모두 우연이 아닐 것이다. 육지의 최동단(最東端)에서 그런 행사를 할 수밖에 없었던 것이 바로 우리 민족이었다.

최남선 「조선 10경가」 중 '장기 일출'[47]

이 어둠 이 추위를
더 견디지 못할세라
만물이 고개 들어
동해 동해 바라볼 제
백령(百靈)이 불을 물고
홍일륜(紅一輪)을 떠받더러
나날이 조선 뜻을
새롭힐사 장기 일출

특히 예로부터 칭송되어 온 동해안 명승지인 관동팔경(關東八景)[48]에는 동해의 해돋이와 절경에 대해 노래한 시가와 이곳에 얽힌 전설들이 많다. 특히 조선 선조(宣祖) 때에 정철(鄭澈)이 관동팔경과 금강산 일대의 산

---

47 최남선의 조선10경은 다음과 같다. 제1경 천지신광(백두산 천지에서 바라본 경관), 제2경 경포월화(경포에 비치는 달), 제3경 장기일출, 제4경 변산낙조(변산바다의 낙조), 제5경 대동춘흥(대동강 주변 봄빛), 제6경 금강추색(금강산 단풍), 제7경 압록기적(경적을 울리는 압록강의 증기선), 제8경 연평어화(연평도 어선의 불빛), 제9경 재령관가(동선령에서 바라본 경관), 제10경 제주망해(제주도 망망대해)으로 구성된다.
48 고성의 청간정(清澗亭), 강릉의 경포대(鏡浦臺), 고성의 삼일포(三日浦), 삼척의 죽서루(竹西樓), 양양의 낙산사(洛山寺), 울진의 망양정(望洋亭), 통천의 총석정(叢石亭), 평해(平海)의 월송정(越松亭)이 그것이며, 월송정 대신 흡곡(歙谷)의 시중대(侍中臺)를 넣는 경우도 있다.

수미(山水美)를 읊은 「관동별곡」이 유명하다. 또 신라시대에 영랑(永郎)·술랑(述郎)·남석랑(南石郎)·안상랑(安祥郎)이 삼일포와 월송정에서 놀았다는 전설도 널리 알려져 있다. 그런데 여기에 나타나는 지역인 고성, 강릉, 삼척, 양양, 울진, 평해 등이 하나같이 해돋이와 자연산 돌미역이 유명하다. 동해의 지형상, 일출 명소는 탁 트인 바다보다는 바위나 암반이 기기묘묘하게 발달되어 있는 곳이 대부분이어서, 바로 그곳이 자연산 미역의 산지이기도 한 것이다.

또한 해와 달 관련 동해안 유적으로는 인근인 영덕군 축산면 와우산에 일광대(日光臺)와 월영대(月影臺)가 있다.

강원 삼척시 정라동에 있는 1661년 허목이 세운 척주동해비(陟州東海碑)의 일화[49]를 통해 동해신(東海神)의 신적인 의미를 알 수 있다. 「동해송(東海頌)」에도 해돋이와 관련된 구절이 있다.

동해송(東海頌)
– 척주(陟州)는 옛날 실직씨(悉直氏)의 땅으로 예(獩) 지역의 남쪽에 있어 서울과의 거리가 700리쯤 되는데, 동쪽으로 큰 바다를 임하고 있다. 다음과 같이 송(頌)한다.

큰 바다 가이없어 / 瀛海漭瀁

온갖 냇물 모여드니 / 百川朝宗

그 큼이 끝이 없다오 / 其大無窮

동북쪽은 사해여서 / 東北沙海

---

49 허목이 부임해보니 조수가 오십천으로 역류하면서 강물이 범람하여 피해가 심각했다. 이에 허목은 온갖 신들이 머물고 신비한 현상이 일어나는 곳인 동해를 기리는 「동해송(東海頌)」을 짓고, 이 글을 전서체로 비석에 새겨 이듬해 정라진 앞 만리도에 세우자 조수의 역류현상이 사라졌다고 한다.

밀물 썰물 없으므로 / 無潮無汐

대택이라 이름했네 / 號爲大澤

파란 물 하늘에 닿아 / 積水稽天

출렁댐이 넓고도 아득하니 / 浡潏汪濊

바다가 움직이고 음산하네 / 海動有曀

밝디 밝은 양곡에는 / 明明暘谷

태양의 문이라서 / 太陽之門

희백이 공손히 해를 맞고 / 羲伯司賓

석목의 위차요 / 析木之次

빈우의 궁으로 / 牝牛之宮

해가 돋는 동쪽의 끝이로다 / 日本無東

교인의 보배와 / 蛟人之珍

바다에 가득한 온갖 산물 / 涵海百産

한없이 많으며 / 汗汗漫漫

기이한 물건 변화하여 / 奇物譎詭

너울대는 그 상서는 / 宛宛之祥

덕을 일으켜 나타나도다 / 興德而章

조개의 태에 든 진주는 / 蚌之胎珠

달과 더불어 성하고 쇠하며 / 與月盛衰

대기를 따라 김이 올라가고 / 旁氣昇霏

머리 아홉의 천오와 / 天吳九首

외발 달린 기는 / 怪夔一股

폭풍을 일으키고 비를 내린다네 / 飇回且雨

아침에 돋은 햇살 / 出日朝暾

둥글게 올라 휘황찬란 빛나니 / 轇軋炫熿

자줏빛 붉은빛 가득하여라 / 紫赤滄滄

십오일 둥실 뜬 달 / 三五月盈

하늘에 밝은 거울 되니 / 水鏡圓靈

뭇 별들 빛을 감추도다 / 列宿韜光

부상과 사화 / 扶桑沙華

흑치와 마라 / 黑齒麻羅

상투 튼 보가며 / 撮髻莆家

연만의 굴조개 / 蜓蠻之蠔

조와의 원숭이 / 爪蛙之猴

불제의 소들은 / 佛齊之牛

바다 밖 잡종으로 / 海外雜種

종류도 풍속도 다른데 / 絶儻殊俗

같은 동산에 함께 자라도다 / 同囿咸育

옛 성왕 덕화가 멀리 미쳐 / 古聖遠德

오랑캐들 중역으로 찾아오니 / 百蠻重譯

복종하지 않은 곳 없었네 / 無遠不服

크고도 빛나도다 / 皇哉熙哉

그 다스림 넓고 커서 / 大治廣博

유풍이 오래가리로다 / 遺風邈哉**50**

이 노래는 큰 동해에 해와 달이 밝게 비치니 그 다스림이 넓고 커서 잡스러운 것이 침범하지 못할 것을 노래했다. 태양 혹은 일월(日月) 숭배 사상이다. 아울러 신라 문무대왕의 대왕암 주변에서도 매년 해돋이와 다양한 민속신앙이 지금도 이루어지는 것을 미루어 볼 때 우리 조상들은 희망

---

50 허목의 문집 『기언』 제28권 하편 / 산천 하(山川下)에서.(한국고전번역원, 김내일역)

배일대(포항, 장기읍성 동문 유적지 인근), 매년 관아에서 주민들 평안과 풍어를 위해 해돋이와 제를 지내던 곳

의 에너지를 품은 동해에서 태양의 힘을 받고, 또한 깨끗한 동해 바다에서 자란 미역을 먹으면 태양과 동해의 에너지가 우리에게 들어온다는 희망을 무의식적으로 품었을 것으로 보인다. 그리고 아이를 낳으면 미역국을 끓여 우선 삼신에게 바치고, 그 미역국을 먹는 풍속도 태양 숭배와 동해의 신성(神聖)과 깊은 관련이 있다.

경주 문무대왕면의 대왕암 일출

미역과 마을공동체 그리고 동해인문학

우리 조상들은 동해에 떠오르는 태양을 통하여 희망의 에너지와 정신적 건강을, 그리고 동해에서 자라는 미네랄과 비타민의 보고인 미역의 섭취를 통해 육체적인 힘을 받았지만 미역문화에서 무엇보다도 중요한 것은 해조계(海藻契)와 어촌계(漁村契)라는 마을공동체의 협력과 유대가 있었다는 점이다. 지금도 그 전통이 면면이 남아 이어지고 있다. 이런 공동체 문화를 교육을 통해 해양문화로 승화시켜 전승 보존해야 한다.

현재 바닷가에는 농촌지역의 계(契)와 두레[51] 성격처럼 「수산업협동조합법」에 의해 지구별 수산업협동조합의 조합원을 계원으로 하여 행정구역 및 경제권 등을 중심으로 설립된 어업인 단체인 어촌계(漁村契)가 있다. 어촌계는 수산업협동조합(수협)의 계통조직 중 하나로, 조직은 총회·총대회·이사회·계장 등으로 구성되는데, 어촌계장이 실질적 수장이다.

어촌계는 한국사회에 깊게 뿌리박고 있는 공동체적 계(契)의 정신에서 유래한다. 계는 경제적인 도움을 주고 받거나 친목 도모를 위해 만든 전래의 협동 조직으로 한국사회의 독특한 사회제도다. 근대화된 법률적 근거를 갖는 어촌계가 조직되기 훨씬 이전인 조선시대에도 어촌사회에서는 양식계(養殖契), 해조계(海藻契), 포패계(捕貝契) 등의 자연마을을 중심으로 한 자생적 협동조직체가 있었다.

즉 해조계(海藻契)에서는 연안 바다에 나는 해조류 등을 공동으로 생산, 관리, 분배했다. 마을마다 미역바위인 짬을 공동 관리하고, 거기에서 생산되는 미역 등 해조류와 어패류 등의 수익을 배분해 마을의 공동 번영을 추구하였다.

---

51 두레는 농민들이 농번기에 농사일을 공동으로 하기 위하여 부락이나 마을 단위로 공동노동체 조직이며, 두레가 이행하는 공동노동의 형태는 모내기·물대기·김매기·벼베기·타작 등 논농사 경작 전 과정에 적용이 되었으며, 특히 많은 인력이 합심하여 일을 해야 하는 모내기와 김매기에는 거의 반드시 두레가 동원되었다.

수천 년 전부터 동해는 생업의 현장이었다. 동해안 사람들은 대개 반농 반어(半農半漁)하는 가운데, 특히 겨울철과 이른 봄 춘궁기에 미역 채취에 나섰다. 미역은 바로 어촌에서 소비할 수도 있지만 그보다는 물물교환을 통해 필요한 곡식 혹은 돈으로 바꿀 수 있는 어촌의 매우 중요한 생산품이 었다. 때문에 마을공동체는 협력하여 미역을 공동 생산했다. 농촌의 논과 밭의 농경(農耕)처럼 바다에서도 어경(漁耕)이 시작되면서 더 큰 마을경제 권을 형성할 수 있었다.

이처럼 어촌 공동체 문화는 미역이라는 해조류를 통하여 상부상조라는 공동체적 협력과 유대를 통하여 유지되었다. 이는 어촌마을의 유산으로 발 전되어 왔다. 오늘날까지 해조류를 생산하는 어촌계는 상당히 활기가 있고 마을 사람들의 협력 상태가 좋다. 이는 미역과 같은 해조류의 공동 생산이 개별 어가 및 어촌 마을의 생존과 번영에 매우 중대한 영향을 미치고 있다 는 것을 의미한다.

자랑스러운 전통을 가진 어촌마을 공동체의 역사문화의 전승 보전은 자 연과 조화롭게 삶을 영위하기 위한 해양 생태계의 보존으로 이어질 수밖에 없다. 간단하게 말하면 대를 이어 후손들까지 미역을 따 먹게 하려면 해양 생태계를 파괴하지 않아야 한다. 전통적인 어촌마을의 공동체 문화의 보전 육성은 해양교육의 매우 중요한 요소가 된다. 자라나는 어린이와 청소년들 에게 전통 해양문화를 이해시키는 해양교육과 건강한 바다를 유지하기 위 한 해양과학은 동전의 양면이면서, 결국 어촌마을의 발전과도 연결된다. 어촌마을 공동체의 역사문화와 해양생태계 보존, 그리고 해양교육과 해양 과학 연구는 모두 건강한 바다에서만 가능하다. 그리고 어촌마을 공동체는 예로부터 그 건강한 바다를 지향해왔다.

미국은 시민들이 해양에 대한 이해를 높이기 위해 2002년부터 '해양적 소양(Ocean literacy)'에 대한 캠페인을 시작했다. 이 캠페인에는 해양과 관련된 해양대기청(NOAA) 산하 해양과학교육센터 COSEE(The Center for Ocean Science Education Excellence)가 중심이 되어 100여 명의 과학자, 교육자, 정책입안자들이 참여하여 시민들이 꼭 알아야 할 해양관련 원칙과 개념을 정의하였다. 해양적 소양이란 "해양이 나에게 미치는 영향과 내가 해양에 미치는 영향을 이해하는 것"으로 정의하였고 해양교육의 목적을 해양적 소양을 갖춘 시민육성으로 설정하고 해양적 소양의 7가지 기본 원리와 44개의 기본개념을 도출하였는데 해양적 소양의 7개 원리는 다음과 같다.[52]

1. The Earth has big ocean with many features.
   (지구에는 수많은 물리적 특성을 지닌 거대한 바다가 있다.)
2. The ocean and life in the ocean shape the features of Earth.
   (바다와 바다의 생명체는 지구를 변형시킨다.)
3. The ocean is a major influence on weather and climate.
   (바다는 기상과 기후에 많은 영향을 끼친다.)
4. The ocean makes Earth habitable.
   (바다는 지구에서 생명 활동이 가능하게 한다.)
5. The ocean support a great diversity of life and ecosystems.
   (바다는 거대한 생물종 다양성과 생태계를 유지시킨다.)
6. The ocean and humans are inextricably interconnected.
   (바다와 인간은 서로 얽혀 있다.)

---

52 Ocean Literacy와 관련한 자세한 사항은 홈페이지(http://oceanliteracy.wp2.coexploration.org)를 참고.

7. The ocean is largely unexplored.

(바다는 미지의 세계이다)

늦은 감이 있지만, 우리나라도 해양에 대한 국민의 인식개선 및 인재양성 그리고 해양문화의 창달로 국가의 해양역량 강화와 사회발전 및 국민의 삶의 질 향상에 기여 하고자, 「해양교육 및 해양문화의 활성화에 관한 법률(해양교육문화법)」이 2021년 2월 19일 시행되었다. 또한 전 국민의 '해양적 소양(Ocean Literacy)'을 증진하여 국가 차원의 실증적이고 체계적인 해양과학교육의 거점 역할을 하고자 동해안 울진지역에 국립해양과학관이 개관되어 운영 중이다.

필자는 2008년, 독도수호대책본부장 재임 시, 울진(대풍헌)과 울릉(대풍감)이 과거 수토사 뱃길이 연결되어 있었고, 울릉도(독도)의 영유권 확보와 동해의 지속가능한 미래를 위해서는 "해양과학으로 동해와 독도를 지키고, 이를 위해서는 해양교육이 제일 중요하다."라고 주장하며 국립해양과학관을 국책사업으로 관철시킨 바가 있다. 공교롭게도 국가어업유산으로 떼배를 활용한 울진, 울릉의 미역어업이 공동 추진되어 미역 등 해조류를 통해 해양교육과 해양과학 교육까지 연결되어 다행이라는 생각이다.

아울러 「해양교육문화법」 제2조에는 해양문화에 관해 다음과 같이 정의하고 있다.

"해양문화란 해양과 인간의 상호작용으로 나타난 정신적·물질적 산물의 총체로서 해양과 관련하여 지금까지 전승되어 온 전통과 유산 및 생활방식 등을 지속적으로 보존하고 계승하며 해양을 활용하여 보고, 즐기고, 체험할 수 있는 모든 인간 활동을 말한다."

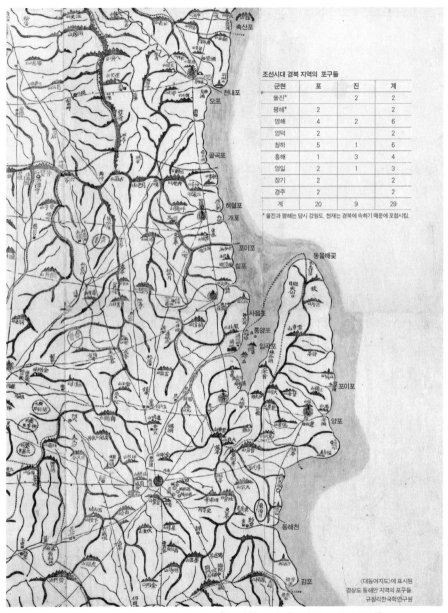

조선시대 경북 지역의 포구들

군현	포	진	계
울진*		2	2
평해*	2		2
영해	4	2	6
영덕	2		2
청하	5	1	6
흥해	1	3	4
영일	2	1	3
장기	2		2
경주	2		2
계	20	9	29

* 울진과 평해는 당시 강원도, 현재는 경북에 속하기 때문에 포함시킴.

〈대동여지도〉에 표시된 경상도 동해안 지역의 포구들 규장각한국학연구원

〈대동여지도〉에 표시된 동해안 지역의 포구들, 『동해의 항구』, 대구은행 사외보 99호, 11쪽 인용

이제 바다를 단백질 식량의 원천으로 보는 수산업적 시각에서 벗어나 인문적으로, 문화적으로 보는 시각이 필요하다. 자라나는 청소년들에게도 바다를 제대로 이해할 수 있는 새로운 시각을 열어주어야 한다. 미역도 마찬가지다. 미역을 음식재료만이 아니라 해양문화의 한 축으로 보아야 한다.

미역인문학은 동해인문학의 기초 작업 중의 하나이다. 동해인문학의 정립 작업은 자라나는 어린이와 청소년들에게 밥상에서부터 바다의 중요성과 미역을 통하여 해양과학과 전통어업 문화유산을 이해할 수 있게 돕는다. 이것이 바로 해양교육의 창조적 디자인의 한 모습이다.

아울러 동해에서 귀신고래와 바다거북, 명태가 사라지듯이 갯녹음 현상과 연안개발로 해양생태계가 위기에 직면하고, 기후 온난화 등으로 언제든지 미역과 같은 해조류의 연안 생태계가 파괴될 수도 있다. 미역문화를 비롯한 자랑스러운 어촌 공동체 문화와 함께 연안 생태계도 잘 보존해야 한다.

이는 우리가 우리의 바다, 동해를 지켜내고 동북아시아의 번영의 장으로 만들어내기 위해서 먼저 동해를 문화적으로 이해하는 길이기도 하다. 경상북도, 강원도, 그리고 북한과 일본, 러시아와 함께 해양문화 공동체를 이루어 왔던 환동해 해양문화의 정체성을 찾아내 이를 '동해 헤리티지(heritage)'로 체계화하여 기록·보존·전승하는 일도 매우 중요하다. 이를 통해 어느 한 나라의 소유가 아닌 평화적 공존의 바다를 모색해야 한다.

필자는 이러한 미역문화의 역사성과 창의적 디자인을 통해 세계 미역문화의 발상지이자 한국의 미역문화의 정체성을 찾고자 하는 노력의 일환으로 미역인문학을 집필하게 되었다. 이 책을 통해 미역문화의 성지인 동해의 가치를 체계적으로 청소년들에게 알릴 수 있기를 바란다.

"동해는 고래의 바다였고, 미역의 바다다." 동해에서 한동안 사라진 고래의 역사처럼, 동해에서 미역의 역사가 사라지지 않게 해야 한다. 이러한 염원은 문무대왕이 지키려고 했던 동해의 미래를 제대로 건강하게, 창의적으로 만들어나가는 일이기도 하다. 이는 일본을 배척하자는 말이 아니라 동해 주변의 모든 나라와 지방들이 평화적으로 공존하자는 말이다.

한민족은 수천 년 동안 동해의 희망을 먹고 살아온 해조민족(海藻民族)이다. 서·남해에 갯벌문화가 있다면 동해에는 미역문화와 해돋이 문화가 오랫동안 전승되어 오고 있다. 동해에 떠오르는 태양, 태양을 품은 미역문화, 오래오래 간직함이 옳지 않겠나!

3. 어촌마을 공동체의 뿌리, 해조계(海藻契)와 미역짬

미역과 지명

미역은 한자로 '곽(藿)'이다. 고문헌의 기록과 해조류 관련 자료에 조곽(早藿-올미역), 해곽(海藿), 분곽(粉藿-품질이 가장 양호한 미역), 곽이(藿耳-미역귀), 장곽(長藿-넓고 길쭉한 미역), 중곽(中藿-새초미역, 짧게 채를 지어 말린 미역〕 사곽(絲藿-실미역), 감곽(甘藿-여름에 나는 제철 미역) 등 곽이 붙은 다양한 용어가 나타나는데, 곽(藿)이라고 붙은 것은 대부분 미역과 관련된 것으로 보면 된다.[53]

이처럼 생산 지역이나 시기, 형태, 그리고 품질이나 소비되는 지역에 따라 이름이 조금씩 상이하다. 그리고 대부분 미역이 생산되는 바위, 암석들이 곽암(藿巖)이고, 곽전(藿田)은 미역바위가 있는 미역밭이다. 그리고 미역바위나 미역밭의 주인을 곽주(藿主)라고 부르기도 한다. 미역, 곽(藿)과 관련 지명은 경주에 미역내인 곽천(藿川), 진도에 미역섬인 곽도(藿島), 부산 기장에 곽암도(藿巖圖)와 미역바위와 관련된 전설이 있는 곽암마을, 그

---

[53] 영조대에 혼전(魂殿)에 공진하는 채소와 과일의 공물 폐단을 논하던 중 해곽은 종류는 1가지이나 명칭이 분곽, 조곽, 곽이, 사곽, 감곽으로 5가지나 되어 그것을 품종대로 각각 올리니 민폐가 매우 크다고 하면서 사곽과 곽이 2종류는 특별히 감하게 한 일이 있었다(『영조실록』 33년 7월 16일).

리고 울산의 미역 관련 유일한 지방문화재인 곽암(藿巖)이 있다. 이 모두 미역의 주산지에 있다.

경주의 곽천(藿川)은 형산강 상류 봉계리, 명계리, 복안리에서 내려오는 물줄기가 경주시 내남면 노곡리(蘆谷里)에 이르면 형성되는 하천이다. 우리말로는 미역내라 부른다. 형산강의 상류 지역이다. 이 지역은 미역이 많이 생산되던 형산강 하류와 영일만 일대의 미역이 상류로 올라와 미역 물류의 중심 마을이었기에 그런 이름이 붙었다는 설이 있다.

전라남도 진도군 조도면에 속하는 미역섬인 곽도(藿島)는 이웃한 맹골도, 죽도와 더불어 맹골군도를 이루는 섬이다. 진도에서 40km 정도, 뱃길로 3시간이 넘게 가야 하는 가장 멀리 떨어진 외딴섬이다. 축구장 20개를 합쳐 놓은 정도의 자그마한 섬이다. 섬의 유래에 대해서는 진도곽이 말해주듯이 섬 주위에 자연산 돌미역이 많이 자생하여 그렇게 불리워졌다고 한다. 또 하나는 이 섬에서 콩을 많이 재배해 주식으로 삼았다 해서 콩잎 곽(藿)자를 붙여 곽도라 이름 지었다는 설이 있다.

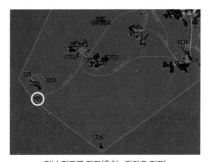

전남 진도군 곽도(출처 : 카카오 지도)

부산시 기장군 철마면 이곡리에는 미역바위의 전설이 있는 곽암마을이 있다. 전설에 의하면 아주 먼 옛날 큰 해일이 생겨 수영만의 바닷물이 수영강을 거슬러 밀려와 장정천이 범람하면서 산사태로 하구가 막혀 바닷물에 오랫동안 호수처럼 잠겨버렸다. 이렇게 되자, 농토와 가축을 모두 잃은 농부가 물에 잠겨 오도가도 못하고 곧 죽게 되었다. 그때 큰 바위 밑에 있던 용굴에서 용마가 치솟아 올라와서 그 농부를 등에 태워 목숨을 살렸다고 한다. 이 바위벽에 바다의 미역이 주렁주렁 매달려 있었다고 하고 미역바위라고 했다고 한다. 지금도 그때 미역이 매달려 있는 흔적이 있고, 조개 껍질과 용마의 발자국 흔적이 뚜렷이 남아 있으며, 용굴은 오랜 세월이 지나 막혀 버렸지만, 이 전설에 따라 마을 이름을 곽암리, 곽암마을이라고 했다.

미역바위의 전설이 있는 곽암마을

부산 기장군은 행정구역상 부산시 소속이나 남해가 아닌 동해를 끼고 있다. 국립해양조사원 기준으로 부산 달맞이 고개(해월정)가 동해와 남해를 나누는 잣대이다. 따라서 미역이 많이 생산되는 기장마을은 과거 행정구역이 경상남도에서 부산시로 바뀌었지만 미역문화의 시발점인 동해에 속해 있다. 참고로 서해와 남해의 경계는 전라남도 해남군의 땅끝마을 즉, 해남반도의 남단이다. 전남 목포도 서해에 속한다.

부산 기장에 있는 해조류육종융합연구센터 전시실에는 1909년 제작된 지금의 부산광역시 기장군 일광면 학리 마을의 미역바위에 관한 지리적 특징 및 소유자를

곽암도(藿岩圖)

해조류육종융합연구센터 전시실에 있는 곽암도

기록한 지도인 곽암도(藿岩圖)가 있다. 지도의 제작 목적은 물론 제작 연대와 지도 제작의 주문자까지도 명확히 파악되는 그림이다. 제2종 어업 면허

울산 곽암(藿巖)

청원서의 첨부물로 제작된 까닭에 기장 학리 마을의 미역바위의 명칭 및 분포뿐 아니라 위치와 거리 등을 명확히 측정하여 명기하고 있다. 지금으로부터 약 100년 전 어촌의 주 소득원이던 미역바위에 대한 명칭, 수량, 위치, 거리, 구역 그리고 신청자 등을 소상히 기록하고 있어 근대 곽암(藿岩)과 곽전(藿田)의 역사를 조명하는 데 사료적 가치가 크다.

울산에는 바닷물에 잠겨 돌미역을 자라게 하는 돌인 미역바위, 곽암(藿巖)이라는 지방문화재(울산시 기념물 제38호)가 있다. 울산광역시 북구 구유동 판지마을 바닷속에 있으며 관리자는 울산박씨 대종회다. 곽암은 자연암이며, '양반돌', '박윤웅(朴允雄)돌' 등으로 불리기도 한다. 1937년에 간행된 『흥려승람(興麗勝覽)』과 『학성지』, 『울산박씨세보』 등에 의하면 박윤웅은 나말여초 당시 왕건이 고려를 세우고 지방의 호족세력을 정비할 때 협조하여 그 공훈을 인정받아 동진(東津)[54]의 땅을 하사받고, 유포에 있는 미역바위 12구를 하사받아 미역 채취권을 가지게 되었다고 한다. 아울러 곽전

---

54 동진은 현재 울산 북구 강동과 농소 지역을 말한다.

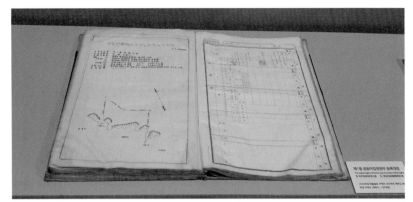

제주도 해녀박물관에 전시되어 있는 1970년대 '짬'을 중심으로 구역이 지정된 마을어장(제1종 공동어업권 원부 등록 대장)

(藿田)과 관련하여서는 『고려사(高麗史)』에 충선왕 때 원나라로 미역을 보낸 기록과 문종이 바닷가의 미역을 따는 곽전을 하사했다는 기록이 있다.

제주도에는 미역 짬을 중심으로 한 마을어장 어업권 등록 대장이 남아 있다. 이외에도 미역관련 지명은 제주도 추자면에는 큰미역섬, 밖미역섬, 작은미역섬이 있고, 완도군 보길도 선창리 마을 앞 해변에도 미역섬이 있다.

특히 낙동강을 낀 경상북도 고령군 다산면에는 달성서씨 집성촌 마을인 곽촌리(藿村里), 즉 미역마을이 있다. 곽촌은 옛날 마을에 있던 연못에서 미역이 났다 하여 붙인 이름이다. 개척 당시 뒷산 칡덩굴 아래 자라는 기이하고 향기로운 풀을 먹으니 힘이 세어지고 장수가 났다 하여 '곽갈(藿葛)', 마을 사람들이 반상(班常)의 차가 심하여 까다롭다고 하여 '꽉걸이'라고도 하였다.[55] 내륙 지방에 있는 곽촌이라 신화적으로 이해할 수밖에 없다.

북한 지역인 강원도 고성에도 미역바위가 있다. 동해안 지역이긴 하나 내륙쪽이라, 북한에서는 냉수욕(冷水浴)을 찬물미역이라 부르는 것으로

---

55 한국향토문화전자대전 참고

보아, 우리가 말하는 멱 감는다는 용어로 쓰이는 멱감는 바위인 것으로 추정된다.

미역과 짬(바우, 바위)

동해안 지역에서 해저나 연안 어장에 형성된 해중 바위군락으로 미역, 다시마 등을 비롯한 해조류의 서식지가 되는 1.5~20m 내외의 수중의 바위로 이루어진 지역을 '짬'이라 한다. 그리고 바우(바위)라고 부르기도 한다. 경남지역에서는 바닷물 속에 있는 암초를 '여(礖)'라고 부르고, 울릉도와 제주도에서는 돌이 많이 깔려 있어 고기가 많이 잡히는 든바다를 '꼴'이라고 한다.

서해안이나 전라도 도서 지역에서는 미역이나 톳 등 해조류를 공동으로 채취하는 조직이나 채취 구역을 '똠'[56]이라 하기도 한다. 우리가 말하는 흔히 자연산 돌미역은 바로 '짬'에 서식하고, 양식용 미역과 구분하여 자연산 돌미역을 '돌곽'이라고 부르기도 한다. 한편 미역이 자라는 바위들을 미역짬, 미역바우라고 부르기도 한다. 미역바우가 많은 포항 신창2리 창바우마을 앞바다에는 거랑돌, 오금방, 딴방, 말방, 진돌, 큰바들이라는 미역짬들이 있다.

육지에 논과 밭이 있었다면, 서해안에는 뻘(갯벌), 동해안에는 짬이 있어 우리에게 사시사철 건강한 먹을거리를 제공하고 있다. 짬은 해당 마을 어촌계의 공동소유이며, 뭍에서는 논밭이 농민의 생명줄이듯 미역짬은 어민들의 삶을 담보하는 텃밭이기도 하다.[57] 특히 동해안에서의 미역짬은 어촌

---

56 조경만, 『흑산사람들의 삶과 민간 신앙』(목포대 도서문화연구소 6, 1988)의 논문에서 대흑산도 진리마을에서 똠에 관한 사례를 보고한 바 있다. "진리마을은 상동, 중동, 양동, 청동이라는 하위구역으로 다시 나뉘는데, 이 네 구역이 각각 하나의 똠이 된다. 각 똠은 마을 공동해역의 일부씩을 점유하고 있고, 여기에서 나오는 자연미역을 공동으로 채취하여 분배하는 엄격한 규칙을 갖고 있다."

57 뉴스핌, 2021. 4. 2, 〈생명을 부르는 봄바다, 4월 울진은 자연산 돌미역 세상〉 기사 참고.

왕돌짬의 상상도(출처:KIOST 한국해양과학기술원 독도전문연구센터)

계에서 엄격하게 관리하며, 이에 속한 어민들이 공동생산, 분배를 통한 협업노동의 정수를 보여주는 어로현장이다.[58]

경북 동해 울진바다에는 육지에서 20㎞ 정도 떨어진 곳에 길이 85㎞, 폭 2.5~16.5㎞의 평탄한 지형이 펼쳐져 있는데, 이곳을 '후포퇴(Hupo Bank)'라고 부른다.[59] 평탄하게 펼쳐진 후포퇴의 중북부에는 불쑥 올라와 있는 세 개의 봉우리가 있는데, 이를 묶어 '왕돌초' 혹은 '왕돌짬'이라고 부른다. 해저에서 보면 봉오리이지만, 바다 위에서 보면 암초이기에 '셋짬(북쪽)'·'중간짬(중간)'·'맞짬(남쪽)'이라고 불린다.

서울 여의도 면적의 2배 정도 되는 거대한 암초군인 왕돌초(왕돌짬)는 1990년도에 이르러서야 비로소 어도에 등재되었다. 전설의 섬 이어도처럼 어민들 간에는 이전부터 구전되어 왔다. 구전 중에는 '왕돌'이란 사람이 발견했다는 이야기도 있다. 왕돌초 주변은 울진지역의 대표적인 특산물인 대

---

58 뉴스핌, 2019. 10. 23, 〈울진 코발트빛 바다에서 '미역짬'을 닦는 사람들〉 기사 참고.
59 퇴는 비교적 수심이 얕고(흔히 200m 이하) 평탄한 정상부를 갖는 해저융기부를 말한다.

게를 비롯하여 각종 수산물의 어획량이 풍부하다. 2006년 한국해양연구원의 조사 결과에 따르면 해조류 21종, 어류 25종, 해면동물 4종, 연체동물 30종 등이 서식한다.[60]

그리고 어촌 주민들이 이러한 짬을 통해 연중 이루어지는 짬고사, 짬매기 등 짬을 관리하던 공동체 행위들은 우리나라의 독특한 전통 어촌 민속문화이다. 이것은 미역을 매개로 형성된 미역문화로 다른 나라와는 차별화된 고유한 동해안의 해양문화유산으로서 지금까지도 이어져 내려오고 있다. 짬에서 생산되는 미역은 어촌 마을 공동체의 협력과 유대 형성과 발전에 매우 중요한 역할을 해왔다.

필자는 동해안에는 이러한 미역짬 문화를 비롯한 다양한 전통 어촌문화가 있음에도 불구하고, 국가중요어업유산이 하나도 없는 것을 안타깝게 생각하여 기초 연구 용역을 발주하면서 알게 된 분이 고 권삼문 박사다. 그 분이 저술한 『동해안 어촌의 민속학적 이해』(민속원, 2001)라는 책에 「돌미역 채취관행」이라는 논문은 울진 기성리 지역의 짬 문화를 현장 조사 연구한 내용이다. 그의 현장 연구 덕분으로 〈울진·울릉 돌미역 떼배 채취어업〉이 국가중요어업유산 제9호로 등재될 수 있었다.

그의 주장에 의하면, 미역채취 작업을 위하여 어민들은 '짬'을 포함한 어장의 생태적 특징에 대한 깊은 이해를 가지고 그에 따른 채취기술을 개발하였고, 그리고 짬 자원을 관리하고 노동을 조직하는 사회관계를 설정하고 있다고 했다. 바람의 방향과 그 성질을 알고 거기에 따라 어선을 운행하며, 바닷물의 움직임을 파악하여 그물을 던지고, 잡힐 고기의 이름을 예측하는 등 해안생태계에 관한 전통적인 어로지식은 채취와 어로의 바탕이 된다고 보았다. 울진 기성리 지역의 짬의 위치와 이름을 조사하여 다음과 같이 기록하였다.[61]

---

60 오창현, 2020, 「바위의 고장, 경북」, 『경북 동해의 민속과 생활』, 94~95쪽.
61 권삼문, 2001, 『동해안 어촌의 민속학적 이해』, 민속원, 64~65쪽.

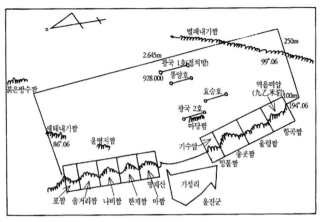

울진 기성면 기성리 짬의 이름과 위치
출처: 권삼문, 『동해안 어촌의 민속학적 이해』, 민속원, 2001, 30쪽)

"울진군 기성면 기성리의 경우 연안에 접한 짬은 한골짬·울렁짬·송곳짬·밍물짬·마짬·한재짬·나비짬·솔거리짬·포짬으로 아홉 곳이다. 제일 남쪽에 있는 한골짬은 기성면 봉산리의 한골마을 앞에 자리한 탓에 그 이름이 한골짬이다. 울렁짬은 그 지역에 파도가 많이 쳐서 배가 울렁울렁한다는 데서 비롯하였다. 밍물짬은 민물(정명천의 물)이 들어오는 지역이라는 데서 유래하였다. 송곳바위·마짬·나비짬 등은 바위의 모양에 따라 부른 이름들이다."

이번 돌미역 채취 떼배 국가어업유산이 지정된 울진 나곡1리, 나곡3리 나곡6리의 경우에도 마을 짬들이 있다. 나곡1리의 짬은 기잠, 바깥기잠, 성수내기, 간수내기, 골방암, 백로, 신동바위, 쥐질 등 8개소이며, 나곡3리 마을의 생업터전의 짬은 하구, 나계, 장철, 송여, 외계, 자정, 우럭, 샛쪽, 마쪽 등 9개소이며, 고포미역으로 유명한 나곡6리에는 집앞짬, 황모암, 큰푸리짬, 하방우암, 굴방우암, 단주암, 하구암 등 7개소로 모두 어촌계원들에 의해 관리되고 있다.[62]

62 울진문화원, 『울진의 동제』, 2010. 244~286쪽 참고

경북 울진 일대에서는 할머니들이 정월 대보름 아침에 서숙을 뿌리고 "서숙 같이 달게(많이) 나라."고 하며, 미역의 풍년을 빌었다고 한다. 미역은 너무 드물어도, 너무 촘촘해도 소출이 안 나며, 종횡 3~5cm 간격으로 나면 풍년이 든다. 자신의 짬에서 미역이 많이 생산되게 해달라고 짬고사를 지내기도 하는데, 짬고사는 보통 정월 열나흗날 저녁에 지낸다. 이러한 개인적인 고사와는 달리 여러 사람들이 짬매기(미역바위 닦기) 행사 후 함께 짬고사를 지내기도 한다.

제사 지내는 절차는 간단하다. 먼저 음식을 장만해 와서 자기네 구역 바위 앞에 음식을 깔아 놓고 밥을 올리고 제사를 지낸다. 술을 붓고 난 후 제물을 물에다 던지고 내려온다. 제사 음식으로는 메[63], 나물, 고기 한 접시, 제주(祭酒) 정도로 준비한다. 동해안의 별신굿이라 불리는 풍어제에서도 '미역 따기'라는 제차(祭次)가 있어 별신굿을 주재하는 무당이 미역씨앗을

울진 나곡3리 해신당

---

63 제사 때 신위(神位) 앞에 놓는 밥을 말한다.

뿌리는 신의 모습을 흉내내기도 한다. 이것도 미역의 풍년을 비는 의례의 하나이다.[64]

어촌계나 해녀공동체의 공동 재산인 짬의 관리와 지속가능한 이용은 지금까지도 전승되어 오고 있다. 짬은 계절마다 각기 다른 해산물을 생산해 내는 바다 텃밭인 것이다.

그리고 미역짬과 관련하여 미역을 채취하는 바닷가 어촌마을 공동체를 지탱하는 풀뿌리 자치조직인 '어촌계'의 전신인 해조계(海藻契)가 있었다. 해조계(海藻契)에서 무엇보다도 중요한 것은 미역 채취를 지속적으로 하기 위해서 미역밭인 곽암의 미역자원에 대해 엄격한 규칙을 가지고 관리하는 일이었다. 그 규칙은 지금도 어촌계나 제주도 해녀규약 등으로 이어져 내려오고 있다.

한편 미역자원을 지속가능하게 관리하기 위해 '미역해경(解警)'이라는 풍습을 낳았으며, 지금도 전승되고 있다. 또한 1931년 제주에는 일본의 관제 해녀어업조합의 부정으로 해녀들이 극심한 피해를 보고 있을 때, 제주도 해녀들은 자생적으로 '해녀회'를 조직하고 해녀어업조합의 부당함에 항거하면서, 제주 바당(바다)의 해조류와 어패류를 자주적으로 지키기 위한 공동체가 있었고, 이는 오늘날 어촌계에 편입되어 활동하고 있다.

미역해경(解警)은 보통 3월 중순에 있는데, 성장기에 있는 미역을 따는 것을 일정 기간 동안 금지하였다가 다 성장하였다고 생각되는 어느 정해진 날에 이 금지했던 것을 해제하는 것이다. 매역해경(메역해경), 미역해금, 미역해채(解採), 매역허지(미역허채)라고도 한다. 즉 금채기와 허채기를 두고 공동체의 공동자원인 해조류를 지속가능하게 이용하기 위해 자율규약

---

64 네이버 지식백과, 짬고사(한국민속대백과사전 국립민속박물관)

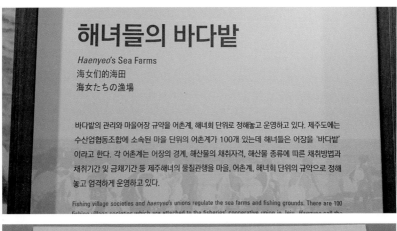

제주해녀박물관 전시물

으로 지켜오는 것이다.

　‘따 모으다’는 의미에서 미역도 채집(採集)의 대상물이다. 미역의 채집을
금한다는 의미로 보통 12월부터 금채(禁採) 기간에 들어가는데, 이를 다시
푼다는 의미로 해채(解採)라고 하였다. 금채의 기간을 정한 것은 마을 사람
모두를 위한 것이므로 마을 사람 모두가 경계(警戒)하는데, 이 금채를 해제
하는 것을 미역해경이라고 하는 것이다.[65]

---

65 한국민속대백과사전과 제주의 마을 표선면 하천리 마을의 인터넷 자료 참고.

바다에 해조계(海藻契)와 미역해경(解警)이 있었다면 비슷하게도 우리나라의 아름다운 산촌지역에도 마을공동체를 지켜나가기 위한 노력으로 산에는 송계(松契)와 금표(禁標)제도가 있었다. 마을 주위의 산림은 공동이용의 대상이었고, 공동이용자들이 산림의 훼손을 막고 스스로를 상호규제하기 위하여 송계가 필요했던 것으로 '금송계(禁松契)'·'산계(山契)'·'산리계(山里契)'라고도 한다.

예로부터 출입금지를 알리는 푯말을 금표(禁標)라고 했다. 금표를 세워 채석, 벌목, 개간 등을 금지시키기 위한 것이었는데, 울진을 비롯한 여러 곳에 '황장금표'가 남아 있다. 마을구성원이 자치적으로 산림보호조직을 만들었다는 것은 농촌사회의 자치적 상호규제에 관한 중요한 연구자료가 된다. 이러한 금표는 우리 조상들이 일찍부터 환경오염, 녹지의 황폐화, 무분별한 자연 훼손을 막는 자연보호의 이정표로 삼아 왔다는 것을 말해 주고 있다.[66]

이처럼 우리나라는 마을에서 소중한 생태자원이었던 소나무자원과 미역자원을 지속가능하게 보존하면서 이용하기 위한 마을의 공동체 자체 규약으로서의 송계와 해조계를 두었던 것이다. 이는 매우 중요한 의미가 있으며, 지금의 마을 산림계와 마을 어촌계로 전승되어 내려오고 있어 그 역사성을 보면 더욱 가치가 크다.

산이 좋아야 계곡이 살아있고, 계곡의 물은 결국 샛강을 따라 바다로 흘러들기 때문에 바다도 건강해진다. 어부 보호림이 사실 바다의 생태 환경을 지키는 데 많은 기여를 해왔고, 어촌에서는 지금도 바다의 인근 산림생태계를 소중히 여기고 있다. 해신당이 주로 소나무가 좋은 마을 산에 입지해 있거나 바다 주변에 주요 동목(洞木)으로 소나무가 많은 것도 연안 생태계 보호와 무관하지 않다. 결국 짬 생태계는 육지의 산림생태계와 연결되어 있는 것이다.

---

66 한국민족문화대백과사전, 송계(松契), 금표(禁標) 참고.

아울러 해조계(海藻契)의 역사를 이어받은 마을 공동체의 전통은 미역
짬을 팔아 자금을 마련하여 마을의 도로를 낸 울진군 평해읍 거일리 마을
사례에서도 잘 확인할 수 있다. 자신들의 밥줄이라고 할 정도로 중요했던
미역짬을 팔아 해안도로를 건설한 아름다운 미역문화 이야기들이 곳곳에
남아 있다.

> "울진 거일리 마을에서는 후포로 넘어가는 도로를 새로 건설하기로 결
> 정하였다. 1962년도에 마을 대동회에서 회의를 통해 후포로 가는 해안
> 도로를 만들기로 결정하였으나 도로 건설에 필요한 자금을 모으는 것
> 이 문제였다. 도로 건설을 계획한 것은 마을 자체적인 결정이었기 때문
> 에 국가에서 지원을 요청하지 않고 마을 사람들이 공동으로 생산하던
> 미역짬을 개인에게 팔아 자금을 모으기로 결정하였다. 미역짬은 주민
> 들의 중요한 수익원 중의 하나로 마을에서 미역을 생산하지 못할 경우
> 각 가구별로 소득이 크게 줄어들지만 마을 전체를 위해 주민들 스스로
> 희생을 하였다. 이후 2년 간의 공사를 통해 1964년 12월 1일에 후포로
> 가는 해안도로가 건설이 되었다."[67]

울진·울릉 돌미역 떼배 채취어업

동해안 중에서도 울진군과 울릉도 지역에서는 전통 미역어업인 곽암에
서의 '돌곽(藿) 떼배 채취어업'이 여전히 성행하고 있다. 바닷물이 맑아 환
히 비치는 경북 바다의 특성을 살린 전통적인 미역 채취 방식이 아직도 이
어지고 있다.

---

67 미역짬을 팔아 마을길을 내다, 디지털울진문화대전.

경상북도 울진군 북면 나곡1리, 나곡3리, 나곡6리와 울릉군 북면 천부리, 죽암리, 현포리 등이 바로 전통 미역 채취어업, 즉 돌곽 채취 지역이다. 이 지역에서는 떼배를 이용해 곽암(미역바위)에서 돌미역을 채취한다. 그 방법과 도구가 전승되고, 가공과정에서의 이색적인 문화경관이 그대로 남아 있다. 또한 분배 과정에서의 전통 어촌마을 공동체 문화가 고스란히 남아 있다.

이 지역의 돌곽 채취어업에 종사하는 인구 현황을 조사한 결과, 울진군은 3개 마을 총 297가구 중 어업에 종사하는 가구(54호) 전체가 돌곽 채취어업 활동을 하는 것으로 나타났다. 울릉군의 경우 3개 마을 총 72가구 중 어업에 종사하는 가구(72호)의 약 81%인 58호가 돌곽 채취어업 활동을 하고 있으며, 모든 마을이 어촌계원이라면 누구도 돌곽 공동채취 어업에 참여할 수 있었다. 현재 울진·울릉 지역에서 떼배를 이용한 돌곽 채취어업 방식을 유지하는 어업인은 25명(전체 어업인의 19.1%) 정도로, 점차 마을 인구가 고령화됨에 따라 옛 전통 어업방식에 대한 지식과 기술 전수가 제대로 이루어지지 않고 있는 실정이다.

이런 차에 울진·울릉 지역 주민의 생계에 있어 소중한 소득자원이자, 공동채취·공동분배의 작업 문화를 이어주는 마을의 총유자산으로서 역할을 하고 있는 '울진·울릉 돌미역 떼배 채취어업'이 국가중요어업유산으로 등재되어 보존·유지될 수 있어 다행이다. 이로써 남해안의 통영시와 거제시 사이에 물길이 세고 좁은 견내량 해역에서 돌미역을 채취하는 전통어업 방식인 '통영·거제 견내량 돌미역 트릿대 채취어업'과 함께 우리나라 미역 관련 국가중요어업유산은 두 가지가 되었다.

울진·울릉 지역의 최근 10년간 돌곽 생산량을 살펴보면, 양 지자체 총괄 연간 평균 94.5톤을 생산하고 있다. 울릉지역의 경우에는 최근 채취 미역에 대한 판매보다는 전복이나 해삼과 소라 등의 번식을 위한 채취 자제 등으로 생산량이 점차 감소하고 있다.

울진·울릉 지역 돌곽 생산량은 우리나라 전체 자연산 미역 생산량의 약 1.5%에 불과하지만 그 역사성과 유명세 및 소비자 인지도 면에서는 높은 인기를 얻고 있다. 가격 면에서 1kg당 5만 원 대로 양식 미역에 비해 2~3배 비싼 것으로 조사되었으며, 울진·울릉 지역에서 생산되는 미역은 전량 자연산 돌미역으로 다른 지역처럼 양식과 병행하여 생산하지 않기에 소비자가 양식 미역의 혼입(混入)을 걱정할 필요 없이 구매하는 것으로 나타났다.

울진·울릉 돌곽 떼배 채취어업의 지식체계를 살펴보면 다음과 같다.

짬매기 기술 및 활동의 유지와 전승

울진·울릉 지역 돌곽 채취 마을에서는 구성원 전체가 참여하여 미역바위를 씻는 매기 작업을 한다. 미역이 나는 바위를 '미역짬'이라 하며, 보다 많은 미역을 생산하기 위해 농부가 논에서 김매기를 하듯이 어부는 '짬매기'를 한다. 짬을 매는 시기는 매년 매년 10월 말에서 11월초 무렵에, 입동을 전후한 약 보름간이다.

미역바위 닦기는 바위에 붙은 잡초와 오물을 제거함으로써 미역 포자가 잘 붙게 해 많은 미역을 생산하기 위한 것이다. 바위에 착상한 포자는 100여 일 뒤면 채취하는데 지역에 따라 채취 시기를 전후해서 돌미역 밭에서 짬고사를 지내기도 한다.

이 시기에 마을 공동작업이 이루어지는데 짬을 매는 도구로는 '쓸개(씰개)'라는 것이 있다. 이를 들고 떼배 위에서 수중의 미역짬을 '쓸른다' 하여 쓸개라 한다. 이 같은 짬매기는 미역 씨앗이 바위에 잘 부착하게 하기 위한 것으로 자연적으로 생성된 잡초 위에 미역 씨앗이 붙어서 미역이 성장하면 파도가 세게 칠 때 미역이 쉽게 떨어져 나가기 때문에 이를 방지하기 위하여 짬매기를 한다.

짬을 매고 나면 양력 11월 말에서 12월 초 사이에 '물이 추하여 맑지 않고 더럽고 색깔이 부옇고 누르스름한 물이 들어온다' 하여 이를 두고 "미역물이 들어온다" 또는 "황물 들어온다"고 하는 말이 옛부터 부모에서 자식으로 자연스레 전해져 내려오고 있다.

짬매기는 이를 지역에 따라 기세(磯洗)작업, 기세(磯洗)닦기, 기세(磯洗)씻기, 돌메기, 돌씻기, 갯닦기(개닦이), 바당풀캐기 등으로도 부른다. 기세란 '바위를 깨끗이 씻는다'는 뜻으로 미역바위에 붙은 잡초를 제거하는 공동 작업이었다. 출렁이는 바닷물 속에서 하는 기세는 고되고 위험했다. 어민들은 함께 노동요를 부르며 그 고되고 험한 작업을 이겨나가곤 했는데, 노랫말에 담긴 소망은 풍년을 고대하는 농민과 다를 것이 없었다. 예컨대 부산 기장군 어촌마을에 전해오는 기세작업 노랫말은 이렇다.

미역 돌 씻기 소리

어이야 어이샤 호마리 찍고 호마리 찍고

이 돌을 실글(닦으)려고 찬물에 들어서서

바다의 용왕님네 굽이굽이 살피소서

나쁜 물은 썰물 따라 물러가고

미역 물은 밀물 따라 들어오소

백석같이 닦은 돌에 많이많이 달아주소

어이샤 어이샤 호마리 찍고 호마리 찍어

내년 봄에 미역 따서 풍년 되어 잘살아 보세.[68]

---

68 국제신문, 2018. 6. 19, 〈미역국과 쌀밥, 한국인을 낳고 기르다.(신명호)〉, 동아일보, 2018. 7. 13, 〈김창일의 갯마을 탐구, 호미 들고 왜 갯바위에 갔을까.〉 등 참고

미역바위 닦기(짬매기)

경상북도 돌미역의 명산지인 울진군의 경우 31개소 어촌계에 모두 1,250ha의 짬을 갖고 있다. 기세닦기에 2,500여 어민이 참여한다. 요즘 들어서 양식미역이 판을 치면서 명맥이 끊어질 위기에 놓인 돌미역을 울진 어민들이 채취하면서 불렀던 노동요인 '돌씻기' 노래도 다음과 같이 구전돼 오고 있다.

돌씻기 노래

어이사 어이사 이 돌을 씻걸려고
찬물에 들어서서
바다에 용왕님네
구부구비 살피소서
나쁜 물은 썰물따라 물러가고
미역물은 들물따라 들어오소

백옥같이 닦은 돌에

많이많이 달아주소.[69]

채취 도구와 채취 기술의 유지와 전승

울진·울릉 지역에서는 매년 음력 3월에서 5월 사이 마을 공동채취 작업을 한다. 미역의 채취를 위해 어부들은 날씨가 고요하고 물결이 잔잔한 날을 택해 떼배를 타고 해안에서 1~4㎞ 정도 떨어진 짬으로 나간다. 돌곽 채취 시 좋은 날씨를 선택하는 것이 매우 중요하다. 이는 파도가 있으면 물속에 있는 미역을 볼 수가 없어 채취작업이 어렵고 채취를 한다고 해도 건조과정에서 맑은 날씨가 중요하기 때문이다.

채취작업은 수심 약 1~5m에서 이루어지는데 이것은 미역이 자라는 물의 깊이에 의해서 조건 지워진 것으로 아주 깊은 곳에서는 미역이 자라지 않으며, 낫대(설낫) 같은 수면에서 사용하는 채취도구의 사용도 불가능하다. 떼배를 이용한 돌곽 채취작업에는 통상 두 사람이 1조가 되어 작업한다. 작업 시 한 사람은 창경(짬수경)을 들여다보면서 바닷속에 부착된 미역을 낫대를 이용하여 잘라 올리는 작업을 하고 다른 한 사람은 노를 잡고 낫대 작업이 편리하도록 떼배를 움직이기도 하고 이동하기도 하는 역할을 한다. 떼배는 돛이나 다른 동력을 이용하지 않고 사람의 힘으로 노를 저어 움직이는 배를 말한다.

떼배를 이용하여 돌곽 채취작업을 하면서 서로 주고받는 작업 용어로 다음의 4가지 용어가 현재도 전승되고 있다.

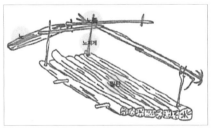

떼배 그림

---

69 경상매일신문, 2013. 3. 28, 〈제철 맞은 '울진 돌미역'… 올해도 풍년일세〉 기사 참고.

1) 미리 : 떼배를 밀어 후진시켜라.

2) 디라 : 떼배를 앞으로 당기어서 전진시켜라.

3) 찍어 니라 : 직각 방향으로 밀어 후진시켜라.

4) 찍어 디라 : 직각 방향으로 당기어 전진시켜라.

떼배는 울진·울릉 지역의 해안가에서 흔히 볼 수 있는 가볍고 내구성이 뛰어난 특성이 있는 오동나무를 주로 사용하며, 집안의 어르신을 통한 자연스러운 기술 전수 및 마을 공동작업 참여를 통해 제작기술이 전수되고 있다. 떼배는 밑판, 노지게, 노좆, 노(삿대) 등 4개 구조로 구성된다.[70]

1) 밑판 : 떼배의 형틀로 보통 오동나무(8~10개)에 사각형 구멍을 뚫어 고로쇠 나무로 만든 장쇠로 연결(길이 2.5m × 너비 1.5m)

2) 노지게 : 노를 설치하는 곳으로 사람 무릎정도 높이인 40~50㎝ 높이로 제작

3) 노좆 : 노를 끼우는 나무못으로 보통 10㎝ 규격으로 제작

4) 노(삿대) : 떼배를 움직이는 긴 막대로 보통 7~8m 길이로 제작

떼배 외에도 미역 채취작업에는 낫대, 창경(짬수경) 등의 도구가 필요하다. 그리고 미역짬을 닦을 때 사용하는 도구로는 '낫대'와 밀대 그리고 '쓸개(씰개)'가 있다. 낫대는 웃자란 잡풀을 벨 때 사용하며, 밀대는 짬에 촘촘하게 붙은 잡풀을 제거하는 데 사용한다. 쓸개(씰개)는 끝이 뭉뚝하기

---

70 떼배는 뗏목 형태의 작은 배로 제주도의 태우가 가장 유명하다. 동해안에 사용된 떼배는 7~8년 정도 자란 오동나무를 재료로 하는데, 통나무 8개 정도를 엮어서 만든 것이다. 길이는 310㎝, 폭 130㎝ 정도이다. 배는 가벼워야 하기 때문에 오동나무를 사용하나, 노는 무거워야 하기 때문에 참나무로 만든다.(권삼문, 『동해안 어촌의 민속학적 이해』, 101쪽)

때문에 바위에 붙은 이끼나 잡풀을 긁
어내는 데 유용했다.[71]

돌곽의 건조과정

예전에는 채취한 돌곽을 바닷가 자갈밭이나 모래밭에 넣어서 말리다가, 최근에는 발체 위에 넣어서 말린다. 미역의 서식 수심에 따라 차이가 있지만 미역을 완전히 건조하기까지는 햇볕이 나는 날로 쳐서 3~4일이 걸린다.

이 시기 이슬과 안개 그리고 특히 비는 미역의 건조에 해로운 작용을 하여 미역을 썩게 할 수 있다. 따라서 이것을 방지하기 위해 밤에는 미역을 한군데 모아 더미를 만들고 거적을 덮는다. 이러한 건조는 많은 노동력을 요구하기에 촌락 전체 주민의 협동으로 작업이 이루어지고 있다.

사진으로 보는 돌곽 떼배 채취 현장(울릉 현포리 죽암마을)

미역이 붙은 바위로 떼배를 저어간다.

창경(짬수경)으로 미역을 찾아, 낫대로 미역을 벤다.

낫대로 벤 미역을 떼배에 건져 올린다.

떼배에 올라온 싱싱한 돌미역

돌미역(돌곽) 건조

---

71 뉴스핌, 2019. 10. 23, 〈울진 코발트빛 바다에서 '미역짬'을 닦는 사람들〉 기사 참고.

미역의 1년 동안 이루어지는 해양과학 지식체계는 다음과 같다.

미역의 해양과학 지식체계[72]

월별	해양과학 지식체계	전통어로 지식체계
1~3월	성장기	짬고사(정월 대보름)
		미역 채취 및 건조는 2~3월에 시작하여 늦게는 5월까지 이루어짐.
4~5월	줄기 아랫부분에 포자엽(미역귀) 생식체 만듦.	
5~6월	수온이 14℃이상이 되면 포자엽은 포자를 방출하며 물 밖으로 흩어져 나옴. 동시에 성장한 엽체(미역)는 완전히 소멸.	
6~7월	포자는 편모로 바다를 떠다니다가 바위 등에 착생하여 발아함. 발아해서는 새로 분열하여 암수별로 각각의 배우체가 됨. 배우체의 발아생장은 수온 17~20℃가 가장 좋음.	
7~8월	수온이 23℃ 이상이면 배우체가 휴면.	
9월	배우체에서 만들어진 정자와 난자가 수정. 20℃ 이하가 되면 배우체가 성숙함.	
10~11월	10~11월에는 수정란이 세포분열. 바위나 돌에 부착한 미역은 뿌리를 펴고 성장하면서 단엽의 어린잎(포자체:미역)이 됨. 17℃ 이하의 수온에서 잘 자라고 단엽의 유체로 됨.	미역바위 닦기(10월에서 11월 초)
11~12월	성장기	짬 분배(구지빗기)

돌곽의 분배

미역의 채취는 짬을 분배하는 '구지빗기'(추첨)에서부터 시작한다고 볼 수 있다. 각 짬은 평균적인 생산량에 따라 8호~13호 내외로 배정하고 각 짬에 배정된 각 가구의 대표는 자신이 속한 미역채취 집단 내부에서 모든 성원이 동등한 권리와 의무를 진다.

구지빗기(추첨)는 보통 12월에 모여 추첨하는 때도 있고, 2월이나 3월에 추첨할 때도 있다. 2월이나 3월에 구지빗기를 할 경우 짬의 수확량을 미리

---

72 천진기, 〈경북 동해권의 미역인문학〉, (『동해인문학』, 경상북도, 121쪽).

볼 수 있는 장점이 있다.

각각의 짬에서 나는 미역의 생산량이 다르기에 매년 추첨을 통해 짬을 배정한다. 이 채취 집단은 한해의 미역 수확이 끝나면 다음 해의 추첨을 통한 배정에 따라 해체되는 한시적 조직이다. 구지빗기는 추첨하는 운이 따라야 하는 것으로 짬을 잘 배정받아야 수확량이 많을 수도 있고, 반면 그렇지 못한 해에는 수확량이 적어질 수도 있다. 이러한 단점을 막기 위해 울진·울릉 지역 어촌계는 1990년대부터 어촌계에서 공동채취와 공동분배 방식으로 전환하여 공동판매한 대금을 어촌계원이 균등하게 배분하고 있다. 즉 한 해 동안 생산된 미역은 각 미역 채취집단의 공동 생산물로 간주되고 채취에 참여한 가구가 똑같이 나누어 가지는 공동생산, 공동분배 문화로 변화한 것이다.

전통 '짬-미역' 문화

서숙 뿌리기

미역의 풍년을 비는 정월 대보름 '서숙(매좁쌀) 뿌리기'가 있다. 미역의 풍년을 비는 주술 종교적 의례이며, 할머니가 정월 보름 아침 짬바위에 '서숙(매좁쌀)'을 뿌리며 서숙같이 왕성하게 미역이 풍성하기 자리기를 빌던 의식이다. 제주도에서도 바람의 신, 어업의 신, 농경의 신(神)인 '영등할망(영등할머니)'이 온다는 영등달인 음력 2월 1일에는 영등환영제를 하고, 음력 2월 14일에는 영등송별제를 하면서 마을 공동체의 무사안녕과 바다와 농경의 풍요를 기원한다. 그 시기에 이루어지는 유네스코 인류뮤형유산으로 등재된 '제주 칠머리당영등굿' 중에 '씨드림·씨점'은 해녀 채취물의 씨를 뿌리고 그 풍흉을 점치는 제차(第次)의식이다. 좁씨를 미역·전복 등 해

녀 채취물의 씨라 하여 바다에 뿌리고, 굿당에 돌아와 돗자리 위에 다시 좁
씨를 뿌려 그 밀도를 보고 풍흉을 점치는 비슷한 의례를 하고 있다.[73]

올각 따기

봄에 일찍 생산되는 미역은 올미역(조곽, 旱藿)이라 하고, '올각 따기' 행
사가 있다. 미역의 수확은 보통 음력 2월 말에서 3월 사이 그리고 음력 4월
에서 5월 사이에 한다. 하지만 연초 정월 보름 무렵 수확하는 부드럽고 맛
이 진한 미역을 '올각'이라고 하며 거친 미역을 '늦각'이라고 한다. 올미역
은 조선시대 1월에 종묘에 천신하는 왕실의 제사용품 중 빠져서는 안 되는
물품이었다고 한다. 문효세자(文孝世子)의 장례 때 혼궁(魂宮) 진배 물품
에 품질이 좋은 미역인 분곽과 일찍 따서 말린 미역인 조곽 등을 올렸다는
기록이 있다.

승정원일기 영조 2년 기사에 다음과 같은 대목이 나온다.[74]

"강원도에서 올라온 천신(薦新)할 조곽(旱藿)이 본시(本寺)에 도착하
여 신이 간품(看品)하였더니…"

조선시대 울진은 강원도였고, 이 지역에서 올라온 조곽을 나라의 제사
에 사용했다는 내용이다. 조곽이 바로 '올각'이다. 우리말 '올'은 한자 '조
(旱)'에 대응하는 것으로 빠르게 열매 맺는 벼나 과일 등을 이를 때 사용한
말이다. 나라에 올각을 바쳐야 하니 해마다 일찍 미역을 땄을 것이고 이것
이 민속행사로 전승되었다고 추측하는 것이다.

---

73 제주 세계자연유산센터와 한국민족문화대백과사전 자료 참고.
74 『승정원일기』, 영조 2년 병오(1726) 12월 25일 기사.

높새바람이 부는 시기, '영등고사' 의식

울진 미역이 한창 출하되는 시기는 3월에서 5월 사이로 이 무렵 태백산맥을 넘어 동해로 불어오는 높새바람은 품질 좋은 미역을 만드는 데 있어 필수조건이다. 미역을 잘 마르게 하기 때문이다. 이 시기 울진의 어촌계에서는 음력 이월 초하룻날에 바람을 관장하는 신에게 '영등고사'를 지내고 보름 동안 풍물을 치고 별신굿을 벌이며 축제를 벌였다. 지금도 울진지역 어촌마을에서는 '영등고사'를 농촌 마을의 대보름날 행사와 버금가는 행사로 여기고 있다.

풍어제의 '미역 따기' 제차(第次) 의식

'동해안 별신굿'이라는 풍어제에서도 '미역따기'라는 제차(第次)가 있어, "별신굿을 주재하는 무당이 미역 씨앗을 뿌리는 신의 모습을 흉내내기도 하였다." 는 민속 기록이 있다.

1970년 기성마을 동사에서의 별신굿 (울진 기성리, 1970년)

'짬고사' 의식

울진지역 어촌계는 매년 10월경 짬을 닦아낸 뒤 '짬고사' 의식을 지낸다. 미역의 무사 생장과 풍년을 기원하는 고사이다. 매년 10월경이면 미역이 포자를 내리는 짬(미역바위)을 잘 닦아낸 뒤 보름달이 뜨는 날을 잡아 좁쌀을 정성껏 빚은 막걸리에 섞어 미역바위에 뿌리고 미역 씨앗이 바위에 잘 붙도록 기원한다.

미역과 관련된 동해안의 전통 민속

동해안 포항 송라면 '거무돌 미역'과 장기면 '창바우 돌미역'으로 유명한 미역마을에는 풍어와 마을의 안녕을 기리던 줄다리기와 관련한 마을공동체 민속문화가 아직도 남아 있다.

포항 송라면 구진마을은 거무돌 미역으로 유명한 마을인데, 해마다 정월 대보름이면 여성들만 참가하는 전통 민속놀이인 '앉은뱅이 줄다리기'가 매년 행해지고 있다. 과거 이 마을은 2, 3년 간격으로 별신굿을 해 왔는데 어느 해 굿을 하던 무당이 급사했다. 이를 불길하게 여긴 주민들은 점쟁이에게 방책을 물었고 "앞으로는 굿 대신 정월 대보름날 여자들만 줄을 당겨야 한다."고 하자 앉은 줄다리기가 시작되었다고 한다. 부녀자들만 참가하고 앉은 상태에서 방아를 찧듯 당기며, 줄의 형태가 양쪽으로 네 가닥으로 짜인 게모양을 하고 있다는 것이 특이한데, 한해 풍어를 바라고 마을의 안녕을 기원함과 동시에 마을의 화합을 염원하는 풍습이다.[75]

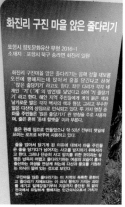

---

75 경북일보, 2011. 4. 26, 〈포항수협, 정월대보름 '앉은 줄다리기' 재현〉 기사 참고.

마찬가지로 '창바우 돌미역'으로 유명한 포항 장기면 모포리에는 국가민속문화재로 지정된 줄다리기용 줄인 모포줄이 있는데, 매년 정초에 당제를 지내고, 음력 8월 16일에는 골매기당에 모신 줄을 꺼내어 줄다리기를 하였다고 한다. 모포줄의 정확한 제작 시기는 알 수 없으나 조선시대에 만든 것으로 추정되는데, 칡덩굴과 굴피껍질로 엮은 줄 한 쌍이다. 옛날 장기현

(縣) 현감의 꿈에 뇌성산에서 한 장군이 용마를 타고 우물가에 내려와서 물을 마신 후 "이곳은 만인이 밟아주면 마을이 번창하고 태평하며 재앙이 없을 것이다."라고 이르고는 사라졌다. 그 말에 따라 현감이 줄을 만들게 한 후 남북으로 편을 갈라 줄다리기를 하였는데, 넓은 지역간의 지역형 줄다리기로 북으로는 포항의 구룡포읍와 대보(현 호미곶면), 남으로는 경주의 양남면·양북면(현 문무대왕면) 주민들로 나뉘어져 풍어와 주민 화합을 다졌다고 한다.

이러한 동해안의 아름다운 미역문화와 동해안 별신굿을 비롯한 공동체 문화들을, 제주도가 '칠머리당 영등굿'을 유네스코 인류무형문화유산에 등재했듯이 체계적으로 전승하고 국제화하는 노력이 필요하다. 그리고 사라져가고 있는 동해안의 해양민속문화와 마을 인문자원들을 체계적으로 기록, 보전, 전승하기 위하

부산 청사포 당산

여 전주에 있는 유네스코 아시아태평양 무형유산센터 분소형태로 '아시아 태평양 해양무형유산센터'를 설립하는 것도 좋은 방법이라고 본다.

이외에도 부산광역시 해운대 청사포 해안 마을에는 바다를 향해 큰 노송을 배경으로 서 있는 제당인 당산이 있다. 고기잡이를 하러 바다에 나갔다가 돌아오지 않는 낭군을 기다리다 죽은 할매의 신위를 모신 당이다. 산신당은 본 제당의 오른쪽 뒤편에 있고, 제당 뒤쪽의 언덕배기에 300년 이상이 된 큰 둥치의 소나무 두 그루가 있다. 이 마을에서는 3년 또는 5년마다 풍어제를 지낸다. 풍어제를 지내기 전에 반드시 할매당과 거릿대 장군당에 가서 고사를 지내는데, 풍어제의 재원조달은 인근 다릿돌 미역밭에서 생산된 미역으로 해왔다고 한다. 지금은 마을에서 지내지 않고 해월정사에서 제를 지내고 있다고 한다.[76]

이곳 청사포 마을은 다릿돌 미역으로 유명한 곳인데, 이곳에는 석우돌, 상좌, 거뭇돌, 넙덕돌, 안돌의 징검다리 모양의 5개의 다릿돌, 짬이 있다. 다릿돌은 미역 뿐 아니라 전복, 소라, 성게 등이 서식하는 바위섬이라 청사포 해녀들의 주요 물질 장소이다.

---

76 해운대 라이프, 2020. 5. 27, 〈해운대의 뿌리를 찾아서-청사포마을, 망부석할매, 다릿돌 미역〉 인터넷 자료 참고.

전북 고창군 동호마을

할아버지 당산(왼쪽)과 인근 할머니 당산이 있었던 곳을 가르키는 김위용 마을 이장

큰 당산(집과 마을의 터를 눌러 주고 지켜주는 수호신이 철룡 당산)(왼쪽)과 인근에 있는 작은 당산

아울러 섬진강과 남해안 바다가 만나는 전남 광양만은 세계 최초로 김 양식을 시작한 지역이자 김 음식문화의 발상지로 김 시식지(始殖址) 역사관이 있는 광양시 태인동 궁기마을 옆 용지마을에는 '용지마을 큰줄다리기'가 지금도 전승되고 있다. 주민들의 안녕과 김 풍작이 들기를 기원하기 위해 매년 정월 대보름날 저녁에 제사를 겸해 줄다리기를 했다고 한다. 언제부터 시작됐는지는 정확히 알 수 없으나 1700년대 초기에 시작되어 약 250년 후인 1950년대 중반까지 이루어졌다고 한다. 그리고 거제시의 무형문화재인 '살방깨발소리' 민요는 어려운 식생활 해결을 위해 아낙네들이 길쌈이나 가사일을 하다가 물때가 되면 바닷가로 나가 굴과 미역, 고등 등을 따면서 불렀던 노래로 지금까지 전승되고 있다.

동해안과 달리 서해안, 전북 고창군 동호마을에서는 아직도 당산제를 지낼 때 선돌이나 당산 나무에 생미역을 흰 무명천으로 감아올리는 독특한 풍습이 남아 있다. 마을의 안녕과 풍작, 다산과 풍요을 비는 마을공동체 의식이라고 본다. 이곳에서는 영신제를 지내는 당집인 영신당과 함께 할아버지 당산, 철륭 큰 당산, 작은 당산 등 3군데가 있으며, 할머니 당산도 할아버지 당산 인근에 있었다고 하나 1970년 무렵 새마을사업으로 없어졌다고 한다.

한편 충청남도 서산시 간월도에는 굴이 들어오기를 기원하는 마을 제사인 간월도 '굴부르기제'가 있다. 굴부르기제는 매년 정월 대보름날에 채취하는 굴의 풍요를 위하여 마을 여성들이 공동으로 지내는 민속 제례이다. 이를 굴왕제, 군왕제 등이라고도 한다.

예나 지금이나 간월도의 어리굴젓은 전국에서 이름난 특산물로 알려져 있으며, 무학대사(無學大師), 이성계(1335~1408)와 함께 어리굴젓이 등장하는 전설인 「학이 날개로 보호한 어린아이」가 구전될 만큼 유서가 깊다.

마을 아낙네들이 굴 바구니를 머리에 이고 깃발과 제물을 앞세워 풍물을 울리며 장단에 맞춰 해안선을 따라 행진하며 용왕에게 제를 올리고 있다.[77]

이외에도 인천광역시 옹진군 연평도에는 임경업 장군을 기리기 위한 사당, 충민사가 있다. 조선 중기 임경업(1594~1646) 장군이 인조 때 당시 평안도 병마절도사 겸 안주목사로 있을 때 두 왕자(소현세자, 봉림대군)를 구출하기 위해 청을 쳐야 한다고 생각하고 제물포에서 배를 타고 산동으로 향하던 도중에 연평도에 잠시 정박하게 되어, 가시나무를 연평도 앞바다에 꽂아 간조 때 많은 고기를 잡았다고 한다. 이것이 조기잡이의 유래가 되어 주민들은 임경업 장군을 숭배해 사당을 건립하고 봄마다 풍어를 기원하는 제사를 지내게 되었고, 어업의 신, 혹은 조기의 신이라 하여 출어할 때나 귀향할 때도 꼭 사당을 찾아 참배를 올리며, 풍어와 항해의 안전을 빈다고 한다.

이처럼 미역문화가 번성한 동해안이든, 김문화가 시작되었던 남해안이든, 굴과 조기가 번성한 서해안이든 어촌 마을공동체에는 나름대로 아름다운 해양민속문화와 마을 인문자원이 고스란히 남아 있는 만큼 사라지기 전에 지역별 특성에 걸맞는 해양 인문학의 정립이 필요하다.

지금까지 동해안의 미역문화를 중심으로 선행 연구자의 보고서와 고문헌 기록 등을 통해 미역문화는 어촌마을 공동체 의식 함양과 지속가능한 어촌마을의 발전과정에서 큰 역할을 해오고 있음을 살펴보았다. 다음은 이러한 전통 어촌문화인 곽암을 바탕으로 한 어촌경제가 지역차원을 넘어 국가차원에서 중요한 위치를 점하게 된 점을 고려시대 곽소(藿所)와 조선시대의 곽세(藿稅) 등을 통해 알아보고자 한다.

---

77 한국향토문화전자대전 및 디지털 서산문화대전 참고.

울릉도 해신당

울릉도 떼배(현포리, 최해관 어르신)

울진 나곡3리 마을, 미역 건조작업

울진 나곡3리 짬의 분포

울진 나곡3리에 미역 채취 원정 나온 포항 구룡포 해녀들

4. 역사 기록으로 보는 미역문화사

– 곽소(藿所)와 곽세(藿稅), 그리고 진휼곽

삼국시대 이전부터 미역을 먹기 시작했던 우리 민족은 신라시대부터 수도 경주가 동해 바닷가와 형산강 등을 연접하고 있는 입지적 이점 등을 다분히 활용하여 신라 왕실과 귀족은 물론이고 서민에게 이르기까지 미역을 포함한 여러 해조류를 함께 먹을거리로 사용했던 것으로 보인다. 옛 중국의 의서인 『남해약보(南海藥譜)』에는 신라인들이 곤포(昆布)를 채취해 중국에 수출한 기록이 있는데, 이 기록으로 보아 통일 신라시대에는 해조류 채취를 위한 어업이 성행했음을 추정할 수 있다.[78]

그리고 미역을 국가의 주요 진상품이자 의례품으로서 주요 무역거래 품목으로 사용한 것은 거의 한국이 유일하다. 이러한 국가의례나 국가경제에 차지하는 비중이 점차 높아짐에 따라 주요 생산지나 품질을 관리할 필요성이 있었다. 이에 따라 고려시대에는 미역을 생산하는 지역을 국가가 체계적으로 관리하는 제도인 곽소(藿所)가 있었으며, 조선시대에는 미역세를 부과하는 곽세(藿稅)가 나타나면서 국가의 주요한 조세원이 되었다.

---

[78] 곤포는 기존에는 다시마로 번역하는 것이 일반적이나, 여러 자료의 내용을 보면 여기에 나오는 곤포는 미역으로 보아야 할 것이다.

『고려도경』에서는 "고려 풍속에 양과 돼지가 있지만 왕공이나 귀인이 아니면 먹지 못하며, 가난한 백성은 해산물을 많이 먹는다. 미꾸라지[鰌]·전복[鰒]·조개[蚌]·진주조개[珠母]·왕새우[蝦王]·문합(文蛤)·붉은게[紫蟹]·굴[蠣房]·거북이다리[龜脚]·해조(海藻-미역)·다시마[昆布]는 귀천 없이 잘 먹는데, 구미는 돋구어 주나 냄새가 나고 비리고 맛이 짜 오래 먹으면 싫어진다."라고 하였다.[79]

『고려사』에는 문종 7년(1053)에 "탐라국(耽羅國)의 왕자(王子) 수운나(殊雲那)가 아들인 배융교위(陪戎校尉) 고물(古物) 등을 보내 우황(牛黃)·우각(牛角)·우피(牛皮)·나육(螺肉)[80]·비자(榧子)·해조(海藻)·귀갑(龜甲) 등의 물품을 바쳤다. 이에 왕이 탐라국 왕자에게 중호장군(中虎將軍)의 벼슬을 주고, 공복(公服)·은대(銀帶)·채단·약물을 내려주었다."고 했다. 또한 "충선왕 2년(1310)에 사신을 원나라에 보내어 해채(海菜)와 건포(乾脯) 등의 물자를 황태후에게 바쳤다."는 기록[81] 등이 있다.

이를 미루어 볼 때 신석기 시대부터 어로를 통해 먹거리를 다수 확보했던 경험은 고려 시대에까지 이어져 고려 사람들은 육류보다 수산물을 더 선호하였다. 이 때문에 해산물의 가공 보존 방법도 발달하였다. 대부분의 수산물은 말리거나 소금에 절인 형태로 유통되었으나 왕족이나 귀족, 고위 관리는 얼음에 잰 생선이나 어패류도 접할 수 있었다.[82] 아울러 고려시대에 이미 미역을 비롯한 바다나물인 해채, 해조류는 왕실이나 귀족, 서민에 이르기까지 일상적인 식품으로 본격적으로 섭취가 이루어졌고, 주요 의례품으로도 활용되었다. 그러다 보니 국가가 미역의 수요를 안정적으로 관리하

---

79 國俗有羊豕。非王公貴人。不食細民。多食海品。故有鰌, 鰒, 蚌, 珠母, 蝦王, 文蛤, 紫蟹, 蠣房, 龜脚。以至海藻, 昆布。貴賤通嗜。多勝食氣。然而臭腥味鹹。久亦可猒也(한국고전번역원, 김동욱 역)
80 나육은 소라고둥의 살로 추정된다.
81 이정신, 2013,「고려시대의 특수행정구역 所 연구」, 혜안, 258쪽.
82 부산역사문화대전 자료 참고.

는 것도 중요하지만 품질이 우수한 미역을 공급받기 위해서 미역이 잘 생산되는 연안에 곽소(藿所)를 운영하였다.

고려 시대 소(所)는 특정 물품을 전문적으로 생산하는 특수한 수공업 생산구역으로서 이전부터 존재했던 소가 부곡과 함께 군현제의 일환으로 편성된 것은 현종대부터라고 생각한다. 또한 소의 규모는 작은 촌락에서부터 군·현에 이르는 정도로 큰 규모를 가진 다양한 모습을 지녔으며, 각 물품마다 생산조건이 다양하였다. 수공업이 크게 발달하지 못했던 고려시대에서는 이 소라는 특수구역의 편성을 통해 점차 기술이 발달하고 생산량도 늘어났다.[83]

『신증동국여지승람』에 의하면 고려시대 소(所)는 광산물인 금(金)·은(銀)·동(銅)·철소(鐵所), 견직물인 사(絲)·주소(紬所), 종이 지소(紙所), 기와 와소(瓦所), 숯의 탄소(炭所), 소금 염소(鹽所), 먹을 만드는 묵소(墨所), 미역의 곽소(藿所), 청자의 자기소(瓷器所), 차의 다소(茶所), 생강의 강소(薑所), 물고기 어량소(魚梁所) 등이 있었는데, 이 가운데 자기·염·어량·곽소가 비교적 큰 비중을 차지하고 있었다.

수산물의 생산과 가공 그리고 유통은 각각 미역, 소금, 물고기 수집을 전담하던 곽소(藿所)·염소(鹽素)·어량소(魚梁所)였다. 곽소는 바닷가 바위에 생성된 미역밭[藿田]에서 미역을 전문으로 채취하는 지역이고, 염소는 염정(鹽井), 염분(鹽盆)이라는 표현에서 알 수 있듯이 인위적인 방법으로 바닷물을 증발시켜 소금을 생산하던 곳이다. 어량소는 고기잡이를 하던 곳이다.

---

83 이정신, 앞의 책, 6~7쪽.

	『세종실록지리지』해조류	『신증동국여지승람』해조류
경기	黃角	
충청	細毛(참가사리), 黃角, 海衣(김)	細毛4, 黃角4, 海衣9, 靑角1
경상	藿, 海衣, 靑角, 早藿, 甘苔, 海毛, 粉藿, 海藻	藿18, 海衣11, 靑角2, 加士里3, 絲藿3, 烏海藻3, 昆布1, 塔士麻1
전라	粉藿, 常藿, 昆布, 藿, 甘苔, 加士里, 海毛, 海角, 海衣, 莓山伊, 早藿, 黃角	藿12, 甘苔11, 牛毛8, 加士里1, 海衣13, 黃角10
황해	靑角, 黃角, 海漕, 絲藿	
강원	藿, 常藿, 昆布, 海藻	藿8, 海衣6, 細毛2, 牛毛1
평안		
함경도	多絲亇(다시마), 藿, 昆布, 海帶, 牛毛(우무), 細毛	塔士麻(다시마)9, 藿16, 昆布10

　　그리고『세종실록지리지』에 나오는 미역생산지인 곽전 분포지는 다음과 같다.

　경상도 : 울산(미역), 흥해(미역), 동래(미역·무곽), 장기(미역), 영일(미역), 청하(미역), 영해(미역), 영덕(미역·무곽), 김해(미역), 고성(미역), 거제(미역), 칠원현(미역), 진해(분곽), 진주(미역), 창원(미역), 곤남(미역), 사천(미역), 하동(미역), 고흥(분곽)[85]

　전라도 : 무안현, 순창군, 임실현, 장수현, 곡성현, 광양현, 해진군(분곽·상곽), 영암군(분곽), 강진(상곽), 광양(미역), 장흥도호부(분곽·상곽), 고흥(분곽), 순천도호부(분곽), 낙안군(분곽), 제주목(곤포), 정의현(곽·곤포)·대정현(곽·곤포)

　강원도 : 강릉(곽), 삼척(곽), 양양(상곽), 평해(상곽), 울진(곽), 간성(곽), 고성(곽), 통천(상곽), 흡곡(상곽)

　충청도 : 태안군(토산-해의)

---

84 이정신, 앞의 책, 260쪽 인용.
85 경상도 진주·창원·곤남·사천·하동과 함경도 전역은 토산조에, 나머지는 토공조에 나온다.

『신증동국여지승람』에 나오는 곽전 분포지는 다음과 같다.

경상도 : 경주, 울산, 흥해, 동래, 장기, 영일, 기장, 영해, 영덕, 진주, 곤
　　　　양, 남해, 사천, 하동, 김해, 거제, 고성, 웅천
전라도 : 나주, 영암, 장흥, 진도, 강진, 해남, 제주, 정의, 대정, 순천, 보
　　　　성, 광양, 흥양
강원도 : 전부 토공조, 강릉(곽), 삼척(곽), 광양(상곽), 평해(상곽), 울진
　　　　(곽), 간성(곽), 고성(곽), 통천(상곽)
황해도 : 장련, 해주, 옹진, 강령, 은율

　이처럼 고려시대의 미역생산지를 추정해 보면『세종실록지리지』에 기
재된 내용과 크게 다르지 않고,『신증동국여지승람』과 비교해봐도 크게 다
르지 않다. 우리나라 바닷가 지역이면 거의 미역이 생산되었다.[86]
　고려말기, 특히 공민왕대부터 왜구의 침입이 빈번해지자 해안 가까이에
사는 주민들은 큰 피해를 입었다. 이에 따라 바닷가 가까이 자리잡고 있던
소의 장인들은 모두 내륙으로 옮겨갔지만 곽소는 바닷가를 벗어날 수 없었
으므로 어량소·염소 등의 붕괴와 더불어 자연히 해체된 것으로 보인다.[87]

　조선시대 와서는 방물(方物), 토물(土物), 토산(土産)으로서 미역 관련
된 기록이 많이 등장하고, 특히 미역 수세는 곽세(藿稅), 곽암세(藿巖稅),
곽전세(藿田稅) 등으로 표현되는 해세(海稅)로 분류되어 많은 자료가 남아
있다. 방물은 공물 중 질이 좋은 상품을 말한다. 공물은 나라에 납부한 우리
나라 각 지방에서 나는 토산물이다. 이 공물 가운데 질이 좋은 상품을 사신
의 예물로 정의하였는데 이것을 포괄적 의미로 방물이라 했고, 나라 간의

---

86 이정신, 앞의 책, 259~260쪽.
87 이정신, 앞의 책, 271쪽.

통상교역의 주요 대상 품목이 되었다. 즉 방물이란 우리나라의 생산품 중 수출이 가능한 뛰어난 상품을 말한다.

고려 미역이 안팎 종기를 낮게 하는 약제로 쓰였다는 기록이 있고, 『조선 왕조실록』에는 1429년(세종 11년)에 명 황제에게 표전문(表箋文)과 함께 각종 물품을 보내며 조해채(早海菜, 조곽, 햇미역) 500근과 상곽 1,000근, 분곽 300근, 곽이(미역귀) 300근을 합해 2,100근을 보냈다. 세종 12년에도 역시 사은사(謝恩使)편에 여러 물품을 보내며 조해채 200근을 보낸 기록이 나온다. 또한 성종 9년에 황제의 요구로 미역귀 100근을 보냈으며, 11년 성절사 편에 미역귀 200근을 보냈고, 14년과 15년에 각각 100근씩을 보냈다는 기록을 미루어 볼 때 미역을 비롯한 해조류가 의례품으로 많이 사용되었고, 국가가 미역의 생산과 품질관리를 체계적으로 한 것으로 추정된다.[88]

조선시대 해안에 거주하면서 생업을 영위하는 백성들은 바다와 관련된 세금, 즉 해세(海稅)를 내야 했다. 해세는 어(漁)·염(鹽)·선(船)에 대한 과세가 기본이었으므로 '선어염세'라고도 흔히 지칭하였다. 미역 역시 조선 초기부터 공납했으므로 당연히 세금이 붙었다고 보아야 한다. 그것이 바로 곽세(藿稅)다.

『조선왕조실록』에서 '곽세'라는 단어가 처음 등장하는 건 1432년 세종 14년이다. 임금이 호조에 명하기를 "함길도에서는 해마다 사신을 지공(支供)하게 되어 적지 않은 폐해를 받으니, 본도(本道)에서 바치던 대구어(大口魚)·연어(年魚)·목단피(牧丹皮)·감곽(甘藿) 및 사향(麝香) 20부(部) 이외의 다른 세공(歲貢)은 계축년까지 면제[蠲免]하고, 상의원(尙衣院)에 바치던 초서피(貂鼠皮)도 계축년까지 반감(半減)하고, 함길도 감사도(監司道)에서 바치던 어곽세(魚藿稅)도 역시 계축년까지 반감하며, 함길도에서 상납하는 신세포(神稅布) 및 감사도에서 바치던 베[布子] 등은 역리(驛吏)와 각 고을 노비의 빈한한 자에게 고루 나누어 주라."고 하였다.[89]

88 경상북도, 2017, 『방물인물사전』, 153~155쪽.
89 세종대왕기념사업회, 이해철(역)

이때 함경도에서는 곽세는 따로 징수하지 않고 어세(魚稅)와 통합 징수하였던 듯하다. 곽세에 대해 가장 구체적으로 알 수 있는 자료는 정약용이 지은『경세유포』다. 세금에 대해 알기 위해서는 먼저 화폐단위부터 파악해야 한다.

> 『목민심서(牧民心書)』제2부 율기육조(律己六條) 제5장 절용(節用)과 『만기요람(萬機要覽)』재용편(財用篇) 전화조(錢貨條)에서 보는바, 실제로는 문과 냥 사이에 전(錢)이라는 단위가 존재하고 있어 '1관=10냥 =100전=1,000문'이라는 십진법에 의한 화폐산식이 적용되고 있었다. 여기에서 기본이 되는 화폐 단위는 냥이었다.[90]

간단히 말하면 100문이 10전, 10전이 1냥이었다. 1냥이 얼마만큼의 가치를 가졌느냐 하는 것은 시대에 따라 달라진다. 한편 미역을 세는 단위도 있었다. 자연 상태에서 미역을 채취하여 건조시킬 때 이동이나 보관이 용이하도록 여러 올의 미역 가닥을 붙여서 1장을 만든다. 이 1장을 1조(條)라 했다. 50조를 묶어 1속(束)이 되고 50속이 1동(同)다. 2,500조가 1동이 되는 셈이다. 조선시대 1조가 어느 정도의 양인지는 알 수 없지만 현대 산모 미역 1장이 약 300g이라는 것을 감안하면 약 200g-400g 정도로 추정할 수 있다.

『경세유포』제14권 '균역사목추의(均役事目追議)' 〈곽세(藿稅)〉 부분을 보면 당시 미역의 생산과 세금 등에 대해 비교적 소상히 알 수 있다. 정약용은 먼저 호남지역을 언급하며, 호남지역은 과거 세금을 참작하여 세금을 부과한다고 하였으나 일정하게 관리하기 어려웠던 것으로 보인다. 그 이유는 정약용도 밝혔듯이 미역의 산지가 뱃길로 한참 가야 하는 외딴 섬인 경

---

90 『한국민족문화대백과』(화폐단위(貨幣單位)

우가 많아 관리가 어려웠던 것으로 보인다. "흑산도(黑山島)·홍의도(紅衣島)·가가도(可佳島)·태사도(太師島:나라 남서쪽(坤方)에 있음)와 진도(珍島) 외양의 만재도(滿載島)·발매도(發賣島)·맹골도(萌骨島)·동황도(東荒島)·서황도(西荒島)와 영암(靈巖) 외양의 추자도(楸子島) 등 지방은 모두 해곽(海藿)이 산출된다. 탄환만하고 주먹만한 작은 섬들이 헤아릴 수도 없는데…"라고 한 것을 보면 그 사정을 짐작할 수 있다. 섬 주민에 대한 관리도 어려워 섬을 비워 두는 정책을 시행한 경우가 많았는데 하물며 미역에 대한 세금을 거두기는 더 어려웠으리라 보인다. 다만 제주의 경우 "제주(濟州)에도 해곽이 생산되고 나라 사람 절반이 그것을 받아먹는데, 제주 어세와 염세는 그냥 본주(本州)에 남겨서 쓰고 상납하는 일이 없다."라고 하고 있다.[91] 제주도 미역이 육지 사람이 많이 먹긴 하지만, 중앙정부에서 제주 미역에 대한 세금을 징수한 경우는 없는 것으로 보인다. 하지만 영남의 경우 사정은 달라진다. 미역 밭에 대한 관리가 잘 되었기 때문이다.

영남 미역밭은 저절로 일정한 지역이 있다. 선박과 염분이 때에 따라 이룩되기도 폐지되기도 하는 것과는 같지 않으므로 지금 참작해서 세를 정한다.

미역은 50조(條)를 1속(束)으로 하고, 50속이 1동(同)이 되는데(2천 500조임), 한 동의 값을 돈 7냥 반으로 계산한다. 울산(蔚山)미역은 맛이 매우 좋아서 값이 현저히 다르므로 1동 값을 돈 10냥으로 계산한다…(중략)… 동해 미역은 시가가 비록 지극히 헐하더라도 1조가 3전에 빠지는 때는 없었는데(본산지에서 이와 같음), 값이 이와 같음이 또한 아전에게 속임을 당한 것이다. 나라에 바치는 물건은 박한 쪽을 따름이 합당하나 백성이 내는 재력을 반드시 낭비할 수는 없으니 또한 무의미

91 고전종합DB. 경세유표 제14권/균역사목추의(均役事目追議), 한국고전번역원, 이익성(역)

한 것에 너무 가깝지 않은가 싶다…(중략)…울진(蔚珍)과 평해(平海)에
예전에는 관이 지켜서(미역밭지기가 있었고 또 監考가 있었음) 미역 세
를 거두었는데, 지금도 또한 미역밭에다 세를 정하여, 미역 1동(50속)마
다 값을 돈 4냥으로 계산한다.[92]

여기에 중요한 이야기가 들어 있다. 1800년 경, 동해산 미역 1조의 가격
은 약 3전이었다. 2,500조는 1동인데 1동의 가격은 750냥이다. 1동에 세금
즉 곽세를 7냥 반을 징수했다. 미역에 대해서는 가격 대비 1%의 세율인 셈
이다. 하지만 울산 지역의 미역은 맛이 좋아 가격이 다르기 때문에 1동에
10냥으로 계산해서 징수했다. 여기서 울산지역이라 함은 현재의 기장이 포
함된 지역이다. 곽세 1% 징수율로 계산해보면 기장 미역은 1조당 약 5전으
로 추측된다. 일반 미역보다 약 40% 더 비싼 값을 받았던 것이다.

『여지도서』(1757-1765) 진공조에 의하면, 미역을 진공하는 군현으로 경
상도지역으로 영덕군(영해부, 영덕현), 포항시(청하현, 흥해군, 연일현, 장
기현), 경주시(경주진, 경주부), 울산광역시(울산부) 등으로 기록되어 있다.

한편 『조선왕조실록』에도 미역세 관련 기록이 나오는데, 균역청에 낼
세금을 수령들이 현금으로 미리 낸 다음, 미역을 현물로 받아 고가로 팔아
이익을 얻었다는 기록도 있다. 다음은 『영조실록』81권, 영조 30년 1월 24
일자 기록이다. 경남 고성의 사례이다.

영남 이정사(嶺南釐正使) 민백상(閔百祥)이 복명(復命)하니, 임금이 소
견(召見)하였다. 민백상이 폐단을 조목조목 아뢰었는데, 곽전조(藿田
條)에 이르러 아뢰기를,
"균역청에 곽전세(藿田稅)가 있는데, 근래 수령이 균역청에 곽전(藿錢)

92 고전종합DB. 경세유표 제14권/균역사목추의(均役事目追議), 한국고전번역원, 이익성(역)

을 미리 바치고 백성을 시켜 미역[藿]을 베어 자기를 이롭게 하므로, 백성이 그 폐단을 견디지 못하여 다들 값을 늘려 균역청에 바치고 이 폐단을 고치기를 바랍니다."

하니, 임금이 말하기를,

"미역에도 세가 있는가? 그 정상이 불쌍한데, 더구나 값을 늘릴 수 있겠는가? 위를 덜고 아래를 보태는 정사(政事)로서는 예전대로 두어야 하겠다."

하자, 균역청 당상 홍봉한(洪鳳漢)이 자못 고집하였다. 민백상이 말하기를,

"고성(固城) 한 고을로 말하더라도 균역청의 세는 90냥에 지나지 않는데, 수령이 미역을 사서 생기는 이익은 많아서 2백 냥이나 됩니다."

하니, 임금이 말하기를,

"다시 값을 늘리지 말도록 하라." 하였다.[93]

고을 수령이 곽전세를 미리 바치고 수령 자신은 세금으로 더 걷는 폐단이 있었다는 것을 말해준다. 임금은 백성을 위해 세금을 올리지 말라고 하지만, 중간에 수령이나 아전이 농간을 부려 백성들이 힘든 경우가 아주 많았던 것으로 보인다.

19세기 말 고종 시대에 강원도 각 지역의 곽전세 통계를 보아도 상당히 흥미롭다. 1883년 12월 강원도 금계사추등선염세액총수성책(今癸巳秋等船鹽稅額總數成冊)과 1884년 5월 강원도 각읍금춘등선염세액급백일조구별성책(各邑今春等船鹽稅額及百一條區別成冊)에서 곽세 항목만을 뽑아서 살펴본 내용이다. 평해, 울진, 강릉, 삼척, 고성, 양양, 통천 순으로 세금을 많이 냈고 이는 각 지역의 미역 생산량과 비례했을 가능성이 많다.[94] 울

---

93 한국고전종합DB, 세종대왕기념사업회, 정연탁(역)
94 오창현, 2012, 『동해의 전통어업기술과 어민』, 국립민속박물관, 50쪽.

진과 평해는 지금은 경상북도에 속하지만 19세기 말에는 강원도에 속했다.

19세기 말 강원도 각 지역의 곽세 징수 현황[95]

군현	곽세	군현	곽세
강릉	156냥 6전 3분(春)	통천	44냥(春)
양양	52냥 8전(春)	고성	123냥 2전(春)
삼척	123냥 2전 4분(春)	울진	234냥 4전 3분(春)
평해	322냥 8분(春)	간성	79냥 2전(秋)

1910년 일제가 조선을 불법적인 방법으로 강제병합한 다음에도 어민들의 미역을 채취하는 기술이나 방법, 혹은 생산량은 크게 달라지지 않은 것으로 보인다. 다음은 일제하 조선총독부의 통계자료다.

20세기 초 전국 각 지역 미역 생산량[96]

도별	함경북도	함경남도	강원도	경상북도	경상남도	전라남도
어기	3~6월	4~9월	3~5월	3~7월	4~6월	3~8월
성어기	5월	6~8월	4월	5월	3, 4월	4, 5월
주요 어장 위치	명천군, 성진군 연안	정명군, 이북연안	울진, 삼척, 양양 연안	경주, 영일, 영덕, 울릉도 연안	울산, 동래, 부산, 통영, 각군 연해	제주도, 거문도, 소리도, 안도, 금오도, 손죽열도, 조도, 나로도, 대흑산도, 지오리도, 태랑도, 청산도, 신지도, 소안도, 추자도
어구 어법	권(卷), 예채(苅採)	예취(苅取)	예취(苅取)	권(卷), 예채(苅採)	간권(竿捲), 겸(鎌), 나잠(裸潛)	나잠(裸潛)
이획고	391,828貫 77,130円	78,200貫 13,832円	231,240貫 46,248円	172,575貫 44,370円	173,135貫 113,266円	194,857貫 143,376円

이 자료를 보면 함경북도의 자연산 미역 생산량이 월등히 많다. 강원도와 경상북도의 생산량을 합친 정도의 생산량을 함경북도에서 생산하고 있

다. 하지만 전라남도의 채취량은 함경북도의 50% 정도인데 반해 그 금액으로는 오히려 두 배 가까이 많다. 전라남도의 미역이 함경북도의 미역보다 약 4배 가까이 비싸게 가격이 형성되었음을 알 수 있다. 이것은 오늘날에도 진도의 맹골군도나 흑산도 일원의 자연산 미역 가격이 가장 비싸게 형성되어 있음을 생각하면 충분히 이해가 가는 일이다.

한편 미역은 국가의 주요 세원(稅源)의 하나이자, 바다의 화폐 역할을 하기도 했다. 조정에서는 산지에서 진상(進上)한 미역을 비축해 두었다가 관리들에게 지급하기도 했고, 기근에 허덕이던 백성을 구제하는 데도 사용했다. 1733년(영조 9)에 기근(饑饉)이 들자 영조(英祖)는 미역 600동(同)을 진휼소(賑恤所)에 내려주었다. 미역을 넣고 죽(粥)을 쑤어 기민을 구제하도록 한 것이다. 미역을 넣고 죽을 쑤면 적은 양의 곡식으로 더 많은 기민올 구제할 수 있었을 뿐만 아니라 영양가도 높일 수 있었다.

구휼(救恤) 또는 진휼(賑恤)은 백성들이 흉년 등으로 곡식이 떨어지는 등 어려운 상황에 처했을 때, 국가에서 백성들의 처지를 생각하여 구제하는 일을 말하는데, 조선시대 백성의 가장 큰 재난은 흉년으로 인한 기근이었고, 따라서 나라에서는 기근 정도에 따라 나라의 개입 여부를 판단하여 진휼을 시행하였다.

진휼은 한 달에 세 번 10일 간격으로 시행되는데, 통상 장년 남성에게는 쌀 5되, 장년 노년 여성에게는 4되, 기타의 경우에는 3되씩을 지급하고 곡물 외에 형편에 따라 죽이나 소금, 장(醬), 미역 등도 나누어 주었다고 한다.[97] 아래의 기록을 포함한 거관대요(居官大要) 등 여러 기록에서도 나오

---

95 오창현, 앞의 책. 50쪽.
96 조선총독부, 1919, 수산편람 자료중 재작성.(영일은 포항지역, 이 때는 울진이 강원도 소속, 제주도도 행정구역이 전라남도), 오창현이 작성한 내용을 재인용.
97 연암 박지원 – 구휼의 예, 인터넷 자료 참고.

듯이 미역이 우리 백성들에게 차지하는 비중이 큰 의미를 다시 한번 알 수가 있다.

> 「國朝寶鑑」71, 正祖 7년 11월 節目, "구걸하는 아이를 留養하는 일은 다음과 같다.…양식의 지급은 진휼청의 규정을 참조하여 10세에서 7세까지는 하루에 1인당 쌀 7홉과 장 1홉과 미역 2입(立)을, 6세에서 4세까지는 하루에 1인당 쌀 5홉과 장 1홉과 미역 1입을 지급하되, 해당 관청의 庫直으로 하여금 주관하여 궤향을 마련하게 한다."라는 기록이 있다.[98]

국가는 이처럼 미역을 긴요하게 사용했지만, 바다에 직접 뛰어들어 자연산을 채취해야 했던 산지 백성의 노동은 혹독했고, 중간 관리의 농간 탓에 과한 세금에도 시달려서 많은 어려움이 있었던 것으로 일부 기록이 남아 있다.[99]

> 혼전(魂殿)에 공진(供進)하는 채소나 과일을 줄이라고 명하였다. 임금이 말하기를,
> "채소와 과일의 공물(貢物)은 그 폐단이 가장 크다. 해곽(海藿)만 하여도 종류는 한 가지이지만 명칭이 다섯 가지나 되어 분곽(粉藿)·조곽(早藿)·곽이(藿耳)·사곽(絲藿)·감곽(甘藿) 등의 구별이 있는데, 그것을 품종대로 다 각각 올리니 민폐가 매우 크다. 사곽·곽이 두 종류는 특별히 감하게 하라. 표고(蔈古)와 진자(榛子) 같은 것은 더구나 드문 종류이니, 그 폐단은 익히 안다. 모두 공진하는 것을 면제시키고 경무(京貿)로 대용하게 하여 외읍(外邑)에 사는 백성으로 하여금 자성(慈聖)의 유덕

---

98 이정신, 『고려시대의 특수행정구역 소 연구』, 257쪽.
99 국제신문, 2016. 11. 17, 〈장경준의 新어부사시사 〈19〉, 해초의 대표 : 미역 이야기〉 기사 참고.

(遺德)을 모두 알게 하라."하였다.[100]

이외에도『조선왕조실록』곳곳에 백성들에 대한 어곽세(魚藿稅)의 폐단과 반감에 대한 기록들로 볼 때 미역이 국가경제에 차지하는 비중이나 어촌 주민들의 미역세와 관련된 생활고를 짐작할 수 있다. 심지어 미역에 대한 세금을 사사로이 부과했다가 파면된 관리도 있다.

"어천 찰방(魚川察訪) 진한보(陳漢輔)는 운각(芸閣)으로부터 함부로 부임하였으며, 덕원 부사(德源府使) 이상직(李尙直)은 외람되게 곽세 (藿稅)를 받았고, 정사에 이익을 추구하는 것이 많았으니, 청컨대 모두 파직시키소서." 하니, 아뢴 대로 하라고 하였다.[101]

이처럼 우리나라의 미역 관련 기록들을 근거로 추정해 볼 때, 삼국시대부터 본격적으로 먹기 시작한 미역은 점차 왕실과 귀족에게 진상되었고 중국으로 수출되었음을 알 수 있다. 요즘 말로 하면 우리나라의 일류 수출 상품이었던 것이다.

고려시대에는 곽소(藿所)라는 미역 생산 마을이 생겨나 생산과 건조에 전문성이 도입되었다. 조선시대에는 곽전(藿田)은 비록 그 세율은 높지 않지만 곽세(藿稅)로서 국가의 조세 징수대상이었다. 한편으로는 백성들의 배고픔을 해결하는 진휼곽(賑恤藿)으로서의 역할을 했을 때도 있었다. 하나의 해조류에 이렇게 많은 문헌 자료와 기록을 가진 민족은 우리나라밖에 없다.

---

100 『조선왕조실록』, 영조 33년 정축(1757)7월 16일(병오),세종대왕기념사업회,조면희(역)
101 『조선왕조실록』, 영조 41년 을유(1765)3월 7일(임오) 기록, 덕원은 함경남도 문천군. 현재의 원산 부근이다.

조선 후기의 실학자 중 선구에 속하는 이익(李瀷 : 1681~1763)은 그의 저서 『성호사설』에서 "미역도 소중한 산물(産物)의 하나이다. 죽은 고래가 자주 표류하여 오는데, 그 고래에서 많은 기름을 채취한다. 울릉도(鬱陵島)는 곧 삼척부(三陟府)이다. 대나무가 서까래처럼 굵고 미역이 더욱 좋은데, 시기가 되면 채취한다고 한다."라고 미역에 대한 기록을 남기고 있다.[102]

이런 자료 자체가 우리 민족의 자랑스러운 해양문화유산이다. 또한 다음의 표에서 보듯이 다양한 고문헌에 해조류 관련 조리법 기록이 나온다. 이렇게 해조류를 잘 채취하고 활용하고 맛있게 요리해서 먹는 민족은 지구상에 우리밖에 없다. 이런 자료로 미루어 보면 우리 민족은 해조민족(海藻民族)임이 분명하다.

---

[102] 고전종합DB, 한국고전번역원,김동주,이동환,이정섭 공역. "又海藿爲商貨所重 數有鯨死 漂泊取油無筭 欝陵島直三陟府 竹大如椽 藿尤美 民以時徃取云" 특히 '울릉도의 미역이 더욱 좋다(藿尤美)'고 표현하였다. 울릉도에서는 이에 착안하여 울릉도 돌미역 상품 이름을 '곽우미(藿尤美)'라 하여도 좋겠다.

고문헌에 나타난 해조류 조리법[103]

해조류/고문헌		고려도경(高麗圖經, 1123년)	경상도지리지(慶尙道地理誌, 1424년)	고려사(高麗史, 1454년)	세종실록(世宗實錄, 1473년)	동국여지승람(東國輿地勝覽, 1481년)	산가요록(山家要錄, 1400년대)	본초강목(本草綱目, 1596년)	수운잡방(需雲雜方, 1500년대)	공선정례(貢膳定例, 1776년)	고사십이집(攷事十二集, 1787년)	만기요람(萬機要覽, 1808년)	규합총서(閨閤叢書, 1809년)	자산어보(玆山魚譜, 1814년)	경세유표(經世遺表, 1817년)	임원십육지(林園十六志, 1827년)	시의전서(是議全書, 1800년대 후반)	조선무쌍신식요리제법(朝鮮無雙新式料理製法, 1924년)	해동죽지(海東竹枝, 1925년)
김	김(海衣), 해태(海苔), 해의(海衣)	O		O	O					O		O	O	O	O	O		O	
	김쌈(海苔包)																O	O	
	김무침																	O	
	김창국(海衣冷湯)																	O	
다시마	곤포(昆布), 다사마(多士麻)	O					O			O	O			O		O			
	전곽법(煎藿法)								O										
	튀각													O				O	
	다시마좌반														O				
	매듭자반																	O	
미역	해조(海藻, 미역국)	O		O													O		
	분곽(粉藿)		O		O					O									
	해대(海帶)													O					
	미역지짐이																	O	
	미역무침																	O	
	미역창국(藿冷湯)																	O	
우뭇가사리	황모(黃毛)									O					O				
	우무전과(牛毛煎果)					O													
	우무(묵)															O		O	O
	우무냉국																	O	
청각	청각(靑角)													O			O		
	청각좌반(靑角佐飯)									O									
매생이	매생이(莓山苔)					O								O					
파래	파래						O												
톳	톳(土衣菜)													O					

---

5. 문학과 구전 속의 미역, 해조류 이야기

문학 작품 속의 미역

미역국은 김치, 된장과 함께 한국인이 선호하는 음식이다 보니, 미역의 채취와 섭취 및 다양한 공동체 의례 등 미역과 관련된 고유한 역사와 문화 등이 있음을 앞에서 살펴보았다. 그러다보니 미역과 관련해서 다양한 문학 작품과 민요와 속담이 남아 있다.

미역을 즐겨 먹었던 고려인들은 귀한 선물로 주고받기도 했는데 이색 (李穡 : 1328~1396)이 남긴 시(詩)에서 이러한 모습을 살펴볼 수 있다.

> **강릉(江陵) 최상(崔相)이 미역을 보내 준 데 대하여 받들어 사례하다**
> **(奉謝江陵崔相惠海菜)**
>
> 미역을 해마다 보내 주어
> 산재에서 날마다 먹으니
> 처음엔 흐린 눈이 맑아짐을 알았고
> 점차로 시상이 윤택해진 게 기뻐라

외딴섬에 봄빛은 멀기만 하고

거센 바람에 파도는 드높아서

미역 따기란 쉬운 일이 아닐 테라

조용히 씹노라니 맘이 아득해지네

海菜年年送 山齋日日嘗 始知淸病目 漸喜潤詩腸

絶島春光遠 狂風浪勢揚 採來非易得 細嚼意蒼茫

(한국고전번역원, 임정기 역)

이 시에서 강릉 최상(崔相)은 목은의 다른 시로 미루어 보면 목은의 친구 최안동(崔安東 : 생몰년 미상)이다. 목은은 최안동이 햇미역을 보내준 것에 대해 사례하는 시를 지어 보냈다. 이 시로 보면 최안동은 목은에게 해마다 미역을 보낸 것을 알 수 있다. 목은은 미역을 먹고 눈이 밝아지고 머리가 맑아졌다고 감사한다. 고려말 미역은 귀족과 신흥사대부들도 즐겨먹던 음식임을 알 수 있다. 목은의 다음 시도 미역에 대한 한시인데 좀 더 본격적으로 미역을 다루고 있다.

민자복(閔子復)이 해채(海菜)를 보내오다(閔子復送海菜)

동해에선 특이한 나물이 나오니

색깔은 검고 살갗은 얄팍하고

길이는 두어 자 남짓 되는 데다

머리가 있고 또한 다리도 있는데

초를 치면 회에 대신할 수가 있고

국 끓이면 또한 찢어 먹을 만하네

쇠한 위장을 보하는 건 물론이요

지혈시켜 경락도 보한다 하누나

비록 그 성질이 워낙 한랭하여

온평한 약용엔 들어가지 못하나

난질난질 잘 퍼진 고미밥에다

넉넉히 곁들여 먹을 만하고말고

東海出異菜 色黑膚理薄 長可數尺餘 有頭仍有脚

美醋可當膾 香虀亦堪剝 云補腸胃衰 止血扶經絡

雖然性稟冷 不入溫平藥 錭胡爛炊飯 足以供咀嚼

(한국고전번역원, 임정기 역)

이 시 역시 목은에게 민자복이 미역을 선물로 보낸 준 데 대해 사례하는 시이다. 민자복은 민안인(閔安仁 : 1343~1398)을 말한다. 민안인의 자(字)가 '자복'이고 이 자를 목은이 지어주었다. 목은은 민안인의 스승이다. 이 목은의 시가 미역의 약용성을 잘 설명하고 있어 미역 홍보에 활용할 수 있는 중요한 시라고 생각된다. 목은은 외가인 영덕 괴시리에서 출생하였기

영덕군 영해면, 목은 이색 선생이 태어난 외갓집인 괴시리 전통마을(영덕군청 제공)

영덕군 영해면, 목은 이색 선생이 좋아한 관어대(영덕군청 제공)

에, 미역 등 동해의 산물에 대해 잘 알고 있었을 것으로 추정되는 고려말의 대학자다. 고려의 충신 정몽주나 조선의 개국 설계자인 정도전 모두 목은의 영향을 강하게 받은 신흥사대부였다. 목은 없이 조선의 유학과 학문의 전통을 설명할 수 없는데, 그 목은이 미역에 대해 이런 시를 남겼다는 것은 상당히 주목할만 하다.

　조선이 개국하고 난 뒤 약 100년이 지나기 전에 왕위를 두고 골육상잔의 쟁탈전이 벌어진다. 세조가 어린 조카의 왕위를 찬탈하고 왕이 된 다음 조카를 죽이는 사건이 발생한다. 이때 이를 드러내놓고 반대한 인물들은 죽임을 당했다(사육신). 훗날 세조의 행위를 옳지 못하다 여기고 「육신전(六臣傳)」이라는 글을 저술한 이가 바로 남효온(南孝溫 : 1454~1492)이다. 후세 사람들은 김시습과 함께 남효온도 생육신의 한사람이라 일컬었다. 이 남효온이 남긴 문집이 『추강집(秋江集)』이며 이 책에는 다음과 같은 미역에 대한 시(4언 고시)가 있다.

사선정(四仙亭)에 적다(題四仙亭)

바위 앞에는 미역 캐고
바위 면에는 대합 캐네
오래 앉았다 무심해지니
백구가 심히 가까이하네
푸른 바다 닿을 곳 없고
땅의 굴대는 끝이 없네
이에 알겠노라 이 신세
큰 창고의 한 줌쌀임을
마음은 본래 텅 비었고
동정은 물과 같은지라
물결이 자면 고요하고
물결이 일면 움직이네
위도 하늘 아래도 하늘인데
네 개 바위가 몹시 기이하네
아마도 꿈속의 일인 듯하여
아쉬운 마음에 돌아가길 잊노라

巖前采藿 巖面采蛤 坐久無心 白鷗甚狎
滄溟無津 坤軸無極 是知身世 太倉一粟
心兮本虛 動靜如水 波伏而伏 波起而起
上天下天 四石絶奇 疑是夢中 眷戀忘歸

(한국고전번역원, 박대현 역)

사선정(四仙亭)은 금강산 삼일포 호수 안에 있었던 정자이며, 여기서 남효온은 사선정 앞의 풍경을 보면서 대자연 속에서 인간의 하찮 것 없음을 탄식하고, 한편으로는 그 경치를 그만 보고 돌아가야 하는 아쉬움을 토로했다. 아마도 남효온이 금강산 삼일포를 구경할 때 주민 중 누군가가 미역을 채취했을 것이며, 남효온을 그것을 보고 풍경의 하나처럼 시로 읊었다. 이 시는 물론 미역이 주제가 아니지만, 미역을 딴 바위가 구체적으로 적시되어 있다는 측면에서 귀중한 자료로 평가할 수 있다.

조선 중기 임진왜란 직전 진도로 오래도록 유배를 갔던 노수신(盧守愼 : 1515~1590)도 영암군수가 벌꿀과 미역을 보내준 데 대하여 다음과 같은 사례하는 시를 남겼다.

영암 군수가 멀리서 벌꿀과 좋은 미역을 보내왔으므로, 시를 지어 사례하다 8월이다.(靈巖郡守遠餉蜂淸粉藿作詩謝之 八月)

영암 군수에게 하도 감사하여라
외론 섬의 죄수를 몹시 불쌍히 여기었네
온 가족이 굶어 죽지 않기를 기대하거니와
은혜로 돌봐 줌이 바라지 않는 데까지 미쳤네
달인 벌꿀은 노란 송화 빛이 찬란하고
향기로운 국은 좋은 미역이 보드랍구려
비장을 보하고 또 배를 다습게 해 주니
덧없는 세상에 조금 더 머물러야겠네
多謝靈巖宰 深矜絶島囚 家門待不死 惠養及無求
鍊蜜松花爛 香羹海藿柔 補脾仍煖腹 浮世少須留

(한국고전번역원, 임정기 역)

시는 아니지만 조선 후기의 실학자 중 선구자에 속하는 이익(李瀷 : 1681~1763)은『성호사설』을 저술하였는 바, 이 속에 미역에 대한 설명이 나온다.『성호사설』은 조선 후기 실학자의 선구적인 저서로 평가된다.

이 동해는 어족의 소굴이 되어 이곳만큼 해산물(海産物)이 풍부한 곳이 없다. 항상 파도가 일어 조운(漕運)이 불가능하므로, 어민(漁民)들은 작은 배를 만들어서, 고기잡고 기타 해산물 채취하는 것을 이로 삼아, 생선·건어(乾魚)·창난젓 등을 마소로 실어낸다. 지금 서울 어시장(魚市場)에 있는 별미(別味)도 대부분이 영동에서 수송하여 온 것들이다. 소금을 굽는데 소로 갈고 햇볕을 쏘이고 소금가마를 만드는 것 등의 일은 하지 않고, 곧바로 바닷물을 쇠가마에 퍼부어 많은 소금을 구워낸다. 농도(濃度) 등은 서해의 소금과 다름없으나 다만 맛이 약간 못할 뿐이다. 또 미역도 소중한 산물(産物)의 하나이다. 죽은 고래가 자주 표류하여 오는데, 그 고래에서 많은 기름을 채취한다. 울릉도(鬱陵島)는 곧 삼척부(三陟府)이다. 대나무가 서까래처럼 굵고 미역이 더욱 좋은데, 시기가 되면 채취한다고 한다.[104]

이익의『성호사설』에는 동해의 중요한 물자를 잘 설명하고 있다. 서울 어시장의 별미 음식이 영동 지역에서 수송한 것이라 하니 당시에도 동해의 산물이 서울로 유통되었음을 알 수 있고, 특히 그 중에는 미역이 매우 중요한 비중을 차지하고 있었음도 알 수 있는 대목이다.

정조 때 임금의 총애를 받았던 명신 번암 채제공(蔡濟恭 : 1720~1799)도 젊은 시절인 1751년에 삼척으로 유배를 간 적이 있었다.[105] 이때『망미록

---

104 성호사설 제8권 / 인사문(人事門) 생재(生財)(한국고전종합DB, 번역은 한국고전번역원 김동주,이동환, 이정섭 공역)
105 채제공은 영조 27년인 1751년, 중인(中人)의 묘소를 빼앗았다 하여 삼척으로 유배되었다.

(望美錄)』이란 기록을 남겼는데 미역에 관한 시도 두 편 보인다.

감회가 있어 짓다(有感)

살쩍을 뽑는 일이 이미 습관이 된 뒤로는
새로 난 백발은 점차 그러려니 여기네
병든 육체는 쑥대 문 깊숙이 감추고
서울 편지는 미역 장수에게 맡기노라
이별의 정회를 누구에게 말할거나
돌아오는 객점에서 미리 헤아려 보네
꾀꼬리 떠나고 매미가 처음 대신했구려
시절은 본래 절로 바삐 돌아가는 법이라네
鬢毛鑷已慣 稍欲例新霜 病殼深蓬戶 京書倚藿商
離懷誰說道 歸店預商量 鶯謝初蟬代 天時本自忙

(한국고전번역원, 양기정 역)

채제공의 이 시는 삼척으로 귀양와서 새치가 늘어남을 한탄하고, 서울로 편지를 부친다고 하면서 무엇인가 상황이 계속 바뀌고 있음을 이야기한다. 채제공이 서울로 보낸 편지는 아마도 자신을 귀양에서 구해달라고 하소연하는 내용이었을 거다. 다른 안부편지라 하더라도 상관없다. 미역을 보는 관점에서 중요한 것은 이 편지를 미역장수(藿商)가 삼척에서 서울로 가지고 가서 전달한다는 사실이다. 즉 18세기 중반 미역장수, 곽상(藿商)이 있어 이들이 삼척의 미역을 서울까지 운송했다는 것이다. 이들은 아마도 보부상일텐데, 배를 타고 수운을 이용해서 연안항로를 따라 서울로 갔다고 보는 것이 상식이다. 이 시에서 드러나는 분명한 사실은 미역장수가 동해의 미역을 서울로 팔았다는 것이다. 이것은 정기적인 행차였을 가능성이 많다. 이와 관련하여 채제공의 또 한 편의 시가 있다.

여관에서 무료하기에 장난삼아 풍속을 기록하는 문체로 척주 사실을 갖추어 기록하다(旅館無聊 戲用記俗體 以備陟州事實)

남쪽 나루와 북쪽 나루에 살면서
생선 들고 미역 이고 성안에서 파네
백발에도 오히려 양쪽 귀를 뚫고서
청옥(靑玉)을 매달아 남부끄럽지 않게 꾸몄네
(이상은 나루의 여인을 읊은 것이다.)
家住南津與北津 携魚戴藿賣城闉 白頭猶自穿雙耳 懸得靑瑤不愧人
(津女)

(한국고전번역원, 양기정 역)

    이 시는 상당히 재미있다. 채제공이 귀양을 와서 여관에서 무료하여 척주, 즉 삼척의 풍속을 기록하는 심정으로 시 몇 수를 읊었는데, 그 중의 하나가 바로 '진녀(津女)', 나루터의 여인에 대해 묘사한 시다. 요즘 말로 하면 삼척항의 여인인 셈인데 채제공은 이렇게 묘사했다. "삼척항의 여인은 생선을 들고 미역을 이고 성안에 들어와서 파는데, 백발임에도 양쪽 귀를 뚫어 청옥 귀고리를 달아 꾸미고 있다." 즉 삼척항의 여인은 생선과 미역을 팔아 생계를 이어가는데 청옥으로 만든 귀고리를 달 정도로 제법 부유하게 살고 있다는 뜻이 된다. 이 여인은 아마도 생선, 미역 소매상일 것이며, 위의 미역장수는 미역 도매상일 것이다. 즉 1751년 채제공은 귀양가서 쓴 시중에 우연히 미역 도소매상을 다루고 있는 귀중한 시를 남긴 셈이 된다.

정조의 총애를 받는 신하 중에는 다산 정약용(丁若鏞 : 1762~1836)이 있다. 다산은 정조가 죽자 1800년에 장기(長鬐)로 유배를 왔다.

다산은 자신의 일상을 늘 시로 지어 남겼는데, 장기에 유배를 와서 지낸 약 7개월 10일(220일) 동안에 많은 시를 남겼다. 아래 「기성잡시(鬐城雜詩)」는 1800년 3월 9일 유배지인 장기에 도착한 이후의 감상을 담은 27수의 시인데 미역과 관련된 부분은 다음과 같다.

기성잡시(鬐城雜詩)
– 3월 9일 장기(長鬐)에 도착하여 그 이튿날 마산리(馬山里)에 있는 늙은 장교(莊校) 성선봉(成善封)의 집을 정하여 있게 됐다. 긴긴 해에 할 일이 없어 때로 짧은 시구나 읊곤 하였는데 뒤섞여 순서가 없다.

……

제주도산 말총모자로 소나무와상 기대앉아
일본산 자기 잔에다 보리숭늉을 마신다
금년에는 미역이 모두 잘 말랐는데
이른 봄 날씨가 맑고 시원한 덕이라네
乇羅駿帽據松牀 日本瓷杯進麥湯 海菜今年都善曬 早春風日幸清涼
……

(한국고전번역원, 양홍렬 역)

이 시에서 다산은 이른 봄 날씨가 맑고 시원한 탓에 미역이 모두 잘 말랐다고 표현하고 있다. 장기의 각 가정에서 미역을 말리는 것이 큰 행사이자 미역이 중요 소득원임을 짐작할 수 있게 하는 구절이다. 다산은 백성들의 실질적인 살림살이에 관심이 많았기에, 미역이 잘 마른 것까지 세심히 관찰한 것이다.

다산은 1794년 음력 9월 형과 친구 몇 명과 함께 북한산을 유람하다가 중흥사에서 하룻밤 유숙한 것으로 보인다. 그때 지은 시가 「중흥사에서 하룻밤 자다(宿中興寺)」이다. 중흥사는 북한산 중심에 있었던 사찰로 행궁(行宮)과도 가까웠다. 조선시대 절은 종교시설이기도 했지만, 여행객들에게 비용을 받고 숙식을 제공하기도 했다.

중흥사에서 하룻밤 자다(宿中興寺)

이슬 위에 앉으니 옷이 차갑고
구름 속에 노니니 발길 가벼워
사원에선 오가는 길손을 받아
대접하는 솜씨가 서툴지 않네
노곤하여 산부들 자리에 앉고
배가 고파 미역국 달기도 하다
늙은 중이 계극을 늘어놓으니
베개 높이 베고서 뜬 영화 보네
露坐衣裳冷 雲游步履輕 祇林容客旅 精舍慣逢迎
倦就山蒲席 飢甘海菜羹 老尨陳桀戟 高枕見浮榮

(한국고전번역원, 송기채 역)

이 시에서 다산은 배가 고파서 미역국을 달게 먹었다고 진술한다. 당시 서울의 사찰음식으로 미역국이 중요한 자리를 차지하고 있음을 알 수 있다.

현대 문학 작품 속에서도 미역은 주요한 소재로 자리 잡았다. 한국 현대 시에서 큰 획을 그은 김수영(1921-1968) 시인은 「미역국」이란 시 1연에서,

미역국 위에 뜨는 기름이
우리의 역사를 가르쳐 준다 우리의 환희를
풀 속에서는 노란 꽃이 지고 바람 소리가 그릇 깨지는
소리보다 더 서걱거린다—우리는 그것을 영원의
소리라고 부른다

라고 노래했다. 4연에서는,

오오 환희여 미역국이여 미역국에 뜬 기름이여 구슬픈 조상〔祖上〕이여
가뭄의 백성이여 퇴계든 정다산이든 수염 난 영감이면
복덕방 사기꾼도 도적놈 지주라도 좋으니 제발 순조로워라
자칭 예술파 시인들이 아무리 우리의 능변을 욕해도—이것이
환희인 걸 어떻게 하랴[106]

라고 했다. 김수영은 이 시에서 미역국이 우리의 전통이고, 우리의 전통이란 좋든 싫든 어쩔 수 없는 운명적인 것이라 받아들일 수밖에 없음을 노래한다.

이규리 시인은 미역국을 엄마의 맛이라 노래한다. 우리 민족의 공통정서를 잡아낸 표현이다.

---

106 『김수영전집』, 이영준 엮음. 318쪽.

미역국[107]

엄마의 맛

엄마가 나를 낳고 미역국 먹을 때
더운 국물 먹고 눈물 같은 땀을 쏟아낼 때
길고 어두웠던 산고가 비로소 씻겨나갔다고

열 달을 품었던 생명 쏟아내고
이 땅, 엄마의 엄마 할머니의 할머니가 먹었던 미역국
텅 빈 자궁을 채우고 생살을 아물게 하는
미역국에서 엄마가 나왔다

외로운 산모들을 치유한 눈물 같은 국이었으니
이상도 하지
미역국 먹으면 분노도 고통도 사라지고
순한 고요가 몸 가득 출렁이지
몸이 곧 마음인 걸 믿게 하는 국이지

마음이 허한 날은 미역국을 끓인다
입 안에 부드럽게 감기는 푸른 바다

미역국을 먹고 엄마가 되었다
엄마를 알았다

(이규리, 「미역국」 전문)

---

107 이규리, 『시로 맛을 낸 행복한 우리 한식』, 78-79쪽.

시인은 이 시에서 "미역국을 먹으면 분노도 고통도 사라지고/ 순한 고요가 몸 가득 출렁인다."고 노래한다. 미역국을 먹는 어머니를 통해 우리 민족의 DNA가 이어짐을, 그리고 아이가 엄마가 되는 과정을 여성적 시각에서 차분하게 진술한다. 어머니의 미역국을 통해 외로움도 고통도 다 치유된다. 한국 여성에게 미역국을 먹는다는 것은 곧 모성의 확립이기도 하다.

안도현 시인은 다른 시각으로 미역국을 노래한다.

미역국[108]

말 안 들으면
엄마는 화난 얼굴로
"저런 자식 낳고도 미역국 먹었지!"
그렇게 말해 놓고
또 미역국을 끓이고

시험 망쳤다고
누나는 찡그린 얼굴로
"에이, 또 미역국 먹었네!"
그렇게 말해 놓고
또 미역국을 먹고

(안도현, 「미역국」 전문)

---

108 안도현 동시집, 『냠냠』

안도현 시인은 동시를 통해 미역국이 가지는 두 가지 의미를 재미있게 표현해냈다. 구룡포에 사는 바닷가 시인 권선희는 바닷가 여인의 강한 개성과 생명력을 생미역에 빗대 노래했다.

물미역[109]

갈빛 머리칼 한 다발씩 늘어놓고 파는 여자
마수부터 재수 옴 붙더니
매사 어긋나 조지고 마는 하루
슬슬 제 열 돋우다 결국엔
미주구리 써는 여자 머리채 쥐어뜯으며
온 장터 사람들 불러 모았다

한바탕 욕지거리 터지고 나서야
후련해지는 하늘 한 평

바다에서 뜯어 온 머리칼과 세상에서 뜯은 머리칼 챙겨
쑤셔 넣으며 콧물 훔치는
미끌미끌한
저
여자

(권선희,「물미역」전문)

---

109 권선희 시집,『구룡포로 간다』

이 시는 미역을 파는 여자가 미주구리(물가자미) 파는 여자와 한바탕 싸움이 나서 미역을 파는 여자가 미주구리 파는 여자의 머리칼을 뜯은 과정을 해학적 관점에서 노래한다. 동해 미역의 생명력과 동해 여인의 활기를 대비시키는 작품이다.

민요 속의 미역

우리 민요 중에서도 미역에 관련된 노래가 여럿 있다. 이들 미역 관련 민요는 미역을 채취하면서 부른 노동요와 미역이 소재로 들어간 민요로 구분할 수 있을 것이다. 우선 미역 관련 노동요를 살펴보자.

미역 돌씻기 소리

어이샤 어이샤
이돌을 실걸려고 찬물에 들어서서
바다에 용왕님네 구비구비 살피소서
나쁜물은 썰물따라 물러가고
미역물은 들물따라 들어오소
백색같이 닦은 돌에 많이 달아주소
어이샤 어이샤
내년봄에 이 미역따서
풍년되어 잘 살아보세

이 노래는 부산광역시 기장군에서 전승된 노래로, 미역이 붙는 돌을 씻으면서(실게질) 부르는 노동요이다. 채취와 관련된 노래이므로 채취 노동요다. 2001년 9월 30일 기장군지편찬위원회가 발행한『기장군지』하권의 330쪽에「미역 기세(돌씻기) 노래」라는 제목으로 수록되어 있다.[110] '어아샤 어이샤'는 후렴구이므로 여러 사람이 불렀을 것이고, 다른 부분은 목청이 좋은 사람이 선창했을 것으로 보인다. 매년 10월에서 11월에 미역바위를 닦으면서 부르는 노래였다.

기장군의 노래가 바위를 닦는 노래라면 다음의 흑산도의 노래는 미역을 수확할 때 불렀다.

미역 따는 소리

"어야 받어라"

받어라 연에 연봉
받기만 잘하면
허루만 난다
어기야 받어라
이 미역을
다도나 캐여
어기야 받어라
받기만 잘하면
비기는 잘 한다
인자는 배가

---

110 부산역사문화대전

다 캐 간구나

어기야 받아라

"인자 그래갖고는 인자 오제. 인자 한 배를 싣고 미역을 한 배 싣고"

익싸 익싸

곤방아야

저어라 그리야 어허

젓자 그래야 허

어서 가자

우리야 고향을 허

어서나 가서 허

이 미역을

전이 풉서

나눠서 너자 허

어야 받아라 허

익사 당닥궁 허

젓자 그래야 허

한 바탕만

올려 놓먼 허

고향재미를 어허

다도나 간다

앞은 점점

가까워지고

뒷은 점점

멀어진다 하하

젓자 그리야

어여 보거라 어쩌

"이자 다 젓었네"

이 노래는 미역을 낫으로 베어서 미역을 배에 싣고 안전한 마을까지 돌아오는 과정을 노래하고 있다. 이 노래를 부른 사람은 윤정님(여, 1909)으로 전남 신안군 흑산면 다촌리에서 태어났다. 그녀는 신명이 많아 노래를 할 때면 춤을 덩실덩실 추곤 했다. 「미역따는 소리」는 고향 흑산도에서 해녀 일을 하면서 배운 소리이다.[111]

한편 울진군(蔚珍郡) 평해면(平海面)에서 연행되는 거리굿의 11번째 거리에서 불리는 무가(巫歌) 중에 「미역따기」 노래가 있다.

아이구 시누부야 미역 보래이

아이구 이거 땡겨라

시누야 받아라 아이구 올케야 이거 쥐라[112]

동해의 무가에 「미역따기」 노래가 있다는 것은 과거에 울진 지역에서 「미역따기」 노래가 노동요로 존재했음을 알려주는 대목이다. 하지만 울진 지역에서 지금까지 이어지고 있는 노동요는 찾아보기 어렵다.

노동요는 아니라도 미역이 민요 속에 녹아들어 있는 민요는 찾을 수 있다.

---

111 이 노래는 최상일이 1989년 10월 24일 전남 신안군 비금면 죽림리 상암 마을에서 채록했다.(최상일, 민요특강 65회, 민요의 사계, 우리소리연구소)
112 한겨레음악대사전, 미역따기, 참고.

울진십이령아리랑(울진바지게꾼노래)

[가노가노 언제 가노 열두고개 언제 가노
시그라기 우는 고개 이 고개를 언제 가노(후렴)]

미역 소금 어물지고 춘양장을 언제 가노
대마 담배 콩을 지고 울진장을 언제 가노

서울 가는 선비들도 이 고개를 쉬어 넘고
오고가는 벗님들도 이 고개를 자고 넘네

한 평생을 넘던 고개 이 고개를 넘는구나
꼬불꼬불 열두 고개 조물주도 야속하다

십이령길 열두 고개 가도 가도 끝이 없네
꼬불꼬불 열두 고개 조물주도 야속하다

울진 봉화 열두 고개 금강송길 올라가네
꼬불고불 열두 고개 바람따라 올라가네

울진 봉화 열두 고개 인생길도 열두 고개
가다가다 힘이 들면 쉬었다가 또 가세나

이 민요는 울진과 봉화장을 바지게(짐을 많이 올릴 수 있도록 뒷받침대
가 없게 개조한 등짐장수용 지게)를 지고 장사하는 등짐장수들이 불렀던

노래다. 아리랑 곡조에 붙여 부른다. 등짐장수는 경북 봉화와 울진을 오가면서 장사를 했다. 봉화와 울진의 물산이 이동하는 교역로가 바로 십이령 고갯길이다. 이 길은 봉화의 춘양장에서 울진장까지 80㎞ 가량 이어지는 작은 길로 열두 고개를 넘어야 한다고 해서 십이령길이라 한다. 약 200리에 해당하는 이 길을 넘나들던 단골은 역시 보부상, 등짐장수였다. 남자는 지게를 지고 여자는 머리에 이고 무거운 물건을 져 날랐다. 울진 쪽에서의 주요 생산품은 소금, 미역, 문어, 고등어 등 주로 바다에서 나는 산물이었다. 보부상들은 소금, 미역 등을 지고 봉화의 춘양장에서 팔고, 울진장으로 갈 때는 콩과 같은 곡식과 담배와 같은 내륙산 생필품을 지고 날랐다.[113]

이 노래에서도 미역은 아주 중요한 동해의 상품이었다.

한편 전라남도 무형문화재 제1호인 「거문도 뱃노래」에도 아래와 같은 노랫말이 나온다.[114]

"간다 간다 나는 간다 울릉도로 나는 간다
울릉도를 가서 보면 좋은 나무 탐진 미역
구석구석 가득찼네"

강원도 무형문화재 제27호로 지정된 '고성 어로요'에도 미역이 등장한다. '고성 어로요'는 동해안의 고성지역에서 전승되어 내려오는 어업노동요로 명태잡이 소리, 미역 따기 소리, 후리질 소리 등 어로 작업할 때 부르는 다양한 소리가 잘 보존되어 있다. 공현진 곰바위 미역따기 어로요는 공현진 앞바다의 곰바위, 불근내바위 등 크고 작은 바위에서 질 좋은 미역을 따기 위해 바위에 붙은 잡풀을 제거하는 일을 하면서 힘겨움을 잊기 위해 부

---

113 하응백, 『창악집성』, 네이버 지식백과.
114 김남일, 〈미역문화의 발상지, 경북 동해안의 미역문화〉(『경북동해의 민속과 생활』, 경상북도, 300쪽)

르던 노래라고 한다.

제주 민요 「이어도사나」에도 "미역 좋은 이여도사나/ 여끝을로 이여도사나/ 전복 좋은 전복 좋은/ 저 머들로, 힛 저 머들로/ 설이나 설설설이나 설설"이라는 구절이 나온다.[115] 「이어도사나」의 원형이라 볼 수 있는 제주도 무형문화재 제1호로 지정된 어업노동요인 「해녀노래-해녀 노 젓는 소리」에는 또 다른 미역 관련 노랫말이 나온다.

너른바다 앞을 재어
한 길 두 길 들어가니
홍합 대합 비쭉비쭉
미역귀가 너울너울
미역에만 정신 들여
미역만 하다 보니
숨 막히는 줄 모르는구나[116]

이 노래를 보면 노동요가 일반 민요 「이어도사나」로 진화해가는 과정도 살펴볼 수 있으며, 해녀가 미역을 채취하는 과정을 사실적으로 표현하고 있다고 할 것이다.

'미역'이라는 말의 관용적 사용과 동식물 이름 속의 미역

우리 국어의 속담이나 관용어에도 미역이 많이 등장한다. 우리가 알고 있는 미역과 관련된 일반적인 속담 중 '미역국 먹었다'가 있다. 시험에 떨

---

115 하응백, 『창악집성』, 네이버 지식백과.
116 신임순, 「제주해녀 노동요를 활용한 동화 스토리텔링」(제주대학교 석사학위논문, 2017), 19쪽.

어지거나, 직위에서 떨려 나가거나, 퇴짜를 맞으면 이 말을 사용한다. 그러나 한글학회가 1947년 편찬한 『큰사전』(1947)에서 '미역국을 먹다'는 지금의 사전과는 달리 '무슨 단체가 해산되거나 또는 어디에서 떨려남을 이르는 변말'로 기술하고 있다. 왜 이런 말이 나왔을까? 그 유래를 보면 특별한 사건이 등장한다. 구한말(舊韓末)에 일제(日帝)가 조선 군대를 강제로 해산시켰다. 이 사건은 대단히 놀랍고 두려운 일이었기에 '해산(解散)'이라는 말을 직접 쓰지 못했다. 이 '해산(解散)'과 동음이의어(同音異議語)인 아이를 낳은 '해산(解産)'과 연결되고, 아이의 해산 때 먹는 미역국과 연관시켰다. '미역국을 먹다'로써 군대 해산의 의미를 대신했다. '미역국을 먹다'가 '해산당하다'는 뜻의 은어(隱語)였던 것이다.

요사이는 '시험에서 떨어지다'는 의미로 '미역국 먹었다'고 한다. 미역 표면은 점액질로 미끌미끌하다. 미역국을 먹으면 미역에 미끄러져 넘어지거나 자리에 밀려난다는 뜻이 된다. 북한에서는 '락제국을 먹다'라고 표현한다고 한다.

이 밖에도 허리가 굽은 사람을 해산미역의 모양에 빗대 '해산미역 같다'고 놀리며 부르기도 했다. 아울러 아주 나쁜 인간을 멸시하거나 저주하는 뜻으로 "그런 놈을 놓고 미역국을 먹었나?"라는 말을 사용하기도 한다.

한편 제주해녀와 미역에 관련해서는 재미있는 이야기가 내려오고 있다. 허명(許冥)이 제주목사로 부임한 해인 1814년에 제주 잠녀들이 미역을 채취하면서 내는 수세(水稅=물질을 하는 대가로 내는 돈이나 곡식)를 없애 주었다. 대신 돈 900냥 남짓을 마련해 갖추어 두고서는 공공의 목적으로 쓰도록 도왔다고 한다. 그러나 허명 후임으로 제주에 온 목사가 다시 잠녀의 수세를 거두어들이라고 하였다고 한다. 그러자 제주 해녀들은 허명 목사의 문서를 내보이며 이것은 허수아비 문서냐고 항의를 했다고 하여, '허맹이 문세'라는 말이 생겼다고 한다. '허맹이 문세'는 제주도에서 쓰던 속담으로 허명(許溟)의 사투리 발음이며 아무짝에도 소용없는 문서, 실효성이 없는 문서를 일컬을 때 제주에서 쓰이는 말이다.

미역이라는 이름이 붙은 것으로 미역이 많이 자라는 연안 해조류 해역에서 주로 발견되는 '미역치' 물고기가 있다. 방언으로는 쐬기, 쏠치, 똥수구미, 개쒸미, 쐬치, 째치 등으로 불린다. 작지만 등지느러미에 무서운 독침이 있어 낚시꾼들의 기피 대상이다. 한편 동해안에는 '미역초(미역어)'[117]라고 부르는 생선이 있다. 헤엄칠 때 몸통이 꼭 미역의 율동을 닮아 그런 별칭을 갖게 되었다고 한다. 저인망으로 잡히며 맛이 없어 버리는 생선이었지만 구룡포의 '모리국수'에는 이 생선을 사용한다. 모리국수는 포항 구룡포의 지역 음식으로 갖은 해물과 칼국수를 넣고 얼큰하게 끓여낸다. '모리'라는 이름은 여러 재료를 '모아' 끓였다고 해서 붙여진 이름이라고 한다. 이 모리국수에 구수한 맛을 내는 주재료가 바로 미역초다. 충청도에서는 물잠뱅이라고도 하는데, 지역마다 부르는 이름이 다르고, 물메기, 미거지와 혼용되어 사용되기도 하는데, 꼼치가 표준어이다. 미역초는 매년 4~7월이 제철이며 포항 모리국수의 맛도 이 시기가 절정이라고 한다. 최근에는 미역초 물량이 갈수록 줄고 가격도 만만찮아 미역초를 빼고 그 자리에 아귀를 넣는 업소도 늘고 있다고 한다.[118]

이밖에 육지에도 친근하게 미역이 붙은 식물과 나무가 있다. 우리가 대표적으로 나물로 먹는 미역취가 그렇다. 미역줄나무, 미역순나무 등도 있다. 국립생물자원관의 생물다양성백과사전에는 미역이라는 용어가 붙은 식물로, 나사미역고사리, 미역고사리, 미역줄나무, 미역취, 울릉미역취, 좀미역고사리 등이 나온다.

---

117 자산어보에는 해점어(미역어, 迷役魚)라는 생선을 "살과 뼈는 매우 연하고 무르며, 맛은 싱겁지만 능히 술병을 다스린다."라고 기록하고 있다.

118 영남일보, 2020. 7. 24, 〈이춘호 기자의 푸드로드, 구룡포 어부가 즐기던 해장국 '모리국수'…'미역초' 육수 낸 국물 맛 엄지척〉 기사 참고.

외국문화 속의 미역

외국에서는 해조류 관련된 명화들이 seaweed 또는 kelp라는 이름으로 채집하는 풍경화 등으로 일부 남아 있다. 명화 관련 검색(wikiart.org)에서는 해조류와 직접적으로 관련된 것으로 10여개가 보이며, 대표적으로는 프랑스 Jean François Millet(1814-1875)의 1847년 작품인 해초채집(The Seaweed Gatherers) 작품과 프랑스의 인상파 화가인 고갱(Paul Gauguin : 1848~1903)[119]의 Seaweed Gatherers와 관련해 1889년과 1890년도의 두 작품이 있다. 이처럼 서양에서 해조류는 중세로부터 가축을 사육할 때 사료 첨가물로 이용하거나 직접 사료로 먹였다. 이처럼 유럽 연안지역에서는 주로 동물의 먹이나 거름으로 마른 해조류를 이용한 풍습이 있었다 보니 관련 회화류들이 남아 있다고 본다.

---

[119] 그는 1891년부터 남태평양의 타히티섬에서 원주민들과 교류하면서 섬의 풍경과 여인들을 주로 그렸다.

6. 미역은 추억이자 그리움이다

내 고향은 국토의 중심으로, 속리산을 안고 있는 내륙지역 경상북도 상주이다. 상주는 지금과는 달리 불과 백년 전만 하더라도 낙동강의 풍부한 수자원과 넓은 들 덕분에 쌀과 누에고치 생산량이 전국 1위였고, 수운을 따라 남해로 연결되는 소금배가 왕래하던 경상우도(慶尙右道)의 중심도시였다.[120] 낙동강 물길 1300리와 낙동강 뱃길 700리라 하는데 낙동강 뱃길마다 나루터가 있었고, 상주시 낙동면에 있었던 낙동나루는 영남대로의 요충지로 조선시대 3대 나루중 하나였다. 아울러 원산, 강경, 포항과 함께 조선 4대 수산물 집산지이기도 하였다. 지금도 700리 기점인 상주 사벌면 물미리(퇴강리)에는 퇴강성당과 낙동강700리 기점 표석이 그 시대를 말해주고 있다.

옛날 낙동강 나룻배가 다니던 그 시대에는 전국적 유명세를 얻었던 특산물이 있었으니, 바로 '명지도 소금'이었다. 지금의 행정구역 및 지형과는 다른데, 부산시 강서구 명지동은 낙동강 하구 삼각주의 최남단에 있던 섬이었다. 원래 경상남도 김해군이었고, 지금은 육지와 연결되었지만, 옛날에는 섬이라 '명지도(鳴旨島)', 혹은 '명호도(鳴湖島)'라 하였다. 명지의 소

---

[120] 1592년(선조 25) 임진왜란으로 인하여 길이 막혔으므로 다시 좌·우도로 나누어 좌도감영은 경주에, 우도감영은 상주에 두었다.

금, 김해의 해산물 등이 뱃길로 상주까지 들어왔다. 상주는 경상도 내륙으로 연결되는 해운 물류의 종착지이자 육상 물류의 시작점이었다.

상주 인근 김천은 전국에서 손꼽을 규모의 소를 파고 사는 쇠전이 있었고, 전국 소가죽 거래의 절반을 차지할 정도로 소가죽 거래의 중심지였다. 그러다 보니 내륙에서 제일 중요한 교역 물품인 상주·의성의 쌀과 김천의 소고기 등을 비롯한 여러 농산물과 축산물이 모이고 바다의 수산물이 만나 교역이 이루어졌던 곳이 바로 상주였다. 자연스럽게 낙동강 본류와 지천을 따라 사람과 물자가 모이다 보니 도시가 번창하였고, 여러 주막이 성업을 이루었으며 당연히 음식문화도 발달했다.

그리고 바로 인근 낙동강 상류와 지류로 연결되는 지역이 안동이나 봉화지역이고, 울진~봉화를 연결하는 십이령 옛길이나 안동~영덕을 연결하던 안동간고등어 옛길 등이 또한 동해안 지역과도 연결되었다. 부산~상주의 낙동강 소금배 길로 남해안의 각종 물자가 올라와 상주, 의성 지역의 풍부했던 쌀과 잡곡 등의 곡식류가 교류한 지역이다. 때문에 상주는 1392년(태조1년)부터 1593년(선조26년)까지 200년간 경상감영이 있던 영남의 중심도시였다.

상주시 낙동강 인근, 선사시대 인물 암각화(사진 제공 : 김상호)

이렇게 전국의 물산이 모이는 경상도의 중심 행정도시다 보니, 접빈객 음식부터 나루터 서민 음식까지 당연히 음식문화가 발달할 수밖에 없는 여건을 가지고 있었다. 안동의 『수운잡방(需雲雜方)』, 영양의 『음식디미방(飮食知味方)』과 함께 우리나라 현대 한정식의 근간이 되는 3대 조리서라고 할 수 있는 상주의『시의전서(是議全書)』가 전해지는 것은 우연이 아니다.

『시의전서(是議全書)』는 1919년에 심환진(沈晥鎭)이 상주군수로 부임하여 그곳의 반가에 소장되어 있던 조리책 하나를 빌려서 괘지에 필사해둔 것이 그의 며느리 홍정(洪貞)에게 전해진 것이다. 심환진의 필사연대는 1919년경이지만 원본은 1800년대 말엽의 것으로 추정된다. 이 책은 광범위한 조리법을 비교적 잘 분류, 정리하여 조선 말기의 식품을 한눈에 볼 수 있다.[121]

『시의전서』(시의전서 전통음식연구회 노명희 제공)

음식명은 한자와 한글을 병기했고 부수적인 설명도 기록했으며 조리법별로 구체적으로 분류하여 음식을 정리했다. 경상도 사투리가 두드러진 것으로 보아 당시의 유력한 상주를 중심으로 한 경상도 지역 양반집의 음식법으로 짐작할 수 있다. 이 책에는 모두 422가지의 음식이 소개되어 있다.

젓갈, 자반, 건어류, 생선류, 해조류 등 다양한 종류의 해산물 요리들이 기록되어 있다. 젓갈로도 조기젓, 명란, 곤쟁이젓 등 27가지, 자반과 건어류로 민어, 조기 등 38가지, 생선으로는 41가지, 해조류로는 다시마, 곤포, 미역, 감태, 청각, 해의, 타래, 광대김, 시루밋, 가시리, 말 등 11가지를 다루고 있다. 특히 해산물에 대해『시의전서』에서 이렇게 다양하게 기록된 것으로 볼 때 상주는 낙동강 뱃길을 통해, 여러 수산물이 이동한 물류 중심지였다는 사실을 알 수 있다.

---

121 한국민족문화대백과(네이버 지식백과, 시의전서)

하지만 상주는 역사적인 낙동강 수운 나루 중심 도시에서 근대에 들어오면서 낙동강 뱃길도 막히고, 경부 철도 노선에서도 비켜가고, 서울~김천~부산 경부고속도로 축에서도 벗어나 버렸다. 때문에 필자가 자라날 때인 70년대와 80년대 초까지는 사실 횟집이라 해도 1-2개 정도, 수산물이라 해도 5일장 시장에 가봐야 어물전에 잘해야 간고등어, 동태 종류 정도만 있었다. 그밖에는 해산물은 대부분 염장이거나 건어물 정도만 있어 제삿날이나 생일날 등 특별히 의미있는 날에만 먹을 수 있는 음식이었다. 그러다보니 비린내 나는 음식을 그렇게 즐기지도 않고, 전날 생선 먹은 접시나 밥그릇을 잘못 씻으면 비린내가 난다고 귀신같이 찾아내곤 했었다.

　　특히 김장김치도 젓갈을 넣은 것은 싫어하는 경우가 있어 어머니는 두 종류를 담고 항아리에 별도 표시해 두고 밥상에도 두 종류의 김치를 내놓곤 하였다. 그렇게 하여 필자는 전형적인 내륙 시골 식성의 촌아이로 자랐다.

　　그래도 가장 바다 음식으로 접근하기 쉬운 것이 해조류였다. 해조류 중에 그래도 가장 친밀하게 자주 내륙지역에서도 접하는 식재료가 미역이었다. 미역은 어머니라는 요술쟁이와 만나면 다양한 별미음식으로 재탄생하였다. 당시에는 염장 미역이 없을 때였고 지금 말하는 라면 등 인스턴트 음식도 처음 나오는 시기라 비쌌고, 내륙에서는 비싸지만 그래도 말린 미역이 가장 저장성이 좋았다. 당연히 미역은 오래 보관이 되어, 곡물 위주의 반찬거리가 별로 없는 식단에서 그나마도 사시사철 가끔씩이나마 식탁을 풍성하게 하고 입맛을 당기게 하는 것이 미역요리였다.

　　마른 미역을 불려 계절별로 국으로, 반찬으로, 간식으로 한 그릇 배를 채울 수 있었다. 미역은 당시의 밀가루 분식하고도 퓨전 요리가 가능하여, 불려 무치면 별미 반찬, 불려 끓이면 뜨거운 건강식으로 변신했다. 미역이 오래되어 습기가 들만하면 튀기는 요리로도 탈바꿈했다. 바로 미역 부각이다.

참기름이나 고추장 종류와 무쳐서 토핑해서 비빔밥이나 국수 고명으로 올리면 또 다른 별미요리가 되었다. 내륙 상주지역에서 자란 필자에게 미역은 이처럼 다양한 변신을 하는 신기한 음식 재료였다.

그러나 아버지나 4남매 생일날은 사실 미역국보다는 소고기무국과 구운 김 반찬이 잘 올라오곤 했다. 당시에는 조미김이 나오지 않고 비싼 시절이라 생일날 재래 김 한 톳에 참기름을 발라 연탄불에 뒤적이면서 구운 것을 중간에 이쑤시개로 꼽아 흔들리지 않게 수북하게 반찬으로 올리고, 소고기무국에 생선 하나 정도와 김치를 반찬으로 곁들인 게 가장 귀한 생일 밥상이었다. 생일 선물이나 케익은 없던 시절이라, 보통 아버지 생신 때에는 아침에 그렇게 잘 차려 먹고, 아이들 생일날에는 저녁에 그렇게 차려 가족들 모두가 모여 먹었다.

일반적으로 아마도 내륙 경상도 지역은 마른 미역과 소고기값이 거의 비슷했던 것 같다. 누나는 비린내 나는 생선을 싫어하고 소고기국을 좋아했다. 평소에는 먹기 힘든 음식이라 생일이면 소고기국을 한 솥 푸짐하게 끓여 맛나게 먹었다. 아버지께서 밥풀 묻은 숟가락으로 김을 꾹 묻혀드시던 일이 기억난다. 고향집에 가면 늘 그런 추억에 잠기곤 한다.

나에게는 사시사철 어머니가 만들어 준 가장 힘이 된 별미음식이 미역요리였다. 해조류를 활용한 음식 중에 제일 좋아하는 음식은 '찹쌀새알미역국'으로 미역국과 함께 새알을 넣어 먹는 경북 내륙지역의 전통음식이다. 유래는 정확히 알 수는 없으나 새알심 팥죽은 아마도 동짓날 먹던 절식(節食)의 하나인데, 동지가 지나면 새알심이라 불리는 찹쌀 경단을 미역국에 넣어 끓여 먹었다. 이때 새알심은 먹는 사람의 나이 수만큼 먹어야 건강하다고 했고, 또한 뼈(골)를 튼튼하게 하려면 새알을 많이 먹어야 한다고 했다. '새알심을 넣어 먹으면 한 살 더 먹는다'는 말도 있었다. 나는 이 음식

을 '동글동글 미역국'이라 불렀
다. 찹쌀을 빻아오면 어머니랑
함께 동글동글하게 같이 만들었
던 추억으로, 어머니랑 나는 은
어처럼, '동글동글 먹고 싶다'고
얘기하곤 했다. 그래서 그 미역

국의 이름은 자연스럽게 '동글동글 미역국'이 되었다.

　동지 음식이라 그런지 상주지역은 주로 겨울에 따끈따끈한 미역국에 방
앗간에 방금 가서 빻아온 찹쌀에 반죽을 치대서 어머니와 같이 새알을 만
들어 먹었다. 고향 어머니가 생각날 때나 객지에서 고향하면 생각나는 게
필자는 바로 동글동글 음식이었다. 지금은 돌아가셔서 안계시지만 객지에
있을 때 간다고 전화드리면 어머니는 미리 방앗간에 가서 찹쌀가루를 준비
해 놓으셨다. 고향가서 같이 반죽하여 만들어 먹던 추억의 음식이었다. 지
금은 고향 상주 시내 5일 장인 중앙시장에 가면 할머니가 주인인 음식점에
서 그 음식을 내는 데 일부러 찾아가서 먹기도 한다.

　그런데 이 음식과 함께 겨울철에 주로 먹는 고향 반찬이 '골곰짠지(무말
랭이김치)'이다. 무 말린 것에 늦가을 고추 따고 남은 고추잎 나물과 때로는
마른 오징어를 함께 넣어 담근 겨울철 저장 음식인데, 상주지역에서는 '골
곰짠지'라고 부른다. 찹쌀새알미
역국과 함께 먹으면 오독오독 씹
히는 식감이 좋다. 무김치 반찬
이라 미역의 바다향과 찹쌀 새알
의 부드러운 맛의 조합이 참 좋
다. 색깔 또한 식욕을 돋우는데
찹쌀의 흰색, 미역의 푸른색, 무

김치의 붉은색 등의 조합이다. 간단하지만 담박한 어머니의 정성 어린 밥 상이다.

다음으로 생각나는 미역 음식의 추억은 겨울철에 시장에 가면 싼 가격으로 살 수 있는 물미역이다. 시장에서 한 다발 사 오면 살짝 데쳐서 어머니가 새콤달콤하게 만든 초장에 찍어 먹는다. 사실 요즘은 식당 같은 데서는 일반 초무침이 많이 나오는데, 집에서는 그냥 따로 직접 초장을 만들어 찍어 먹었다. '줄거리'라고 하는 줄기와 잎, 부드러운 머리귀도 초장에 찍어 먹으면 밥 한 그릇을 후딱 다 먹었다. 요즘은 겨울철에 시장가면 참미역으로 부르는 생미역이 있고, 쌈용으로 주로 사용하는 곰피미역 등이 있다.

아마도 그 당시에는 지금처럼 야채나 과일 등이 많이 나오지 않아 값싸게 미네랄을 보충할 수 있었던 것이 미역과 같은 바다나물이 아니었나 싶다. 사실 그 당시는 겨울에 먹는 음식은 가격 대비 제일 저렴한 게 동태와 물미역을 사와 동태탕을 끓이거나 물미역을 초장에 찍어 먹는 것이었고, 서민들이 겨울철 바다 음식을 즐기는 유일한 방법이었다.

먹을 것이 많지 않았던 80년대 초까지 어머니는 항상 겨울을 나기 위해 준비하는 것이 있었다. 연탄 몇백 장을 창고에 재여 놓고, 몇백 포기의 김장을 하고 골곰짠지와 깻잎 김치를 하여 각각 마당에 묻어 놓는 것, 그리고 마른국수 몇 박스를 다락에 준비하는 것이었다. 그러면 추운 겨울철 주로 저녁에 형제들끼리 모여 김장김치와 식은 밥, 마른국수, 때론 남은 떡국, 그리고 콩나물을 좀 넣어 갱시기(갱죽, 김치국밥)[122]와 함께 물미역을 초장에 찍어 먹던 기억이 새록새록하다. 고향에 가면 1순위로 생각나는 음식이 동글동글 미역국과 골곰짠지, 갱시기다. 나의 영원한 추억 음식이자 어머니의 고향 음식이다.

---

122 경북 상주, 김천 등 지역에서 가난한 시절에 추운 겨울을 날 수 있도록 돕는 소박한 음식의 한 종류였다. 어원은 국 갱(羹)자를 써서 갱식이라고도 하며, 다시 갱(更)자를 써서 찬밥이나 김치 등 여러 반찬을 재활용한 음식이라고도 하며, 가벼울 경(輕)자를 써서 가볍게 한끼 때우는 음식이라는 설도 있다.

문경 봉암사

다음으로 미역요리가 내 기억 속에 아직 남아 있는 곳이 상주 인근의 문경 봉암사에 먹었던 사찰 고추장으로 버무려 올린 고명으로 만든 '물미역비빔밥'이었다. 산문을 1년 동안 굳게 닫지만 희양산 봉암사는 지금도 1년에 딱 한 번 부처님 오신날에만 개방하는 곳이다. 돌아가신 장인어른 생신이 부처님 오신날, 공휴일이라 고향 상주를 가면 사찰을 가는 게 관행이었다. 25년 전 봉암사, 연등이 모두 흰색이었고 돈을 얼마나 내든지 연등의 크기는 공평하게 같다는 점도 인상 깊었지만, 더 기억나는 건 점심 공양이었다. 경내에서 사찰 고추장으로 무친 물미역을 고명으로 올린 양푼이 비빔밥을 아이들과 함께 몇 그릇을 받아 먹은 기억이 난다. 그러나 요즘은 음식 장만하는 공양주 보살이 바뀌었는지 예전 같은 물미역 고명 비빔밥은 나오지 않는 것 같다.

물미역 고명을 올린 또 다른 음식이 있다. 주로 여름에 별미로 먹는 약간 매운 미역무침을 올린 '오이냉비빔국수'와 새콤한 식초 내음이 나는 '오이냉미역국'이 바로 그것이다. 방신영의 『조선요리제법』(1917)에는 '미역찬국', 이용기의 『조선무쌍신식요리제법』(1924)에는 '메역창국'이라 했고 한자로는 '곽냉탕(藿冷湯)' 또는 '감곽냉탕(甘藿冷湯)'이라고 했다. 여기서 '찬국'은 냉국의 우리말 표기이다.[123]

그때야 선풍기만 있고 집 뜰 인근, 마중물이 필요한 수동펌프 샘터 옆 들마루에 앉아서 엄마랑 여름철에 먹은 비빔국수지만 거기에 미역고명과 오이채를 올리고 시장가서 얼음을 사와서 바늘로 깨어 조각내서 함께 먹었다. 어떨 때는 학교 갔다 오자마자 배탈이 나기 쉬운 여름철, 시큼한 오이냉채 미역국을 시원하게 벌컥벌컥 마시고 난 후 미역과 오이채를 씹어 먹던 기억이 난다. 냉장고가 집집마다 있는 요즘 세대 아이들은 알지 못할 것이다.

또한 요즈음은 가공해서 '우무묵'으로 팔리고 있지만, 경상도 지역에서는 천초묵(우뭇가사리로 만든 묵)이라 하는데, 5일장 시장에서 여름철 건강식으로 사와 채로 썰어 간을 하여 간식으로 먹거나 얼음을 띄워 천초콩국(우무콩국)을 해 먹기도 했다. 녹두로 만든 '청포묵'인지, 메밀로 만든 '메밀묵'인지 구별도 못하고 그냥 별미로 가끔 먹기도 했던 기억이 아직 남아 있다.

미역냉국과 천초묵채(우무냉국)는 간식이나 밥반찬으로 여름철 뜨거운 국 대신에 나오는 음식쯤으로 알겠지만, 수박화채와 함께 그 당시에는 배탈이 나지 않기 하기 위해 어머니들이 준비하는 여름철 청량음료였다.

최근 가공기술이 발달되어 젊은 여성들에게 다이어트 음식으로 인기 있는 게 '해초국수'다. 그것은 미역성분이 들어간 곤약 종류의 국수다. 하지만 예전에는 오히려 배고픔도 해결하고 여름철 기운을 채우기 위해 영양가를 생각하여 집 고추장으로 무쳐서 미역을 고명으로 올려서 먹었다. 그게 바로 어머니표 비빔국수였다.

---

123 공감 잡지, 2013. 7. 29, 〈미역냉국, 무더위 싹~〉기사 참고.

그리고 몇 달에 한 번 돌아오는 제삿날, 큰집에 가서 먹었던 미역부각 튀김 부스러기를 올린 제삿밥이 많이 기억난다. 경상도에서는 일반적으로 제사를 지낸 다음 비빔밥을 먹는데, 거기에 빠지지 않는 것이 꼭 미역 튀김 부각이다. 밥과 각종 나물 위에 미역 부각, 그리고 갓 볶은 깨소금을 듬뿍 곁들이고 집 간장을 살살 뿌린 다음 잘 비벼서 다시마로 우려낸 탕국과 함께 먹었다. 요즘은 제사시간을 좀 당겨서 하지만, 그 당시에는 집안의 오랜 전통대로 한다고 꼭 새벽에 제사를 지냈다. 사실 제삿밥과 제사에 함께 올리는 과자가 먹고 싶어 아버지를 따라 큰집에 갔다가 자다가 일어나 먹던 미역 튀김 부각을 올린 제사 비빔밥, 그리고 남은 음식을 싸 와서 먹던 알록달록한 제사 과자의 그 달콤함을 잊지 못한다. 요즘 말로 하면 그 과자가 달콤한 디저트인 것이다.

어쩌다 운이 좋아 고향이 같은 여자를 아내로 맞아 살다 보니 아내와 음식 취향이 비슷해서 좋다. 고향 상주에 부모님은 다 돌아가시고 지금은 86세의 장모님만 계시는데, 같은 동네라도 '동글동글 미역국'은 북어포가 옛날처럼 국내산이 아니라 러시아산이라서일까, 맛이 다르다. 장모님은 고향에 간다면 내가 좋아하는 줄 알고 당일 아침에 방앗간에 가서 찹쌀을 빻아놓고 "소고기로 할까, 아니면 북어포로 끓일까?" 하고 물어보시지만, 실제로 내가 좋아하는 장모님의 미역요리 중 최고는 '갈비탕미역국'이다.

아내가 첫 아기 낳고 친정집에 있을 때 장모님이 긴 장곽 미역을 매일 조금씩 찢어 불려서 좋은 생갈비를 푹 고아 아내에게 먹였다. 그 미역국을 같이 먹어 보았는 데 정말 맛있었다. 아직도 잊을 수 없는 맛이다. 그러나 지금은 장모님이 힘들어하실 것을 알고 거의 부탁하지 않는다. 왜냐하면 단골 식육식당에 가서 자식들 온다고 생갈비를 미리 주문해서 다듬고, 물에 담가서 피를 빼기를 여러 번 해야 한다. 그리고 초벌로 삶은 다음에도 다시

굳혀서 기름을 제거해야 한다. 겨울철 아니면 기름이 잘 굳지 않기 때문에 여간 손질하기가 힘든 게 아니다. 먹기 좋게 여러 번 끓여 담백한 갈비탕에 불린 미역을 넣어 볶아 간을 하는 등 요리과정을 봤기 때문에 부탁을 하지 못하는 것이다. 정말 손이 많이 가지만, 그래도 '갈비탕미역국'은 장모님표 일품 미역국 요리다.

내 기억과 추억 속에 밥으로, 반찬으로, 간식으로, 미역요리는 어려웠던 시절 늘 함께 해 왔다. 나와 같은 나이의 한국인에게는 미역에 대한 거의 같은 추억이 있을 것이다. 우리는 밥상에서 미역국을 먹을 때마다 어머니를 만난다. 우리네 어머니는 우리가 잘하든 못하든 마음을 열고 이해하시고, 우리가 고향에 온다면 언제나 조용히 미역국을 준비하셨다. 아직도 미역은 나에게 어무이(어머니)이고, 나와 늘 함께 해 온 나의 가족이다. 그리고 미역국이 있는 어무이밥상은 우리 모두에게 추억이고, 고향의 아련하고 그리운 추억이기도 하다.

한자 바다 해(海)에 어머니(母)가 포함되어 있는 건 우연히 아니다. 해심(海心)은 모심(母心)이다. 어머니는 바다를 닮았다. 자식이 감히 가늠할 수 없을 정도로 어머니의 마음은 깊고도 따뜻하고, 괴로울 때나 즐거울 때나 우리를 반겨준다. 모든 것을 받아 주는 포용의 바다처럼 바다를 닮은 어머니, 그 품에 안기면 어른도 아이가 된다. 이러한 바다의 선물, 어머니의 마음(母心)이 미역국이기도 하다.

우리는 세계 최초로 미역을 먹기 시작한 땅에서 수천 년 동안 살아왔다. 미역은 수천 년이 지나면서 우리 민족의 여러 음식으로 다양화되었다. 그 다양한 음식을 먹으면서 우리는 한국인으로 동해가 주는 희망의 에너지를 받아들이고 해돋이 문화를 전승해 왔다. 그런 점에서 해양민족이라 해도 그리 과장된 말은 아니다.

우리 어머니들은 겨울나기 준비 음식으로 가족들을 위한 먹거리 해결을 위해 들과 밭으로, 산과 바다로 나가셨다. 서해안은 뻘, 동해안에서는 짬에서, 제주도에서는 바당에서 소쿠리와 호미를 들고 헤매며 다녔다. 산해진미가 따로 있는 것이 아니다. 어머니의 수고로움이 닿은 음식이면 무엇이든지 우리의 살과 피가 되는 음식이었고, 우리의 생명을 지탱해 준 음식이다. 어머니의 정성이 들어간 음식이라면 모두가 어머니의 밥상이다. 그 중에서도 특히 미역은 우리의 어머니들이 고민 끝에 바다에서 찾아낸 보물 중의 보물이다. 미역은 어머니의 마음이고, 미역국은 우리 어머니의 정성 어린 밥상을 넘어 한민족을 가족으로 연결시켜 주는 중요한 가족 공동체 문화의 원천이다.

먹을 것이 지천으로 넘쳐나는 먹방의 시대에 살고 있다고 해서 미역의 역할이 끝난 것은 아니다. 과거 세대에게 미역은 어머니를 생각나게 하는 추억의 음식이라면, 미래 세대에게도 미역의 그러한 기능은 얼마든지 전승될 수 있다. 가족 공동체의 끈은 약화되었지만, 그렇다고 가족 제도 자체가 완전히 와해된 것은 아니다. 부모없이 태어나는 자식은 없기에 핵가족 시대에도 미역의 역할은 일정하게 유지될 수 있다. 아이를 낳은 산모에게 미역국을 먹이는 전통은 아직도 여전히 완고하게 이어지고 있다. 오히려 미역이 가진 식품으로서의 효용성과 가치성에 주목하고, 여기에 기능성이 보태진다면 미역의 가능성은 오히려 더 크다고 할 것이다.

요즘 젊은 아이들에게 족보도 없는 기념일이 유행이라고 한다. 매달 14일이 연인들을 위한 기념일이라고 하며, 미역이 많이 나는 4월 14일은 블랙데이라 해서 연인이 없는 남녀가 만나 외로움을 달래는 날이고, 5월 14일은 로즈데이라 해서, 연인들이 장미꽃 사이를 거닐며 데이트하는 날이라고 한다.

영덕 축산 해신당(상당과 하당), 제 지내는 모습

국제해조류박람회를 기획하고 운영 중인 완도군은 5월 8일 어버이날을 미역데이로 선포했다. 아이를 낳고 산모미역을 먹었던 어버이의 은혜를 함께 생각하자는 의미라고 한다. 이게 얼마나 파급력이 있을지는 모르겠지만 충분히 시도할 만한 가치는 있다고 생각한다.

미역을 비롯한 해조와 해초류를 심는 5월 10일이 바다식목일이고 하니 5월 8일에서 5월 10일이 있는 그 주를 '미역 주간(miyeok week)'으로 정했으면 한다. 수천 년 이어온 자랑스런 미역문화를 비롯한 해조류의 전통문화적 가치에 새로운 생태환경적 가치와 미래산업적 가치를 함께 접목시키는 노력을 기울인다면 젊은 세대에게 미역은 건강을 지키는 먹을거리이면서, 전통문화의 수용이라는 측면에서 새로운 가치를 가질 수 있게 된다. 나아가 일자리 창출과 소득 증대에도 큰 도움이 될 수 있다.

어머니는 돌아가셨지만 어머니가 끓여주시던 미역국이 그립고, 고향은 멀지만 미역국이 생각나는 이유는 우리 모두에게 미역은 어머니이고, 고향이기 때문이다. 우리 모두의 어머니 미역국!

하지만 고향 의식도 없는 새로운 세대들에게는 정서적 감응을 넘어 실용적 측면에서 다가가 미역의 산업적 가치 측면을 타진해야 한다. 그런 기반을 마련하는 것, 그게 우리 세대가 풀어야 할 또 하나의 숙제라 하겠다.

미역의 현재

1. 생태지표로서의 미역, 해조숲은 탄소저장고
– 바다와 지구지킴이, 블루카본으로서의 가치 재조명

해양생태계의 현실

바다는 지구 표면의 71%를 차지하고 있고, 지구상의 물 97%를 품고 있으며, 전체 산소의 약 70%를 해조류와 미생물들이 만들어 내고 있다. 해조류가 남획되고, 지구온난화와 해양오염이 심각해지면서 생태계 교란종인 성게의 숫자가 증가하게 되면서 암반지대의 해조류가 점차 사라지고 있다.

해불양수(海不讓水)라는 말처럼 바다는 모든 것을 다 받아주고 포용하지만, 오히려 그러한 바다의 성격 때문에 해양 생태계에는 큰 문제가 생길 수 있다. 인류는 육지와 바다가 유기적으로 연결된 큰 생태계 속에 공존하며 산다. 육지의 대부분이 강을 비롯한 소하천 지류 등과 연결되어 있고, 연안 지역의 인구 증가, 국제적인 항구도시의 발달, 폐기물의 해상투기 등으로 지구의 바다가 심각하게 오염되어, 바다 오염은 전 지구적인 문제로 부상했다.

그 대표적 것이 지구온난화로 인한 해수면 상승이다. 그밖에도 문제가 많다. 바다가 산소를 잃어가고 있으며, 식물 플랑크톤의 대량 번식으로 바닷물의 색깔이 적색, 황색, 적갈색 등으로 변색 되는 적조현상(red-tide), 그리고 미세 플라스틱의 공습 등으로 바다의 재앙들이 인류에게 되돌아오는 지경에 직면하고 있다. 특히 이러한 환경에 가장 민감한 해조류를 비롯한 바다식물과 플랑크톤, 어류 등 해양생물에까지 큰 영향을 미치고 있다.

이처럼 지구 문명은 지구온난화를 일으키는 탄소와 힘든 싸움을 하고 있다. 우리나라도 예외는 아니다. 최근 지구온난화에 의해 우리나라 연·근해의 해수 온도도 최근 100년 사이에 꾸준히 상승하고 있으며, 온대 기후에서 아열대 기후로 변화하는 초기 징후가 나타나고 있다. 이에 따라 아열대 혹은 열대 해역에서 잡히던 어종이 우리나라 근해에서 잡히곤 한다.

국립수산과학원 연구 결과 1968년~2015년의 한반도 연근해 표층 수온 변화의 비교 결과 48년간 1.11℃ 상승했는데 동해가 1.39℃로 가장 많이 올랐고, 서해(1.20도)·남해(0.91도) 순으로 확인됐다. 같은 기간 전 세계의 표층 수온이 0.43℃ 상승한 것과 비교해보면 한반도 주변 바다의 표층 수온은 2~3배 빠르게 상승하고 있다.

지구상에는 약 25만 종의 해양생물이 있고, 2021년 국가 해양 수산생물 종 목록집에 따르면 우리나라에 서식하는 해양생물 자원은 1만 4천 507종으로 해양무척추동물이 5천 815종으로 가장 많고, 해양미생물(3천 5종)·해양 원생생물(2천 990종)·해양 척추동물(1천 458종)·해양식물(1천 71종)·담수 생물(168종) 순으로 확인되고 있다. 2021년 국가 해양생태계 종합조사 결과에 따르면 암반 생태계 아열대화로 따뜻한 바다를 선호하는 작은 홍조류가 늘고 차가운 바다를 선호하는 갈조류가 감소하고 있다.[1]

UN 보고서에 의하면, 현재 인류가 배출하는 탄소의 양은 연간 500억 톤이며, 이러한 추세가 계속된다면 2030년에는 600억 톤을 넘어설 것으로 예

---

1 2021. 5. 14, 경북 해양수산 활성화 심포지엄, 국립해양생물자원관 김민섭 발표 자료 참고.

측한다.[2]

이에 따라 바다는 점점 산소를 잃고 있다. 지구온난화가 바다 산소를 손실시키는 주요 원인이라는 것은 분명하다. 국지적, 지역별, 지구적 수준에서의 많은 연구들을 봐도 이런 추세는 확실하다. 예를 들면 2017년 초 독일 해양학자들이 발표한 자료 분석에서도 세계 바다의 산소량은 50년 전에 비해 2%가 줄어든 것으로 나타났다. 그리고 지구온난화는 이것뿐만 아니라 전지구적인 해류 순환 패턴을 변화시킨다. 표층과 심층 해류의 복잡한 시스템에 따라 바다 심층부에 산소가 공급되는데, 이러한 변화는 바다 전체에 걸쳐 용존 산소량에 영향을 줄 수 있고 그에 따라 해양생태계에도 큰 변화를 준다.

1950년 인류는 25억 남짓이었다. 2020년 현재는 80억을 헤아린다. 인구가 세 배 증가하는 동안 플라스틱은 150만 톤에서 4억 톤으로 늘어났다. 무려 27배나 증가한 것이다. 저 멀리 태평양 한복판에는 우리나라 면적의 7배가 넘는 거대한 인공 쓰레기 섬, GPGP(Great Pacific Garbage Patch, 태평양 거대 쓰레기 섬)가 만들어졌다.[3]

우리나라에 서식하는 해양생물(2019)(출처 : 국립해양생물자원관)

---

2 The Science Times, 2018. 6. 12, 〈바다가 산소를 잃고 있어〉 기사 참고.
3 프레시안. 2021. 2. 17, 〈플라스틱 플래닛' 지구의 새로운 가능성, 바다에서 찾는다〉 기사 참고.

우리나라 해양보호생물(해양생태계의 보전 및 관리에 관한 법률 시행규칙 제4조)

구분	종수	비고
포유류	18	남방큰돌고래, 점박이물범 등
무척추동물	34	기수갈고둥, 해송 등
해조류 / 해초류	7	삼나무말, 새우말 등
파충류	5	푸른바다거북, 붉은바다거북 등
어류	5	가시해마, 고래상어 등
조류	14	저어새, 바다오리 등
계	83종	

또한 세계에서 연간 800만 톤 이상의 플라스틱 폐기물이 해양으로 유출되고 있다. 2030년이면 1억 톤 이상이 자연에 그대로 버려질 것으로 추정되고 있다. 2000년 이후 생산된 플라스틱 양이 2000년 이전 전체 생산량과 비슷할 정도로 플라스틱 생산량이 최근 들어 늘고 있고, 이 중 3분의 1이 자연에 유출됐다는 통계도 있다.

이렇게 버려지는 플라스틱 폐기물로 인해 세계자연기금(WWF) 한국본부에서 1인 당 매주 신용카드 1장 분량의 미세 플라스틱을 섭취한다는 놀라운 연구 결과를 공개하였다. 이로 인해 270종 이상 야생 생물종이 피해를 보고 있으며, 이미 240종 이상은 플라스틱을 섭취한 상태라고 한다. 크기가 5㎜ 이하인 작은 플라스틱을 통칭하는 미세플라스틱은 주로 병에 담긴 물과 수돗물을 포함한 물 섭취로 인체에 영향을 주고 있는데, 연구 결과에 따르면 인간이 사용하는 소모품 중에서는 패류와 맥주, 소금이 가장 높은 미세 플라스틱 농도를 보유한 것으로 나타나고 있다고 한다.[4]

우리가 사는 육지에 숲과 나무가 있듯이 바다에도 해초와 해조류가 사는 숲이 있고, 산호초라는 바다 나무들이 자라고 있다. 지구온난화로 해조와 해초, 그리고 맹그로브 숲도 파괴되고 있지만 최근 30년 동안 지구상의 산호 50%가 소멸되었다고 한다. 해양생물의 25% 정도가 산호초에 의지하

---

4 한국기후·환경네트워크 홈페이지 자료 참고.

고 있어, 산호초는 해양 생태계의 중요한 기반 역할을 하는데, 현대 추세대로 간다면 향후 30년 내 대부분의 산호가 소멸한다고 경고하고 있다.

그뿐인가. 바다의 환경과 기후변화로 인해 연어의 회귀본능이 퇴화해 유전적 특성을 잃고 가고 있으며, 수온 상승으로 인해 연어들의 회귀율이 줄어드는 것으로 나타났다. 아울러 백화현상, 바다사막화, 갯녹음 현상이 전 세계에 걸쳐 나타나고 있으며, 그 분포는 점차 확산되어 가는 추세이다.

갯녹음이란 일반적으로 연안에 서식하는 엽상바닷말이 소실되고 무절 석회조류(Crustose Coralline Algae)가 암반의 표면을 광범위하게 피복하면서 암반에 서식하던 해양생물의 다양성과 생체량이 급격히 감소하여 바다 암반이 황폐화되는 현상을 말한다. 아래 표는 우리나라 해역의 갯녹음 발생 현황인데, 전국 연안 암반 면적 대비 갯녹음 발생 면적 비율은 33.6%로 나타나고 있다. 갯녹음이란 순수 우리말로 갯가에 바닷말이 녹아 없어짐을 의미하는 갯녹음이라고 표기하였으며, 여름철 수온상승에 의해 미역, 다시마 등 바닷말 끝부분이 녹아내리는 끝녹음에서 유래하였다.

갯녹음 발생 현황

지역	조사 년도	암반면적(ha)			갯녹음(①+②)*	
		조사	정상	갯녹음*	①진행	②심화
합계		37,921.4	25,192.9 (66.4%)	12,728.5 (33.6%)	7,805.5 (20.6%)	4,923.0 (13.0%)
동해	2019	13,425.1	6,942.3 (51.7%)	6,482.8 (48.3%)	3,663.4 (27.3%)	2,819.4 (21.0%)
서해	2010	358.0	325.0 (90.8%)	33.0 (9.2%)	33.0 (9.2%)	–
남해	2019	8,814.5	7,704.7 (87.4%)	1,109.8 (12.6%)	695.1 (7.9%)	414.7 (4.7%)
제주	2019	15,323.8	10,220.9 (66.7%)	5,108.9 (33.3%)	3,414.0 (22.3%)	1,688.9 (11.0%)

• 조사방법 : 초분광항공영상촬영기법[5](조사주기:2년)
• 갯녹음 진행과 심화 단계를 합쳐서 갯녹음 발생 암반으로 판정

---

5 항공기에 공간해상도가 1m 이상의 초분광센서를 장착하여 중고도에서 초정밀 영상을 촬영하는 것으로 갯녹음 발생해역과 해조류 서식해역을 분리 측정하였으며, 항공레이저 수심측량을 통하여 매우 정밀하게 갯녹음 발생해역의 수심대를 파악하고, 그 결과로 해저의 암반 및 갯녹음 면적을 산정함.

한국수산자원공단 자료(2013년)는 기후변화에 의한 해수온 상승에 따른 아열대성 및 온대성 해조류가 북상하고 있음을 보고하고 있다. 동해안 지역에서 아열대성 해조류 중 하나인 넓패가 조사 발견되었고, 2013년 조사에서 서해안 지역은 대부분 온대성 해조류들이 분포하고 있음이 밝혀졌다. 그리고 앞으로 지속적으로 해수온 상승에 의한 해조류 변화도 발생할 수 있다고 판단되고, 기후변화에 따른 지속적인 수온상승에 의한 다양한 해조류에 대한 질병, 생산량 등 많은 문제들이 발생하고 있다고 밝히고 있다.[6]

특히 수산자원공단의 2016년 한국 연안의 갯녹음 실태 조사보고서에 의하면, 우리나라의 갯녹음은 1980년대에 처음으로 제주도에서 보고된 이후 전국 연안으로 확산되면서, 현재까지 축구장 16,300개에 해당하는 18,791.9ha의 바다숲이 갯녹음으로 사라졌으며, 그 확산 속도가 매우 빠르게 진행되어 매년 1,200ha의 바다숲이 사라지고 있다고 한다. 이러한 속도로 진행된다면 미래의 우리 바다는 미역과 다시마 등 바닷말을 전혀 찾아볼 수 없는 황폐한 바다가 될 것이라고 전문가들은 예측한다.

특히 2011년 동일본 대지진 당시 후쿠시마 제1 원전이 폭발하면서 생기기 시작한 후쿠시마 오염수의 방류 시도로 한국과 중국의 주변국과 그린피스 등 환경단체들은 일본 정부의 해양 방류 계획에 우려를 나타내고 있다. 최근에 후쿠시마현 앞바다에서 잡힌 우럭에서 일본 정부 기준치의 5배, 후쿠시마현 자체 기준의 10배에 달하는 세슘이 검출되어 더욱 논란이 가중되고 있다.

바닷물은 해류를 타고 순환하기 때문에 일본 후쿠시마 앞바다 바닷물은 200일 뒤엔 제주도, 그로부터 80일 뒤엔 동해에 도달한다는 연구가 있다. 이에 따라 제주도, 부산시를 비롯해 동해안 지역 지자체들이 일본 정부가 방류를 최종 결정할 경우에 대비해 여러 가지 공동대응을 모색하고 있다.

---

6 충청남도, 2018, 『연안역 블루카본 잠재적 가치평가 연구용역』, 202쪽 참고.

후쿠시마 원전수 방류를 반대하는 동해안지역의 현수막

이처럼 우리는 해양환경이 우리의 식탁 위에까지 영향을 미치는 시대에 살고 있다.

탄소중립과 블루카본

2030년에 지구 온도 상승을 2℃ 이하로 유지하기 위해서는 탄소 배출량을 400억톤 정도로 유지해야 한다. 이는 각국의 자발적 감축량 50억 톤보다 150억 톤 정도 더 감축해야 한다는 의미다. 한편 우리나라는 온실가스 배출량이 세계 7위이면서, 2030년까지 온실가스 배출량을 기준선 대비 37% 감축한다는 목표치를 유엔에 제출해 각국의 비난을 받은 바 있다. 앞으로 2015년의 파리협정으로 온실가스 배출량에 대한 대외적 압박은 갈수록 강화됨에 따라 경제 및 산업활동에 미치는 영향이 매우 크리라 예측된다. 이에 따라 정부는 2050년까지 석탄발전을 전면 폐기하는 등 범정부적 탄소중립 정책을 국정과제로 선정하여 추진하고 있으며, 해수부는 선박의 탈탄소화와 해양공간에서의 탄소흡수원 확충을 통해 바다 공간에서의 탄

소중립을 추진할 계획이다.[7]

주요 기업의 탄소 배출부채 현황 (단위 : 억원, 2019년)

기업	현대제철	기아	포스코	삼성전자	SK하이닉스
금액	1,571	1,520	786	318	107

금융감독원에 따르면 2019년 매출 기준 상위 30개 기업은 지난해 4,353억원의 온실가스 배출부채를 재무제표에 반영했다. 전년(2,456억원) 대비 77.2% 늘었다. 정부는 2015년 탄소배출권 거래제를 도입하면서 각 기업에 탄소배출 할당량을 지정했다. 이를 초과해 탄소를 배출하는 기업은 시장에서 탄소배출권을 구매해야 하는데 이 비용이 배출부채다. 기업 중에선 현대제철의 배출부채가 1,571억원으로 가장 많았다. 지난해 영업이익(730억원)의 두 배가 넘는다. 이어 △기아(1,520억원) △포스코(786억원) △삼성전자(318억원) 등의 순이었다. 전문가들은 2021년부터는 한층 강화된 탄소배출권 거래제가 시행되면서 배출부채를 추가로 반영하는 기업이 급증할 것으로 보고 있다. 특히 미국이나 EU는 수입되는 제품 중 탄소배출이 많은 국가나 기업에서 생산되는 제품에 관세를 부과하는 '탄소국경세'도 도입할 예정이라 기업들은 더욱 이산화탄소를 줄이는 노력들이 필연적인 시대가 된 것이다.[8]

학살적 수준의 상업적 어업과 전 세계에서 이루어지고 있는 바다 남벌에 의한 생태계 파괴를 고발한 환경 다큐멘터리 영화, 씨스피라시(seaspiracy)에 의하면 해초와 다시마 숲은 지상의 열대우림보다 단위 면적당 20

---

7 공감, 3.15~21, 〈2050 탄소중립을 위한 시멘트산업이 가야 할 길〉 기사 참고.
8 한경, 2021. 3. 22, 〈기아 1520억·포스코 786억…'탄소부채' 초비상〉 기사 참고.

배나 많은 탄소를 흡수하고, 전 세계 이산화탄소의 최대 93%가 해양식물과 산호에 저장되어 있다고 한다.

그중 1%만 손실되어도 그 양은 자동차 9천 7백 만대의 배출가스와 맞먹는다고 한다. 그리고 바다에 사는 식물성 플랑크톤은 초소형 해양식물에 비료를 주는 역할을 하며, 플랑크톤은 매년 아마존 열대우림의 4배에 달하는 이산화탄소를 흡수하고 우리가 마시는 산소의 85%를 생성해 낸다. 그리고 세계에서 가장 중요한 숲인 맹그로브 숲의 38%가 새우양식으로 파괴되어 가고 있다고 한다.

전 세계에서 어업이 금지되는 해양보호구역은 없고, 지속가능한 어업이라는 것은 있을 수 없다며, 불편한 진실이지만 생선 섭취를 줄이고, 바다 생태계 보존을 위해 행동으로 나선다면 희망은 분명히 있다고 한다. 그 메시지에는 시사점이 많다. 전 세계가 거의 무임승차로 바다를 무한 사용하는 시대는 이제 지나갔다. 더 이상 바다의 자생력에만 기댈 수는 없다. 산호초가 돌아오고, 그 멋진 물고기떼들이 돌아오고, 고래들이 해안에 돌아올 수 있도록 하는 것은 우리의 손에 달려있다. 그리고 그 대안으로 해중숲을 보존하고, 생선 대신 해조류 기반의 대안 식품을 이용하는 방법을 제시할 수 있을 것이다.

이러한 지구온난화로 연안해역의 지속가능한 보존과 탄소흡수원으로 새로이 주목하고 있는 것이 우리가 흔히 식탁에서 보고 있는 미역과 다시마 등의 바닷말이다. 바닷말은 연안 해역 오염과 바다의 건강도를 추정하는 중요한 생태지표가 되고 있다. 이러한 해조류 숲들은 세계의 해안가의 염생습지, 해초류 그리고 해조류에 의해 흡수되는 탄소를 표현하는 블루카본(Blue Carbon, 푸른 탄소)이라는 용어에서 알 수 있듯이, 정화능력(biofilter)이 탁월하여 수질오염을 감소시키며, 지구온난화의 주범, 이산화탄소를 흡수하는 중요한 역할을 한다.

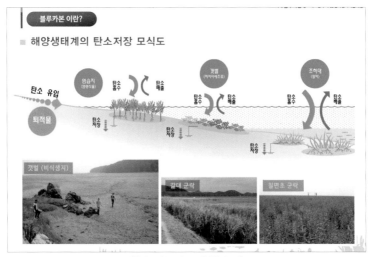

(출처 : 해양수산부, 해양환경공단)

블루카본(Blue Carbon)은 갯벌이나 잘피, 염생식물, 해조류 등 연안에 서식하는 식물과 퇴적물을 포함한 해양생태계가 흡수하는 탄소를 말한다. 아직 국제협약에서 인정받은 것은 아니지만, 최근 새로운 탄소 흡수원으로 주목받고 있는 기후변화 대응방법이기도 하다. 그린카본(Green Carbon) 은 육상에서 토양이나 식생에 흡수되는 탄소를 의미하는 반면, 블랙카본 (Black Carbon)은 화석연료에 의해 생성되는 탄소를 의미한다. 블루카본 은 건강한 해양의 탄소 저장역할(The role of healthy oceans in binding carbon)과 천연 해양 이산화탄소 흡수계 관리(The management of natural coastal carbon sinks) 기능을 한다.

블루카본과 그린카본은 광합성 작용에 의해 식물체 내에 탄소를 저장한 다는 점에서는 공통점이나, 블루카본인 경우 식물체보다 퇴적물(토양)에 보다 많은 탄소 저장역할을 한다는 점에서 차이가 난다. 염습지와 잘피군 락의 경우 블루카본 생태계가 보유한 탄소의 95~99%가 퇴적물에 저장되 고 있으며, 맹그로브 숲의 경우 전체 탄소량의 50~90%가 퇴적물에 함유되어 있다.

산림에 저장되는 그린카본의 경우는 국토면적의 63.7%인 6만 3,690㎢에 대한 연간 4,700만톤 흡수량을 인정받은 바 있다. 그에 비해 국내 블루카본 중 갯벌 면적은 2,495㎢ 규모로 면적만을 봤을 경우 그린카본에 비해 3.9% 규모이지만 흡수량에 있어서는 1,750만 톤으로 추정되고 있다.[9] 이러한 수치는 그린카본의 37%에 해당하므로 탄소 저장 효율은 그린카본보다 매우 우수하다고 볼 수 있고, 또한 블루카본 서식지는 육상밀림이나 생물체와는 달리 수천 년 동안 탄소 저장이 가능하다고 한다. 연안생태계는 육상권역보다 면적이 작지만 탄소흡수 총량은 유사하며, 특히 탄소 흡수량은 육상에 비해 50배 빠르다고 보고되고 있다.[10]

산림 탄소상쇄제도(carbon offset)는 온실가스 저감을 목표로 사업자(지방자치단체장, 기업, 산주 등)가 자발적으로 탄소 흡수원 증진 활동을 하고, 이를 통해 추가적으로 확보한 산림 탄소흡수량을 정부가 인정해주는 제도인데, 블루카본이 국제적으로 인증이 되면 국내에서는 산림 탄소상쇄제도와 비슷한 인증 절차를 거칠 것으로 예상된다.

기후변화에 관한 정부간협의체(IPCC)는 2019년 발표한 '해양 및 빙권 특별보고서'에서 블루카본을 온실가스 감축 수단으로 공식 인정한 바 있다. 미국·호주 등 주요국은 블루카본을 국가 온실가스 통계에 포함시켰고, 28개국은 연안습지를 온실가스 감축수단으로 활용하고 있다.

국내 블루카본 연간 이산화탄소 흡수량[11] (단위 : t, 자료:해양환경공단)

구분	갯벌	염습지	잘피림
전체 면적(㎢)	2447	35	19
단위면적(㎢)당 흡수량	198.0	234.7	407.0
총 흡수량	48만 4506	8213	7733

9 KOEM, 2016년 보고서 참고.
10 충청남도, 2018, 『연안역 블루카본 잠재적 가치평가 연구용역』.

우리에게 전통적인 식량자원이었던 바닷말, 해조류 숲은 새로운 미래를 열어줄 환경자원으로서의 가치를 알아보면, 우리나라 연안에 분포하는 자연 바닷말 군락의 이산화탄소(CO_2) 생산량은 매우 높아, 바다숲에 의한 이산화탄소 고정량은 연간 약 200만톤C(바다숲에 의한 이산화탄소 고정량은 1ha당 9~73톤C)로 알려져 있다.[12]

아래의 표에서 바닷말 3종과 열대우림 및 온대 낙엽수 등의 이산화탄소 흡수력을 비교해 보면, 모자반이나 다시마는 육상식물 대비 약 2배 높고, 특히 다시마는 지구상에서 광합성을 하는 생물 중에서 가장 높은 이산화탄소 흡수력을 가진다. 이제 먹는 다시마시대가 아니라 지구를 지키기 위해 바다 식목일에 다시마를 비롯한 해조류를 심는 시대가 온 것이다. 바다 속 생태계의 중요성과 황폐화의 심각성을 국민에게 알리고 범국민적인 관심 속에서 바다숲이 조성될 수 있도록 하기 위하여, 세계 최초로 5월 10일을 바다식목일로 정한 대한민국은 선견지명이 있는 것이다. 특히 우리나라의 바닷말 양식생산량은 세계적인 수준이고 양식어장과 생산량이 지속적으로 증가하고 있으므로 바닷말을 온실가스 저감대책으로 적극적으로 활용할 수가 있다.

해양과 육상의 생산지별 이산화탄소(CO_2) 흡수력 비교 (2009)[13]

구분	열대우림	온대 낙엽수	바닷말			해산 식물 플랑크톤
			모자반	다시마	대황	
CO_2 흡수력 (gC/㎡/yr)	1,500~2,000	1,200	4,100	4,800	2,000~3,000	2,000

---

11 경향신문, 2021. 4. 13, 〈국내 갯벌, 연간 승용차 20만대 온실가스 흡수…'블루카본' 뭐기에〉 기사 참고.

12 한국수산자원공단, 2016, 『한국 연안의 갯녹음 실태 조사보고서』.

13 한국수산자원공단, 2016, 『갯녹음 원인과 대책-2016년 한국 연안의 갯녹음 실태』, 10쪽 참고.

바닷말 자연군락은 바다로 유입되는 과도한 영양염을 제거하여 청정한 연안환경을 조성하는데 기여하고 있다. 이외에도 바닷말은 광합성 시에 부산물로 산소를 생성하므로 어류나 패류를 위한 산소공급에도 중요한 역할을 한다. 아래의 표는 우리나라 연안에서 관찰되는 다시마, 미역 및 파래 등의 생장에 필요한 최소 영양염 농도와 질소와 인에 대한 영양염 흡수능력을 나타내고 있다. 이처럼 잘피림과 해조숲은 우리가 잘 모르지만 앞으로 국제적으로 인정 받을 온실가스를 흡수하는 탄소저장고이다.

바닷말에 의한 영양염 흡수 (2009년)

바닷말	최대 영양염 흡수량		생장에 필요한 영양염 최소농도	
	질소(mg N/㎡/일)	인(mg P/㎡/일)	질소(μg/ℓ)	인(μg/ℓ)
다시마	2.9	0.43	29	8.7
미역	3.1	0.54	17	6.2
파래	3.6	0.19	26	8.6

또한 아래의 표에서 보듯이, 맑은 날의 낮 시간에 다시마, 미역, 파래의 산소(O_2) 생산 속도가 이들 바닷말에 의한 산소 소비속도의 8~11배라는 것을 의미하며, 바닷말 양식이 산소공급에 유용하다는 것을 말한다. 이상의 결과에서 바닷말은 환경의 부하를 저감시키며, 수질관리에 필요한 산소를 공급하는 등 연안생태계 유지에 다양한 기능을 한다.[14]

바닷말에 의한 산소(O_2) 생산속도 및 소비속도 (2009년)

기업	산소 생산속도 (mg O_2/mg Chl a/h)	산소 소비속도 (mg O_2/mg Chl a/h)	최대 산소 생산속도/ 산소 소비속도
다시마	2.6	0.29	8.9
미역	2.7	0.24	11.2
파래	2.8	0.35	8.0

14 한국수산자원공단, 2016, 『갯녹음 원인과 대책-2016년 한국 연안의 갯녹음 실태』, 10~12쪽 참고.

블루카본에 대한 대상 선정은 국가마다 일부 차이를 보이고 있으나, 전 세계적으로 국가 단위에서 맹그로브, 염습지, 해초류 등을 대상으로 연안 습지가 보유한 블루카본 잠재량과 연간 온실가스 흡수량을 보고한 나라는 미국, 호주뿐이다. 그리고 호주는 국제적으로도 '블루카본 파트너쉽'을 출범시켜 다양한 국가들과 블루카본을 확대하기 위한 노력을 하고 있으며, 일본, 중국의 경우 블루카본을 대상으로 맹그로브, 염습지 및 해초지 외에 양식 해조류 및 패류에 대한 연구도 진행 중에 있다.

우리나라의 경우 5년 뒤 블루카본이 온실가스 감축 수단으로 인정받는 것을 목표로 관련 통계 구축과 연구개발, 기후변화대응 체계를 준비하고 있으며, 2050년 블루카본 목표 흡수량을 136.2만 톤으로 설정하고 갯벌 및 연안습지 식생복원, 바다숲 조성, 굴패각 재활용 등 신규 흡수원 발굴 등을 계획하고 있다. 특히 우리나라의 국내 해조류 생산량은 중국, 인도네시아에 이어 세계 3위로 온실가스 저감을 위한 해조류 활용 가능성은 매우 높다.[15]

블루카본으로 인정받기 위해서는 투명하고, 검증가능한 방법으로 탄소 격리(carbon sequestration)가 되는지 증명이 필요한데, 해양환경공단(KOEM)에서는 5년간(2017~2021년) 블루카본 관련 기본조사 및 인벤토리 구축 등을 하고 있으며, 국제적으로 블루카본을 인정받기 위해 블루카본 파트너쉽, UN산하기구 가입 등을 적극적으로 추진하고 있다. 이러한 연구 성과로 최근에 서울대 연구팀이 우리나라 갯벌의 탄소흡수 기능을 세계 최초로 규명한 연구 결과를 국제저명학술지인 '종합환경과학회지'(Science of the Total Environment) 최신호에 발표했다. 연구팀은 우리나라 갯벌이 약 1천 300만t 규모의 탄소를 저장하고 있으며, 연간 26만t의 이산화탄소를 흡수한다는 사실을 밝혀냈다. 이는 연간 승용차 11만대가 내뿜는 수

---

15 사이언스타임즈, 2017. 10. 20, 〈블루카본, 온실가스 감축 수단 되나?〉 기사 참고.

준으로, 막대한 양의 이산화탄소를 갯벌이 자연적으로 흡수한다는 것을 과학적으로 입증했다는 데 의미가 있다.[16] 아울러 그간 국제사회에서 연안습지 중 블루카본으로 주목받지 못한 갯벌의 이산화탄소 흡수 능력을 국가 차원에서 전국적으로 조사한 연구라는 점에서 큰 의미가 있다. 한편 지방정부로서는 화력발전소가 가장 많아 온실가스 배출 전국 1위의 충청남도가 유일하게 블루카본에 대한 연구를 진행하여 왔다.

충청남도의 연구 결과 해조류에 의한 이산화탄소 저감량 및 경제성 추정은 다음의 표와 같다. 충남 내 전체 해조류 양식 면적은 4,380ha(43.80㎢)에서의 탄소 고정량은 전체 1,267.3ton이며, 이를 이산화탄소(CO_2) 저감량으로 환산하면 4,651.0tCO_2이다. 이를 다시 탄소거래가(톤당 25,000원, 2017년 2월 기준)를 적용하여 경제성 평가를 하면 충남 내 해조류 양식 면적에 의한 이산화탄소 저감량은 1.2억원의 가치가 있는 것으로 나타났다. 이를 다시 단위면적으로 나뉘면 265만원/㎢(106.2tCO_2/㎢)으로 가치를 나타내고 있으며, 이러한 결과로 미루어 보면 블루카본은 새로운 온실가스 저감 수단으로서의 가능성을 보여주었다.[17]

충청남도 해조류에 의한 이산화탄소 저감량 및 경제성 평가

구분	면적 (㎢)	단위면적당 CO_2 저감량 (tCO_2/㎢)	총 CO_2 저감량 (tCO_2)	경제성 가치 (억 원)
김	39.45	57.9	2,284.2	0.6
미역	2.25	647.9	1,457.8	0.4
다시마	1.19	465.4	553.8	0.1
그 외	0.91	390.4	355.3	0.1
전체	43.80	106.2	4,651.0	1.2

16 연합뉴스, 2021. 7. 6. 〈한국 갯벌, 연간 26만t 이산화탄소 흡수…세계 첫 규명〉 기사 참고.
17 충청남도, 2018, 『연안역 블루카본 잠재적 가치평가 연구용역』, 186쪽 참고

이처럼 김, 미역 등 대형 해조류 양식은 다양한 환경적 이점을 가지고 있어 기후변화 완화 수단으로서 잠재적 가치가 높은 것으로 나타났다. 해조류 양식을 이용한 국가 규모에서의 기후변화 완화 효과는 미미할 수 있으나 지역, 산업 등 소규모 단위에서의 탄소 배출을 상쇄하는 데 효과적으로 이용될 수 있다. 우리나라의 양식 여건변화와 산업 성장에 따른 불확실성을 고려했을 때 해조류 양식의 잠재적인 완화 기여도를 정확히 산정하기는 어렵지만, 발달된 국내 해조류 산업의 가능성을 인식하고 획기적인 기후변화 완화 수단으로 적극 개발한다면 기후변화 대응을 위한 새로운 기회를 얻을 수 있다.[18]

우리나라에서도 최근 「기후위기 대응을 위한 탄소중립·녹색성장 기본법(탄소중립기본법)」을 제정하였으며, 2010년에 제정된 「저탄소 녹색성장 기본법」 제55조에는 다음과 같이 해조숲이 탄소저장고이자 지구환경 지킴이로서의 역할을 명시하고 있다.

> 제55조(친환경 농림수산의 촉진 및 탄소흡수원 확충) ② 정부는 농지의 보전·조성 및 바다숲(대기의 온실가스를 흡수하기 위하여 바다 속에 조성하는 우뭇가사리 등의 해조류군을 말한다)의 조성 등을 통하여 탄소흡수원을 확충하여야 한다.

또한, 지구온난화를 막으려면 소에게 땅에서 자라는 풀과 함께 바다풀도 같이 먹여야 한다는 연구 결과가 나와 주목되고 있다. 유엔 식량농업기구에 따르면 전 세계 온실가스의 18%가 바로 가축에게서 나오는 메탄이다. 미국 UC데이비스의 연구진은 대학 농장에서 젖소 12마리에게 일반 사료와 해조류를 섞어 먹이면서 입에서 나오는 날숨을 모아 분석했다. 그 결

---

18 어민신문, 2019. 11. 15, 〈해조류 양식으로 기후변화 대응〉 기사 참고.

과 해조류를 사료에 2% 정도 섞어 먹이면 트림 속 메탄이 30% 이상 줄어드는 것을 확인했다.

이외에도 오스트레일리아 주요 축산기업인 시에이치4 글로벌과 시 포레스트가 상업적 실험에 착수한 사료 첨가제는 연방과학산업연구기구가 설립한 벤처 퓨처피드가 만든 제품이다. 퓨처피드는 분홍색 해조류 '바다고리풀'의 추출물을 사료에 섞어 먹여 소의 메탄 배출을 80% 이상 줄이는 데 성공했다. 연구진은 해조류 성분이 소의 장내 세균에서 메탄을 합성하는 효소를 억제했다고 설명했다. 이전부터 해변가에서 소들이 해조류를 먹는 모습이 종종 관찰돼 사료 첨가제로 안전성에 문제가 없다고 한다. 실제로 유엔 식량농업기구에 따르면 고대 그리스 시대부터 소에게 해조류를 먹였다는 기록이 있다.[19]

해양건강과 해조류 미역

세계자연보전연맹(IUCN)의 침입종에 대한 전문가 그룹은 세계 침입종 데이터베이스(GISD)의 일환으로 세계 100대 악성 침입외래종을 선정했는데 여기에 미역을 포함시켰다. 미국 국립해양대기청은 미역을 해양 및 해양 생물다양성에 위협을 줄 수 있는 외래종으로 미역을 지정하고 꾸준한 관찰 및 제거를 위한 노력을 하고 있다. 실제 미국 캘리포니아에서는 미역을 퇴치하기 위해 갖은 노력을 하고 있다. 미국 내 일부 지역에서 불리는 미역의 수식어는 일명 '바다의 잡초'다.

왜 미역이 이렇게 혐오 침입종이 되었을까? 미역의 번식력은 매우 강하고 가라앉는 경향이 있어 제거하기 쉽지 않고, 외래종이 갑자기 생태계에

---

19 한겨레신문, 2021. 1. 12, 〈2030 탄소중립 선언한 호주 축산업계 '비장의 무기'는 해조류〉 기사 참고.

유입될 경우 자연 포식자가 없어 토착종보다 자원 경쟁에서 우위에 설 수 있기 때문에 미국 서해안 토종인 켈프(kelp)라는 해조를 삼킬 우려가 크기 때문이다. 다시마류인 켈프는 바다 속에 큰 숲을 이루며 온갖 물고기들과 생물들의 서식처가 된다. 또한 성게나 전복들의 먹이이기도 하다.

헌데 더 심각한 문제는 미역이 번식하면 부두와 배 밑창, 굴 양식장 등을 순식간에 덮어버리는 데 있다. 미역을 먹지 않는 미국에선 미역의 확산이 시간문제라는 것이다. 샌프란시스코 만에는 벌써 아시아 산 조막조개나 털게 등 약 200여 종의 침입 종들이 공격적으로 번식하고 있다.

어떻게 미역이나 생태계 침입 종들이 세계 곳곳으로 뻗어가게 됐을까? 대형선박이 주원인으로 밝혀지고 있다. 선박의 균형을 잡기 위해 채운 선박평형수인 밸래스트(ballast)[20]라고 부르는 바닥 물을 엄청난 양으로 채우는데 그 속에 묻어 들어온다. 세계 각지에서 샌프란시스코 만으로 들어오는 화물선 수가 매년 3,000척이 넘는다. 이 배들을 따라 침입종이 매 14주마다 하나씩 늘어간다는 통계다. 이에 따라 미국 유수 생태연구소마다 미역이 미 서해안과 뉴질랜드, 유럽 지중해, 심지어 남미 아르헨티나까지 급속히 번지고 있다고 한다. 미역이 끼치는 폐해에 대해 다투어 경고하고 있다.[21]

우리나라도 최근 중국에서 유입되는 다년생 갈조류인 괭생이모자반이 찾아오는 철이 되면 전라남도와 제주도는 수거와 처리에 골머리를 앓고 있다. 대부분 중국 연안의 암석에 붙어살다가 파도나 바람에 의해 떨어져 나

---

20 국제해사기구(이하 IMO)는 화물 적재량의 30%를 선박평형수로 채울 것을 권고하고 있는데, 최근 선박평형수가 새로운 생태계 교란범으로 지목됐다. 대개 선박은 출항하는 항구에서 바닷물을 넣고, 목적지에 도달하면 이를 비우고 다시 채우는 과정을 반복한다. 이때 바닷물 속에 있던 조류나 패류가 함께 이동하는 것이다. 이에 IMO는 2004년부터 국제 선박 평형수 관리협약(BWTS)을 체결해 관리에 나섰다. 협약에 따라 외국으로 입항하는 모든 선박은 수심 200m 이상 공해에서 선박평형수를 교환하거나 선박평형수에서 해양 생물을 사멸하는 장치를 의무적으로 갖춰야 한다.

21 미주 한국일보, 2009, 8, 29, 〈미역의 침입과 제주도 모자반의 침입〉 기사 참고.

온 것으로 보통 3~6월 사이 대량으로 발생하여 제주도를 비롯한 우리 지역 연안에 피해를 주고 있다. 유입된 모자반은 무엇보다 국내 수산물 수출 분야의 효자 품목이라 불리는 김을 포함해 다시마, 미역 등의 양식장에 엉겨 붙어 농사를 망치면서 어민들에게 큰 손해를 끼치고 있다.

국립해양생물자원관과 제주대학교 공동 연구팀은 괭생이모자반에서 노화 방지에 효과가 있는 '로리오라이드(Loliolide)'라는 물질을 세계 최초로 찾아냈으며, 괭생이모자반을 각종 치료제나 화장품, 비료 등의 원료로 활용하는 연구도 활발하게 진행되고 있어 바다의 잡초쯤으로 치부하기보다 잠재적 자원으로 봐야 한다는 시각도 있다.

해양의 건강성과 지속가능성을 평가하는 지표인 해양건강성지수 (Ocean Health Index, OHI)는 '현 세대 및 미래 세대에게 지속적으로 혜택을 제공할 수 있는 해양의 상태'로 정의하는데, 탄소저장과 다양한 해양 생물의 다양성과 종 서식지 보전가치 외에도, 문화적 가치가 있는 장소의 보전과 문화적 가치가 있는 생물종의 보전은 매우 중요하다. 해양수산부에서는 2006년 「해양생태계의 보전 및 관리에 관한 법률」을 제정하여 우리나라에 서식하고 있는 잘피 9종 중에서 개체수가 현저하게 감소하고 있는 종으로서 학술적·경제적 가치가 높은 7종[22]을 보호대상해양생물로 지정하여 보호하고 있으며, 국외 반출 승인대상 해양수산생명자원 중 해조류도 고시하여 보존 관리하고 있다.

아울러 수산자원의 번식·보호를 위해 「수산자원관리법 시행령」 제6조에는 해조류 포획·채취 금지기간을 설정하고 있다. 넓미역은 제주 9.1~11.30일, 대황은 5.1~7.31일, 곰피는 5.1~7.31일, 뜸부기는 8.1~9.30일, 개다시마는 11.1~다음해 1.31일까지로 설정하여 보호하고 있다.

---

22 해초 7종 : 삼나무말, 거머리말, 포기거머리말, 수거머리말, 왕거머리말, 새우말, 게바다말.

한편 산호초와 해조류 숲을 보존하거나 인공 바다숲을 만들기 위한 노력들은 전 지구적으로 진행 중에 있다. 자외선 차단제 성분이 산호초를 죽인다는 연구결과가 알려지면서 바다에 해를 끼치지 않는 선크림인 '리프 세이프(Reef-Safe)' 제품의 사용이 늘어나는 등 바다를 지키는 착한 소비운동도 일어나고 있다. 해양학자이자 스쿠버 다이버인 Pippa Ehrlich와 James Reed가 감독하고 크레이그 포스터(Craig Foster)가 제작한 '나의 문어 선생님(My Octopus Teacher)' 다큐멘터리는 1년간 문어와 사람이 만나 교감하는 이야기를 담았다. 이들은 약 9년 동안 매일 맨몸으로 다이빙하면서 인체가 추위에 적응하는 과정을 기록하고 남아프리카 Great African Seaforest의 서식지 등 바다 생태계를 연구했는데, 무엇보다도 "해조숲(kelp forest)은 수백만 년간 가동된 거대한 두뇌같다."고 말하듯이 문어를 비롯한 바다생태계를 위해 해조숲 보존이 중요하다고 주장한다. 그리고 그들은 지속가능한 해조숲과 연안 생태계 보존을 위해 2012년 잠수부 단체 커뮤니티 해양환경단체인 'Sea Change project'를 설립하여 여러 다른 나라 봉사자와 함께 활동 중에 있어 좋은 사례라고 본다.[23]

우리나라에서도 2009년에 설립된 동아시아 바다공동체 오션(Our Sea of East Asia Network, OSEAN)은 해양환경을 보호하기 위한 조사와 연구, 교육 홍보, 정책 개발, 국제 협력 등을 위해 설립된 민간 연구소인데, 해양쓰레기 문제 해결에 집중하고 있다.[24] 기업에서도 포스코 임직원으로 구성된 포항 클린오션봉사단은 2013년부터 전용 선박을 운영해 포항제철소 인근 영일만 해역에서 직접 바다에 잠수해 폐타이어, 폐플라스틱, 폐어구 등 해양 쓰레기 수거에 나서는 등 해양정화활동을 펼치고 있으며, 강릉에서의 민간해양지킴이 활동도 큰 의미가 있다고 본다. 앞으로 울릉도에는

---

23 seachangeproject.com 참고.
24 www.osean.net 참고.

해양쓰레기 수거 전용 선박인 청항
선이 건조되고 있으며, 포스코에서
지역 사회와의 협력활동의 일환으로
친환경 철강슬래그로 만든 어초를
활용한 울릉도·독도해역 바다숲 조성
사업을 추진하고 있어 기대가 된다.

특히 경상북도 바다에는 연간 1
만 528톤의 쓰레기가 해양으로 유입

울릉도 해양보호구역 심볼

돼 연평균 3천 122톤이 수거되고 4천 800톤 정도가 자연분해 되며, 약 2천
926톤의 쓰레기가 바다 속에 잔존한다고 용역결과가 나왔다. 이는 매년 수
거하는 쓰레기가 바다 속에 남아있는 양과 비슷해 수거되는 양만큼 해양쓰
레기가 쌓여가고 있고, 해양쓰레기의 90%가 육상에서 발생해 하천을 따라
바다로 유입된다는 사실이 밝혀졌다. 이는 조업이나 해양활동에 의해 발생

독도에서 해양환경 정화 후(사진제공:전호성)

되는 해양쓰레기가 10% 미만으로 육지쓰레기를 줄이지 않고서는 해양쓰레기를 감소시킬 수 없다는 의미이다.

프랑스 일간지 르몽드가 완도군의 김과 다시마 양식장을 찾아 취재 보도한 '지구를 위해 해조류를 요리하는 한국'이라는 기사가 생태지표로서의 해조류의 종주국, 한국을 가장 잘 표현하는 것 같다.

한편 해조류가 많이 사는 연안지역이 공기가 깨끗한 것은 우연이 아닐 것이다. 최근 환경부가 2020년 연평균 초미세먼지 농도가 가장 낮은 도시로 울진군이 선정됐다.

이는 낙동정맥으로 서해안의 공기들이 넘어오는 바람막이 역할과 한국의 대표적인 동해안 금강송숲의 영향이 있겠지만 동해안의 청정한 연안 생태계가 함께 있다는 것이 중요한 역할을 했을 것으로 본다. 그리고 울진, 울릉은 자연산 돌미역의 주요 생산지역이자, 어촌문화 공동체가 잘 보존된 곳으로 가장 깨끗한 공기를 가진 도시라는 점은 해조류가 수천년 동안 동해에 함께 살고 있어서일 것이다. 건강하고 싱싱한 동해, 그 해답은 미역, 다시마와 같은 해조류 숲에 있다. 바다숲이 건강해야 젊은이가 찾아온다.

수산자원의 포획·채취 금지 기간·구역 및 수심(수산자원관리법 시행령 제6조)

5. 해조류	가. 개다시마	*Kjellmaniella crassifolia*	11월 1일부터 다음 해 1월 31일까지
	나. 감태 검둥감태	*Ecklonia cava* *Ecklonia kurome*	5월 1일부터 7월 31일까지. 다만, 제주특별자치도는 1월 1일부터 12월 31일까지로 한다.
	다. 곰피	*Ecklonia stolonifera*	5월 1일부터 7월 31일까지
	라. 넓미역	*Undariopsis peterseniana*	제주특별자치도에 한정하여 9월 1일부터 11월 30일까지. 다만, 제주특별자치도지사가 5월 1일부터 11월 30일까지의 기간 중 3개월 이상의 기간을 따로 정하여 고시하는 경우에는 해당 기간으로 한다.
	마. 대황	*Eisenia bicyclis*	5월 1일부터 7월 31일까지
	바. 도박류(진도박, 먹도박)	*Grateloupia spp.*	10월 1일부터 다음 해 4월 30일까지
	사. 뜸부기	*Silvetia siliquosa*	8월 1일부터 9월 30일까지
	아. 우뭇가사리	*Gelidium amansii*	11월 1일부터 다음 해 4월 30일까지
	자. 톳	*Hizikia fusiformis*	10월 1일부터 다음 해 1월 31일까지

2. 해조류 양식과 우리의 바다

해조류 양식의 일반 현황

우리 민족이 애용하는 해조류 3총사인 김·미역·다시마는 본격적인 양식이 이루어지기 전에는 아주 고가의 귀한 음식 재료였다. 생일이나 제사와 같은 귀한 날 먹었고, 왕실이나 귀족이 아니라면 자주 접하기 힘들었다. 이런 해조류를 요즘 쉽게 먹을 수 있게 된 건 순전히 양식 덕뿐이다. 양식에 종사하는 과학자와 어업인을 비롯한 수산과학인들 덕분에 그야말로 우리 식탁에 해조류의 혁명이 일어난 것이다.

대형 조류 및 미세 조류는 가정에서, 산업적으로 또는 농업에 광범위하게 이용되어 왔다. 식용, 사료, 화학제품으로 이용되는 해조류 500여 종 가운데서 양식되는 종은 20여 종 정도다.[25]

우리나라에서 해조류가 식탁에 풍성하게 된 건 그리 오래되지 않았다. 1970년대부터 불과 반세기 만에 이렇게 값싸게 흔하게 먹을 수 있게 되었다. 숨은 바다의 종자를 개발하고, 씨를 뿌리고 수확하고 바다텃밭, 바다목장을 만든 바다의 정원사가 바로 양식과학자다. 최근에는 해조류 간편식,

---

25 오윤식 역(Clinton J. Dawes 저), 2006, 『해산식물학』, 월드사이언스, 382쪽.

해조류를 응용한 다양한 식품, 화장품, 건강보조제가 나오고 있다. 언제부터 해조류의 양식이 이루어졌고, 숨은 마이더스들은 누구였을까.

1970년대에 수산업계에는 미역 인공종묘 생산 및 연승식 양식기술을 개발하여 보급하면서 생산량이 급격하게 증가했다. 이때 이른바 '흑색혁명'이라는 신조어가 만들어질 정도였다고 한다. 그 후에도 국내 해조류 양식업은 꾸준히 발달했다. 지금 대한민국은 세계 7위의 수산양식의 선진국이 되었다.

우리나라는 다음 표에서 보듯이 다양한 어패류와 해조류, 갑각류 등이 양식된다. 기술력 부문에서는 거의 모든 수산 자원들의 양식이 가능하여 양식기술까지 수출하고 있다.

우리나라 양식 품종 현황[26]

구분	주요 양식품종	일반 양식품종
계(70종)	27종	43종
어류(34종)	넙치, 조피볼락, 돔류, 강도다리, 숭어, 농어, 점농어, 뱀장어, 송어류, 메기, 향어, 미꾸라지(12종)	쥐치류, 복어류, 가자미류, 쥐노래미, 민어, 전어, 은어, 바리류, 터봇, 고등어, 방어, 가물치, 동자개, 틸라피아, 철갑상어, 잉어, 붕어, 산천어, 빙어, 참다랑어, 쏘가리 볼락(22종)
패류(16종)	굴, 전복, 피조개, 바지락, 새꼬막, 진주담치, 참가리비, 해만가리비(8종)	키조개, 꼬막, 가무락, 백합류, 새조개, 재첩, 큰논우렁이, 다슬기류(8종)
해조류(9종)	미역, 다시마, 김(3종)	매생이, 톳, 청각, 모자반, 파래류, 개꼬시래기(6종)
갑각류(6종)	흰다리새우(1종)	대하, 보리새우, 토하, 큰징거미새우, 참게(5종)
기타(5종)	우렁쉥이, 미더덕, 오만둥이(3종)	해삼, 자라(2종)

---

26 해양수산부, 2020, 『해양수산 주요 통계』, 122쪽 참고.

우리나라의 수산양식은 1953년 최초로 제정된 「수산업법」(1953. 9. 9.) 제8조에서 "일정한 수면에서 구획 기타 시설을 하여 양식하는 어업"으로 규정하고 있다. 수산양식의 발달단계는 양식기술 개발과정과 수산정책이 함께 변화하고 있어, 1945년 이전은 양식 대상종의 초기 개발 단계→ 해조류의 확대 개발 및 천해 간석지 개발 이용단계(1946~1975)→양식 신품종의 개발과 신기술의 보급단계(1976~1990)→양식 생산성 향상 기술개발 단계(1991~현재)로 구분할 수 있다.

우리나라 최초의 해조류 양식품종은 김으로 1640년(인조 18년)에 양식법 개발이 보고되고 있으며, 미역은 1972년부터 약 40년간 주요 양식품종이었고, 조미김 개발에 따른 국내 소비는 물론 수출 증가로 2012년부터는 김이 1위를 차지하고, 마른 김 생산에서는 일본을 제치고 세계 1위의 생산고를 올렸다.

1960년대 이후 피조개·가리비 등 다양한 패류 품종이 양식되었고, 바다의 산삼인 전복은 주요 먹이인 다시마의 양식 생산량이 증가하면서 생산량도 증가해, 육종 전복에 대한 연구도 진행됐다.

1964년 방어의 단기간 축양기술로 시작된 어류양식은 1980년 이후 경제발전에 따른 생활 향상으로 고급어종에 대한 급속한 수요 증가로 양식기술 개발의 전환기를 맞아, 오늘날 국민 횟감으로 자리 잡은 넙치 양식기술이 본격적으로 개발되기 시작했다. 사하라 사막에서 친환경적으로 새우를 키워내고, 스낵으로 만들어지고 있는 김 종류가 수산물 수출 1위를 차지하는 등 양식 기술도 진화하고 있다.[27]

어민들은 미역의 맛이 해수온도와 조류의 세기에 따라 달라지는데, 일반적으로 한류와 난류가 만나는 울산이나 부산 기장을 경계로 해서 남해안

---

27 세계 7위 양식대국 100년 발자취, 수산양식 역사서 발간, 해수부 보도자료 참고.

은 양식 미역이 2모작이 가능하지만 일반적으로 동해안은 물발이 세서 2모작이 되지 않고, 맛도 차이가 난다고 한다.

통계청 2020년 어업생산 동향조사에 따르면, 천해양식어업의 부류별 생산량은 해조류가 가장 많았고, 생산금액은 패류가 가장 많았다. 품목별 생산량은 다시마가 가장 많았고, 생산금액은 전복이 가장 많았다. 품목별 생산량을 살펴보면 다시마류가 67만 5,075톤을 기록해 전체 양식수산물 생산량의 29.23%를 차지했으며 △김류 53만 6,200톤(23.21%) △미역류 50만 1,932톤(21.73%) △굴류 30만 83톤(12.99%) △홍합류 6만 969톤(2.68%) 등의 순이었다. 생산금액은 전복류가 6,103억 원으로 전체의 21.2%를 차지했으며 △넙치류 5,390억 원(18.57%) △김류 5,082억 원(17.51%) △굴류 2,634억 원(9.08%) △조피볼락 1719억 원(5.90%) 등이었다.[28]

2020년 수산물 수출금액이 23억2천만 달러(약 2조5천억원)로 전년(25억1천만 달러)보다 7.6% 감소했지만 코로나19 사태 속에 집에서 식사하는 경향이 확산하면서 조미김, 김스낵, 어묵 등 조제품(9.5%)과 참치캔 등 통조림(10.2%) 식품의 수출은 증가했다. 특히 수산물 수출 1위 품목인 김의 수출은 조미김(13.0%) 등의 수출 증가에 힘입어 역대 최고치인 6억100만 달러를 달성했다. 이는 전년의 5억7천900만 달러보다 3.8% 증가했다.

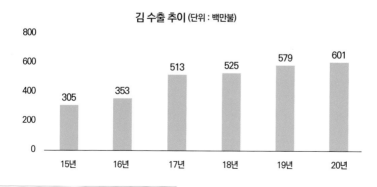

김 수출 추이 (단위 : 백만불)

28 농수축산신문, 2021. 2. 9, 〈2020년 어업생산동향〉 기사 참고.

품목	2015		2016		2017		2018		2019	
	중량	금액	중량	금액	중량	금액	중량	금액	중량	금액
김	17,694	304,868	17,835	353,016	21,231	513,246	22,099	525,558	26.951	579.220
미역	14,107	29,036	21,780	32,761	15,850	33,483	15,615	36,950	16,279	39,574
톳	1,988	24,276	1,834	27,992	1,700	24,012	1,665	20,848	2,115	21,768

앞의 표에서 보듯이 해조류로 현재 양식되는 것은 김, 미역, 다시마가 대표적이며, 김, 미역, 톳이 주요 수출품이며, 그 중에서도 김이 해조류 수출의 대부분을 차지하고 있다. 수산물 가공 제품은 대부분 건조 혹은 염장하여 수출한다.

해양수산부의 『2020 해양수산 통계연보』를 분석하면, 해조류 분야에서 자연산을 말하는 일반해면어업(Marine fisheries)과 양식산을 말하는 천해양식어업(shallow-sea aquacultures)이 있고, 이들의 생산 통계를 분석하면 다음과 같은 특징들이 있다.[30]

일반해면어업(Marine fisheries) (단위 : M/T, 2019년)

구분	미역류	우뭇가사리	톳	파래류	청각	모자반(말)류	김류	매생이	꼬시래기류	도박류	기타해조류
부산	700	654	6		13						345
인천	5			6					9		
울산	326	4	50								10
강원	824									5	1
충남						9	58				184
전북	5		1						1		
전남	179	11	183	252	5		7	23	4		81

---

29 해양수산부, 2020, 『해양수산 주요 통계』, 174쪽 참고.

30 해양수산부, 2020, 『2020 해양수산 통계연보』 참고 재작성.

경북	2,627	31			226	9	7				60
경남	203	9	46	29	5				1		1
제주	83	599	266			121					817
계	4,952	654	552	287	249	139	73	23	15	5	1,499

천해양식어업(shallow-sea aquacultures) (단위 : M/T, 2019년)

구분	다시마류	김류	미역류	톳	파래류	매생이	청각	개꼬시래기	모자반(몰)	기타해조류
부산	13,394	18,989	7,124		384					
인천	6	4,455								
울산	749		3,084							
경기		27,301								
강원			78							
충남	2,883	43,766	3,836							
전북		32,978								
전남	644,095	471,347	477,768	33,477	5,886	3,386	3,258	1,769	176	1
경북	88		343							
경남	1,342	8,036	2,713		50					
제주										
계	662,557	606,873	494,947	33,477	6,321	3,386	3,258	1,769	176	1

자연산 미역의 경우 53%가 경북에서 생산되고, 경북을 중심으로 강원, 부산(기장), 울산을 비롯한 동해안에서 90%가 생산이 된다. 이에 비해 양식용 미역은 97%가 전남에서 생산되는데 전복 생산과 연관이 깊다. 다시마도 한대성 작물이라 자연산은 공식적으로 거의 없고, 전부가 양식이 된다는 것인데, 다시마도 97%가 전남에서 생산된다. 이는 전복 양식량 18,436M/T 중 18,237M/T인 99%가 전남도인 것에서 알 수 있듯이, 미역

과 다시마가 전복 먹이로도 사용되기 때문이다. 그리고 제주도에는 해조류의 양식이 없는 것을 알 수가 있다.

김 양식의 역사, 해은(海隱) 김여익

우리나라 해조류 양식의 역사는 유구하다. 국립수산과학원에 따르면, 우리나라 최초의 해조류 양식품종은 김으로 1640년(인조 18년)에 양식법 개발이 보고되었다고 한다. 세계 최초로 김을 양식한 역사적인 유적이 전라남도 광양시 태인동(과거 태인도, 현 광양제철소 동부지역)에 있다. 여기에는 김 양식법을 창안한 해은(海隱) 김여익을 기리는 영모재, 위패와 묘표문이 보관된 인호사, 김의 유래와 역사를 담은 김 역사관, 김 생산 도구가 전시된 유물전시관 등이 있다. 1987년 6월 전라남도 기념물 제 113호로 지정되었다.

김 양식법은 370여년 전 조선 중기 1640년 의병장 김여익(金汝翼 : 1606~1660)에 의해 처음 개발됐다. 그는 전라도 영암의 양반이었다. 그는 당대에 이름을 떨치던 무인(武人) 집안의 후손으로 병자호란(1636년) 때 군사를 일으켜 왕을 지키라는 명령에 따라 의병을 모집 한양으로 향하다가, 임금이 청 태종한테 무릎을 꿇었다는 소식을 듣고 영암으로 돌아갔다. 청나라에 항복한 인조가 청나라에 반대하여 군사를 일으킨 자를 잡아들이라고 하자, 고향인 영암을 떠나 섬진강 하구로 이주했다.

그는 전남 광양군 태인도(조선시대, 광양현 인호도)에 입도해 20여 년을 살았다고 한다. 여기서 앞바다에서 떠다니는 나무에 해의(海衣)가 붙어 있는 것을 보고 산죽(山竹)이나 갈대, 또는 밤나무 가지 7~8개를 짚으로 묶어서 섶을 만들어 개펄 바다 얕은 데 하나씩 꽂아 놓아 김 포자(胞子)가 스스로 기생하는 양식법을 개발했다. 오늘날에는 나뭇가지를 개펄에 꽂아 양식하는

당시 마을모습과 전통 김 제조 도구들(출처 : 광양 김시식지역사관내 자료)

지주식 보다 그물을 사용하여 착생하도록 하는 부유식이 더 널리 이용되고 있다. 이처럼 김여익이 김을 처음 재배한 방식이 지주식 양식의 시발이 되었고, 현재 완도군의 지주식 김 양식 어업은 국가중요어업유산 제5호로 지정되어 있다.

김 한 장 만드는 데는 여러 과정이 필요하다. 김 제작과정은 〈섶 만들어 꽂기→김 뜯기→김 분쇄하기→김 세척하기→김 뜨기→김 건조시키기→김 떼기, 결속, 보관[31]→마른 김〉의 과정을 거친다고 한다. 김여익은 인공양식에 멈추지 않고 해의를 건조하는 방법에 대해서도 연구했다고 한다. 짚을 엮어 만든 김발에 해의를 고루 펴서 말린 다음 떼어내는 건조 방법까지 개발, 마을 주민들에게 전수해 주었으며 생산량이 많아지자 인근 하동시장까지 나가 판매하며 유명해졌다고 한다. 자연스레 김이 광양의 특산물로 자리 잡고 진상품이 되었다.

'김'이란 명칭은 태인도 김(金)씨가 창안했으므로 김(金)씨 성을 본떠 김이라 부르기 시작했다는 설이 있다. 민간어원설이라 확실한 건 아니지만 이야기로 전해진다.

1714년 광양 현감 허심(許鐔)이 김 양식 기술 보급에 대한 김여익의 업적을 기려 묘표(墓表)를 세웠다고 한다. 지금은 오랜 세파에 묘표는 소실되고 비문만 전해지고 있다. 김해김씨 가문의 족보에 수록된 내용과 함께 묘비에 '시식해의(始殖海衣) 우발해의(又發海衣)'가 새겨져 있었다고 한다. 김양식법을 창안했다는 의미다. 인호사는 김여익 공의 영정이 있는 사당인데, 매년 음력 10월 10일에 그의 공을 추모하는 시제를 지낸다. 2011년에 건립된 김역사관에서는 김 양식의 역사, 김의 유래 등을 소개하고 있다.

---

31 마른 김의 잡티를 제거한 후 100장을 1톳으로 묶어 보관하는 과정.

지금 세계적으로 인기 있는 밥반찬으로 개발된 조미김의 시초는 1986년 생산된 '해표김'이다. 마른 김 생산은 2000년 이후 일본을 제치고 세계 1위의 생산량을 올렸다. 비만 등 성인병 예방 효과가 있는 것으로 알려지면서 스낵김은 미국 실리콘밸리 스낵으로 불릴 만큼 국가대표 한류 상품이 됐다.[32]

　김은 일본어로 海苔(のり)라고 하며, 바다의 이끼라는 한자를 쓴다. 일본 김밥의 원형인 '테마키'는 에도시대 말기부터 메이지 초기(19세기 후반)에 도쿄에서 만들어진 것으로 전해지고 있다. 김 안에 참치와 고추냉이를 넣은 김초밥이 선호되었다. 한국의 김밥은 대보름날에 김에 밥을 싸 먹는 '복쌈 또한 복리(福裏)'의 풍습이 있었다고 조선시대의 『동국세시기』에 기록되어 있는 것으로 보아 천년 이상 동안 우리 고유의 식문화에 중요한 역할을 해왔다.[33] 현재와 같이 여러 가지 재료를 넣어 만든 김밥의 형태는 1950년대 이후부터 시작된 것으로 추정되고 있다.[34]

　이처럼 대한민국은 오래전부터 해의(海衣)와 복쌈이라고 부른 김 음식문화의 발상지이자 세계 최초로 김 양식의 역사가 시작되었고, 김 수출 또한 세계 1위를 자랑하는 나라이다. 과거에는 스시의 국가, 스시는 바로 김이라고 생각하여, 외국에서는 김의 시배지와 중주국을 일본으로 오해하고 있지만, 일본의 김 양식 시기(1673~1683년)보다 최소 30년 이상 우리가 앞선다. 이제는 김밥 문화도 한류의 영향으로 많이 서구에 보급되고 있다. 관련 문헌과 유적 등 기록이 많은 만큼 지속적인 국제화 전략과 장소 마케팅이 필요하다고 본다. 다행히도 김산업의 경쟁력 강화와 세계화 촉진을 위해 「김산업의 육성 및 지원에 관한 법률」이 제정되었다.

---

32 서울신문, 2016. 3. 11, 〈조선 시대부터 김·굴 양식, 새우·넙치 등 대량생산으로 세계화〉 기사 참고.
33 시절음식(時節飮食)으로, 상원(대보름날)에 약밥, 오곡밥, 묵은 나물, 팥죽, 귀밝이술, 복쌈을 먹은 풍습이 있다고 기록되어 있다.
34 한국 김밥과 일본 김밥, 라일락(lilac) 인터넷 자료 참고.

현대적인 개념의 김의 인공 양식을 개발한 학자로는 영국의 조류학자인 캐슬린 메리 드류 베이커(Kathleen Mary Drew-Baker : 1901~1957)로 평가한다. 그녀는 김 양식에 필요한 인공 채묘 기술 개발에 큰 기여를 해 일본 김 산지에서는 '김 양식의 어머니'로 불린다.[35]

에도시대 들어 곳곳에서 김 양식이 이루어졌는데, 씨앗 값이 비싸고 날씨나 바닷물 온도에도 좌우되어 김 어민들은 김 양식에 선행 투자해도 회수가 따르지 않아 경제적으로 안정되지 않았다. 그때까지 김 포자는 바다 속에 떠다니다 해안 바위밭에 달라붙어 여름을 보내고 가을철에 과포자를 내는 것으로 여겨졌다. 그래서 우리나라와 마찬가지로 대나무나 김 그물을 바닷속에 설치하고 자연스레 김싹이 달라붙어 자라기를 기다리며 손으로 줍는 것이 일반적이었다.

드류 박사는 영국 조류학회(British Phycological Society)의 창립자 중 한 명으로 초대 회장을 지냈으며, 김의 생활사 연구를 하던 중 해안에서 김의 사상체를 굴 조개 껍질 속에서 발견했다. 그때까지 알려지지 않았던 김의 여름 생활사를 밝혀냈다. 1949년 영국에 사는 드류 박사는 친분이 있던 조류학자인 큐슈 대학 세가와 무네요시에게 편지로 그것을 알렸다. 그것을 힌트로 쿠마모토현 수산 시험장 연구원인 오오타 후소오 등이 연구를 진행시켜 1953년경까지 김의 인공 양식 기술을 완성시켰다. 김의 과포자를 조개껍데기에 잠수해 기

캐슬린 메리 드류 베이커(Kathleen Mary Drew-Baker : 1901~1957)

른 뒤 과포자가 실 모양으로 성장해 다시 과포자를 발아시킨 뒤 그곳에서 태어난 포자를 김망에 부착시켜 기르는 '인공채묘'라는 방법으로 증식시키

---

35 위키페디아(Wikipedia), 스미요시 어업협동조합, 맨체스터대학 등 관련 자료와 사진 참고.

는 방법을 찾아냈다.

김과 미역 등 해조류 역사가 제일 먼저 시작되고 보편화되어 있는 한국과 일본에 한번도 가보지 않은 영국 여성 과학자 드류 박사 덕분에 서민들도 값싸게 김을 먹게 된 것이다. 일본 어민들은 그녀의 업적을 기려 기념비를 만들고 매년 기념행사를 하고 있다.

미역 양식의 역사, 국립수산진흥원(현 국립수산과학원)

미역은 동아시아 해역의 고유종이며, 우리나라, 일본 및 중국이 본래 서식지였으나, 1970년 프랑스에 굴 패각과 함께 우연히 이식된 것을 계기로 하여 현재에는 유럽, 호주, 뉴질랜드, 북아메리카 태평양 연안 및 남미까지 분포하게 되었다. 미역속은 전 세계적으로 5종이 서식하며, 우리나라에는 미역, 다실미역과 넓미역 3종이 분포한다.

미역의 양식은 1932년 Schreiber와 Harries에 의하여 포자엽(미역귀)에서 바로 유주자를 방출시키는 것 보다 몇 시간 동안 그늘지고 습기찬 곳에 방치하였다가 해수에 넣으면 유주자 방출이 많이 된다는 것이 발견되었다. 그 후 이 원리를 널리 활용하게 되었다. 마침내 1947년에는 일본의 기노시다(木下)에 의해서 양식시설 즉 뗏목을 만들어서 새끼줄에 성실엽을 끼워 뗏목에 수하하여 채취하는 방법을 고안하게 된 것이 미역양식의 시초이고, 오늘날의 인공채묘에 의한 양식법으로 발전하게 된 것이다.[36]

우리나라에서 미역은 전 연안에서 자란다. 미역의 인공 양식 방법은 1962년도에 국립수산진흥원의 김권두(金權斗)가 일본에서 수산 증식 분야

---

[36] 국립수산과학원, 2018, 『미역양식 표준 매뉴얼』, 국립수산과학원, 2016, 『우리나라 수산양식의 발자취』 자료 인용 및 참고.

의 연수를 마치고 귀국할 때 미역 수하식 양식 방법에 관한 문헌을 가지고 와서 조류실 담당자인 유정권(劉正權)과 같이 미역의 인공채묘 시험에 착수하였고, 1963년 인공 종묘를 활용한 최초 양식 시험이 진행된 이래 1966년에는 경상남도 동래군 일광면 학리 해역의 미역 모조(성실엽)로 인공채묘하고, 6월 5일~10월 23일까지 국립수산진흥원 배양실 콘크리트 수조에서 배양 시험을 하였다. 여기에서 생산된 미역 종묘를 통해 미역 수하식 양식 시험을 성공하였고, 1968년부터 미역을 양식하기 시작하였다.

미역 종묘 배양과 양성 기술에 관한 연구가 계속 진행되어 1970년 말경에는 동해안 기장 연안의 연승 수하식 양식 기술이 국립수산진흥원에 의해 전라남도 완도와 고흥 일대까지 전파 확산되면서 우리나라 서남해 해역에서도 미역 전문 양식 산지가 생겼는데 이것이 오늘날 볼 수 있는 완도 지방의 미역 양식산업이다.

1970년대의 천해양식 생산량 급증은 과잉생산으로 이어져 가격이 폭락하는 사태를 빚기도 했는데, 1975년 염장미역의 생산 기술이 보급됨에 따라 일본으로 판로가 개척되자 1980년대에 들어와서는 연간 20만 톤, 1990년대에는 매년 30만 톤 이상을 생산하여 왔으며, 최근에는 다시마와 함께 전복 먹이로서의 소비가 늘어 생산이 다시 증대되고 있다.

2012년부터 해조류 분야도 '국제식물신품종보호동맹(UPOV)'의 협약이 발효되어 일본산 품종을 대체하지 못할 경우 로열티 지급에 따른 생산비 상승과 경쟁력 약화가 예상되어 국립수산과학원에서 2008년부터 지역 특산 자생 미역을 선발 및 교잡 육종하여 새로운 지역 우량품종들을 개발하였다. 그 결과 2017년 10월 현재 이미 '수과원해오름', '수과원비바리', '수과원청해' 등 7종이 품종보호권에 출원되어, 수산종자위원회를 거쳐 민간에 보급하고 있다. 국립수산과학원은 모자반(2008년), 청각(2009년), 곰피(2010년), 감태(2015년), 넓미역(2016년)에 이르기까지 다양한 품종별 해조

류 양식기술을 개발 보급하고 있다.[37]

미역은 앞의 표, 2019년도 천해양식어업(shallow-sea aquacultures) 생산량 통계에서 보듯이, 전체 국내 해조류 양식 생산량의 27%를 차지하고 있으며, 다시마(37%), 김(33%)에 이어 3위를 차지하고 있다. 아이러니하게도 자연기후 여건 속에서 남한에서는 자라기가 곤란한 다시마가 양식 해조류 생산의 1위를 차지하고, 특히 서해안 지역에도 재배가 가능하도록 기술개발이 되었다. 식용보다는 전복을 키우기 위해 많이 양식되고 있다.

국내 종묘배양 및 양식기술은 세계적인 수준으로 발돋움했다. 유럽의 양식 강국 노르웨이와 한때 공적개발원조(ODA)로 우리에게 양식업을 가르쳐 줬던 일본도 제쳤다. 굴·전복 등 조개류 양식 생산량은 중국에 이어 세계 2위, 김·다시마 등 해조류 양식 생산량은 세계 3위다.[38] 이 모두가 1960년대와 70년대 조국의 근대화와 빈곤 탈출이라는 큰 국정과제 속에 수산양식분야에 헌신했고, 해조류연구센터까지 설립하여 해조류 종자개발 및 종 보존에 노력하였던 국립수산진흥원(현 국립수산과학원)의 과학자들 덕분이다.

이제는 육지의 논과 밭 작물과 화훼산업에서도 마찬가지로 해조류도 이제는 양식이든 자연산이든 증산 보급에 초점이 있는 것이 아니라 토종 종 보존을 통한 우리나라에 맞는 품종의 보존과 해수온도 상승 등 기후변화에 적응할 수 있는 신품종 개발의 시대로 변화하고 있다.

---

37 국립수산과학원, 2018,『미역양식 표준 매뉴얼』, 10~12쪽 및 국립수산과학원, 2016,『우리나라 수산양식의 발자취』, 25쪽 참고.

38 유엔식량농업기구(FAO)에 따르면 2018년 기준으로 한국은 연간 171만 500톤의 해조류를 생산, 중국 1850만 5700톤과 인도네시아 932만 300톤에 이어 해조류 생산량 세계 3위를 차지했다. 북한도 55만 3000톤으로 필리핀 147만 8300톤에 이어 5위를 기록했다.

전남 해남에 있는 국립수산과학원 수산종자육종연구소에는 국내 유일의 해조류 종자은행에 총 163종의 계통주 종자를 갖고 있다. 병충해에 강하고 생산성이 높은 해조류를 발견해 키우거나(선발육종), 이를 인공적으로 만들어내고(교잡육종) 있다. 품종이 같은 참김이라도 진도산과 완도산이 다르다. 해조류 서식 지역에 따라 각기 다른 계통주로 친다. 김 양식 선진국인 일본에는 총 1,000여 종의 계통주가 있다고 한다.

국내에서 한 해 양식되는 해조류 가운데 80% 이상이 일본산에 뿌리를 두고 있다. 다시마는 중국 종자가 대부분이다. 앞으로 상황에 따라 우리 해조류 양식 농가가 일본과 중국에 거액의 로열티를 물게 될 경우 생산비 상승과 경쟁력 약화가 우려되기 때문에 지역 특산 토종 해조류의 보존 및 기후변화에 대비하여 지속적인 품종개발이 필요하다.[39]

그러나 여기서 아주 흥미로운 사실은 세계 최초로 해조류 문화가 시작된 곳, 즉 미역문화가 시작된 곳이 형산강과 동해가 만나는 포항시 영일만과 호미반도 일대이고, 김 시식지 또한 섬진강의 민물과 광양만의 남해 바닷물이 만나는 광양시 태인도 일대라는 점이다. 즉 육지에서 흘러나오는 다양한 유용 부유물들과 바다가 만나는 곳인 기수역 일대가 연안생태가 우수하여 해조류 서식의 적지이고, 연안지역이라 아무래도 사람이 사는 곳과 가깝다 보니 식용문화와 양식문화가 제일 먼저 시작된 것이다.

특히 포항시의 경우, 영일만의 해도, 하도, 죽도, 분도, 상도 등 5개 섬지역이 모두 매립되어 육지화가 되어 포스코 포항공장이 들어서 있다. 광양시도 광양만의 경우 과거에는 13개 유인도와 21개 무인도가 있는 지역이었는데 지금은 배알도를 제외하고는 모두 매립되어 포스코 광양공장이 들어서 있어, 과거의 한적했던 해안마을의 흔적은 거의 찾을 수가 없다. 미역과 김 문화가 세계 최초로 시작된 해양문화 마을, 김이 쇠금(金)으로 변화한

---

39 중앙일보, 2013. 5. 5, 〈양식 해조류 씨앗 80%가 외국산 '금보다 비싼 종자'를 개발하라〉 기사 참고.

것인데, 그야말로 상전벽해다. 세계적으로 유명한 김과 미역의 해조류 문화의 뿌리가 있는 곳인 만큼, 해양인문학적 접근으로 기업의 사회공헌 차원에서 포스코가 해조류 인문문화 진흥에 공헌을 하면 어떨까 하는 생각을 해본다.

다시마의 양식의 선구자, 기장군 양식인 김용대[40]

다시마는 우리나라, 일본, 러시아 등에서 분포하며 식재료로 널리 애용되고 있으며, 우리나라에는 다시마(=참다시마), 애기다시마, 개다시마가 분포하는 것으로 알려져 있다. 다시마는 보통 늦은 겨울부터 초여름까지 가장 크게 자라며, 자연에서는 연중 관찰되기도 한다. 우리가 먹는 다시마는 주로 남해안에서 양식되며 1970년대 초 일본 홋카이도산 애기다시마와 참다시마를 들여와 강원도 주문진 일대에서 양식한 것이 그 시작이라고 알려져 있다.[41]

다시마는 삼국시대부터 해대(海帶), 곤포(昆布)라는 문헌 기록에서 보듯이 식용으로 오래전부터 이용해 왔으며, 수온이 20도를 넘으면 자라지 못하므로 차가운 해역에서만 서식하는 한해성 해조류로서 우리나라에서는 원산 이남의 해역에서는 자생하지 않고, 동해안 북부인 원산만 이북해역에서 자연 서식하는 다년생 해조류다. 아울러 홋카이도를 비롯한 일본 동북지방이 주요 산지이다. 현재는 남반부인 동해안과 완도를 비롯한 남해안은 말할 것도 없고, 서해산 다시마의 양식 기술의 개발 및 보급에 따라 서해안에서도 다시마 양식이 성행하고 있다. 전남은 우리나라 최대의 다시마 산

---

40 정관타임스 Live, 2017. 10. 8,〈김차웅 칼럼, 신품종시대를 연 기장양식산 다시마〉기사 및 김차웅 기장문화원 이사 '어향' 기고 참고.

41 세계일보, 2021. 5. 6,〈감칠맛의 최고봉, 다시마〉기사 참고.

지로 발달해 있다. 중국은 다시마가 자생이 되지 않으므로 자연산의 역사는 없었고, 중국이 1953년 다시마를 첫 양식하여 '청도 제1호(青島第一號)'로 명명하고, 점차 양식을 통해 더욱 발전시켜 지금은 세계 생산량의 1위를 차지하고 있다.

다시마의 근대적 양식은 일본에서 시작된 것으로 추정된다. 일본 최북단인 아오모리현 이마베츠초(今別町)이라는 곳에 본각사(本覺寺)라는 절이 있다. 현지 전설에 따르면, 18세기초 본각사의 주지스님인 데이덴쇼닌(貞傳上人)은 어민들이 바다에 나가서 물고기를 잡는 생활이 힘들다는 점을 생각하여 자주 그들을 위하여 기도하고 독경을 했는데, 다른 한편으로는 경문을 적은 돌을 바다에 던졌다. 나중에 이 돌멩이에서 다시마가 자라나는 것을 보고 투석법 다시마 양식을 착안했다는 거다. 이 이야기를 통해 19세기에 일본의 다시마 양식이 시작되었다는 것을 추정할 수 있다.[42]

우리나라 다시마 양식의 시작은 1967년 11월에 재일동포이며, 일본에서 수산증식 분야를 전공한 재일동포 2세 권세혁(權世革)이 북해도 수산연구소의 후쿠하라(福原英司)의 협조를 받아서 국립수산진흥원 연구진과 함께 포자배양을 시도하면서 시작되었다. 그러나 이 첫 시험은 2차에 걸쳐 실패하고, 1968년 11월에 다시 동 연구소에서 참다시마 엽체를 기증받아 포자배양에 성공을 거두었다.

이 종묘를 경남 방어진 해역에 이식한 결과, 따뜻한 난해역(暖海域)에서도 생육이 가능하다는 것이 규명되었고, 고수온기의 생산 가능성을 위한 월하 시험 결과 상품 가치가 있는 양질의 2년생 다시마를 생산하게 되었다. 그 이후로 다시마 양식 기술은 어업인에게 보급되어 1974년에 다시마 양식 생산량 2,334톤이 처음으로 천해양식 생산량 통계에 오르게 되었다. 2005

---

42 blog.daum.net>shanghaicrab, 다시마(海帶)의 기원에 관하여, 블로그 참고.

년부터는 처음으로 10만 톤을 넘어서서 2013년에는 37만여 톤의 양식 생산량을 보였다. 최근에는 국내 해조류 생산량 중 1위를 차지하고 있다.[43]

국립수산진흥원의 노력과 함께 미역과 다시마 보급에 중요한 역할을 한 민간 양식인의 노력이 있었다고 한다. 부산 기장군 일광면 학리 김용대(金龍大, 1938년생)는 1965년 2월 당시 동래군 일광면 학리 지선(일명 '구두메')에 민간인으로서는 전국 최초로 50여 평의 미역 종묘 배양장을 설치했다. 1965년 4월부터 10월 중순까지 미역종자를 생산하는데 성공하고, 배양한 미역종자를 바다 양식장의 새끼줄 3,000m에 이식시켜 1965년 11월부터 1966년 3월까지 온갖 정성을 들여 미역을 키워 생산했다. 이 당시만 해도 양식이라는 단어도 생소할 때 그는 미역양식의 성공으로 기장 미역의 명성을 이어갈 수 있는 계기가 되었다. 오늘날 기장 미역·다시마 특구가 되고, 기장군의 해조류육종융합연구센터가 만들어지는데 선구자 역할을 한 셈이다.

그는 이러한 미역과 관련된 양식기술 경험을 바탕으로 다시마의 최초 양식업을 하게 된다. 그는 1967년 9월 초순경 다시마 모조구입을 위해 국내 굴지의 활선어 수출회사인 금창무역 소속 수출선인 희영3호 편으로 북해도산 애기다시마와 아오모리산 참다시마 등 2종의 우량모조 100kg을 국내에 반입, 고향마을인 학리에 있는 본인 소유의 미역종묘배양장에 넣어 약 3개월만인 1967년 11말경 종묘 30,000m를 생산하는 데 성공하였다.

그리고 이듬해 1968년에는 학리 앞바다에 6,000㎡ 다시마 양식을 시작, 그 해 7~8월에 새끼줄에 부착된 다시마(2m~5m)를 채취했다. 이것이 전국 최초의 민간인 다시마 양식이었고, 1970년대에 와서야 본격화되었다.[44]

43 국립수산과학원, 2016,『우리나라 수산양식의 발자취』, 65~66쪽 참고.
44 김차웅, 「기장 양식다시마의 유래와 명성 등에 대한 연구」,『어항』, 2008 여름호, 23~25쪽 참고.

다시마 양식 첫 성공에 비해 보급 확산은 쉽사리 이루어지지 않았다. 지역 어민들은 다시마 자체를 한 번도 본 적이 없었다. 심지어 일반 시민들도 다시마라는 이름조차 몰랐다.

그러나 자연산 다시마가 자생하지 않는 우리나라 해안에서도 다시마 양식에 성공했다는 소문은 삽시간에 퍼졌다. 당시 한국 수산신문기자가 직접 찾아와 자연서식 불모지인 기장 학리 앞바다에서 다시마 양식을 첫 성공한 것을 취재해 대서특필로 보도했다. 또 국제신문 기자였던 공태도(기장향토사학가)도 김용대의 다시마 양식 성공 이야기를 취재 보도했다.

다시마 양식이 다행히 언론의 보도 효과로 전국적으로 알려지기 시작했고 지역 주민뿐만 아니라 전남 완도와 진도, 강원도 속초와 묵호, 경북 죽변과 구룡포와 감포, 울산 정자 등 각처의 어민들에게 다시마 양식 기술이 보급되었다. 그 이후 "미역·다시마 양식은 기장, 미역·다시마 가공은 남도(전라남도)"라는 말이 생겼다고 한다.

이로써 북한과 일본 북해도에서만 서식할 줄 알았던 다시마가 우리나라 동해 남부지방 앞바다에서도 양식이 가능하다는 것이 입증됐고 지금까지 다시마가 어떻게 생겼는지도 몰랐던 우리나라 어업인들에게 눈으로 확인할 수 있는 계기가 됐다. 또한 김씨는 견학 온 외지인과 수산관계자들에게 미역만으로는 타산에 한계가 있는 만큼 미역의 후속 사업으로 다시마를 연작함으로써 소득을 배가할 수 있음을 실제 경험을 통해 일깨워주었다.

여기서 간과할 수 없는 것은 수입한 종자가 수산진흥원 측은 애기다시마라는 단일 품종으로 전국 지소의 연구실에 시험용으로 배정한 것에 반해 김씨는 애기다시마와 참다시마 등 2종을 배양하여 어업인들에게 민간차원에서 전파하였다는 사실은 한국의 해조류 양식사에 큰 의미가 있다.[45]

---

45 정관타임스 Live, 2017. 10. 8, 〈김차웅 칼럼, 신품종시대를 연 기장양식산 다시마〉 기사 참고.

그리고 이제는 양식산업이 어민들의 소득증대도 중요하지만, 토종 수산자원과 해조자원의 종 보존을 통한 바다 자원 확보의 중요성이 더욱 부각되고 있다. 바다종자 전쟁시대에서 해양생물의 다양성을 확보하고, 이를 통한 자원화, 산업화에도 매우 중요하기 때문이다. 양식이 되어 안정적으로 원료가 공급이 되어야 첨단 푸드테크 산업으로 발전할 수가 있다.

한국 수산양식업의 미래

우리나라 사람들에게 친근한 식품으로 옛날부터 튀각이나 부각, 건강식품 등으로 널리 알려진 토종다시마에는 다시마(참다시마), 애기다시마(함경도 사투리 : 물미역), 개다시마(용다시마로 새로 등록) 등 3종류가 있지만, 2000년 이후 무분별한 채취와 자연재해로 개다시마 자원량이 급감했고 서식지가 훼손되었다. 국립수산과학원 동해수산연구소가 지난 2004년 동해안 북부해역에서 토종다시마 서식 실태를 조사한 결과 고성군 대진과 초도 해역에서는 개다시마가 이미 사라진 것으로 확인됐다. 2010년 이후에는 자연산 엽체는 거의 발견되지 않아 멸종위기종으로 분류돼 있다.

미래 유용자원인 개다시마의 군락의 복원을 위해 모조(母藻)를 확보하고 배양하는 일이 중요하다. 국립수산과학원은 우리나라 동해안 강릉이북 지역과 일본의 혼슈 북부, 북해도 남부지역 및 사할린에 생육하는 개다시마의 양식산업화를 위해 보유 중인 유전자원을 활용, 인공종자 대량생산에 성공하여 보급 중에 있다.

개다시마(*Saccharina sculpera*)는 우리나라 동해안에 주로 서식하는 다년생(2년 이상 생존)의 심해 해조류로, 단년생인 일반 다시마와 형태는 유사하지만 후코이단이라는 유용성분이 2배 이상 많아 고부가가치 품종으로 평가받고 있다. 개다시마가 원래의 이름이지만 수산과학원은 '개'라는 접두어 때문에 이 품종에 부정적인 이미지가 많다는 의견에 따라 개선을 위해 '용다시마'라는 브랜드로 명칭을 변경하여 상표권을 등록했다.[46] 이제 개다시마가 아니라 용다시마로 불러야 할 것이다.

이처럼 여러 양식 과학자의 노력 덕분에 해조류나 어패류 분야에서 우리나라는 세계적인 기술력을 가지게 되었다. 세계 최초의 명태 완전양식이 국내 기술로 이뤄졌고, 일본에 이어 두 번째로 뱀장어 완전양식 기술 확보에도 성공했다. 아프리카 사하라사막 한가운데서 양식 새우를 대량으로 수확하기도 했다.

그러나 앞으로가 문제이다. 국립수산과학원조차도 전문가를 채용하는 데 있어 지방에 있다는 이유로 사람을 구하기가 어렵다고 한다. 양식업을 하려는 청년 사업가도 부족하다. 양식학을 전공하려는 학생들도 거의 없다고 한다. 해마 양식에 성공한 노섬 전 제주대학교 교수(전 국립수산진흥원 근무)는 연구자는 고사하고, 외국인 근로자 말고는 일하는 사람들도 구할 수가 없는 현실에서 양식산업의 미래에 대해 걱정한다.

앞으로 스마트 양식산업이 각광 받으리라 전망된다. 연어하면 떠오르는 노르웨이는 양식 기술 대국이다. 노르웨이는 연어의 육종 기술을 개발해 10세대를 거쳐 야생 연어보다 3배나 성장이 빠르고 질병에도 강한 양식 연어를 생산한다. 최고의 육종 기술력 축적을 통해 전 세계 수산물 시장을 휩쓸고 있다. 양식 연어의 90%가 노르웨이산이다. 연간 매출액 4조원, 직원수 1만 5,000명을 자랑하는 '마린 하베스트'는 노르웨이의 대표 수산기업이다.

세계 최초로 우럭 양식 기술을 개발하고, 명태 양식을 진두지휘한 국립수산과학원 명정인 박사는 수산업의 정책 방향을 어업=자원관리, 양식=대

---

46 연합뉴스, 2021. 1. 22, 〈멸종위기 강원도 특산 용다시마 인공종자 대량생산 성공〉 기사 참고.

왼쪽은 용다시마, 오른쪽은 일반 다시마(출처 : 국립수산과학원 동해수산연구소)

량생산이라는 원칙하에 육성할 필요가 있다고 주장하며, 다음과 같은 이유를 들어 양식업은 청년들이 선택할 수 있는 매력적인 직종이라고 말한다.[47]

첫째, 세계 인구는 늘어나는데 한정된 땅에서 생산하는 농업과 축산업은 한계에 달했다. 어업도 마찬가지다. 1990년 이후 어획량은 계속 줄고 있다. 양식업은 이런 식량 문제를 해결한다. "양식이 사육에 비해 생산 효율이 좋습니다. 가령 소는 사료 8~9kg을 먹고 인간이 먹을 고기 1kg을 얻을 수 있지만 물고기는 1kg 먹으면 1kg이 나옵니다. 물속은 무중력상태와 비슷해 움직이는데 에너지를 많이 소모하지 않기 때문입니다."

둘째, 자연산보다 위생적으로 안전할 수 있다. 노르웨이에서는 자연산보다 양식 물고기가 더 비싸다. "바다 유류 사고, 자연 재해 때문에 위생적으로 안심하기 힘듭니다. 맛도 양식이 자연산에 뒤떨어지지 않습니다. 지금 우리나라에서 먹을 수 있는 횟감 65종 이상이 양식입니다."

47 조선일보, 2017. 4. 7, 〈국내 양식 기술 대부' 명정인 박사 "양식업은 첨단기술 집약산업, 청년들 양식업으로 와야〉 기사 참고.

셋째, 다른 업종에 비해 부가가치가 높고 산업이 발전할수록 일자리가 늘어난다.

이처럼 첨단 양식산업인 스마트 피셔리(fishery)산업은 부가가치가 높은 효자산업임에도 불구하고, 다른 첨단 산업에 비해 알려지지 않은 것은 사실이다. 최근 들어 국민소득이 높아지면서 건강식품으로서 해조류와 어패류 수요가 매년 증가하는 추세이다.

대한민국이 양식 선진국의 대를 이어가기 위해서는 양식 연구자도 중요하고, 어촌에는 실제 양식을 할 어업인도 함께 있어야 한다. 이는 자전거의 두 바퀴와 같다. 연구소 성과의 보급, 피드백, 질병관리, 현장 적응 등 서로가 유기적으로 협력하지 않으면 안 된다. 계속적인 기술력 보강이 현장에 접목되어야 한다. 그렇지 않으면 고령화되어 가는 어촌 양식업 현장은 더욱 침체가 예상된다.

청년 일자리가 없어서 난리이지만 바닷가 현장에서는 양식 전문가와 양식업에 종사하는 젊은 일꾼을 못 구해서 어려움을 겪고 있다. 안타까운 현실이다. 우리의 바다는 누가 지키고, 우리의 수산 식량 주권은 어떻게 확보할 것인가?

48 경북일보, 2021. 11. 12, 〈청년 바다 떠난다…어촌도 사라진다〉 기사 참고.

3. 숨비소리를 품은 미역

제주 해녀와 학교바당

일반적으로 나잠어업인[49]이라 하면, 잠수해서 어업채취 활동을 하는 어촌계 소속되어 있는 해녀와 해남을 말한다. 남성이 해조류 채취나 간단한 잠수어업 행위를 하는 경우는 많지 않다. 대부분 전업 잠수 어업인은 바다의 꽃이라 불리는 해녀이다. 제주의 해녀가 대표적이다. 제주 해녀는 제주 바당(바다)의 꽃이다. 제주도는 해녀 문화의 출발지이기도 해서 제주 해녀 문화는 유네스코 세계무형유산으로 지정되었다.

제주도의 어촌마을은 용천수 이용이 가능한 해안가에 형성되었다. 또한 배를 쉽게 정박할 수 있는 포구 중심으로 어촌이 발전되어 갔는데, 반농반어(半農半漁)의 형태로 생업을 이루어 갔다. 주로 바다의 터전으로 해산물을 잡는 사람을 남자는 포작(鮑作), 여자는 잠녀(潛女)라고 불렀다.

제주 해녀의 역사는 고고학적으로 볼 때 기원을 전후한 시기로 보고 있다. 제주 선사시대 유물인 패총에서 발견되는 전복껍질로 가공한 칼, 화살

---

[49] 「수산업법 시행령」 제29조(신고어업)에는 다음과 같이 규정하고 있다.
1. 나잠어업(裸潛漁業) : 산소공급장치 없이 잠수한 후 낫·호미·칼 등을 사용하여 패류, 해조류, 그 밖의 정착성 수산동식물을 포획·채취하는 어업
2. 맨손어업 : 손으로 낫·호미·해조틀이 및 갈고리류 등을 사용하여 수산동식물을 포획·채취하는 어업

제주의 어촌-제주해녀박물관 모형

촉 등이 발굴되고 있어 어패류와 함께 해조류도 채집하는 형태로 해녀의
기원을 유추할 수 있다. 『삼국사기』 고구려본기 문자명왕조에 섭라(제주)
에서 진주를 진상하였다는 기록이 남아 있는 것으로 미루어 볼 때 삼국시
대 이전부터 해녀가 활동한 것으로 추측한다.[50]

　해녀 관련 활동의 기록은 15세기경부터로 확인된다. 1449년(세종 31년)
편찬을 시작하여 1451년(문종 1년)에 완성한 『고려사』에는 탐라군의 관리
자로 부임한 윤응균이라는 분이 "남녀간의 나체 조업을 금한다."는 금지령
을 내린 기사가 나온다. 이것이 해녀에 관한 가장 오래된 기록이다. 이는 나
잠업(裸潛業)에 대한 금지령으로 그 당시 남자 나잠업자는 포작(鮑作)이라
하여 전복을 잡고, 여자는 잠녀라 하여 주로 미역 같은 해조류를 채취했다
고 한다.[51]

50　문자명왕 13년(서기 504)에 다음과 같은 기록이 있다. "13년(서기 504) 여름 4월, 위나라에 사신을 보내어 조공
하였다. 위나라의 세종(世宗)이 우리의 사신 예실불(芮悉弗)을 동당(東堂)에서 접견하였다. 예실불이 앞으로 나아
가 말했다.
"우리나라가 황제를 섬기기로 한 약속을 여러 대에 걸쳐 성실하게 지켰으며, 토산물을 바치는 조공도 어긴 적이 없
었습니다. 다만 황금이 부여(扶餘)에서 생산되고, 옥이 섭라(涉羅, 탐라국 즉 제주도)에서 생산되는데, 부여는 물길
(勿吉)에게 쫓겨나고, 섭라는 백제에 병합되었으므로, 두 가지 물품이 왕의 창고에 들어오지 못하는 것은 실로 두
적국의 탓입니다." 여기서 진주에 해당하는 원문은 '珂則涉羅所産'이다. '가(珂)'는 섭라(제주도)에서 나는 물건'으
로 해석할 수 있다. 한자 '가(珂)'는 흰 옥돌이나 조개껍질을 나타내는 한자인데, 진주와 같은 조개의 산출물로 해석
하는 게 일반적이다.
51　주강현, 2011, 『제주기행』 웅진지식하우스 참고.

탐라순력도(耽羅巡歷圖, 1702년)에 둥근 테왁과 함께 소중기 차림의 여성의 물질하는 해녀 모습이 그려져 있어 이를 확인할 수 있다.

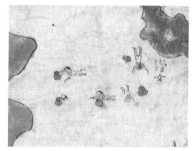

탐라순력도 병담범주에서 해녀물질 부분 확대(국립제주박물관 사진 제공)

제주도 탐라국의 주요 교역품이었던 전복, 미역 등 바닷말, 거북껍질, 귤, 제주말 등의 물품은 조선시대에도 귀한 특산물이자 중요한 진상품이었다. 그래서 공납품의 관리와 운반은 제주 목사의 중요한 업무였으며, 제주인은 제주의 특산물과 쌀, 소금 등 생필품을 교환하며 살아가야만 했다. 이러한 어패류와 해산물의 물품 조달을 담당하는 포작은 전복 및 바다고기를 잡아 진상하는 역을 주로 담당하는 어부였지만, 조선후기로 갈수록 전복 진상이 과중해 지면서 관리들의 착취까지 더해져 이를 견디지 못하고 도망가는 사람이 생겨나기도 했다. 그런 연유로 포작인은 점차 사라지고, 이후 전복과 미역 등 해산물 진상은 주로 잠녀인 해녀가 담당하게 된다.

1653년(효종4년) 제주목사 이원진이 편찬한『탐라지』에는 전복 미역 오징어 등 해산물의 진상 수량이 나와 있다. 이를 보면 목숨을 건 잠수 일을 해야 하는 제주 해녀들을 비롯한 어촌주민들의 어려움을 짐작할 수 있다. 특히 분곽(품질이 좋은 미역)과 미역귀는 제주도가 중요한 생산지라는 사실도 알 수 있다.

시기 종류	2월	3월	4월	5월	6월	7월	8월	9월	계
추복 두드려가면서 말린 전복	265첩	240첩	760첩	760첩	1,108첩	680첩	1,108첩	425첩	5,346첩 [534,600개]
조복 가늘고 길게 썰어 말린 전복	265첩	-	-	-	-	-	-	-	265첩 [26,500개]
인복 납작하게 펴서 말린 전복	95속	85속	170속	170속	170속	170속	170속	85속	1,115속
분곽 품질이 좋은 미역	-	40속	-	-	-	-	-	-	40속 [2,000개]
미역귀 미역 대가리	-	2석 5 두	-	-	-	-	-	-	2석 5두
오징어	-	-	-	-	215첩	430첩	258첩	172첩	1,075첩

*전복 100개 = 1첩. 첩(貼)은 물고기·전복 따위의 묶음을 한 단위로
이르는 말로 종류에 따라 10개 또는 100개를 한 단위로 한다.
*물고기 10마리 =1속. 속(束)은 묶음을 낱개로 세는 단위이다.

조선시대 이후 일제강점기를 지나 현대에 이르기까지 제주 해녀들의 억
척같은 물질은 계속되었고, 그녀들의 활동은 다만 생계유지에만 그치지 않
고 적극적으로 지역교육과 사회 운동에도 앞장섰다.

제주 해녀들은 예전부터 물질을 통해 얻은 수익으로 기금을 조성하여
마을 안길을 포장하거나 학교건물을 신축하는 데 큰 기여를 했다. 그 기록
으로 공로비와 송덕비가 마을에 남아 있다. 바다의 한 구역을 정하여 거기
에서 나오는 수익금 전액을 마을 일에 수고하는 이장에게 주는 '이장바당',
자녀들이 다니는 학교의 육성회비를 충당해 주는 물질하던 바다를 부르는
'학교바당' 등도 있었다.

해방 직후 제주도의 실정은 4·3사건과 6·25전쟁으로 인해 경제적으로
매우 궁핍했다. 1946년에 온평교 설립 인가를 받았으나 학교운영이 매우

어려웠고, 1950년 화재로 전교실이 소실되자 성산읍 온평리 해녀들은 신산리와 신양리 양쪽 경계 바다를 '학교바당'으로 삼아 당시 유명했던 온평리 미역을 채취한 수입금 전부를 학교건립자금으로 헌납하여 1951~1958년에 걸쳐 학교를 재건하였다고 한다. 이후 학교 기성회에서는 1961년 온평초등학교에 해녀공로비를 세워 해녀들의 공덕을 기리고 있다.

이외에도 제주도에는 한동초등학교 교정에 '학교 설립기념비'가 있는데, 1963년 한동초등학교 설립 준비위원회를 결성하여 1964년 '강년이 모루' 바다의 미역을 공동 채취하여 학교설립 기금 조성을 시작으로 3년 동안 가난을 쪼개가며 해녀들이 해산물을 공동 채취한 판매대금 70여만 원을 모은 돈으로 운동장 등 학교부지를 매입하였다고 한다. 성산초등학교에도 1947년 교실 신축과 1957년 교실 증축과 관련하여 협동으로 채취된 수산물의 수익금을 해녀들이 기부하여 학교발전에 기여한 공로가 담겨 있는 잠수송덕비가 있다.[52]

이외에도 제주 해녀들은 미역을 공동 채취한 후 동네 어른들이나 잠수를 못하는 집에 조금씩 나누어 주는 아름다운 풍습이 아직도 남아 있다. 이처럼 제주 해녀는 미역 등의 해산물 채취를 통해 모은 돈으로 마을 경제에 기여했다. 학교를 세우고 지역의 중요한 일에 기금을 조성하고 기부하

---

52 제주도, 2018,『제주해녀의 자취를 따라서』참고.

제주 해녀학교

는 등 지역사회 공동체 발전에 있
어서 큰 역할을 하였다. 그렇게 한
이유는 바로 그 지역 사회가 그녀
자신과 가족들의 삶의 터전이었기
때문이다. 자기 아이들의 교육을
위해서 학교가 필요했기 때문에
학교를 세우는 데 큰 기여를 한 것
이다. 하지만 육지의 경우 대개 관
이나 경제력 있는 지주 명망가가
이런 일을 했다면, 제주의 경우 해
녀 집단이 이런 일을 했다는 것은
특이하면서도 제주 여성들의 생활
력과 단합과 활기를 볼 수 있는 대

해녀의 부엌

목이다. 여성들의 리더십이 마을 공동체에 큰 역할을 한 것이다.

또한 지역사회 공동체의 발전 이외에도 인간의 존엄성과 생존권을 지키기 위해 해녀조합을 만들고 일제 강점기의 수탈에 적극적으로 저항하여 항일운동을 펼치기도 했다.

해녀들은 제주에서 물질이 어려워지자 중국, 일본, 러시아에까지 진출했다. 아래는 당시 해녀뿐 아니라 제주도 사람이면 누구나 불렀던 「해녀 항일가」의 노랫말이다. 이 노래에는 일과 살림을 병행해야 하는 제주 해녀의 고달픈 삶과 더불어 나라의 주권을 빼앗겨 힘없는 식민지의 백성으로 전락하자 돈을 벌기 위해 나라 밖으로 떠날 수밖에 없는 비통함이 담겨 있다.

1. 우리는 제주도의 가이없는 해녀들/ 비참한 살림살이 세상이 안다/
추운 날 더운 날 비가 오는 날에도/ 저 바다에 물결 우에 시달리던 이내 몸
2. 아침일찍 집을 떠나 황혼 되면 돌아와/ 어린 아이 젖 주면서 저녁 밥
을 짓는다/ 하루종일 하였으나 버는 것은 기막혀/ 살자하니 근심으로
잠도 안 오네
3. 이른 봄 고향 산천 부모 형제 이별코/ 온가족 생명줄에 등에다 지고/
파도 세고 물결 센 저 바다를 건너서/ 기 울산 대마도로 돈벌이 가요
4. 배움 없는 우리 해녀 가는 곳마다/ 저놈들은 착취기간 설치해 놓고/
우리들의 피와 땀을 착취해간다/ 가이없는 우리 해녀 어디로 갈까.[53]

1900년대에 접어들어 들면서 일본의 어류 수요가 증가하자 식민수탈은 각종 어류를 비롯한 수산물에도 이어졌다. 일본의 어업 기업의 남획으로 제주를 비롯한 국내 어장은 황폐화되었다. 일본 어민들은 현대적인 장비로 제주어장마저 침탈했다. 제주의 해녀들은 생활의 곤궁을 벗어나기 위해 부산과 경남지방을 시작으로 점차 팔도 전국 연안 곳곳과 일본, 중국, 러시아

---

53 울산대곡박물관, 2016, 『울산 역사속의 제주민, 두모악 해녀 울산에 오다』, 73쪽 참고.

의 블라디보스토크 등 동북아시아 일대까지 진출했다. 이때 해조류 상인과 객주들이 해녀들의 출도(出道)를 촉진시켰다. 또한 제주 해녀들의 억척스러움과 더 나은 삶을 위한 진취적인 정신 등이 함께 작용해 많은 제주 해녀들이 육지로 나가게 된다. 이렇게 육지로 진출한 해녀들을 '출가(出稼)해녀'라고 부른다. 즉 출가해녀란 제주도 밖 외지로 나가 물질작업을 하는 해녀를 일컫는 말이다. 「제주도 해녀문화 보존 및 전승에 관한 조례」에서는 제주도 바깥으로 나가 해녀활동을 하고 있거나 과거에 해녀활동을 했던 것을 '출향물질'이라 규정하고 있다.

부산에 근거를 둔 객주들은 일본 무역상의 하수인으로 해녀 모집 겸 감독자가 되어 매년 음력 정월~2월경에 제주도로 들어와 해녀를 모집했다. 그들은 선비(船費) 등을 미리 전도금(前渡金)으로 대여하고 고용계약을 맺는 방법으로 출가를 부추겼다. 타지역으로 진출한 출가해녀들은 때에 따라 해산물이 흉작이거나 건강이 나쁠 때에는 객주에 대한 부채로 인해 귀향도 못하고, 전중살이(노예생활)를 했다고 한다. 부산지역의 객주는 1893년 60개, 1897년 237개로 증가했고, 1909년에는 1,367개로 급증했다고 한다.[54] 출가해녀들은 삶은 제주에서나 출가한 지역에서나 크게 달라지지 않았다.

아래의 1937년 『제주도세요람』의 기록에 의하면, 출가해녀 진출지로 국내의 경우 경상남도에 1,650명, 경상북도가 473명, 제주도가 포함되어 있는 전라남도가 408명 순이다. 부산시와 울산시가 포함되어 있는 경상남도가 제일 많다. 외국은 일본으로, 부산에서 가까운 대마도인 쓰시마섬이 750명으로 제일 많고, 시즈오카 265명, 동경 215명, 고치가 130명 등 순이다.

---

54 울산대곡박물관, 2016, 『울산 역사속의 제주민, 두모악 해녀 울산에 오다』 92~93쪽 참고.

제주도세요람(濟州島勢要覽)에 기록된 출가해녀 진출지와 해녀의 수(1937년 기준)

한반도	전남	전북	경남	경북	충남	강원	함남	함북	황해	합계
	408	19	1,650	473	110	54	32	5	50	2,801
일본	쓰시마	고치	가고시마	도쿄	나가사키	시즈오카	지바	에히메	도쿠시마	합계
	750	130	55	215	65	265	51	10	50	1,601

출처 : 제주해녀박물관 전시자료

당시 제주도는 육지로의 교통수단의 신설과 개선으로 출가해녀가 더욱 활성화되었다. 당시 제주도와 육지의 유일한 교통수단은 배였는데 구한말까지 제주도의 특산물을 적재하여 육지를 왕복하던 배 이외에는 다른 교통수단이 없었다. 그런데 고종 27년(1890년) 제주도에 처음으로 기선이 취항하게 되며, 이때부터 제주와 부산을 부정기적으로 취항하게 된다. 이후 노선이 확장되면서 제주~목포, 제주~부산항로를 정기취항하게 되었다. 1923년에는 제주~대판간의 직항로가 개시되면서 제주도민들의 출가를 자극함은 물론 육지의 상인들의 대거 이입을 가능하게 만들었다.[55]

국내의 경우 출가해녀 공급의 중심지가 부산이고, 부산 인근인 경상남도와 경상북도가 바다의 특성상 미역을 비롯하여 해녀가 채취할 해산물이 풍부하다 보니 많이 이주한 것으로 보인다. 부산 영도구에 해녀박물관이 있고, 현재 경상북도와 울산시에 해녀가 가장 많이 남아 있는 것도 이러한 출가해녀와 밀접한 관련이 있다.

제주의 해녀들은 예로부터 수탈과 착취의 대상이었으며 1900년대 해녀들이 수확한 해산물에 대한 판로가 개척되면서 일본 물산회사 등은 어용해녀조합과 결탁해 해녀들이 채취한 해산물을 턱없이 낮은 가격으로 매입

---

[55] 오선화, 1998, 『죽변지역 이주잠녀의 적응과정 연구』안동대학교 석사논문, 15~16쪽 참고.

했다. 이에 1920년 4월 해녀들은 권익보호를 위해 제주도해녀어업조합을 조직하였다. 그러나 해녀조합은 조합장을 제주도지사가 겸임하는 어용조합으로 변질되었으며 조합의 횡포가 날로 심해갔다.

그러던 중 1930년과 1931년 성산포와 하도리에서 조합이 경매가격을 하향 책정하는 횡포가 발생하자 1931년 6월 해녀들은 공동 투쟁을 모색하게 되었다. 부춘화, 김옥련, 부덕량, 고순효(본명 고차동), 김계석, 5인의 해녀 대표에 의해 주도되어 1932년 1월 7일 세화리 장날을 이용하여 시위를 전개하기 시작하였다. 이후 1월 12일 세화리 장날을 기해 대규모 시위를 전개하였으며, 제주도지사와 해녀대표가 담판하여 해녀들의 요구조건을 수용하기로 약속하였다. 그러나 일제는 사건의 조사와 함께 제주도내의 청년운동가들을 대대적으로 검거하기 시작하였으며, 이를 저지하려는 해녀들의 시위가 일어났으나 1월 27일 종달리 해녀들의 시위를 끝으로 일제에 의해 진압되고 말았다. 이 항일운동은 연인원 17,130명, 238회의 집회 및 시

전통 해녀복인 물소중이와 물적삼을 입은 해녀(국가기록원 제공)   제주해녀항일운동기념탑(제주해녀박물관 제공)

위를 전개한 대규모 투쟁으로 제주 3대 항일운동의 하나이다. 또한 우리나라 최대 어민운동이자, 1930년대 최대의 항일운동이었다고 할 수 있다.[56]

총궐기 당시 해녀들의 집결지였던 제주시 구좌읍 상도리의 일명 '연두막 동산'으로 불리는 곳에 제주해녀항일운동기념탑이 세워져 있으며, 제주해녀들의 위상과 자긍심을 높일 수 있도록 매년 9월 셋째 주 토요일을 국가기념일인 '해녀의 날'로 지정하였다.

한편 제주도는 이러한 자랑스러운 해녀자원의 체계적 보존, 전승 및 국제화를 위해 다각도로 노력하고 있다. 해녀노래가 제주도 무형문화재 1호(1971), 해녀문화가 국가무형문화재(2017), 제주해녀어업이 국가중요어업유산 1호(2015)로, 제주해녀문화가 유네스코 인류무형유산(2016)에 각각 등재되었다.

제주도 해녀 문화자원 현황 (단위 : 개소, 건)

총계	유형문화자원				무형문화자원			
	계	불턱	해신당	해녀옷·물질도구	계	의례	노래	설화
219	175	48 제주 29 서귀포 19	107 제주 59 서귀포 48	20종 물소중이, 테왁망사리 등	44	35 해녀굿 등	1 해녀노래 등	8 해녀전설 등

제주에 해녀가 없었다면, 해녀의 부엌(낭푼밥상)과 한국인의 밥상도 없었을 테고, 지금의 제주 미식여행도 없었을 것이다. 그녀들의 가족을 위한 희생과 지속가능한 어업활동으로 미루어 볼 때, 결국 제주도는 우리네 어머니인 해녀가 지켜왔다. 제주 해녀들의 해산물 중 가장 많은 비중을 차지한 것이 바로 미역과 전복일 것이다.

---

56 제주특별자치도 보훈청, 제주항일기념관 자료 참고.

제주도 낭푼밥상(톳밥과 미역국)

출가해녀 – 경북의 경우

경상북도 동해바다, 울릉도를 포함한 5개 시군에는 출가해녀의 역사를 바탕으로 전국에서 가장 많은 1,500여 명의 해녀가 활동하고 있다. 특히 독도를 지킨 해녀들 이야기 뿐 아니라 1954년 경북지사와 제주지사 사이에 제주 해녀의 자유입어를 허용하는 각서 등 여러 사실들과 기록 증언들이 존재한다. 필자는 환동해지역본부장 재직시절, 경북해녀 프로젝트를 입안하여, 제주도와 다른 출가해녀의 대표적인 역사현장인 동해지역에 경북해녀상을 정립하기 위해 경북 해녀증을 발급하는 한편 전승 보존을 위한 다양한 시책을 마련한 바 있다.

일반적으로 미역 채취방식은 크게 떼배(혹은 전마선) 위에서 채취하는 '선상 채취어업'과 잠수부나 해녀가 직접 채취하는 '잠수 채취어업'으로 나뉘는데, 어선 어업이 발달한 곳에서는 남성이 어선 어업에 주력하여 고기를 잡고, 해녀는 어촌계가 소유하는 마을 어장 내에서 미역, 전복, 해삼 등을 채취한다.

해녀가 입어하게 되면 각 어촌계와 생산된 해산물에 대한 수익을 일반적으로 제주도는 해녀 5 : 어촌계 5, 경상북도 울진, 영덕, 경주의 경우는 해녀 3 : 어촌계 7(포항 구룡포의 경우 해녀 7 : 어촌계 3)로 수익을 나누기 때문에 지역경제에 큰 도움이 되었고, 미역의 경제적 가치가 높아지자 더 많은 수익을 얻기 위해서 외지의 해녀에게 채취료를 주더라도 해녀를 고용하는 것이 마을경제에 보탬이 되었던 것이다.

반면 어선 어업이 발달하지 않은 곳에서는 남성들이 미역 채취를 전담하고 수량이 많지 않은 전복, 해삼, 멍게 등은 해녀들이 담당하는 경향이 있다. 20세기 중반 제주도 해녀들이 유입되면서 해녀에 의한 채취가 본격화되었지만, 이전까지 동해안의 전통적인 미역 채취 기술은 떼배를 이용한 남성들이 주로 한 어업행위라고 본다.[57]

우리네 해녀들은 자연의 시계, 바람을 보고 물질을 나간다. 바람부터 알아야 해녀작업이 된다. 경북 동해안에는 동쪽에서 부는 바람을 '샛바람', 서쪽에서 부는 바람을 '갈바람(하늬바람)', 남쪽 산에서 내려오는 바람을 '들바람(마파람)'이라고 하고, 북쪽에서 부는 바람을 '하늘바람(된바람)'이라고 한다. 이처럼 자연을 알아야 미역을 딸 수가 있는 것이다. 바람의 이야기를 담은 해녀들의 이야기와 숨비소리가 동해와 함께 하고 있다.

경북도내 109명의 해녀 분들을 만나서 면접조사한 경북 해녀실태 조사 결과,[58] 해녀를 처음 시작한 시기는 20대(37.6%)가 가장 많으며, 다음

57 오창현, 2012, 『동해의 전통어업기술과 어민』, 국립민속박물관, 31~33쪽.
58 사단법인 지역과소셜비즈, 2020, 『사회적경제 지역생태계 구축을 위한 지역자원조사 보고서-경상북도 해녀자원 실태조사』보고서 참고.

으로 10대 이하(28.4%)가 가장 많았으며, 해녀를 하게 된 주된 이유로 당장 할 수 있는 게 없기 때문(55.0%)이라는 답이 가장 많았다. 제주도에서 처음 해녀를 시작했는지에 알아본 결과 13.8%만 제주도에서 시작한 것으로 나타났고, 86.2%는 타 지역에서 해녀를 시작한 것으로 나타났다. 해녀 작업 중 물질을 하는 범위에 대해 알아본 결과, 정해진 어촌계 범위 내에서만 작업을 한다(89.0%)는 반응이 압도적으로 많았으며, 11.0%는 다른 곳으로 원정도 가는 것으로 확인되었다. 주로 채취하는 것으로 여름철

엔 성게(24.6%)를 주로 채취하는 가운데, 전복(21.3%)과 소라(20.8%), 미역(9.6%), 해삼(9.2%) 순으로 많이 채취하는 것으로 나타났고, 겨울철엔 말똥성게(52.8%)를 다음으로 전복(15.3%), 문어(12.9%), 해삼(7.4%) 순으로 나타났다. 특히 개인적으로 채취하는 것은 미역(19.3%)에 대한 응답이 가장 많았다. 주로 채취한 수산물은 어촌계에서 구매하고 판매(58.7%)하는 것으로 조사되었다.

한편 제주해녀들의 울릉도(독도) 바깥물질은 1940년대 후반부터 1970년대까지 이어져왔다. 현재 제주도 한림읍 협재리에는 1956년 7월 설치된 '울릉도 출어부인기념비'가 있다. 비석에는 객고풍상, 성심성의, 애향연금, 영세불망(객지에 나가 고생하면서, 성실한 마음과 성실한 뜻으로, 고향을 사랑하며 돈을 내놓았

독도해녀 김공자(출처:독도의병대 윤미경 총무)

으니, 영원토록 잊지 않으리)이라고 적혀 있다. 그리고 제주 해녀 김공자 님이 독도에서 사라진 애기 강치를 안고 있는 사진이 있어 근대 독도의 어민사와 생활사 연구에 중요한 사료가 되고 있다.

제주해녀들의 독도에 대한 출가물질은 1954년부터라고 공식적으로 기록되어 있다. 그런데 그 전부터 해녀들이 독도에 들어가 미역 등 해산물을 채취했던 것으로 추정된다. 한석근(전 울산향토사연구회장, 1941년생) 회장은 "선친 한길창(韓吉昌)이 광복 후 해녀를 모아 독도로 들어가 미역채취 작업을 했다. 조부가 제주 서귀포에서 울산 미포로 이주하였으며, 제주가 친정인 조모는 선친과 제주 해녀를 모집해 울산에서 해산물을 채취했다. 선친은 내가 초등학교 입학하던 해인 1948년 3월에, 해녀 등 16명을 데리고 울릉도를 거쳐 독도에 상륙하여 서도의 동굴에서 숙식을 하며 미역채취작업을 했다. 작업해서 건조한 미역은 울릉도로 실어 보냈으며 포항을 거쳐 서울 동대문시장까지 운반해 판매했다. 1949년에도 해녀들과 함께 독도에 들어가 미역채취 작업을 했다. 그러나 1950년에 미역을 동대문시장에 운반해 갔으나 6·25 발발로 인해 판매하지 못하고 큰 손해를 입었다."[59]라고 증언하고 있다.

특히 1953년부터 약 3년 8개월 동안 활동한 독도의용수비대나 1965년 무렵부터 독도에 상주한 독도 최초 주민 최종덕씨 등은 독도 거주시 돌미역을 채취하여 채취된 미역을 활용해 나름대로 독도경제권을 형성하였다. 그 독도경제권에 있어서 제주 해녀의 역할은 상당하다 하겠다.

현재 울릉도를 포함한 경상북도 153계 어촌계 중 유일하게 해녀 출신인 어촌계장이 있다. 35년 동안 물질을 해온 포항 구룡포리 성정희 어촌계장은 "처음에는 내가 바다를 선택했다고 생각했는데, 지나고 보니 바다가 나

---

59 울산대곡박물관, 2016, 『울산 역사속의 제주민, 두모악 해녀 울산에 오다』 105쪽 참고.

를 선택한 것 같다."라고 말했다. 그녀의 이야기는 그동안 남성 중심의 동해안 바다공동체와 경북해녀사에 특별히 기록해 둘 만하다. 그리고 경북해녀와 제주해녀와의 차이를 비교해 보면 다음의 표와 같다.

경북해녀와 제주해녀, 일본 아마의 차이[60]

구분	경북해녀	제주해녀	일본 아마(あま)
소속	어촌계 소속	어촌계와 해녀조합	바다를 임차한 주인이 고용하는 시스템
작업 환경	동해안 바다 근해에서 주로 작업. 바위(짬)이 있는 지역에서 주로 작업하며, 물 깊이는 3~4m 넘지 않음. 주로 자신의 마을에서 작업함.	제주연안. 10m 이내의 깊은 바다에서 주로 작업함. 뿔소라 서식지가 미역보다는 깊은 바다임. 필요한 경우 다른 지역의 바다에서도 작업함.	일본 연안이지만, 바다를 임차한 주인이 고용하는 시스템으로 정해진 바다가 있지 않음.
물질 방법	어촌계에서 정해진 생산물을 정해진 날 행함. 반을 이루고 함께 작업하지만 개인에게 맞는 환경에서 집중적으로 작업함.	개인이 결정. 상군과 중군, 하군으로 구분됨. 이는 물질을 들어갈 수 있는 깊이에 따라 정해짐.	부부 또는 배주인인 남자와 한 팀을 이룸. 7~8m의 밧줄을 배 위에서 잡고 있고, 이 거리에서 행함. 이후 밧줄을 당겨줌.
장비와 복장	세 지역 모두 큰 차이가 없음. 다만 지역에 따라서 부르는 명칭이 다름. 일본 아마의 경우 두룽박이 아니라 둥근 나무통(이소오케)라는 것을 통해 부력을 유지함.		
주요 생산물	미역과 성게, 전복	뿔소라, 전복	뿔소라, 전복
생산물 분배	전복과 성게 등은 어촌계 협의된 비율로 배분. 미역은 배분하지 않으며, 개인이 채취 후 말려서 판매.	없음	없음
기세 작업	미역 생산량을 결정하는 주요 작업으로 연중 가장 중요한 작업으로 인식함.	환경적 측면에서 기세작업을 하지만 육지에서만큼 중요하게 인식하지 않음.	없음

---

60 지역과 소셜비즈(2021), 「어촌 공동체 기반 사회적경제 진출 모델 개발 사업 보고서」 참고.

울릉도 죽암어촌계장, 손흥준 해남

포항 호미반도 해녀들

미역의 현재

해녀의 물질장비와 스마트 테왁

해녀가 물질할 때 입었던 물옷인 물소중이와 물적삼, 수중에서 해산물을 채취하는 데 필요한 테왁과 망사리, 호미와 작살, 성게채, 족쉐눈 등 해녀에게는 전통적인 장비가 있다.

먼저 빗창, 종개호미, 까꾸리는 해녀들이 해산물을 채취할 때 쓰는 도구로, 잠수할 때 손에서 놓치는 일이 없도록 고무줄을 달아 썼다. 빗창은 주로 전복을 따는 데 사용했으며, 맞춤 주문으로 개인별로 길이가 다르다. 종개호미는 미역과 같은 해조류를 캘 때 쓰는 낫이다. 까꾸리는 성게나 문어를 잡을 때 사용하는 도구로 끝이 날카롭고 뾰족하며 '호맹'이라고도 한다.

테왁은 해녀들이 해산물을 채취할 때 사용하는 부력(浮力) 도구로 작업

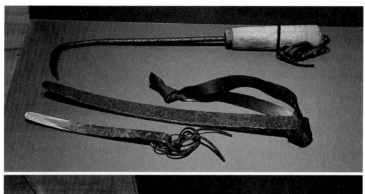

해녀의 물질 장비들(위는 빗창과 까꾸리, 아래는 테왁과 망사리)

223

도중 잠시 숨을 고르기 위해 사용하였다. 콕테왁은 박으로 만든 테왁을 의미하는 제주도 사투리다. 붉은 천으로 쌓여 있어 해녀들이 작업하고 있는 곳을 쉽게 찾을 수 있다. 망사리는 채취한 해산물을 넣어두는 그물망으로 테왁에 매달아 한 세트가 된다. 잘 여문 박을 따내어 둥그런 구멍을 뚫고 박씨를 빼낸 다음 물이 들어가지 못하도록 구멍을 막아서 만든다. 1960년대 중반부터는 재료가 스티로폼으로 바뀌었다.

망사리는 '헛물망사리'와 '미역망사리'로 나뉜다. '헛물망사리'는 촘촘하게 짜서 주로 전복, 소라, 성게 등을 캐서 망사리 안에 담았다. '미역망사리'는 미역, 톳 등 해조류를 담는 용도로 쓰이며 헐렁하게 짜여졌다. 조락은 오분자기 등의 자잘한 해산물을 따로 보관하는 작은 망사리이다. 테왁닻은 물질 작업 때 테왁이 멀리 떠내려가지 않도록 망사리에 넣는 적당한 크기의 돌을 말한다. 본조갱이는 해산물을 채취하려고 물속으로 들어갔으나, 숨이 차서 물 밖으로 나올 때, 전복이 있는 위치를 표시하는 도구이다. 숨을 돌린 해녀가 다시 물속으로 들어가 본조갱이의 위치를 확인하여 해산물을 채취한다.

경북 동해안에 사는 해녀는 대부분 60대 후반이 넘는 고령자여서 안전사고 예방 대책이 필요한 상황이다. 해마다 장시간 물질이나 무리한 조업으

해녀 지원 스마트 시스템

로 심정지, 낙상, 익수사고 등이 잇따라 발생하고 있다. 또한 대한민국뿐 아니라 세계적인 어업유산인 해녀문화의 보전 전승을 위해 경상북도는 포스텍 시그랜트사업단과 함께 동해안 해녀 돕는 착한 IT 기술 개발로 수중 작업을 영상으로 모니터하고 위급시 경보 신호 보내는 스마트 해녀 안전시스템인 '스마트 테왁'과 함께 해녀용 '스마트 워치' 및 '스마트 호미'를 개발해 보급에 나설 예정이다. 테왁은 해녀가 채취한 해산물을 보관하고 수면에서 쉴 때 붙잡는 부력재 어구인데 여기에 최첨단 기술을 도입하는 것이다.

스마트 테왁은 내부에 설치된 수중카메라로 해녀의 작업 과정을 촬영하면서 인공지능(AI)으로 잠수 습관을 분석한다. 위급상황이 발생하면 외부에 경보를 보낸다. 해녀용 스마트 워치는 잠수 시간이나 조업 위치, 수심, 수온 등을 파악해 사용자에게 진동으로 정보를 알려 준다.[61] 앞으로 우리 해녀들이 안전하고 건강하게 바다를 지키면서, 지속가능한 바다생업을 할 수 있도록 첨단기술과 연계하는 일은 계속 진행되어야 할 것이다.

---

61 조선일보, 2020. 10. 22, 〈포스텍, 동해안 해녀 돕는 착한 IT 기술 개발〉 기사 참고.

4. 지역경계를 넘어 미역문화유산벨트로!

고포마을과 할무계 미역

울진군 나곡6리는 전해지는 지명으로는 고포(姑浦) 또는 할무계라 했다고 한다. 고포(姑浦)에서 '고(姑)'는 '할머니'를 뜻하며 '할매', '할미', '할무이' 등으로 변한다. '포(浦)'의 한글 표기는 '개'다. '개'는 강과 하천의 조사가 드나드는 곳을 뜻하는 순수한 우리말이다.[62] 때문에 '할무이개'라는 순수한 우리말 지명이 '할무계'로 변화했을 것으로 추정된다. 이 할무계를 한자로 표기하면 고포(姑浦)가 된다.

나곡6리를 할무계라 부르는 이유는 옛날 할머니 한 분이 작은 배를 타고 와

62 민중에센스국어사전.

서 이 마을을 개척했다고 해서 그렇게 불렀다는 설과 마을이 할머니가 아이를 앉고 있는 형국이라는 설이 있다.

또 다른 설은 1592년 조선 선조 12년에 박씨부부가 자식을 데리고 마을을 개척하였고, 그후 민가가 증가하여 박씨부부는 상당(윗당)·하당(아랫당)을 만들어 마을명을 할무계라고 하였다고 한다.

박씨 할아버지가 사망 후 할머니가 연중 당에다 제사를 지내 오다가 할머니마저 사망하여 1680년 숙종 때 고포라는 새로운 마을명이 정해지면서 할무계라는 자연마을 지명은 사라지고 지금까지 고포마을로 불렸다고 한다. 그런데 바지게꾼들과 경북내륙에서도 최고의 품질로 평가한 게 바로 할무계 미역이었다. 이 할무계 미역이 오늘날의 고포미역이다. 할무계 미역의 명성을 이어받은 것이다.

이 마을은 마을을 개척한 밀양 박씨 외에 나중에 들어온 김해김씨, 진주 강씨 등 총 19가구 39명이 살고 있다. 한창 때인 1980년대 중반에는 약 30가구 100여 명의 주민이 거주했었다고 한다.[63]

미역은 수심이 얕은 곳에서 해를 보고 자라야 맛이 있다고 하는데, 고포미역이 특히 맛있는 것은, 4㎞ 정도 되는 고포리 해안선의 수심이 5m 안팎에 불과한 데다, 조류의 흐름도 좋기 때문이다. 바닷속에 형성된 바위밭이 맛있는 미역이 자랄 수 있는 최적지를 제공하고 있는 것이다. 수심이 얕은 곳에서 햇볕을 많이 받고 자라는 고포미역은 전체적으로 검푸른 색을 띠며, 잡벌레가 없고, 국을 끓이면 푸른 빛과 향기가 되살아난다. 특히 다른 지역에서 나는 미역과는 달리 달콤한 맛을 내고, 태백을 넘어 동해로 치닫는 높새바람은 사흘이면 미역을 윤기로 반짝거리게 말릴 수가 있었고, 특히 다른 지역에서 생산되는 미역보다 길이가 20% 정도가 더 긴 '장곽(長

63 울진문화원, 2010, 『울진의 동제』, 285쪽 참고.

파란 선을 경계로 왼쪽이 강원도 삼척, 오른쪽이 경상북도 울진

藿)'이어서 더욱 인기가 높았다고 한다.

　이곳 할무계 마을은 경상도의 가장 북쪽 마을이자 강원도 동해안의 가장 남쪽 마을이 함께 공존하는 곳이다. 바다 쪽으로 뻗은 폭 3~10m 길이의 마을을 경계로 북쪽은 강원도 삼척시 원덕읍 월천2리, 남쪽은 경북 울진면 북면 나곡6리다. 고포마을은 강원도이기도 하고 경상북도이기도 하다. 전체 약 20여 가구밖에 되지 않는 작은 마을에 두 개의 도(道)가 공존한다. 이 마을의 주민들은 앞바다에서 건져 올리는 고포미역에 생계의 많은 부분을 의지한다.

　고포미역이 자생하는 미역바위 짬에는 집앞짬, 황모암, 큰푸리짬, 하방우암, 굴방우암, 단주암, 하구암 등 7개소로 모두 어촌계원들에 의해 관리되고 있는데, 이 가운데 하방후짬이 규모가 가장 크고 미역이 많이 생산되는 곳이다.[64] 그리고 이 고포미역의 경제권, 즉 미역바위, 고포 짬의 배분에 대한 이해관계가 조율이 안 되어 강원도 삼척 고포마을과 경상북도 울진군 고포마을이 행정구역 상으로 나누어져 있다.

---

64 울진문화원, 2010, 『울진의 동제』, 286쪽 참고.

고포마을은 동네 한복판에 흐르는 작은 개울을 경계로 도(道, 강원도와 경상북도)가 나눠지는데 조선 태조 때부터 개울을 경계로 행정구역이 나눠졌다고 한다. 울진군이 강원도에 속했던 1962년 이전까지는 경계에 대한 별다른 의미가 없었으나 울진군이 경상북도에 속하게 되면서 개울을 경계로 행정구역이 나누어지게 되었다. 이후 개울을 복개하여 500m 도로로 포장하였는데, 울진은 350m를 나머지는 삼척이 부담했다. 이 길은 울진군에서는 '고포길', 삼척에서는 '고포 월천길'이라고 부르고 있지만, 가 보면 한 마을처럼 보여 구별이 되지 않는다. 이 경계에 한발씩 서 있으면 한쪽은 울진을, 한쪽은 삼척을 밟고 있는 셈이다.

고포마을의 주민들은 불편함이 이만저만이 아니다. 앞집과 옆집의 도(道)명이 다르며 전화를 걸 때에도 033, 054의 지역 번호를 먼저 눌러야 했다. 선거가 있거나 읍·면사무소를 갈 때에도 주소에 따라 울진과 삼척으로 나가야 한다. 재미있는 사실은 고포마을의 이장도 삼척 이장 1명, 울진 이장 1명 이렇게 두 사람이다. 아침이면 남쪽의 아이들은 울진으로, 북쪽의 아이들은 삼척으로 학교를 간다. 우편물도 따로 각각 배달되며 '범죄 없는 마을' 표지판도 대구지검과 춘천지검에서 각각 따로 세웠다. 1968년에는 고포마을 해변으로 무장공비가 올라왔던 사건이 있었다. 이때의 사건명도 '울진·삼척지구 무장공비 침투사건'으로 명명됐다.

주민들간에는 같은 마을이라는 유대감과 공동체 의식은 강하였지만, 최근에 정치망 어장 어업권 분쟁과 함께 당초에는 울진군이 강원도 소속이라 군 단위 경계만 달라졌다가, 이제는 도 단위 경계까지 달라지면서 전화번호를 비롯한 모든 행정시스템이 달라져 예전같이 한마을로서의 공동체 문화가 전승되고 있지는 않는다.

월천2리에 하나 뿐인 포구를 나곡5리 주민들도 함께 이용하고, 월천 2리에 사는 사람들의 농토는 대부분 나곡5리에 있다. 그리고 마을에서 남쪽

5km 쯤 떨어진 원자력발전소가 있는데, 인근 마을에 대한 지원금도 월천 2리 주민들에게는 한 푼도 받지 못하였으나, 울진 쪽 마을이 그 원전 지원금으로 마을환경 정비 등이 좋아진 덕분에 삼척 쪽도 덩달아 강원도에서도 지원해 좋아졌다고들 한다.

이 마을에서는 모시는 신은 서낭신과 해신이다. 서낭신은 마을의 평안과 풍요를, 해신은 풍어와 해상안전을 관장한다. 서낭신은 마을에 처음 자리 잡은 것으로 전해지는 박씨 부부가 모셨던 신이라고 하기도 하고 주민

윗당-할배당(경북 울진 위치)   아랫당-할매당(강원 삼척 위치)

에 따라서는 나중에 입향한 김해 김씨들이 모셨다고도 하는데 주민들은 서낭신을 일컬어 친근하게 '웃당할배'라고 부른다. 경북 울진에 위치한 서낭신의 거처인 윗당에는 200년 이상된 향나무 한그루가 자라고 있다. 강원도 삼척에 위치한 해신을 모신 아랫당은 마을의 버스정류장 옆에 위치하는데 '할매당'이라고 부른다. 윗당과 마찬가지로 향나무 노거수가 한그루가 서 있으며 밑동에 한지와 실이 매달려 있다. 아랫당의 향나무는 윗당보다 먼저 심어졌다 한다. 주민들은 윗당과 아랫당의 향나무를 신성하게 여겨 함부로 건들지 않는다.

그러나 안타까운 것은 행정구역이 달라지고 세월이 흐르다 보니, 공동체 문화가 오히려 퇴색되는 측면도 있지만 그나마 미역을 채취할 때는 함께 날을 잡고 서로 협력한다. 다만 말리고 유통하는 것은 어촌계가 달라지니 포장도 유통망도 다르지만 고포미역이라는 상표는 함께 사용한다. 즉 고포마을을 만들고 유지하는 것도 미역이요, 고포마을을 강원도와 경북으로 계속 합치지 못하는 것도 미역이요, 미역문화 때문에 그나마도 오지 어촌마을이 유지되고 있으니 아이러니이기도 하다. 하지만 결국 이 마을을 수백 년 먹여 살린 건 미역바위, 짬에서 자라는 미역이다.

또 다른 문제는 마을 동제가 갈라져 버렸다는 것이다. 동제는 2000년대 초반까지는 정월 대보름 자시(子時)에 지내는 것과 음력 10월 15일에 지내는 가을 제사가 있었다. 동제를 앞두고 윗당과 아랫당, 제관집에 금줄을 치고, 제관은 장을 보러 가기 전에 목욕재계하고 깨끗한 옷으로 갈아입는다. 장에서는 물건을 살 때는 상인과 가격을 흥정하지 않고 부정한 것을 보지 않기 위해 각별히 주의한다고 한다. 그러나 풍어와 해상안전을 위해 지내는 가을제사는 어민 수의 감소에 따라 중단되었고, 행정구역이 다르고 이장도 다르다 보니, 함께 지내던 상당(윗당)과 하당(아랫당)의 동제마저 각각 따로 분리가 된 것이다. 상당인 윗당 할배당은 울진군 쪽에서, 하당인 아랫당 할매당은 삼척에서 제를 따로 지내다 보니 할배와 할매가 본의 아니게 이혼이 되어버렸다는 것이다.

고포마을의 경우와는 다른 협력사례도 있다.

통영시 용남면 연기마을과 거제시 사등면 광리마을은 함께 협력하여 '통영·거제 견내량 돌미역 트릿대 채취어업'을 2020년에 국가중요어업유산 제8호로 등재시켰다. 견내량 돌미역은 이충무공 난중일기에도 기록이 나올만큼 오랜 역사적 전통을 이어 오고 있다.[65] 이 전통 어법은 견내량의 빠른 물쌀을 버티기 위해 배의 앞뒤에 닻을 내리고 정지한 후 '트릿대'라고 불리는 긴장대 끝에 구부러진 모양의 채취기를 묶어 바닷속에 넣은 뒤 빙빙 돌려 돌미역을 채취한다. 양쪽 두 마을은 지금도 협력과 유대가 강하다. 이 두 마을은 기초 행정구역은 달라도 경상남도라는 광역자치단체에 함께 있기에

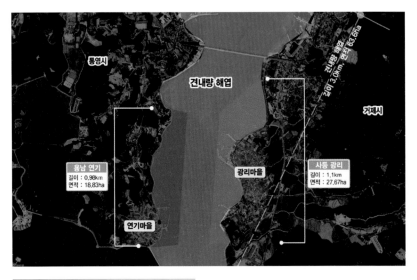

---

65 1594년 3월 23일자 난중일기에서 "몸이 여전히 불편했다. 방답(이순신), 흥양(배흥립), 조방장(어영담)이 보러 왔다. 견내량미역 53동(1동은 마른 미역 10묶음)을 따 가지고 왔다"고 적고 있다.

가능하였다고 본다. 고포마을의 경우에도 경상북도와 강원도 두 마을이 앞으로 경계를 허물고 '할무게 마을미역'으로 공동 브랜드를 만들면 어떨까?

미역문화유산벨트 연구를 위하여 협업을!

이제 미역을 포함한 해조류의 종합적인 인문, 생태, 바이오산업까지 학제간 연구가 필요하고 지역별로 분포되어 있는 기관간의 협업을 통해 연구의 경계를 벗어나야 한다. 한민족의 소울푸드인 미역, 해초풀을 만들었던 도박, 해조류의 대왕인 대황 등을 포함한 우리의 소중한 동해의 해조자원들이 사라지기 전에 어촌주민 공동체의 짬 문화와 전래 내려오는 가공기법과 음식 레시피 등 인문자원들을 지키기 위한 노력이 필요하다. 자칫하면 동해 토염과 명태가 사라졌듯이 귀중한 것을 잃어버릴 수 있다.

현재 해조류 관련 연구기관으로는 해조류 양식 기술 연구, 해조류 신품종 개발과 보급, 해조류 유전자원 보존과 관리, 해조류의 산업적 이용 확대 방안 연구를 위해 전남 해남에 국립수산과학원 수산종자육종연구소가 있고, 강원도 강릉에 국립수산과학원 동해수산연구소가 있다.

지방자치단체가 운영하는 곳은 미역다시마 특구로 지정된 부산시 기장군이 운영하는 해조류육종융합연구센터, 전남 완도의 해조류전시관이 있으며, 완도국제해조류박람회도 개최하고 있다. 강원도 삼척시에는 국내 유일의 민물김을 연구하는 민물김연구센터도 있다.

동해안은 강원도, 경상북도, 울산시, 부산시 등의 행정구역으로 나뉘어 각각의 입장에서 연구 조사 개발을 하는 동해가 아니라, 크게 동해 자체의 입장에서 여러 자치단체가 공동으로 해양문화와 해양생태계에 대한 기초

조사를 추진하고 장기간의 연구 축적이 필요하다. 즉 동해는 4개의 광역자치단체와 여러 기초자치단체(강원도 고성군 등 6개, 경북 울진군 등 5개, 울산시의 울주군, 부산시의 기장군)가 공유하고 있기에, 기초행정 단위를 넘어선 광역단위의 연구가 무엇보다도 절실하게 요구된다. 또 하나의 예를 들면 대서양 연어양식을 연구하는 강원도 '한해성수산자원센터'와 독도새우의 양식을 연구하는 경상북도 '수산자원연구원' 기관 간의 협력 또한 필요하다.

특히 동해와 관련해 살아왔던 인문지리환경과 어민들의 삶과 포구들, 그리고 바다의 생물자원과 어촌조직들의 변천사, 그리고 이들이 생산, 가공한 해산물의 이동과 다른 외국과의 문명교류 등 인문학적 차원에서 종합적인 동해를 연구하는 기관과 대학들은 거의 없다. 민속학 분야에서도 어촌민속만을 연구하는 학자도 많지 않다. 여러 학문 분야가 함께 참여해야 되어서, 필자가 『동해포구사』 집필을 위해 많은 수소문을 했지만, 행정구역도 여러 군데에 걸쳐있어서 의뢰할 학자나 학회 자체도 거의 없었다.

통일시대를 준비하기 위해서도 우리 한민족을 하나로 묶을 수 있는 미역 문화를 비롯하여 다양한 동해 수산자원 보존을 위한 공동연구와 동해안 지역의 음식문화를 포함하는 '동해인문학'에서 출발하되 자연과학과 생태환경 분야를 아우르는 '동해학'의 브랜드화를 위한 공동 노력이 필요하다.

이러한 것들이 잘 협업이 된다면, 풀빌라나 오션뷰가 좋은 곳에서 단순히 숙박하거나 캠핑만 하고 가는 것이 아니라 동해안 어촌마을의 주민들과 함께하는 마을투어, 플로깅(plogging) 등 자발적 봉사투어, 그리고 함께 행복해지는 힐링투어(village tour+ volunteer tour+ healing therapy tour)로 연결되어 날이 갈수록 고령화되어 가는 어촌마을에 활기가 돌 것으로 기대된다.

최근 건강과 환경을 동시에 챙길 수 있는 플로깅(plogging)과 비치코밍(beachcombing)이 유행한다고 한다. 플로깅은 조깅을 하면서 쓰레기를 줍는 운동으로, '이삭을 줍는다'는 뜻의 스웨덴어 'plocka upp'과 영어 조깅(jogging)의 합성어다. 우리나라에서는 '줍깅'으로 불리는데, 국립국어원이 선정한 대체어는 '쓰담(쓰레기담기)달리기'다.[66] 앞으로 우리나라도 가족과 함께, 친구와 함께, 연인과 함께 차박이나 서핑을 하면서 바다환경에 기여하는 자발적 봉사활동과 힐링투어가 많아지리라 기대해 본다.

미역문화의 가치와 연구체계

가치	학문분야	위기대응	주요 연구기관	소관부처	비고
인문자원 (Heritage)	마을학 지역학 민속학	어촌소멸 (해양유산, 어민생활사, 해양민속)	국립해양박물관 국립민속박물관 지역 문화원, 문화재단	해수부 문체부 지방자치단체	village tour + volunteer tour + healing therapy tour
생태자원 (Ecology)	해양학 조류학(藻類學) 생태학	기후환경 (블루카본)	국립수산과학원(수산종자육종연구소) 국립해양생물자원관 해양환경공단 한국수산자원공단 국립공원연구원 해양연구센터 국립낙동강생물자원관(담수조류)	해수부 환경부	
산업자원 (Biology)	식품산업 바이오산업 힐링테라피산업	식량에너지	한국해양과학기술원 한국생명공학연구원(미세조류연구팀) 한국조류학회	해수부 산자부 중기부	

아울러 앞으로 대구 경북에 있는 경북대(해양학과)와 대구한의대(동해안청년유턴센터), 강원도에 있는 강릉원주대학교와 울산의 울산대학교 등의 광역지역간의 대학들이 동해안의 해양문화유산 연구와 계승을 위해 협력적 네트워크를 구축할 필요가 있다. 이를테면 목포대학교 도서(島嶼)문

---

66 부산일보, 2021. 9. 22, 〈반려해변을 입양하는 시대〉 기사 참고.

화연구소가 주관이 되어 끊임없이 섬 주민들의 다양한 삶을 조사하여 기록하고 연구하였으며, 이를 바탕으로 전라남도와 경상남도에 제일 많은 섬들의 중요성을 일깨우기 위해 매년 8월 8일을 국가기념일인 '섬의 날'로 지정한 것은 큰 성과이다. 그리고 2021년에는 전남 목포에 '한국섬진흥원'이 설립된 것은 좋은 사례이다.

경상북도 환동해지역본부에서는 2020년에서 2021년까지 『동해포구사』, 『동해생활문화총서』, 『울릉도독도백과사전』 등을 발간했다. 이는 기초 연구자료로 매우 큰 의미가 있다. 그동안 동해안 지역의 수산자원에 대한 연구기관의 설립은 있었으나, 동해안의 미역문화를 포함한 인문지리, 해양민속 문화조사 및 맵핑(mapping), 그리고 체계적 교육전승 등을 위한 기관은 없다. 앞으로 한민족의 대표적인 미역문화유산벨트 지역의 연구를 위하여 '동해인문학센터' 설립과 연계하여 '국립동해인문역사관'의 설립이 필요하다고 본다.

5. 길 위의 미역문화 - 켈프로드(Kelp road)

미역의 유통과 보부상

동해와 내륙 산간 지방의 각종 인적, 물적 자원 교류의 루트이자 상로(商路)였던 옛길에서 중심역할을 한 것은 바로 보부상이었다. 보부상들의 중간 정거장은 대개 주막이었으며, 시발점과 종착점은 항상 전통시장인 장시(場市)였다. 장시에서는 소금, 미역, 곡식류, 육류 등 내륙과 해안의 여러 물품이 교환되었다. 해안의 건어물과 해산물이 내륙의 곡식과 육류와 과채류가 함께 만나서 우리네 삶은 풍요로워졌다.

경상도는 조령과 죽령 두 고개 남쪽에 있기에 영남이라 불렀다. 조선 태종 7년(1407)에 군사 행정상의 편의를 위하여 경상도를 좌우로 나누어 낙동강 동쪽을 경상좌도, 그 서쪽을 경상우도라 하였다. 그 뒤 고종 33년(1896)에 경상도를 남북의 두 개 도로 나누어 오늘에 이르고 있다. 경상좌도의 중심지인 경주권은 동해안의 포항 호미반도 등지에서 나오는 소금과 해산물이 형산강 루트를 통해 이송되었다. 경상우도의 중심지인 상주권은 남해안의 부산 등지에서 생산되는 소금[67]을 비롯한 각종 해산물이 낙동강

---

67 한국향토문화전자대전(조선 후기 실학자 정약용이 "명지도의 소금 이득이 나라 안에서 제일"이라고 할 정도로 부산, 명지 소금은 영남 일대에서 최고로 유명한 소금이었다. 명지도는 낙동강 하구에 있는 섬으로 염전을 조성할

본류 및 지천을 통해 이송되었고, 이를 통해 문화의 발전이 이루어졌다.

100년 전 일본인이 쓴 『한국수산지』에는 낙동강을 따라 형성된 유명한 시장으로 상주·성주·낙동주(洛東州)·사문진·삼랑진·구포 등을 주목하고 있다. 강어귀의 삼각주를 명호도(鳴湖島)[68]라고 하는데 염전이 있다고 했고, 해산물로는 대합을 으뜸으로 치며, 또한 장어, 바닷장어의 좋은 어장으로 봄·가을의 환절기에 일본 어선의 출입이 많다고 기록하고 있다.[69]

20세기 이전까지는 남해안의 소금이나 해산물 등의 여러 물자는 수운(水運)을 통해 상주 등지의 경북 내륙 지방까지 대량으로 운송되었다. 한편으로 동해안의 물자는 인력으로 내륙지역으로 운송되기도 했는데, 이를 담당한 것이 바로 보부상이다.

보부상들에게 가장 중요한 거래 품목은 미역을 비롯한 건어물과 소금이었다. 특히 미역은 건조되어 가볍고 저장성이 좋아 보부상의 중요 거래 물품이었다. 울진 고포미역 등 동해안의 미역은 가격도 높았고 인기가 좋았다. 선비문화의 중심지인 영주, 안동 등에서는 종가(宗家)를 비롯한 불천위 제사들이 많아 제수용품으로 미역이 꼭 필요했다. 또한 상주와 의성 등 농촌 내륙지역에는 인구도 많아 산모 미역의 수요도 많았다.

소금하면 지금은 서해안 천일염이 유명하지만, 조선시대에는 부산을 중심으로 한 남해안 소금과 동해안에서 바닷물을 끓여서 만든 소금인 '토염(자염, 煮鹽)'이 주된 제염방식이었다. 20세기 들면서 서해안의 천일염 제염이 본격화되면서, 그리고 값싼 중국 소금이 수입되면서 전통적인 자염 생산은 거의 찾아볼 수 없게 되었다.

수 있는 최적의 자연 환경을 지니고 있다. 해안가를 따라서 모래밭이 펼쳐져 있으며, 땔감을 사용할 수 있는 갈대들이 곳곳에서 자라고 있다. 또한, 경상도 전역에 걸쳐 있는 낙동강 줄기를 따라서 소금을 싣고 유통함으로써 많은 이득을 얻을 수 있었다.) 참고.

68 『신증동국여지승람』에 '큰비나 가뭄이 오거나 큰바람이 불거나 하면 반드시 우는데 그 소리가 천둥소리와 같아서' 명호라고 했다고 한다. 명지도를 일컫는 다른 이름이다. 이곳에는 조선시대 영남 일대 소금을 공급했던 염전이 있었다.(김준의 맛과 섬 - 명지갯벌 참고)

69 이근우 등 번역, 『한국 수산지』, 새미, 2015. 67쪽 참고.

동해안 각 지역에서 소규모로 생산된 자염 중 지역 소비를 충당하고 남는 것은 보부상들에 의해 내륙으로 팔려나갔다. 하지만 우리나라의 지형상 태백산맥에 의해 강원도와 경상도 동해안과 내륙 간 이동은 매우 불편했다. 때문에 자연스럽게 낮은 고개를 따라 이동로가 만들어졌다. 강원도부터 보면 내륙과 동해안을 잇는 고개는 진부령, 미시령, 한계령, 구룡령, 운두령, 대관령 등의 고개들이 있었다.

경상도 쪽에도 십이령을 비롯한 여러 고개가 있었는데, 이 고개는 경상도 내륙의 인구밀도가 높은 지역을 잇는 교통로로서 매우 중요했다.

미역옛길, 켈프로드(Kelp road)

우리나라 동해안 지도를 놓고 보면, 대관령 이북 지역인 강원도는 영동에서 고개를 넘어 영서로 진출하여 원주나 춘천에 이르게 됨을 볼 수 있다. 포항 지역 이남은 형산강 루트를 통해 경주 등의 내륙과 연결된다. 그렇다면 삼척 이남 울진과 영덕 지역은 어떤 루트를 통해 내륙으로 이동했을까? 이 길을 따라 이동한 주요한 상품은 무엇이었을까? 결론적으로 말하자면 십이령길을 비롯한 주요 고갯길로 미역을 포함한 여러 해산물, 건어물이 동해안에서 내륙으로 이동했고, 곡식과 담배 그리고 여러 생필품이 내륙에서 해안으로 이동했다. 그밖에도 많은 상품이 이 길을 통해 교환되었지만, 그 중에서도 으뜸가는 중요 상품이 바로 동해의 미역이었다. 때문에 이 길을 켈프로드(Kelp road)라 명명할 수 있을 것이다.

동해안 울진에서 내륙지방인 안동, 영주, 봉화, 영양 쪽으로 통하는 길은 3개소가 있었다. 이 길은 관원들이나 보부상, 일반인 등 누구든지 이 길을 다녔다. 이 길이 언제부터 생겼는지는 모르지만 아득한 옛날부터 사람들의 이 길로 다녔다. 울진군 가장 북쪽의 울진읍, 죽변면, 흥부 마을쪽 사람들은 '십이령'을 넘어 봉화의 춘양, 내성 방면으로 진출하고, 울진군의 중간 지점이 매화, 근남쪽 주민들은 갈면리의 '높을재(고초령)'를 넘어 영양으로 다녔다. 그리고 기성, 평해, 후포, 온정쪽 사람들은 '구슬령(구주령)'을 넘어 영양, 안동 쪽으로 이동했다.[70]

즉 동해안에서 내륙으로 이어지는 대표적인 동해안 옛길로는 울진십이령(울진군 북면~봉화군 소천면), 고초령(울진군 원남면~영양군 수비면), 구주령(울진군 온정면~영양군 수비면)이며, 지금도 옛길이 고스란히 남아 있다. 조선후기 장시, 전통시장에는 울진에는 울진장, 평해장, 매화장, 척산장, 죽변장, 흥부장, 삼율장, 그리고 울진과 연결되는 물류루트인 봉화에는 춘양장과 내성장(봉화장)[71], 그리고 영덕은 강구장, 영해장, 장사장, 영덕장 등이 있었다.

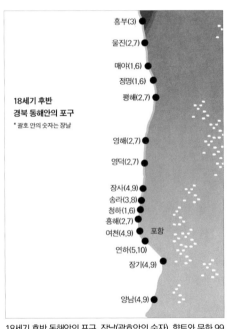

18세기 후반
경북 동해안의 포구
* 괄호 안의 숫자는 장날

흥부(3)
울진(2,7)
매야(1,6)
정명(1,6)
평해(2,7)

영해(2,7)
영덕(2,7)

장사(4,9)
송라(3,8)
청하(1,6)
흥해(2,7)
여천(4,9)   포항
연하(5,10)
장기(4,9)

양남(4,9)

18세기 후반 동해안의 포구, 장날(괄호안의 숫자), 향토와 문화 99호 14쪽 참고

십이령 옛길은 옛날에는 보부상들이, 일제강점기를 거치면서 보부상이 퇴조한 뒤에는 바지게꾼(선질꾼)들이 걸어서 넘었던 험난한 산길로 울진 흥

---

70 김성준 울진군 문화원장, 〈구슬령(珠嶺) 선질꾼 옛길〉 참고.
71 군에서 가장 큰 봉화장은 1956년 내성면이 봉화면으로 바뀌면서 내성장에서 봉화장으로 개명됐다.

부장(興富場)(현재 북면 부구리)에서 출발하여 쇠치재~세고개재~바릿재~샛재~너삼밭재~저진터재~새넓재~큰넓재~고채비재~맷재~배나들이재~노릇재를 지나 봉화 소천, 춘양, 내성장까지 200여리로 2~3일을 꼬박 걸어야 하는 길로, 모두 12개의 고개를 넘어야 했기 때문에 붙여진 이름이다.

이들을 부르는 명칭이 원래는 선질꾼이었으나, 어느 시기에 바지게를 지고 다닌다고 하여 '선질꾼'에서 '바지게꾼'으로 부르게 되었다고 한다. 십이령을 오가며 장사를 하였던 바지게꾼들은 패를 지어 다녔는데 많게는 4~50명, 규모가 매우 커질 때는 100여명에 달했다고 한다.

선질꾼은 잠깐 쉴 때는 서서 지게를 진 채 짤막한 지게막대기로 지게 맨 아래 등태에 바치고 서서 쉬기 때문에 붙은 이름이고, 바지게는 산 속에서 나무에 걸리지 않고 쉽게 이동하기 위해 지게의 뿔을 제거한 지게를 일컫는다.

선질꾼들이 다니는 주요 시장은 봉화지역 장시인 소천장, 현동장, 춘양장, 내성장과 울진의 울진장과 흥부장이었다. 이들은 울진·흥부와 주변 지역에서 생산된 미역, 삶아서 물 뺀 문어와 간 해서 말린 상어고기, 말린 명태, 소금 친 간고등어 등 각종 어물, 소금 등과 경북 내륙지방에서 생산된 쌀과 보리, 콩 등 배를 채울 수 있는 곡물을 주로 거래하였고, 대추, 담배 엽초, 옷감, 내성 유기, 옹기 등으로 교환해 돌아갔다. 여기에서 교환된 각종 해산물은 경북 북부 내륙지방으로 흩어져 산골 주민들의 식탁을 풍성하게 했다. 지금도 영주지역에는 문어숙회와 가오리찜, 안동지역에는 간고등어와 돔배기가 유명한 이유이기도 하다.

이들은 울진과 봉화지역 상업활동을 관장하며, 샛재 성황사를 운영하였던 보부상단의 전통을 이어받음으로써 다른 지역과는 달리 나름의 결속을 다졌다고 볼 수 있다. 동해안 지역과 내륙지역은 백두대간과 낙동정맥으로 인해 이들 지역 사이의 물자교류가 매우 어려운 상황에서, 등짐장수인 선질군(바지게꾼)들에 의해 내륙지역에 살고 있는 사람들에게 반드시 필요한 소금과 함께 미역, 각종 어물이 공급될 수 있었다. 또한 내륙에서 생산된 각종 농산물 등이 해안지역에 공급됨으로써 이들 지역에 살고 있는 사람들은 제한적이지만 필요한 물자를 공급받을 수 있었다. 이들은 해방과 한국전쟁을 거치면서 점점 없어지게 되었다.[72]

울진 북면 두천 십이령 길 초입에는 작은 정자각과 마주하게 된다. 정자각 안에는 철로 만들어진 내성행상불망비(蔚珍乃城行商不忘碑, 문화재자료 제310호) 2기가 모셔져 있다. 내성행상불망비는 1890년 이 길을 왕래하면서 물물교환을 통해 상행위를 하던 행상들이 세운 불망비로, 당시 행상들이 최고 지도자격인 접장 정한조와 반수 권재만의 은공을 기리고자 세운 것이다. 무쇠로 만들어진 보기 드문 비로 앞면에 각각 '내성행상접장정한조불망비'와 '내성행상반수권재만불망비'란 한자가 돋을새김 되어 있다. 그

72 울진군청과 울진군 바지게시장 조형물 안내판 자료 참고.

이유는 철이 강하고 영원하다고 믿었다는 이야기가 내려져 오고 있는데, 일제강점기에 일제가 철을 강제로 빼앗아 갈 때, 뺏기지 않기 위해 땅에 묻었다가 해방 후 다시 꺼내 비각을 만들어 다시 세웠다고 전한다.

현재 울진 지역에서 전해지는 민속놀이인 십이령바지게꾼 놀이는 물물교환할 교역물을 바지게에 지고 넘나들면서 그들의 애환을 담은 동작을 표현하고, 과거 바지게꾼이 불렀던 노래를 전승한 것이다. 노래에는 '미역, 소금, 어물'과 '대마, 담배, 콩'이라는 교류 물목들이 나온다. 노래의 가락은 나운규의 〈아리랑〉조 변형이다. 울진아리랑이라 해도 틀린 것은 아니다.

바지게 제일 위에 얹은 것이 미역

미역 소금 어물 지고 춘양장을 가는 고개
대마 담배 콩을 지고 울진장을 가는 고개
반 평생을 넘던 고개 이 고개를 넘는 구나
서울가는 선비들도 이 고개를 쉬어 넘고
오고 가는 원님들도 이 고개를 자고 넘네
꼬불꼬불 열두 고개 조물주도 야속하다
가노 가노 언제 가노 열두 고개 언제 가노
시그라기 우는 고개 내 고개를 언제 가노

이 노래는 바지게꾼들의 노래를 전승한 것인데, 미역이 노래의 가장 앞에 나온다. 그만큼 미역이 이들 바지게꾼들의 대표 상품이었음을 말해주는 대목이라 아니할 수 없다. 때문에 이 루트를 '미역옛길', 즉 '켈프로드(Kelp road)'라 해도 좋을 것이다.

미역옛길의 역사문화

바지게꾼들은 날이 저물면 길옆 외딴 주막집에서 숙박을 하면서 술을 마셨다. 아주 간혹이지만 도박과 같은 오락도 하였다. 주막집에 주인이 없으면 빈집에서 쉬면서 솥단지에 밥을 지어 먹고 다녔다 한다. 보부상들이 다니지 않았다면 생선은 구경도 못 했을 거라는 산골 마을에서는 냉장고가 없던 시절, 귀한 고등어를 보관하기 위해 소금단지에 고등어를 넣고 단지를 땅에 묻어 보관했다. 제삿날이 되면 단지 속 소금에 절인 고등어를 꺼내 잘게 썰어 고등어 산적을 밑불에 구워 먹었다고 한다.

또한 임연수어 꾹죽과 부구리 앞바다에서 나는 도박이라는 해초로 만든 콩가루묵 국수는 보릿고개 시절 가난한 등짐장수의 속을 든든히 채워준 고마운 음식이었다. 점액질이 많아 묵을 만들면 쫀득쫀득해지는 도박묵에 콩가루와 양념을 넣어 시원하게 먹으면 여름 별미로도 그만이다.[73]

꾹죽은 적은 양의 곡식으로 많은 사람들의 배를 채우기 위해 만든 음식으로 지역에 따라 재료가 천차만별이다. 대체로 마을에서 가장 흔한 재료를 사용하는데, 해안에서는 양미리, 임연수어(이면수), 미역 등을 사용하였고, 산간 지방에서는 산나물 등을 사용하였다.

국과 죽의 합성어에서 비롯된 '꾹죽'은 일반적으로 국에 여러 가지 재료를 섞어서 끓인 것이다. 죽은 멀건 것에 비해서 꾹죽은 한두 개의 재료를 첨

---

73 임연수어는 경남을 비롯한 전국에서 이면수라고도 불리며, 함경북도에서는 이민수, 함경남도에서는 찻치, 강원도에서는 새치, 다롱치, 가지랭이라고 한다. 어릴 때에는 청색을 띠기 때문에 청새치로 불리기도 한다.(KBS 1TV, 2016. 7. 14, 〈한국인의 밥상〉 '굽이굽이 열두 고개 십이령길, 보부상 밥상' 편) 참고)

가해 걸쭉하게 만든 것이 특징으로, 쌀과 보리가 부족한 시기에 식사 대용으로 먹었다. 주로 식량이 부족한 겨울철에 많이 먹었지만 가정에 따라서는 곡식이 모자랄 때 수시로 해 먹는 음식이었다.

꾹죽에는 좁쌀과 감자를 5:5 비율로 넣고 여기에 산나물 또는 생선, 미역 등을 넣는다. 모든 재료를 함께 넣은 후 끓이는데, 생선의 경우 내장을 제거한 뒤 큼직하게 썰어 대가리까지 함께 넣는다. 울진에는 '꾹죽 없이는 다 죽었지'라는 말이 있을 정도로 꾹죽은 춘궁기의 한 끼 식사를 책임지는 중요한 일상식이었다.[74]

울진과 봉화를 연결하던 바지게꾼의 옛길을 증명해 주는 또 다른 이야기가 봉화에도 많이 남아 있다. 봉화 상무사 차정서(임명장)가 남아 있고, 조선시대 약수대회에서 1등을 차지했다는 물야면의 오전약수는 보부상들이 찾아낸 약수라 전하고, 저수지 가장자리를 따라 걷다 보면 보부상 위령비가 있다. 박달고개는 보부상이 다니던 길이었고, 그 아래 물야저수지 수몰된 곳에 보부상들의 근거지가 있었다고 한다. 집이 없이 떠돌이 생활을 하던 보부상들이 이곳에 땅을 사서 정착을 하거나 마을 사람에게 경작을 맡기면서 주요 활동 본거지를 두었다는 것이다. 마방과 주막, 보부상들의 공동묘지까지 있었는데 저수지를 만들면서 모두 사라졌고, 유골은 화장한 뒤 위령비를 세워두었고, 지금도 일부 농지가 보부상들의 소유로 되어 있어, 거기서 나오는 소득으로 마을 사람들이 음력 9월 30일 해마다 제사를 지낸다고 한다.

위령비에는 김울산, 권봉순, 강영월, 곽제천, 황태인, 이청양, 이평창, 김길수, 권원주, 문울산, 문진개 등 모두 열한 명이 적혀 있는데 이름들이 특

---

[74] 디지털울진문화대전 - 꾹죽, 참고.

이했다. 그들은 모두 독신이었다더니 처자식만 없는 게 아니라 이름도 대부분 지명이었다. 이러한 장돌림들은 원래 고향 지명으로 이름을 대신했다고 한다. 보부상들은 술은 먹어도 여자와 노름에는 손을 대지 않는다는 원칙이 있었다던데, 어기면 곤장이 20대였다고 한다. 남자 보부상은 여자 보부상 짚신도 넘어가지 못한다는 말도 있었다고 할 만큼 보부상들 공동체에는 엄격한 규율과 유대가 있었다고 한다. 보부상들에게는 다음과 같은 노래도 전해졌다고 한다.

아침에는 동녘하늘 저녁에는 서녘하늘
어쩌다 병이 나면 구원할 이 전혀 없네
사람에게 짓밟히고 텃세한테 괄시받고
언제나 숨 거두면 까마귀 밥이 되고
슬프도다 우리 인생 이럴 수가 어찌 있소[75]

울진 십이령길이 봉화와 영주 내륙을 연결하였다면, 동해안 울진과 내륙 영양을 연결하던 또 다른 옛길은 고초령(울진군 원남면~영양군 수비면)과 구슬령(구주령, 울진군 온정면~영양군 수비면)이 있었다. 이 옛길들은 과거 보부상이 울진장이나 매화장에서 소금, 생선, 미역 등 해산물을 사서 내륙에 있는 영양 수비장에 팔기 위해 넘나들던 고갯길이다.

'높을재'는 울진에서 영양장으로 넘어가는 고갯길을 말한다. 재(嶺) 이름을 높을재라 하고, 산 정상인 고초봉(高草峰)은 해발 679m정도이다. 태백산맥의 끝이라 험하고 경사가 심하다. 높을재의 연원은 대부분의 옛길들과 같이 알 수 없으며, 고문헌에는 고초령(高草嶺)이라 표기했다.

---

75 월간 사람과 산, 〈20주년기획, 백두대간 옛고개를 가다. 박달고개〉 기사 참고

이곳 높을재 사람들은 옛 보부상들을 '등금쟁이'라 부른다. 등에 짐을 지고 다닌다 하여 등금쟁이, 짐을 진채로 쉰다하여 선질꾼(立負), 바지게를 지고 다닌다 하여 바지게꾼으로 부르기도 했지만 이곳 사람들은 그저 '등금쟁이'로 불렀다. 등금쟁이들은 늘 집단을 이루어 다녔는데, 많게는 약 30명에서 적게는 열댓 명씩 무리 지어 다녔다. 얼핏 보기에는 누가 누군지 모르지만 그들에게는 나름대로 위계가 있었다. 신참들은 고참들에게 말과 행동을 함부로 하지 못했다. 최고 책임자인 반수가 만약 동행하지 않았을 때라도 평소 그가 눕던 자리나 베던 목침을 사용하지 못했다. 또한 규율이 엄격해 부도덕한 일을 저지르면 멍석말이를 하기도 했다.

높을재를 넘어 다니던 등금쟁이들의 물목은 주로 해산물이었다. 울진장, 흥부장, 평해장 등 울진지역 시장에서 구매하는 품목들은 대게, 미역, 마른 오징어, 동태, 간방어, 마른 가자미, 문어포 등과 그 외에도 소금, 젓갈 종류였다. 간혹 잔치 음식으로 주문하면 특별히 생문어, 방어, 송어, 전복, 대하

등금쟁이 옛길, 고초령(울진군 원남면~영양군 수비면)

등 생선을 갖고 다니기도 하였다. 안동, 영양 등 내륙 방면에서 울진 쪽으로 올 때는 주로 잡곡류, 인삼, 담배, 피륙, 비단 등을 갖고 와서 팔았다.

바닷가 마을의 남정네들은 생선이나 소금을 생산하고 아낙네들은 연안에서 채취한 해조류들로 연중 생계비를 벌었다. 음력설을 쇠자마자 마을 부녀자들은 바닷가로 나가 미역, 김, 파래, 진저리, 고르메, 톳, 까끄매와 같은 해조류를 뜯어 볏짚으로 엮어 만든 발에다 말려 20장을 한 톨로 묶어 출하한다.

이렇게 일반 생필품을 취급하는 등금쟁이들도 많았지만 높을재를 넘는 상인들은 주로 소(牛) 장수들이 많았다고 한다. 그것은 당시 울진장과 영양장이 우(牛)시장으로 성시를 이루었기 때문이며, 두 군데의 장으로 다니는 가장 가까운 길이 높을재를 넘는 길이었기 때문이다.[76]

동해안과 내륙을 연결하는 십이령길과 고초령 외에 또 다른 옛길인 구슬령을 넘어 영양, 안동 지방으로 다니던 길은 1세기 전까지만 하더라도 모든 사람들이 이용하던 주 통로였다. 구전에 의하면 임금님도 이 길을 다녔고 암행어사도 이 길을 이용하였다고 한다. 그리고 일반인들은 물론 보부상들도 이 길을 넘어 영양장으로 다녔다고 한다. 이렇듯 구슬령 고개는 동해안 사람들과 호흡을 같이한 친숙한 길이었다.

구슬령의 위치는 동해안을 따라 북쪽으로 올라가는 울진군 평해읍이라는 읍소재지에서 서쪽인 백암온천 방향으로 약 15km정도 계곡을 따라 올라간다. 백암 온천 마을 뒤의 큰 산이 해발 1,004m의 백암산인데 구슬령은 백암산 뒤쪽에 위치한 해발 550m의 높은 고갯길이다. 행정 구역으로는 온정면 외선미리에 속한다.

---

76 김성준 울진문화원장, 〈고초령(높을재)과 등금쟁이 이야기〉 참고.

온정면은 신라 때 부터 개척된 마을로 전해지며 고려 때는 비량현(飛良縣)에 속하였다가 고려 충렬왕 때는 평해군 근서면(近西面), 원서면(遠西面)으로 갈라져 있었다가 1914년 평해군이 울진군에 통합되면서 울진군 온정면이라 이름하고 울진군에 속하게 되었다.

구슬령을 옛 기록에는 주령(珠嶺)이라 했다. 울진의 젖줄인 왕피천의 발원지이며, 옥녀의 전설이 있는 곳이다. 이곳 지형이 9개의 구슬을 꿰어놓은 것 같은 형상이라 구주령(九珠嶺)이라고도 한다. 이곳 사람들은 '구질령'이라 부른다. 구슬령은 평해 해안에서 영양 등 내륙지방으로 넘어가는 유일한 고갯길이다.

보부상들을 이곳 사람들은 '선질꾼'으로 불렀다. 선질꾼들은 조선팔도를 무대로 장사하던 사람들이다. 그들은 1900년 초기 경에 생긴 신작로가 생기고부터 차차 없어지기 시작하여 일제강점기 중기까지 구슬령을 이용한 것으로 보인다. 후포나 평해 등지에서 영양, 안동, 영주지방으로 이동하려면 최단 거리가 바로 구주령을 넘는 것이었다. 후포항에서나 평해장에서 소금이나 해물, 미역 등 해조류 등을 구입한 옛 보부상들도 당연히 이 길을 이용하였다. 특히 소금에 절인 고등어는 안동 지방에 이르면 알맞게 숙성되어 먹기에 적합했다고 한다. 안동의 간고등어가 유명하게 된 계기다.

지금도 그렇지만 울진 후포항에서는 옛날부터 생선이 많이 잡혔고 어시장도 번성하였다. 후포장이나 평해장에서 소금, 어물을 구입한 선질꾼들은 평해를 거처 모두 구슬령 재 아래 '원마주막'으로 모였다.

조선 중기 문신이었던 이산해(李山海 : 1539-1609)는 임진왜란 중 평해로 유배되었고, 이때 여러 편의 시를 남겼다. 이산해는 평해에 있으면서 「이금춘간우과 하일시귀년위운 작고시(以今春看又過 何日是歸年爲韻 作古詩)」라는 제목으로 10수의 고시를 남기는데 그중 한 수는 다음과 같다.[77]

---

[77] "금년 봄이 또 지나가니, 언제나 돌아갈 날이 있을꼬"라는 내용의 두보 시의 운에 맞추어 10수의 시를 지은 것인데, 귀양살이하면서 귀양이 풀리기를 학수고대하는 이산해의 심정을 표현하고 있다.

나의 우거가 한길 가에 위치하여
서쪽으로 주령의 관문에 잇닿았네
남쪽 백성들 생선과 소금 사 가려고
마소의 행렬 빈번히 오고 가누나
대지팡이 짚고 문을 나서서
날마다 멀리 장안을 바라보노니
행인들이 어찌 나의 심중을 알리요
그저 시골 늙은이로 보고 말 뿐이지
僑居臨大道 西連珠嶺關 南氓重魚鹽 馬牛頻往還
出門曳筇竹 日日望長安 行人豈識抱 只作野翁看[78]

이 시에서 "남쪽 백성들 생선과 소금 사 가려고/ 마소의 행렬 빈번히 오고 가누나"를 보면, 당시에 많은 장사치들이 구슬령을 왕래했음을 엿볼 수 있다.[79]

보부상은 지방 장시를 도는 단순한 행상에 그치는 것이 아니라, 오늘날의 상업과 유통이 있게 한 장본인들로, 정보와 소식을 가져다주는 통신의 역할을 하기도 했다. 또한 국가적 위기 상황에서는 치안부대 역할도 했다. 보부상은 그 활약으로 보면 역사적 가치가 크며, 그들이 지나온 길에 자생적으로 생긴 주막촌 및 비석 등의 유적은 문화적·경제적 가치를 지니고 있다.

이처럼 동해안에서 태백산맥의 지맥을 넘어 내륙으로 넘나드는 세 군데 옛길은 저마다 나름대로의 특징을 갖고 있다. 북면 두천리에서 시작되는 십이령 길은 금강소나무 군락지와 연결되어 있으며, 인근 나곡리 고포미역

---

78 번역은 한국고전번역원, 이상하. 이산하의 『기성록』에서.
79 김성준 울진군 문화원장, 〈구슬령(珠嶺) 선질꾼 옛길〉 참고.

이 유명해서 미역이 주로 운송되던 '미역길'이었다. 백암온천에서 구슬령을 넘어 영양으로 가는 옛길은 자연석 돌 포장길과 옥녀의 전설을 간직하고 있으며, 후포항이 가까워서 고등어 등 어물 중심의 '간고등어길'이었다. 그리고 원남면 갈면리에서 시작되는 높을재 옛길(고초령·등금쟁이 옛길)은 당시 소(牛) 장사들이 많이 다녔던 '소장수길'이었다.

한편 강원도 동해시는 백복령 옛길 복원사업의 명칭을 '백두대간 동해소금길'이라 하고 조성사업을 추진하고 있다. '백두대간 동해소금길'의 명칭은 예전부터 우리 조상들이 동해시의 북평장터에서 구입한 소금을 임계장터 등 영서지역으로 나르기 위해 백두대간을 중심으로 영동~영서를 잇던 고갯길에서 유래하였으며, 이 고갯길에는 소금을 이고지고 백두대간을 넘나들던 선조들의 삶의 애환과 희망이 서려 있다.

충남 예산에는 보부상박물관이 있고, 경상북도 문경시의 문경새재 안에는 국내 유일의 '옛길박물관'이 있다. 또한 문경시는 『삼국사기』에 백두대간을 넘는 최초의 신라시대 고갯길로 기록돼 있는 문경읍 관음리와 충북 충주시 상모면 미륵리를 잇는 '하늘재'를 복원할 예정이다. 그리고 봉화에는 보부상보존연구회가 활동 중에 있으며, 울진군도 고초령 마을 인근에 '동해안 옛길역사문화관'을 세워 동해안 옛길과 인근 전통 오일장 장시의 역사문화를 기록 보존해 나갈 계획이다. 이는 바지게꾼, 선질꾼, 등금쟁이가 만들었던 육지와 바다의 접점을 문화적으로 해석해 나가는 길이기도 하다.

울진과 울릉도, 켈프로드의 출발점

조선시대 동해안에서 울릉도·독도의 수토사 뱃길은 울진의 대풍헌(待風軒)과 울릉도 대풍감(待風坎)으로 이어진다. 울진의 대풍헌과 울릉도의 대풍감은 마주 보면서 배를 띄우기 위한 바람을 기다리는 집과 장소라는 점에서 서로 아귀가 맞아 떨어진다.

이 둘을 연결하면 바로 울진과 울릉도의 뱃길이 된다. 울릉도는 조선시대 사람들도 인정한 미역의 주산지였다. 때문에 조선시대 수토사의 길은 바로 미역의 길이었다. 2021년 해양수산부가 전통 떼배를 타고 돌미역을 채취하는 〈울진·울릉 돌미역 떼배 채취어업〉을 국가중요어업유산으로 지정한 이유도 울진과 울릉도가 서로 이어진 삶의 공동체였으며, 그 중심에 독특한 미역 채취 문화가 있다는 점도 작용했으리라 생각한다.

수토(搜討)란 한 지역을 수색하고 토벌한다는 뜻으로 이는 울릉도의 지세를 살피는 한편, 불법으로 거주하는 조선 주민을 쇄환, 보호하고 벌목·어로행위를 하는 일본인을 수색하고 토벌하자는 정책이다. 수토제도란 조선시대 울릉도와 독도를 국가에서 관리한 것을 의미한다. 정기적인 울릉도 순찰을 통해 군역·군납을 피해 도망친 조선 주민을 쇄환시키고, 왜구의 수탈로부터 조선의 영토를 보호하기 위한 제도였다.

1694년 첫 울릉도 수토사가 파견된 이후 200년간 지속되다가 1894년 울릉도 개척령과 함께 수토제도는 공식적으로 폐지된다. 울릉도 개척 명령을 받은 울릉도 검찰사 이규원은 1882년 백성들의 거주를 위한 조사를 전면적으로 실시하고 고종에게 보고서를 올렸다. 이 보고서를 토대로 고종의 울릉도 개척령이 내려지고 울릉도에는 많은 이주민이 거주하게 된다.[80]

---

80 울릉군, 울릉수토역사전시관 자료 참고.

아울러 구한말인 1887년 울릉도에 흉년이 들어 주민들이 극심한 배고픔에 시달릴 때 울릉도 첨사를 겸한 평해(지금 울진군에 통합)군수가 이들을 구제했다는 신문보도도 있는 것으로 보아 과거 울진과 울릉도는 행정구역을 떠나 밀접한 유대관계가 있었다고 볼 수 있다.[81]

한반도 육지에서 울릉도·독도까지 최단 거리는 울진군 죽변으로 독도와는 216.8km, 울릉도와는 130.3km다. 시대마다 조금의 차이는 있지만 이최단 거리 부근의 항구에서 을릉도의 토산품과 해산물이 육지로 이송되었다. 울릉도의 자단향(향나무), 황토, 황죽, 산삼은 왕실에서 선호하는 진상품이었다. 또 울릉도의 해산물인 미역, 전복, 가지어 등이 조정에 진상되었다. 가지어는 바다사자, 바다표범, 물개, 강치로 불리는 바다의 포유류이다. 가지어 가죽이 진상품

〈여지도〉 중 강원도, 당시 죽변은 강원도 관할지역이었다. 죽변에서 울릉도까지 순풍이 불면 이틀 만에 도착할 수 있다고 표시되어 있다.(규장각 한국학연구원 자료와 동해의 항구, 대구은행 사외보, 향토와 문화 99호 참고)

81 강원도 관찰사 장계 (한성주보 1887. 7. 25)
– 향목촌(현 현포리)에 도착하니 마을이 절벽 사이에 있었으므로 향목을 겨우 진상할 최소한의 수만 갖추어 준비하였습니다. 그 아래는 바닷물이 있고 굴이 매우 깊숙하였는데 강치 무리가 출몰하므로 두 마리를 잡았습니다.
– 이 첨사가 새로 울릉도민의 허물어진 생활상을 보고 600냥을 희사하여 곡식을 사가지고 가서 구제하게 하였는데, 그 곡식이 150석이나 되었습니다. 이리하여 울릉도에 사는 쇠잔한 백성들이 힘입어 살아갈 수 있게 되었습니다. 이는 실로 과거의 첨사들이 행하지 않았던 선처였음은 물론 그가 베푼 은혜는 매우 가상한 일이 아닐 수 없습니다.

조선 후기 울릉도 해산물(경북대박물관)

에 있을 정도로 울릉도와 독도에 많이 서식하였으나, 가지어의 경제적 가
치를 노려 무분별하게 포획한 일본의 침탈 이후 멸종하게 된다. 그러나 여
러 물품 중에서 가장 중요한 것은 미역이었다. 울릉도에서 울진을 통해 내
륙으로 미역을 실어 나르는 수토의 길은 두 지역간의 미역공동체를 연결하
는 미역의 길(Kelp road)이 되는 것이다. 그리고 지금 이 길은 울진~울릉도
~독도까지 매년 코리아컵 국제요트대회가 개최되어 그 역사를 잇고 있다.

한반도의 켈프로드, 북미대륙의 켈프로드

울진과 울릉도 뱃길을 증명하는 것으로 경상북도 울진군 죽변면 후정리
에 천연기념물 제158호로 지정되어 있는 수령 500년의 향나무가 있고, 울
릉 대풍감 향나무 자생지는 천연기념물 제49호로 지정되어 있다. 울진 죽
변 향나무는 본래 우산도(울릉도)에서 자라고 있었는데 어느날 용왕을 찾
아가 육지에 보내 줄 것을 요청하니 용왕이 '장차 육지로 가서 뿌리를 내리
라'고 승낙하여 향나무가 망망대해를 떠다니다가 뿌리를 내린 곳이 바로

여기라는 이야기가 주민들 사이에
전해져 내려오고 있으며 바로 옆에
성황사가 있어 마을에서는 신목(神
木)으로 여기고 있다.

울진 후정리 향나무(천연기념물 제158호)

지금으로부터 2천여 년 전 이곳
동해안에는 강릉지역의 예국(濊國),
삼척지역의 실직국(悉直國), 울진지
역의 파조국(波朝國) 또는 파단국
(波但國)이란 군장 국가가 공존해 있
었는데, 이들 세 나라를 통칭하여 창
해삼국(滄海三國)이 있었다고 하고, 그 이후에도 울진의 우중국(優中國)
또는 우진야(于珍也), 울산의 우시산국(于尸山國), 을릉의 우산국(于山國)
등 동해안에는 여러 소국들이 있었는데, 결국은 이 지역이 미역, 다시마를
비롯한 다양한 해조류의 주산지임을 감안한다면 미역(藿, seaweed, kelp)
과 관련이 있지 않을지, 연구가 필요하다고 본다. 외국에서 논의되고 있는
재미있는 이야기가 있다. 켈프 하이웨이(kelp highway)를 주장하는 다음
가설을 살펴보면 논리적으로도 연결되지 않을까.

최근 과학저널 사이언스(Science)에 발표된 새 논문에서 인류학자들은
미국 원주민의 새로운 이주경로로 첫 번째 이민자들은 육지를 통해서 미
국으로 건너온 것이 아니라 '켈프 하이웨이(kelp highway)'를 따라 이주했
다는 내용을 발표했다. 베링해 이주설을 뒤집은 해안선 루트론(Beach to
Beach Theory)으로 내륙보다는 해안가를 따라 이동한 것으로 아메리카
신대륙 이주 루트의 주류설로 등장하여 흥미롭다.

북미 대륙 해안에 서식하는 해초인 켈프(Kelp)를 따라 내려왔기 때문에 '켈프 하이웨이'라고 부른다. 켈프는 다시마의 일종인 대형 갈조류 해조로서 미국 연안을 비롯해서 태평양 해안에 많이 서식한다. 켈프 하이웨이 가설은 이주민들이 베링해협이 육지로 연결되었을 때 얼음없는 좁은 길을 따라 건너왔다는 이론과는 전혀 다르다고 오래곤대학 인류학자, Jon Erlandson 박사는 말한다. 미국 태평양 연안을 비롯해서 아시아의 해안에 무성하게 자라는 켈프, 해조 숲은 초기 사람들의 바다여행을 용이하게 만들어줬다. 연구팀은 초기 미국인들은 환태평양(Pacific Rim)의 해안가를 따라 섬에서 섬으로, 만(灣)에서 만으로 때로는 세대를 이어가면서, 북 아시아에서 베링해협을 거쳐 미국으로 이주했다고 주장한다. 이주민들은 이어 미국 해안을 따라 남미지역으로 이동했다고 주장한다. 해안을 따라 형성된 무성한 켈프 숲은 해달을 비롯한 해양 포유류, 조개, 전복, 성게 등 먹거리가 풍부했을 것으로 추정된다. 이같은 환경은 초창기 항해자들이 해안에 붙어서 이동할 때 생존하기 쉬운 환경을 조성했다고 한다.[82]

이러한 가설(The Kelp Highway Hypothesis)은 2018년 캐나다 브리티시 콜롬비아주에 위치한 칼버트 섬(Calvert Island)에서 1만 3,000년전 인류 발자국이 발견됨으로써 설득력이 더해진다. 발견된 발자국은 모두 29개로 3명의 사람의 발자국이 확인됐다. 사진을 분석한 결과 두 명의 성인과 한 명의 어린아이의 발자국이었으며 맨발 상태였다. 배에서 내려서 뭍으로 향하던 상태에서 찍힌 것이다. 연구 결과에 따르면 인류는 마지막 빙하기가 끝나가던 1만 1,700년 전쯤 아시아에서 아메리카로 이동했다. 베링 육교를 통해 이동했으며, 이들은 현재의 브리티시콜롬비아 등 캐나다 서부와 남쪽으로 옮겨왔다. 이들이 이동한 캐나다 태평양 연안은 현재 삼림이 빼곡하게 들어서 있어서 오직 배로만 접근이 가능하다. 이 때문에 고고학자

---

82 한국고고학콘텐츠연구원(사이언스타임즈 원문), 美, 원주민의 새로운 이주경로 발견, 인터넷 자료 및 내셔널지오그래픽, Drain The Oceans 4, 〈The First Americans〉 다큐멘터리 참고.

들은 초기 인류가 어떻게 이동했는지를 확인하는 데 어려움을 겪었다.[83]

이러한 가설과 발굴 등을 참고해 김성규 세계전통고래문화연구소장은 고래를 잡던 한국의 선사인들이 미역길을 통해 아메리카 신대륙으로 뻗어 나갔다는 주장을 하고 있다. 한반도 연안에서 전통적으로 미역을 먹어 온 선사인들이 미역길 해안선을 따라 아메리카 신대륙으로 이주했다는 것이다.

남미와 남태평양지역의 미역의 섭취와 활용 등의 유사성과 유적을 통해 미역문화가 수천 년, 수만년 전에 음식과 생존, 문명교류의 중요한 역할을 했다는 가설은 앞으로도 지속적인 연구가 필요하다. '실크로드'가 유럽과 중국 및 한국까지 비단으로 연결되었다면, '켈프로드'는 한민족 중심의 길이다. 한국의 미역문화를 품은 선사인들은 아시아에서 북남미의 아메리카 대륙까지 진출했다. 요컨대 코리안 문화가 아메리카 인디언 문화의 원류라는 주장이 가능하다.

이 가설은 많은 실증적인 연구가 뒤따라야 할 것이다. 울릉도~울진, 내륙으로 이어지는 국내의 미역길은 '실크로드'와 같은 교역로 개념이고, 태평양 연안의 미역길은 인류의 이동과 관련된 길로 근본적으로 층위가 다른 개념이어서 수평적 비교는 어렵다. 다만 한국이 미역의 종주국(Kelp kingdom)이고, 미역길(Kelp road)을 따라 여러 문명적 요인이 이동했다는 것은 확실하다.

또한 미역길은 다른 '길'과 만나거나 교차함으로 인해 새로운 차원에서 국내의 여러 관광자원과 만날 수 있다. 이를테면 동해안 해안에 따라 조성된 '해파랑길'은 부산 오륙도 해맞이공원에서 출발해 미역의 역사적 주산지인 부산 기장을 거쳐, 울산 곽암, 경주 감포, 포항 호미곶, 울진 나곡리와 강원도 고성 통일전망대까지 이르는 동해안의 해변과 숲, 마을을 잇는

---

83 뉴스웍스, 2018. 3. 30, 〈1만3000년전 북미 최초의 인류 발자국 발견됐다〉 기사 참고.

750km의 길이다. 장거리 걷기와 자전거 여행길 등에 적합한 이 길은 동해안을 따라 미역짬을 따라가는 동해 미역길이기도 하다. 특히 4~5월경에 동해안 해변을 따라가다 보면 왠만한 어촌마을은 어디든지 자연산 돌미역을 채취하여 널려서 말리는 모습을 볼 수 있다. 미역짬을 따라 동해마을 이야기가 줄줄이 달려있다.

울릉도 천부항 1960년대 미역 건조 풍경

해신당과 마을 당산 큰나무들, 그리고 거기서 살아가는 사람들의 이야기와 삶의 냄새들이 있다.

우리가 그들의 문화와 일터를 이해하고 존중하면 여행에서 훨씬 많은 것을 얻을 수 있다. 단순한 별미 먹거리가 있는 맛의 여행인 동해미행(東海味行) 길이 아니라 동해안 마을사람들의 생명

공동체를 함께 이해하고 존중하는 지속가능한 동해동행(東海同行)의 길이 되기도 하는 것이다.

해파랑길은 동해안과 내륙으로 이어주던 미역문화를 보여주는 중요한 역사적 장소이며, 수천 년을 이어온 자랑스러운 우리 선조들의 해조류 문화를 볼 수 있는 돌미역길이기도 하다. 그리고 해파랑길 중에서도 포항, 경주, 울산시의 자치 단체간의 협약체인 해오름동맹이 만든 '해돋이 역사기행 루트'는 세계 미역문화의 발상지의 역사가 면면이 이어져 내려오는 관광트레일로서도 큰 의미가 있다.

6. 한민족의 식보(食補), 소울푸드 미역국(miyeok soup)
– 첫국밥에서 미역컵반까지 진화하는 미역국

여러 문헌에서 우리 민족은 수천 년 전부터 미역을 먹었고 특히 산모들이 산후에 몸의 회복을 위해 미역을 먹는 풍속을 기록하고 있음을 이미 살펴보았다. 특히 정약전(丁若銓 : 1758~1816)의 『자산어보』에도 산후에 미역을 먹는 유래가 나와 있다.[84] 허준(許浚 : 1539~1615)의 『동의보감』에서는 미역의 약성에 대하여 "미역은 열이 나면서 답답한 것을 없애고 기(氣)가 뭉친 것을 치료하며 소변을 잘 나가게 한다."[85]고 하였다.

이능화(李能和 : 1869~1943)의 『조선여속고』에는 "산모가 첫국밥을 먹기 전에 산모 방의 남서쪽을 깨끗이 치운 뒤 쌀밥과 미역국을 세 그릇씩 장만해 삼신(三神)상을 차려 바쳤는데 여기에 놓았던 밥과 국을 산모가 모두 먹었다."는 기록이 있다.[86]

이처럼 산전·산후(産前·産後)의 의례와 음식에서 미역은 빠질 수 없는 필수품이었다. 전통 가정신앙 중에 아기를 점지하고, 순조롭게 태어나서

---

84 『자산어보(玆山魚譜)』에 미역은 그 길이가 열 자 정도로서 옥수수 잎과 비슷하며, 1·2월에 뿌리가 나고 6·7월에 따서 말리며, 뿌리의 맛은 달고 잎의 맛은 담담하고, 임산부의 여러 가지 병을 고치는데 이보다 나은 것이 없다고 기록하고 있다.(한국민속대백과 사전, 미역채취)

85 한국민족문화대백과사전, 미역.

86 서울신문, 2014. 8. 28, 〈김준의 바다 맛 기행, 〈17〉 바다를 품은 채소 돌미역〉 기사 참고.

잘 자라도록 두루 보살피는 '삼신(三神)'이 있다. 산모의 해산과 아이의 출산을 전후하여 이 삼신을 위해 삼신상을 차린다. 이 미역은 아이를 낳는 산달에 구입한다. 미리 사다 놓았다가 달을 넘기면 해산도 늦어진다고 생각했다.

이 미역은 아무리 길어도 접거나 꺾지 않고 그대로 사 와서, 아이들 손이 타지 않도록 잘 보관하여 함부로 먹지 못하도록 한다. 아이들이 미역을 떼어 먹으면, 나중에 태어날 아이가 미역 먹은 아이를 물어 뜯는다고 한다. 이 미역을 산곽(産藿), 해산미역, 해복미역 등으로 부른다. '해산미역'은 장곽으로 넓고 긴 것을 고르며 값을 깎지 않고 사온다. 울진 지역에서는 예부터 햇볕과 산소를 충분히 공급받고 자란 수심 1m 이내의 돌미역을 '못미역'이라 하여 가장 좋은 해산미역으로 쳤다.[87]

산후선약(産後仙藥)이라 하여 산모가 출산한 후에 바로 미역국을 먹이는데 이를 '첫국밥'이라 한다. 이때 아이의 탯줄을 자르고 목욕을 시킨다. 흰 쌀밥과 미역국을 끓여 밥 세 그릇과 국 세 그릇을 상에 받쳐 삼신상을 준비한다. 이 삼신상은 산모 머리맡 구석진 자리에 놓고 삼신에게 감사하며 태어난 아이의 복과 산모의 건강 회복을 기원한다.

삼신할머니의 삼신은 자녀를 점지하고, 태어나게 하고, 길러주는 수호신이다. 이 신이 있는 자리는 안방 남서쪽 아랫목이다. 삼신은 한지로 만든 자루 속에 쌀을 넣어 아랫목 구석 벽에 높이 달아놓고 1년에 한 번씩 햇곡식이 나오면 곡식을 바꾼다. 바뀐 곡식은 절대로 남을 주지 않고 자기 식구들만 먹는 풍습이 있다. 삼신의 삼은 '태아를 싸고 있는 막과 태반'을 가리키는 우리 말이다. 삼신상에 가장 중요한 제물은 바로 미역이다.[88]

산모에게 흰 쌀밥과 미역국으로 첫국밥을 대접한다. 미역국을 대신해서 뭇국, 호박국, 호박죽, 된장국, 시래깃국, 콩나물국, 누룽지 등을 먹는 경우

---

87 한국향토문화전자대전 참고.
88 영남일보, 2018. 6. 13, 〈권현숙의 전통음식이야기 – 미역국〉 기사 참고.

도 많았다. 가정 형편이 여의치 않아 비싼 미역을 사지 못하는 경우도 많았기 때문이다. 제주도에서는 산모가 몸조리할 때 옥돔과 붉바리를 넣어 끓인 해어(海魚)국을 먹었다고 전해진다. 보통 산모들은 아이를 낳고 스무하루 동안 삼칠일까지 미역국을 먹는다.[89]

삼칠일 기간이 지나면 고기를 넣은 미역국을 끓여 먹을 수 있다. 산모가 먹는 미역국을 끓일 때는 조선간장만을 넣고 끓이며 마늘 등의 향신료는 전혀 사용하지 않는다. 경상북도에서는 부유한 집의 경우 명태나 대구포를 넣고 미역국을 끓이기도 했다. 삼칠일이 되기 전에는 아무리 부유해도 소고기, 닭고기 등을 넣은 미역국은 피했는데 고기는 살생이 수반되어 부정한 것으로 생각했기 때문이다.[90]

삼칠일 음식은 집 안에서만 나누는 것이 원칙이다. 백일은 아이가 출생한 날로부터 100일째 되는 날로 갓난아기가 주인공이 되는 첫 축하행사이다. 백일에는 미역국과 함께 백 살까지 오래 살라고 백설기, 키가 크라고 수수팥떡, 속이 넓어지라고 송편 등의 여러 음식을 마련한다. 아이가 태어나는 날 삼신상, 첫칠, 둘째칠, 삼칠, 오칠, 100일, 첫돌, 생일 등에는 꼭 미역국을 올리거나 먹는다.

그 이후 매년 생일날에도 꼭 미역국을 챙겨 먹는다. 미역국은 원래 임산부가 아이를 출산한 후 젖의 분비를 돕기 위해 먹는 대표적인 음식이었고, 매년 생일에 미역국을 먹는 것은 우리나라의 오랜 식문화로 전 지역에 내려오는 풍습이다. 산후조리를 위해 이웃나라의 경우에도 우리처럼 상징적으로, 의무적으로 미역국을 먹는 경우는 없다. 일반적으로 닭 국물을 주로 먹는 중국이나 가다랑어(가츠오부시)를 넣은 가벼운 국물을 먹는 일본 등 해조류를 주로 섭취하는 아시아권에서도 볼 수 없는 우리만의 독특한 해조민족(海藻民族)만의 특징이기도 하다.

---

89 한국민속대백과사전, 산후조리.
90 한국문화원연합회, 한국인의 통과의례- 관혼상제, 아이를 낳고 일상생활로 돌아가기 위한 산후조리, 참고.

전통적으로 미역은 아이를 낳는 해산(解産)과 태어나는 출생(出産, 생일) 때 먹는 음식이다. 그래서 생일날 축하와 함께 "미역국 먹었냐?" 하는 질문을 한다. 한국인들은 생일날 항상 미역국을 먹는다. 미역국은 해산과 출산에 관여하는 삼신에게 바치는 최상의 제물이며, 생일날의 상징적인 의례음식이었던 것이다.[91]

미역국은 서민뿐 아니라 조선시대 궁중에서 미역국을 이르는 말로 조탕, 곽탕으로 불리면서 임금님 수라상에도 올랐다.

고종 1년 갑자(1864) 1월 3일(을사)의 기록에는 경모궁에 천신할 미역이 아직 도착하지 않았다고 걱정했던 것으로 보아 미역이 궁중의 제사에도 사용된 중요한 공물이었던 것을 알 수가 있다.

안동의 풍산류씨 하회마을의 불천위제사에서 겸암파(謙菴派)는 닭을 엎어 쓰는데, 반해 서애파(西厓派)는 뒤집어서 사용한다. 그리고 겸암파에서는 김을 쓰는데, 서애파에서는 미역을 사용한다. 이로 미루어 볼 때도 김과 미역은 중요한 조상에 바치는 제물이었다. 그리고 일반 제사에도 다시마가 꼭 들어간 탕국이나 미역튀각을 올려서 제사밥에 함께 비벼 먹는다. 이처럼 해조류를 활용한 전통은 오래 전부터 전래되어 왔던 것이다.

미역은 잎은 잎대로, 줄기는 줄기대로, 미역귀까지, 또한 생으로, 건조해서, 염장해서, 1년 내내 주재료이든 부재료이든 다양한 식재료로 이용해왔다. 대한민국에서 언제나, 어디서든지 즐길 수 있는 대표적인 해조류 요리가 되었다. 특히 미역은 연근해에 생산되는 어류나 패류, 그리고 내륙에서 생산되는 오곡과 육류를 포함한 다양한 식재료와도 잘 어울린다. 돼지고기와 같은 일부 붉은 생선과 민물고기 등을 제외하고는 모든 식재료들과 균형적인 식단을 만들 수 있는 음식이다.

---

91 천진기, 〈경북 동해권의 미역인문학〉, (『동해인문학』, 경상북도, 129~133쪽).

싸 먹고, 튀겨 먹고, 끓여 먹고, 무쳐 먹는 등 미역을 활용한 여러 음식 중에서도 대표적인 미역음식은 단연 미역국(miyeok soup)이다. 가장 단순하게 미역의 천연의 맛을 살린 맑은미역국이나 된장미역국 외에 대부분 지역에서 가장 선호하는 것은 참기름으로 볶은 쇠고기를 넣은 소고기미역국이나 황태(북어)미역국이지만 지역마다 미역국의 종류는 다양하다. 소고기나 황태(북어) 대신에 가자미, 우럭, 광어과 같은 흰살 생선이나 굴, 홍합, 백합, 바지락 등의 다양한 조개류와도 궁합이 맞고, 꽁치 등 붉은 생선의 경우에는 다져서 완자형태로 넣거나 생전복이 더해지기도 한다. 파에는 미역 속의 칼슘이 인체에 흡수되는 것을 방해하는 성분이 있기 때문에 미역국에 사용하지 않는 것이 보편적이다.

동해안에는 참가자미미역국(경주 문무대왕면 일대), 참돔미역국, 꼼치(미거지, 물메기, 물곰)미역국, 소라고둥미역국(울릉도 일대), 대게살미역국(울진, 영덕 일대), 삼치미역국(경주 감포항 일대), 돌문어미역국, 말똥성게미역국(포항 구룡포항 일대), 쥐노래미(돌삼치)미역국(영덕, 삼척 일대), 임연수어(새치)미역국(속초 일대), 도루묵미역국(강릉 주문진항 일대) 등이 대표적이다. 갈치, 옥돔 등을 넣고 끓이는 갈치미역국과 옥돔미역국을 비롯하여 붉바리미역국, 황돔미역국, 고메기(보말)미역국은 제주의 별미이며, 남해안에는 생굴미역국, 광어미역국, 우럭(볼락)미역국, 농어미역국, 도미미역국, 돌돔미역국, 서해안지역은 양태(장대)미역국, 박대미역국, 꽃게미역국, 낙지나 주꾸미미역국, 숭어미역국도 해당 지역에서 맛볼 수 있는 특식이다.

내륙지역의 낙동강이나 섬진강 인근에서는 다슬기미역국, 강에서 나는 굴을 활용한 강굴(벚굴)미역국, 민물조개나 재첩미역국이 있고, 북한에는 돼지고기미역국이 있다고 알려져 있다. 서울을 비롯한 수도권에는 전통적인 양지머리미역국을 비롯하여 간편하게 가공 캔과 미역라면 등의 제품을

감자옹심이미역국
메밀수제비미역국
북어(황태)미역국
쥐노래미(돌삼치)미역국
임연수어(새치)미역국
도루묵미역국

양지머리미역국
계란미역국
사골곰탕미역국
닭가슴살미역국
참치미역국, 연어미역국
미역짬뽕수제비

오징어새우미역국
꽁치완자미역국
섭(홍합)미역국
따개비미역국
소라고둥미역국

소고기미역국
갈비탕미역국
꿩고기, 닭고기미역국
미역생떡국, 찹쌀새알미역국

까나리미역국
키조개미역국
꼬막미역국
바지락미역국
대하미역국
꽃게미역국

참가자미미역국, 참돔미역국
꼼치(미거지)미역국, 대게살미역국
삼치미역국, 돌문어미역국
말똥성게미역국, 멸치미역국

다슬기미역국
강굴(벚굴)미역국
재첩(민물조개)미역국

양태(장대)미역국
박대미역국
낙지, 주꾸미미역국
숭어미역국
넙치미역국
서대미역국

가리비미역국
생굴미역국, 광어미역국
우럭(볼락)미역국, 농어미역국
도미미역국, 돌돔미역국
홍합미역국, 전복미역국

매역새우럭국, 미역새죽
갈치미역국, 붉바리미역국
황돔미역국, 옥돔미역국
메밀저베기(조베기)미역국
고메기(보말)미역국

팔도 미역국 지도

활용한 다양한 레시피로 사골곰탕미역국, 닭가슴살미역국, 참치미역국, 연어미역국, 미역짬뽕수제비 등으로 변용이 되고 있다.

특히 미역의 주산지였던 기장에는 미역국과 관련된 향토음식으로 '미역설치'가 있다. 생미역이나 삶은 콩나물에 갖은 양념을 넣어 무친 후 콩나물국물을 부어 만든다. 교통이 불편했던 도서지역인 백령도에는 까나리미역국, 울릉도에는 꽁치완자미역국, 섭(홍합)미역국, 따개비미역국, 약소고기미역국, 청산도에는 거북손미역국, 제주도에는 매역새(어린미역)우럭국, 고메기(보말)미역국, 몰망국수(몸국) 등 섬 지역에서 나는 싱싱한 생선이나 패류를 사용해 요리에 활용했다.

제주도에는 미역을 활용한 죽요리인 미역새죽과 불린 미역을 넣은 메밀가루로 만든 수제비인 메밀저베기(조베기) 요리도 있다. 바룻국[92]이라 함은 바다에서 나는 생선이나 해물로 끓인 국을 총칭하는 말로, 그 대표적인 것으로 매역국(미역국)과 함께 몸국(모자반국)도 있다. 몸국은 돼지고기와 내장, 순대를 삶아낸 국물에 모자반을 넣고 끓여 특별한 행사날에 먹은 제주도 행사 음식이다. 강원도에는 산골지역에 많이 나는 메밀과 감자를 활용한 메밀수제비미역국이나 감자옹심이미역국 등이 타 지역과는 구별된다.

『자산어보』에는 성게가 "맛은 달고 날로 먹거나 국을 끓여서 먹는다"고 되어 있는데, 동해안의 대표적인 미역국인 성게미역국의 경우, 일반인들은 잘 모르지만 보라성게를 사용하느냐, 말똥성게를 사용하느냐에 따라 먹는 시기도 다르고 맛도 크게 다르다. 말똥성게의 경우 가격도 비싸고 겨울철이 제철이라 해녀들이 바로 따온 말똥성게로 미역국을 만들어 먹으면 훨씬 맛도 진하다. 붉은 빛을 띤 성게알과 녹색의 미역 색의 조합으로 식감도 아주 좋은 명품 미역국으로 탄생한다. 동해안의 대표적인 해녀밥상이다. 또

---

92 '바룻'이란 '바다의'라는 의미이다. 그러니까 직역하면 '바다의국'이라는 뜻이다(출처 : 제주의소리(http://www.jejusori.net)).

한 남해안 지역의 양식 홍합이 아닌 자연산 홍합, 이를 섭이라고 부르는데 (요즘은 섭이 귀해서 동해안 일부지역이나 울릉도에서만 난다.) 이 섭으로 미역국이나 죽을 끓이면, 살은 쫄깃하면서 단맛이 나고, 국물은 시원하고 깔끔하다.

보라성게와 말똥성게의 비교

종류	보라성게 (Purple sea urchin)	말똥성게 (Korean common sea urchin)	비고
채취시기	여름철	겨울철	말똥성게는 보라성게 보다 몸크기가 작지만 알이 야물고 향이 진해 비싸고, 예전에는 전량 일본수출을 하였음.
자산어보 표기와 특징	율구합(栗逑蛤) : 고슴도치와 같고 밤송이처럼 둥글게 가시가 난 조개(가시가 길고 검보라색).	승률구(僧栗毬) : 중머리처럼 짧은 가시의 밤송이 조개(동그랗고 가시가 짧아 말똥처럼 보이며, 짙은 녹갈색 또는 황갈색).	
지역별 용어	제주도에서는 쿠살, 흑산도는 구살, 거문도는 밤살, 동해에선 구시, 운단 등으로 혼용.	전남, 제주에서는 구살, 경북 동해안에서는 적게, 안게이, 운단, 부산, 울산에서는 양장구 등으로 혼용.	
사진			

구룡포에 사는 권선희 시인의 말에 의하면 말똥성게로 끓인 미역국이 당연히 맛이 좋지만, 보라성게 값이 많이 싸고 구하기가 쉬워서 보라성게로 미역국을 많이 끓인다고 한다. 말똥성게는 1kg에 12~13만원을 호가할 정도로 비싸고 장기 보관이 어렵다. 성게 비빔밥의 경우도 두 가지 모두 사용하지만, 말똥성게로 만든 비빔밥이 훨씬 더 향이 진하고 맛이 좋다고 한다.

동해안 포항 호미반도 지역에는 어부들에게 '모리국수'가 있었다면 해녀들에게는 '미역 깔떼기국수'라고 부르는 음식이 있다. 해안가에서 물질을 하는 해녀들이 먹던 음식인데, 가자미나 도다리, 미역치처럼 비린 맛이 없는 흰 살 생선을 푹 고아서 국물을 내고 미역과 함께 직접 반죽해서 썬 칼국수를 넣어서 끓여 먹는 것이다. 물질이라는 것이 하루 종일 차가운 바닷물에 몸을 담그고 하는 일이라 체력 소모도 많고 시간을 다투는 일이 많다 보니 시간이 부족한 해녀들은 간편한 한 끼 식사로 미역 깔떼기국수를 선택했다고 한다.

미역 깔떼기국수는 밀가루를 손으로 반죽해 굵고 듬성듬성 균일하지 않은 모양으로 칼로 떼듯 썰어서 툭박지게 만든 국수인데, 권선희 시인은 '칼로 떼듯'에서 깔떼기의 어원이 왔을 것으로 추측한다. 그녀는 미역 깔떼기국수에 관해 다음과 같이 이야기 한다.

"이 음식에서 깔떼기는 반죽을 수제비보다는 되게 하고, 칼국수보다 넓적하고 폭이 넓게 썰어 넣는 것을 말합니다. 소고기나 가자미 등 다양한 재료와 미역을 활용해 국물을 우리고 팔팔 끓을 때 밀가루를 치대고 밀어 썬 깔떼기를 넣어 먹는 것이라고 보면 됩니다. 아마도 입은 많고 쌀이 귀하던 시절에 끼니로 즐겼던 음식이지 싶습니다. 지금은 해먹는 이가 거의 없지만, 물질을 마친 해녀들이 불을 피워 큰 솥을 걸고 끓이는 깔떼기국수, 생각만 해도 맛과 그림이 나옵니다. 간혹은 들깨가루를 넣어 영양가와 맛을 더하기도 하는데요. 제 짐작으론 얼큰한 모리국수와 달리 고추가루 간이 들어가지 않아 부드럽고 담백한 맛일 듯 싶네요. 해녀들의 주 채취품목인 미역을 본재료로 하니 이 깔떼기국수를 활용하면 동해 해안가 지역 경제적 가치도 높일 수 있다고 봅니다. 봄에 자란 동해 질좋은 돌미역과 다소 가난했던 시절의 향수를 불러 일으키는 국수의 조합, 게다가 현대인의 입맛에 맞추어 가자미, 소고기, 조개 등으로 국물을 내고, 깔떼기를 넣어 끓이고 취향에 따라 들깨가루를 첨가한다면 영양만점 음식인 동시에, 우리 동해 해녀들을 부각하기에도 좋은 추억의 메뉴 소환이 될 것입니다."

타지역과 달리 경상도를 비롯한 내륙 지역과 강원도 산간지역에서는 찹쌀과 감자전분을 활용한 찹쌀새알미역국이나 미역을 넣은 갱시기, 들깨미역국, 산악지역에는 산야초오이미역냉국 등을, 충청북도 지방에선 미역과 들기름, 들깨를 넣어 진하게 끓인 국물에 보통의 방식처럼 가래떡을 찌는 것이 아니라, 쌀가루를 뜨거운 물로 반죽하는 '익반죽'해 만드는 생떡을 넣어 먹는 미역생떡국이 좀 이색적이다.

미역은 노화(老化)를 예방하며, 피부 재생을 촉진시켜서 피부 미용에 탁월하다. 푸른 바다에서 갓 잡아 올린 싱싱한 미역은 그야말로 공해 시대를 이기는 바다에서 자라는 천연의 약초(藥草)이다. 각종 오염 물질의 섭취로 혼탁해진 우리 몸을 깨끗이 청소해 주는 역할을 하기 때문이다.[93]

미역국 발명국인 우리나라는 앞에서 살펴본 것처럼 팔도 현지에서 나는 다양한 싱싱한 음식소재들과 만나 팔도 미역국으로 발달되어 왔다.

그럼 본격적으로 팔도의 미역 음식과 미역 음식의 발전 가능성에 대해 논의하기로 한다.

첫째, 미역국은 일반적으로 아무 것도 넣지 않고 미역의 원맛을 살린 맑은미역국이나 된장미역국도 좋지만 현지에서 생산되는 각종 싱싱한 어패류와도 잘 어울리는 균형 잡힌 영양식이다. 최근 지구 온난화를 줄이기 위

---

93 미역(海菜)은 바다에서 자라는 약초이다. 마도로스 블로그 인터넷 자료 참고.

한 로컬푸드 소비운동과 트렌드를 일컬어 말하는 로커보어(Locavore)[94]와도 매우 부합된다. 이를 증명하듯이, 경북은 자연산 가자미와 청어, 꽁치 생산량이 전국 1위기 때문에 당연히 가자미미역국, 청어, 꽁치미역국이 유명하다. 감성돔과 참돔은 전남, 굴과 홍합은 경남, 바지락과 키조개는 충남, 꽃게는 충남과 인천, 농어는 전남과 경남 등이 자연산 생산량이 1위이니 자연스럽게 많이 생산되는 음식 재료로 만든 생선 미역국이 자연스럽게 대표적인 미역국이 되는 것이다.

둘째, 생으로, 말려서, 염장해서 또는 자반형태나 장아찌로, 싸 먹고, 튀겨 먹고, 끓여 먹고, 무쳐 먹는 등 미역의 모든 부분을 1년 내내 활용이 가능하다. 특히 말린 건미역이나 미역분말은 저장성이 좋아, 바다와 먼 지역에서도 패스트푸드나 간편식 식사에 다양한 레시피로 활용이 가능하다.

셋째, 미역을 활용한 정찬 요리도 있지만, 깔떼기국수, 찹쌀새알미역국 미역짬뽕수제비, 미역국수 등 간식으로도 활용이 가능하다. 쌀이나 찹쌀을 활용한 미역국죽, 미역국밥, 미역초밥, 미역김밥 뿐만 아니라 밀가루를 활용한 미역빵과 미역어묵, 얼큰미역수제비나 미역냉국수, 미역면과 해초면, 미역라면과 미역우동 등 남녀노소에 맞는 별미 영양식으로 다양한 종류의 면요리와도 아주 궁합이 좋다.

넷째, 미역국을 끓일 때 내는 육수는 바다에서 나는 어패류 외에도 내륙에서 나오는 한우사골, 닭고기, 감자, 쑥, 들깨, 홍삼가루 등 다양한 육수를 활용해 사골미역국, 닭미역국, 미역쑥국, 홍삼미역국 등으로도 요리할 수 있고, 미역파스타, 미역파에야, 미역샌드위치, 미역샐러드 등 다양한 형태의 서양음식과도 접목이 가능해 퓨전요리로 진화되고 있다.

---

94 로커보어란 지역을 뜻하는 로컬(Local)과 먹을거리를 뜻하는 보어(Vore)의 합성어다. 자기가 사는 지역에서 가까운 거리에서 재배·사육된 로컬푸드(Local Food)를 즐기는 사람들을 일컫는 말로서 2007년 옥스퍼드 사전이 올해의 단어로 등록하면서 일반화됐다.

미역국 전문 체인점

　다섯째, 미역은 우리나라의 기본적인 식단인 밥과 국으로 이루어지는 갱반(羹飯) 식단에 잘 어울린다. 맑은 된장국이나 계란국이든 진한 잡탕류든, 미역이 들어가면 풍미와 영양을 높이게 된다.

　우리나라 미역국에는 미역이 주재료이며 미리 끓여 미역 본연의 맛을 우선한다. 반면 일본은 미역을 부재료로 사용해 나중에 토핑 정도로 활용한다. 미소된장국에 미역이 조금 들어가는 것이 그와 같은 예이다. 즉 한국은 미역요리를 보아도 종주국인 만큼 미역요리를 더욱 다양하고 풍성하게 발전시켜야 한다.

　한편 라면업계에서도 미역 건더기가 들어 있는 미역라면 외에 미역을 넣은 미역새콤비빔면, 미역초비빔면, 미역뜸북초장비빔면, 미역초무침면 등 경쟁적으로 신제품들을 만들어 내고 있다. 미역국을 전문으로 파는 프랜차이즈 업계도 있다. 크게 조개살미역국, 소고기미역국, 가자미미역국, 활전복미역국 등 4가지가 대세이다.

　최근에는 K-food의 열풍을 건강한 해조류 바람이 불어 미역국컵반 등 간편식 형태나 샐러드 형태로 유럽과 미국 등에도 보급되어 수출되고 있다. 비행기 기내식과 우주식품으로도 미역이 활용되고 있다.

이외에도 미역을 이용한 일상음식으로, 미역쌈밥, 오이미역냉국, 미역달걀국, 오징어미역냉채, 미역줄기볶음, 미역자반, 미역튀각, 미역지짐, 미역김치 등 밥으로, 국으로, 밑반찬으로 한국인들은 미역을 의례음식뿐만 아니라 일상음식으로 평생 먹는 소울푸드이자 한민족의 식보(食補)이다.

미역국만 해도 이렇게 100여 가지 이상의 요리법이 존재하니 생미역이나 미역줄기 등을 활용한 요리까지 고려한다면, 아마도 우리나라의 김치요리와 된장요리와 함께 가장 많은 요리법이 존재한다.

미역국의 전성시대, 먹방이 유행하는 시대, 이제 많이 먹느냐가 중요한 게 아니라 무엇을 어디서, 누구와 먹느냐가 중요한 시대, 미역요리의 더 큰 창의적 변화와 국제화를 기대해 본다.

출처 : 국립공원연구원, 2015, 『해양국립공원 해설도감Ⅳ』, 다양한 해조류들

미역의 미래

1. 해조류의 왕국, 울릉도와 독도

울릉도와 독도의 해조류

우리나라 해양생물 다양성의 보고이자 대표적인 연안 생태계의 보고인 곳은 서·남해안의 뻘(갯벌생태계)과 동해안의 짬(암반생태계)이다. 특히 경북 바다에는 암초가 많다. 국립해양조사원에 따르면, 이웃한 강원의 암초 수가 2개, 경남의 암초 수가 18개인데 반해, 경북의 암초 수는 모두 35개에 달한다고 한다. 특히 경남이나 강원도와 달리 울진의 후포퇴가 대표적인 짬이다.[1] 후포퇴에서 가장 수심이 얕은 지역은 후포항 동쪽 왕돌초(짬) 지역이다.[2]

이러한 곳은 해조의 보금자리로 울창한 해조숲이 형성되어 있다. 우리나라에서 대표적으로 우수한 암반 생태계를 형성하고 있는 곳이 경상북도 울진의 왕돌초(왕돌짬)와 울릉도·독도 주변이다. 왕돌초에서 서쪽으로는 후포분지와 이어지며 깊어지고 왕돌초를 지나 동쪽으로 가면서 대륙사면과 완만히 이어지면서 깊어진다. 왕돌초는 셋짬(북쪽), 중간짬(중간), 맞짬(남쪽)이라는 세 개의 봉우리로 구성되어 있다는 것은 이미 살펴보았다. 오

---

1 오창현, 2020,『경북 동해의 민속과 생활』, 바위의 고장, 경북, 94~95쪽.
2 한자로는 초(礁)라 한다. 물에 잠긴 바위를 말한다.

래전부터 왕돌초는 제주도 남방에 위치한 전설의 섬, 이어도와 마찬가지로 동해안 어민들에게는 구전으로 전해져오던 왕돌짬으로 불리어던 곳이었고, 동력으로 사용하는 배가 없던 시절 왕돌짬은 용궁으로 들어가는 길목이라는 전설이 있기도 하던 곳이었다.[3]

왕돌초와 함께 울릉도·독도의 짬지역은 동해 북쪽의 러시아 주변 바다에서 형성되어 울릉도·독도로 향하는 차가운 한류와 남쪽에서 북상하는 따뜻한 해류인 대마난류에서 기원하는 동한난류[4]가 20~50일 주기로 변동하며 영향을 동시에 끼친다. 이러한 환경적 특성으로 인해 울릉도·독도의 짬지역은 독특하게도 동해 고유의 해조 식생과 남해성 식생의 특성을 함께 보인다.

이러한 것을 볼 때 울릉도·독도는 그 주변의 관음도, 죽도 등의 여러 부속 섬을 포함하여 그 자체가 거대한 하나의 짬 기능을 하고 있어 연안 해양생물들의 서식환경과 해조류 생물 다양성의 보고로서 매우 중요하다.

다시 말하면 동해안에 있는 울릉도, 독도는 울릉짬, 독도짬이 되는 것이다. 이러한 짬은

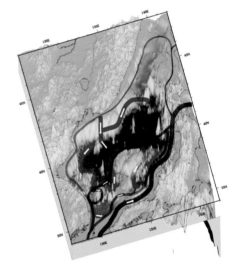

동해 3차원 해수순환 모식도(파란색은 찬물, 빨간색은 따뜻한 물)
(울릉도·독도해양연구기지 김윤배 박사 제공)

---

3 왕돌초의 유래는 1858년 〈수로지〉에 왕돌초에 대한 기록이 있으며, 1907년에는 원산에서 부산으로 항해하던 일본 기선의 선장이 부근을 지나가다 선박이 암초에 접촉한 흔적이 있음을 보고한 일이 있다. 1914년에 러시아 기선 빌디미르(Vladimir)호가 나가사키에서 블라디보스토크로 항해 중에 해상에 암초가 있음을 보고했다. 이후 1918년에는 일본 군함에 의해 확인된 후, 1920년 4월에 발행한 한반도의 동해안과 남해안을 다룬 〈日本水〉 10호 49쪽에 설명하면서 공식화되었다.(한국해양연구원, 2009,『동해 숨겨진 평원, 왕돌초』참고)

4 비교적 일정한 폭과 세기를 가지고 일정한 방향으로 흐르는 바닷물의 흐름을 해류라 하고, 울릉도·독도 주변의 대표적인 해류로는 동한난류가 있다.(『울릉도·독도백과사전』참고)

바위나 암반 등에 주로 서식하는 미역을 비롯한 해조류가 사는 데 적합하다. 또한 미역은 적정 수온과 수심층에서 자라게 되는데 울릉도 지역은 미역의 생육에 적당한 수온(15℃이하)과 수심층(5~40m)을 가진 짬이 많다.

울릉도의 해조류는 총 102종으로 춘계 83종, 하계 59종이 출현하였다. 분류군별로는 홍조류가 62종으로 전체의 60.8%를 차지하여 가장 많았고, 5월의 춘계에는 미역과 줄의관말이, 8월의 하계에는 옥덩굴과 줄의관말이 우점하고 있는 것으로 나타났다.

울릉도 해조류의 수심별 우점종 중요도(%)[5]

수심	춘계(5월)		하계(8월)	
	출현종	중요도(%)	출현종	중요도(%)
상부	미역 참가죽그물바탕말	20.92 10.31	작은구슬산호말 옥덩굴	21.28 18.03
중부	미역 줄의관말	14.83 12.09	옥덩굴 줄의관말	20.80 18.40
하부	줄의관말 쇠꼬리산말	17.06 8.34	줄의관말 감태	21.05 14.32
평균	미역(Undaria pinnatifida) 줄의관말	14.21 7.88	옥덩굴 줄의관말	15.77 13.85

또한 독도에서 출현한 해조류는 총 87종으로 춘계 56종, 하계 67종이 출현하였다. 분류군별로는 홍조류가 59종으로 전체의 67.8%를 차지하여 가장 많았고, 춘계에는 감태와 괭생이모자반이, 하계에는 감태와 고리마디게 발이 우점하고 있는 것으로 나타났다.

이를 종합해볼 때 8월 이후부터는 미역이 녹아내리고 번식에 돌입하기 때문에 울릉도에는 미역이, 독도에는 대황과 감태, 괭생이모자반 등이 많

---

5 2019년 국가 해양생태계 종합조사 결과보고서.

이 서식하고 있는 것으로 나타나고 있다. 여러 역사 기록이나 울릉도민의 개척 생활사에서 나타나듯이 울릉도의 해조류는 육지와의 경제교류나 음식문화에도 많은 영향을 끼쳤다. 지금도 그 해조류 활용문화가 전승되고 있다. 한마디로 울릉도·독도는 해조류의 왕국이다.

독도 해조류의 수심별 우점종 중요도(%)

수심	춘계(5월)		하계(8월)	
	출현종	중요도(%)	출현종	중요도(%)
상부	괭생이모자반 대황(Eisenia bicyclis)	21.21 16.81	고리마디게발 해인초	15.13 11.10
중부	감태 큰대마디말	60.90 9.13	감태 넓은보라색우무	65.21 11.60
하부	감태 줄의관말	51.88 7.37	감태 갈래잎모자반	45.91 15.62
평균	감태(Ecklonia cava) 괭생이모자반	28.97 11.46	감태(Ecklonia cava) 고리마디게발	33.41 6.07

최근에는 울릉 연안 해역에서 국제 식물 신품종 보호동맹(UPOV : International Union for the Protection of New Varieties of Plants)에 의해 품종보호대상 식물로 지정된 넓미역(*Undaria peterseniana*) 군락지가 처음으로 발견되었고, 일부 지역에서는 4m이상 크기로 성장하고 자생 상태에서 넓미역과 일반 미역이 합쳐진 교잡종도 확인돼, 앞으로도 연구가 많이 필요하다고 본다. 넓미역은 다시마목 미역과의 단년생 해조류로 국내에서는 제주도 일부 지역에서 발견됐지만 점차 군락이 축소되어가고 있는 종으로 매년 9월~11월까지 채취 금지기간으로 정해져 있다.

사람이 울릉도에 정착해서 살기 시작했을 때부터 미역과 같은 해조류는 중요한 식량자원으로 활용되었을 가능성이 많다. 논을 거의 찾기 어려운 가파른 화산지형 등을 고려할 때 울릉도민은 춘궁기 때, 문어와 꽁치와 같은 어류는 물론이고 산에서 나는 명이나물을 비롯한 산채(山菜)와 바다에서 나는 미역, 대황 등의 해채(海菜)를 골고루 섭취하였을 것이다.

수산 동식물만으로는 생존이 불가능한 섬 지역의 어촌주민들은 식량확보를 위해서 언제나 해산물을 육지의 농산물과 교환하여 삶을 지탱했다. 미역이나 건어물을 팔아 곡식을 구입하여야 생존이 가능해지는 것이다. 또는 반농반어를 통해 농사도 지어야 생계가 가능했다. 춘궁기에 식량이 떨어지면 이웃한 농촌마을 농가에서 양식을 빌려 쓰고 매년 4월에서 5월 사이 돌미역 채취를 통해 생산된 건조미역으로 그 빚을 갚기도 했다. 다양한 문헌의 고증해보면 울진·울릉 지역의 돌미역은 지역 주민의 주요 수입원이었다. 미역은 이들 지역민에게는 삶을 이어주는 소중한 역할을 지속하여 왔음을 알 수 있다.

현재도 울릉도 지역에서는 여전히 전통적인 어업기술에 의존해 미역을 채취하고 있으며, 1970년대 들어 양식 미역이 등장하기 전까지 자연산 미역은 이 지역 주민들의 연간 수입에서 매우 큰 부분을 차지하는 해산물이었다. 1980년대 남부지방의 양식업이 번성하면서 자연산 미역은 자취를 감추는 듯했으나, 2000년대에 들어 한국 경제가 성장하고 자연산을 선호하는 소비문화가 정착됨에 따라 다시 각광을 받기 시작했다. 울릉도와 울진지역 돌미역 생산량은 우리나라 전체 자연산 미역 생산량의 약 1.5%에 불과하지만 그 역사성과 유명성 및 소비자 인지도 면에서는 높은 인기를 얻고 있으며, 국가어업유산 등재(2021년)로 인해 더욱 그 가치가 확대되었다.

울릉도 미역의 유명세에 관해서는 여러 옛 자료들이 있다. 해동지도(1700년대 중반)에 울릉도 대표적 특산물로 감곽(미역)이 기록되어 있으며, 조선왕조실록 1794년(정조18) 강원도 관찰사 심진현(沈晉賢)의 울릉도의 수토결과에 대해 장계 내용 중 다음과 같은 기록이 있다.

대저 섬의 둘레를 총괄하여 논한다면 남북이 70, 80리 남짓에 동서가 50, 60리 남짓하고 사면이 모두 층암 절벽이며, 사방의 산곡에 이따금씩 옛날 사람이 살던 집터가 있고 전지로 개간할 만한 곳은 도합 수백 섬지기쯤 되었으며, 수목으로는 향나무·잣나무·황벽나무·노송나무·뽕나무·개암나무, 잡초로는 미나리·아욱·쑥·모시

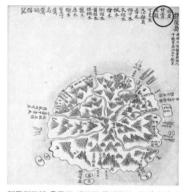

해동지도에 울릉도 대표적 특산물로 감곽(미역)이 기록

풀·닥나무가 주종을 이루고, 그 밖에도 이상한 나무들과 풀은 이름을 몰라서 다 기록하기 어려웠습니다. 우충(羽虫)으로는 기러기·매·갈매기·백로가 있고, 모충(毛虫)으로는 고양이·쥐가 있으며, 해산물로는 미역과 전복뿐이었습니다.[6]

1899년 9월 23일 황성신문 울릉도사황(事況)에 의하면 "해변에서 산령까지 빽빽한 나무들, 배 짓는 목수와 장사꾼, 어부, 농사꾼 등이 들어오던 정황, 수심이 깊어 고기가 잘 잡히지 않고 다만 미역이 많이 생산됨을 밝히고 있다. 대륙과 통상이 별로 없지만 가끔 내왕하는 상선을 통하여 먹거리·담배·옷감 등이 들어오고, 미역과 나무가 나갔다. (중략) 울릉도민과 일본인의 거래방식은 물물교환이었다. 섬에 정착했거나 뜨내기로 드나들던 일본인은 200명 규모였으며, 도민을 다양한 방식으로 괴롭혔다. 농민과 상인의 세금에 관한 원칙은 없었으나 도감[7]이 미역에 1/10, 목재반출은 1척당 100량, 일본인의 상거래는 구문을 2/100 징수하였다."라는 기사[8]를 참고로

6 『조선왕조실록』 1794년(정조18년) 6월 3일 기사,(한국고전번역원, 김능하 번역)
7 울릉도의 행정과 치안을 맡아오던 도장을 1895년에 바꾼 직함이 도감(島監)이다.
8 주강현, 2009,『울릉도 개척사에 관한 연구』, 한국해양수산개발원, 18~20쪽 참고.

하면 미역이 울릉도에서 중요한 산업이었음을 알 수 있다.

일제 강점기 동안에는 김과 미역을 포함한 우뭇가사리, 건전복, 전복 통조림, 말린 오징어 등은 일본으로 실어 나가는 주요 수산물이었다.

1905년 부산 영사관보 스즈키 에이사쿠(鈴木榮作)가 외무대신에게 「울릉도의 현황에 관한 보고서」를 제출했다. 여기에는 1904년과 1905년에 수출된 해산물의 양과 금액을 알 수 있다. 당시 수출 수산물 중에는, 전복, 오징어, 김, 미역이 울릉도의 주요 특산품인 것을 알 수가 있다. 한편 영사관 보고서에 미역에 관해 다음과 같이 해설하였다.

"온 섬 도처에 생산되나 한국인의 독점사업이며 일본인의 채취는 허용되지 않는다. 만약 일본인이 채취에 착수한다면 한국인은 채취방법이 유치하므로 일본인이 착수하자마자 재원을 탈취당하게 될 것이며 그들과 우리 간에 커다란 분쟁이 일어날 것이 틀림없다. 그러므로 아직 일본인 중에는 이를 채취하는 자가 없다."[9]

울릉도 주요 해산물 통계(1904-1905)

1904년(메이지 37)		1905년(메이지 38)	
건 전복	50관 187엔	건 전복	9,100관 8,050엔
말린 오징어	1,707관 1,707엔	말린 오징어	1,479관 1,529엔
김	138관 414엔	김	174관 524엔
미역	110,570파 1,383엔	미역	53파 74엔
		전복 통조림	35관 343엔

1910년의 『한국수산지』[10]에 의하면 종래 한국인이 미역을 독점적으로 채취하고 있던 것이 일본인과 공동으로 채취하는 것으로 바뀌었다. 이 기

9 박병섭, 2009, 『한말 울릉도·독도 어업』, 한국해양수산개발원, 40~44쪽 참고.
10 『한국수산지(韓國水産志)』는 1908년부터 1911년까지 4권이 발행되었다. 대한제국농상공부 수산국과 조선총독부 농상공부에서 전국의 연안에 도서 및 하천에 대한 수산의 실상을 조사, 기록한 책이다.

록은 당시 울릉도의 어업 현황을 잘 알려준다.

김과 미역은 종래 섬사람이 주로 채취하였으나 지금은 일본인도 똑같이 김과 미역 채취에 종사하고 있다. 다만 일본인이 미역을 채취하기 시작한 것은 극히 최근의 일로 섬사람과 공동으로 채취 작업을 하는 외에 단독으로 미역 채취에 종사하는 자는 없다. 대개 이 군의 일반 관행을 지키는 것이다… 어선은 섬사람 소유의 보통 범선 30척, 해조류 채취에 사용하는 작은 배 200척, 일본인 소유의 보통 어선 120척, 합계 350척이 있다.[11]

이처럼 울릉도에는 미역과 김이 많이 생산되었기에 지명(地名)도 해조류와 관계된 것이 많다. 김이 해태(海苔)라고 보면 울릉도에는 지금도 해태바위가 있고, 독도에는 미역바위, 김바위, 해녀바위 등이 있다.

울릉도 해태바위

11 박병섭, 2009, 『한말 울릉도·독도 어업』, 한국해양수산개발원, 40~44쪽 참고.

한편 울릉군 해태바위가 있는 천부리, 그리고 서면 태하리 등지에서 자연산 긴잎돌김을 채취해서 김을 생산하고 있다. 해마다 12월이 되면 깡통 철판으로 만들거나 함석 지붕조각을 동그랗게 오려내어 나무망치로 때려서 모서리 날을 세워 도구를 만든다. 아낙들은 해안가 바위, 짬에 달라붙어 자라는 돌김을 긁어 2월까지 모아, 집에서 말려 판매하고 있는데 일반 김보다 두세 배 비싼 값에 직거래로 판매하고 있다.

울릉 천부에서 채취해 오신 손화자 어르신의 말에 의하면, 울릉도 돌김은 3종류로, 돌과 바위에 붙어 노출이 되어 있는 것과 바닷물이 들락날락해서 물에 잠겼다 노출되었다 하는 것, 그리고 물속에 잠겨 바위에 붙어 있는 것이 있다고 한다. 돌김 10장을 1권이라 하고, 10권을 1축이라 한다. 현재 돌김을 먹을 때 김에 붙어 있는 아주 작은 돌이나 조개껍질 등이 붙어 있을 수 있어 홍두깨로 칼국수 만들때 밀가루 반죽을 밀듯이 밀고 난 후에 먹는 것이 좋다.

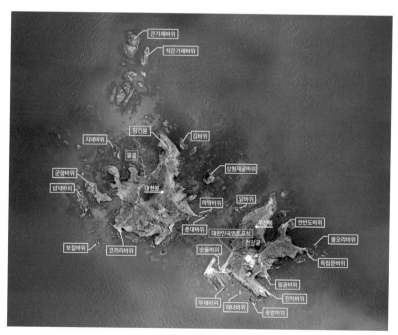

독도지명 현황도

야생 자연 채취이기 때문에 김 입자가 크고 거칠지만 특유의 식감과 향이 뛰어나다. 그리고 김과 계란을 풀고 쪽파를 송송 썰어 넣어 끊인 긴잎돌김 계란국 또는 생김 자체를 떡국에 넣어 먹거나, 김전을 해서 반찬으로 먹기도 한다.

독도는 주민 개척사에 있어 울릉도 어민들과 많은 관련이 있으며, 특히 돌미역을 비롯한 해조류의 채취를 위해 제주 해녀가 이주하는 등 미역 채취권과 많은 관련이 있다고 앞에서 살펴 보았다. 1965년 무렵부터 독도에 상주한 독도 최초 주민 최종덕 씨는 동아일보와의 인터뷰에서 독도 거주시 돌미역을 채취하여 독도 주민숙소에서 자연건조 후 대량으로 뭍으로 판매하여 생계를 이어갔다고 했다.

1953년부터 약 3년 8개월 동안 활동한 독도의용수비대장이던 홍순칠 씨와 관련해서 울릉 주민의 구술에서 다음과 같은 내용이 나온다.

"독도 미역채취권이 울릉도 제일 큰 이권이었지… 홍순칠은 미역 팔러 혼자서 부산에 가고, 서도에서는 미역하고, 동도에서는 경비하고, 미역이 주목적인데 경비해야지… 그 당시에 미역 값이 말려 가지고 한두릅 묶으면 오징어 말린 것만큼 비쌌어요. 그만큼 미역이 많이 나서, 독도가 그렇게 많이 나서, 양식 미역 나오고 싸졌지. 그만큼 비쌀 때인데, 미역이 거기서 많이 나서 일본에 수출도 하고 난리가 아니었지요."[12]

이러한 것을 볼 때 독도수호사에서 미역은 큰 의미가 있다고 하겠다.

---

12 주강현, 2009,『울릉도 개척사에 관한 연구』, 한국해양수산개발원, 176~179쪽 참고.

손꽁치잡이(오른쪽 사진은 필자)

울릉도에는 미역과 함께 다른 지역과 차별화된 해조류와 관련된 독특한 전통 어업방식이 있다. 손꽁치잡이가 바로 그것이다.

해마다 4~5월이면 꽁치는 산란하기 위해 포항 영일만을 지나 울릉도로 올라온다. 울릉도 연근해는 모자반, 미역 등 해조류와 해초들이 무성해 꽁치들이 알을 낳기 좋은 장소다. 새끼줄에 끼운 몰(모자반)을 엮어 떼배를 타고 나가 꽁치가 자주 나타나는 바다에 몰을 띄워 놓고 두 손을 해조 사이에 넣고 기다린다. 잠시 후 꽁치들이 들어오면 잽싸게 잡아 배 위로 올린다. 꽁치는 해조에 몸을 비비면서 산란을 하는 특성이 있기 때문이다.[13]

이렇게 잡은 꽁치는 산란철이라서 살집이 많고 스트레스와 상처가 적어 신선하고 맛이 훨씬 좋아 다양한 식재료로 활용하였다. 꽁치를 곱게 다져 완자를 빚어 넣고 끓인 꽁치미역국인 '꽁치완자미역국'이나 '꽁치물회', '꽁치식해'가 있다. 또한 된장 시래깃국에 넣어 꽁치를 다진 국인 꽁치당구국[14]을 만들거나 경단을 만들어 떡국에 넣기도 했다. 울릉도 자연산 긴잎돌김과 함께 울릉손꽁치는 국제슬로푸드 생명다양성재단이 추진하고 있는 '맛

---

13 조선일보 2020. 6. 10, 〈김준의 맛과 섬 : 울릉도 손꽁치〉 기사 참고.

14 국제신문 2020. 3. 24, 〈최원준의 음식 사람 〈6〉 포항 꽁치당구국〉 기사 참고. : " '당구'는 '칼로 생선을 잘게 다진다'는 뜻의 포항 말. 말 그대로 꽁치를 통째 도마에 올려놓고 형체가 없어질 때까지 당구쳐서, 파와 양파, 밀가루 등과 버무려 어묵 재료처럼 연육 상태로 만든다. 이를 된장을 푼 냄비에 수제비처럼 숟가락으로 뚝뚝 떠 넣거나 완자 형태로 성형을 해 넣고 끓여낸다. 이때 무, 콩나물, 시래기 등 집에 있는 채소를 함께 넣고 한소끔 더 끓이면, 시원하고도 구수한 '꽁치당구국'이 된다."

의 방주(Ark of Taste)'에 등재되었다.

맛의 방주는 소멸위기에 처한 식재료와 종자, 음식 등을 발굴하고 보호하자는 운동으로 획일화 되어가는 인류 밥상의 다양성을 지키기 위한 국제 슬로푸드협회의 핵심사업 중의 하나이다. 현재 울릉군은 울릉손꽁치 어업을 〈울진·울릉 돌미역 떼배 채취어업〉에 이어 국가중요어업유산으로 등재를 추진하고 있다고 한다.

그 외에도 울릉도에는 독특한 해조류가 많다. 미역도 다시마도 아닌 울릉도 사람들이 먹는 해조류 중 까꾸미(고리매, 고르메)라는 것이 있다. 울릉도의 맑고 거친 바다에 서식하는 까꾸미는 갈조류의 해조로 고리매(고르메)를 부르는 울릉도 말이다. 정식 명칭은 고리매이나 울릉도 방언으로 까꾸미라 부른다. 정감 있게 들린다.

바위에 붙은 까꾸미(울릉군청 남구연 팀장 제공)

까꾸미는 울릉도 봄철 바닷가 바위에 붙어 파도를 맞으며 살아가는데, 울릉도 사람들은 통조림 뚜껑으로 바위 위에서 채취한다. 긴잎돌김과 돌미역이나 대황과는 형태가 다른 다시마와 조금 비슷한 형태다. 돌김 채취가 끝날 무렵 채취하는데, 김보다는 조금 거칠다. 울릉도에선 실 같이 가는 까꾸미를 '실고르메', 잎이 넓은 까꾸미를 '왕고르메'라 하여 까꾸미와 고르메라는 이름으로 같이 사용되고

까꾸미전(울릉군청 남구연 팀장 제공)

실고르메, 왕고르메, 따까라면(따개비와 까꾸미 라면) (울릉군청 남구연 팀장 제공)

있다.[15] 까꾸미 먹는 방법은 깨끗이 씻은 후 생으로 양념간장에 찍어 먹거나 양념으로 무쳐서 먹을 수도 있고, 미역처럼 데쳐서 반찬으로 먹는다. 울릉도 사람들은 춘궁기 먹을거리가 없을 때, 어릴 적에 묵은 김치와 함께 까꾸미전도 해 먹고, 최근에는 삼겹살에 쌈을 싸 먹기도 한다. 일부 바다 연안지역에서는 고리매된장덖음을 해 먹기도 한다고 한다.

울릉도에는 인기있는 산나물인 부지갱이가 있다. 원래 섬쑥부쟁이를 부르는 울릉도 이름인데, 원래 '기근을 모르게 하는 풀'이란 의미의 부지기근초(不知饑饉草)에서 이름이 유래하여 부르게 된 것이라는 설도 있다. 울릉도 산마늘이 이 지역에서는 명이나물로 부르는 것도 춘궁기에 목숨을 이어준다 하여 명이나물이라고도 했다고 한다. 이러한 이름의 유래는 그것의 사실관계를 떠나서 논이 거의 없는 울릉도에서 산나물과 해조류는 중요한 구황식품이었다는 사실을 말해주는 대목이라 할 것이다. 봄이면 울릉도 산지에서 자라나는 부지갱이와 명이나물과 함께 미역과 까꾸미, 대황 등도 중요한 식량자원이었다. 지금은 오히려 그러한 구황식품이 각광받는 향토식품으로 울릉도의 특산품이 되었다.

---

15 울릉남선생, 인터넷 자료 및 울릉군 농업기술센터, 남구연 팀장 자료 참고.

탄소제로 해조마을(Carbon Zero Seaweed Town)을 위하여

　다양한 해조류와 해양생물이 서식하는 동해 해양생태계의 오아시스인 울릉도(독도)는 풍부하고 역동적인 해양생명들의 삶터이다. 특히 독도는 해양 영토적 가치로서도 매우 중요하다. 게다가 동해안 최초의 해양보호구역인 울릉도 해양보호구역에는 울릉도·독도에서만 숲을 이루고 있는 유일한 특산종인 대황이 자라고 있다.

　대황은 분류학적으로는 다시마목 감태과에 속하는 다년생 해조류다. 수명이 약 4~6년인 대형 바닷말류로 단년생 해조류인 미역과는 구별된다. 일본 일부 해역[16]을 제외하고는 전 세계에서 울릉도와 독도에서만 서식하는 특산종이다.

　대황은 울릉도와 독도의 조하대 2~10m 수심에서 주로 서식하며, 적정 수심은 5m 내외이고, 감태와 혼생하는데 물이 아주 맑은 지역에서만 서식한다.

독도 대황(울릉도·독도해양연구기지 제공)

---

16 일본 오키제도 도고섬 사이고 마을의 민박집에서 반찬으로 대황초무침이 나오기도 한다.(명정구 외, 2013,『울릉도, 독도에서 만난 우리 바다생물』, 95쪽)

대황을 활용한 화장품 개발품들

요오드와 칼륨이 다량 함유되어 영양이 풍부하며 독특한 맛을 가지고 있어서 예로부터 다시마 대용으로 이용했을 뿐만 아니라 칼슘, 철, 마그네슘 등 많은 미네랄과 비타민을 포함하고 있는 것으로 알려져 있다. 최근 알긴산의 원료로 그 가치를 평가받고 있다. 또한 대황 추출물 성분이 항고지혈증, 항산화 및 항당뇨 작용을 해 의약품의 원료 및 화장품과 기능성 식품으로서 주목을 받고 있다. 경상북도 환동해산업연구원에서는 대황을 활용한 화장품으로 아이크림, 얼굴팩, 클렌징크림, 핸드크림, 선크림 등 다양한 상품을 개발하고 있다.

대황밥과 대황 말리는 작업

울릉도 주민들은 예로부터 생 대황을 살짝 데쳐서 쌈, 무침 등으로 식용했다. 과거 춘궁기에 울릉도 사람들은 대황을 넣은 대황밥으로 굶주림을

1925년 미역을 말리는 광경(왼쪽)과 1979년 김을 만드는 울릉군민 (사진 울릉군 제공)

면했다고 한다. 과거에는 바다에서 베어온 대황을 바위에 널어 말린 뒤 마르면 짊어지고 와서 장작불을 때서 삶았다. 삶은 대황 줄기는 빼고 잎만 썰어서 보리나 감자, 옥수수를 섞어서 밥을 한 것이 대황밥이다. 대황은 염증을 없애는 효능이 있다고 알려져 있다. 간혹 곰피를 대황이라 부르기도 하는데 둘은 전혀 다른 종이다. 울릉도에서도 남쪽 통구미 지역에서 대황을 넣은 대황밥을 많이 먹었다고 하는데, 지금은 행남등대 옛길에 있는 한 식당에 미리 예약하면 맛볼 수 있다. 최근에는 남획으로 양이 줄어들자 2007년부터는 5월 1일~7월 31일 간의 3개월을 대황 채취 금지 기간으로 정하고 있다.

대황과 생김새가 비슷한 감태가 있다. 대황과 감태를 구분하는 가장 큰 특징은 엽체와 연결되는 줄기부의 형태이다. 감태는 일자형 줄기부를 갖는데 비해 대황은 V자형으로 갈라진 줄기부에 엽체가 발달하여 차이를 보인다. 이렇듯 유사한 생김새 탓에 울릉도 주민들은 대황을 숫대황, 감태를 암대황이라 부르기도 한다.

울릉도는 산채와 해조류가 다양한 만큼 음식 또한 다양할 수 있어, 울릉도 음식의 체계적 개발 연구 및 국제화가 시급하다. 울릉도는 섬 일대가 해양보호구역으로 지정되어 다행히도 연안 생태계와 연안 생물 보존을 위한 노력 등이 울릉도·독도해양연구기지를 중심으로 진행되고 있다. 울릉도·독도해양연구기지에서는 울릉도 해역에서 희귀종인 해마를 발견하였고, 독도에서는 미기록종인 바늘베도라치도 발견하는 등 많은 성과를 거두고 있다.

앞으로 해조류의 왕국, 울릉도가 현지 주민들의 모든 생존권과 정통성 및 고유성을 보장하며, 기존의 경제적 활동이나 생활양식을 제약하거나 통제하지 않으면서, 울릉도·독도의 자연과 해양생태계의 지속 가능성을 성취하고 세계적 생태관광지로 도약하기 위한 노력을 계속해 나가야 한다.

아울러 앞에서 살펴보았듯이 바다속 산소공장인 블루카본으로서의 미래 잠재력이 무한한 울릉도·독도에 자생하는 다양한 해조와 해초류들을 활용하여 이산화탄소 흡수원으로 활용해 나가기 위해 〈해조·해초류 생물성 다양성센터(Seaweed Biodiversity Center)〉의 설립과 함께 탄소제로 해조마을(Carbon Zero Seaweed Town)을 만들어 나가는 사업들도 진행해 나가야 한다.

그리고 플라스틱 제로(Plastic Zero)와 쓰레기 제로(Waste Zero) 마을을 지향하며, 유네스코 세계자연유산으로 등재되기 위한 노력도 함께 해야 한다. 영국 사우스 웨일즈 지역, 쳅스토우(Chepstow) 마을처럼 주민 자발적으로 플라스틱을 줄이기 위한 실천 프로그램 마련과 함께 어린아이들부터 다양한 해양생태 교육 프로그램을 마련하는 등의 노력이 필요하다고 본다.

자연 해조류 생태계의 보고, 해조류 자연 왕국이 경상북도 울릉도라면, 해조류 양식 산업의 왕국은 전라남도 완도이다. 전복 양식을 하다 보니, 자연스럽게 미역과 다시마의 양식도 많이 하게 되었다. 앞으로 고유종을 많이 확보하고 있는 해조류 자연 왕국인 울릉도와 양식 기술이 발달되어 있는 해조류 양식 산업의 왕국인 완도가 협력하여 지속가능한 탄소제로 해조마을의 국제적인 모델을 만들어 나가, 세계적인 생태 섬 도시로 거듭나기를 기대해 본다.

울릉 돌미역(울릉도·독도해양연구기지 제공)

독도 해중숲(울릉도·독도해양연구기지 제공)

울릉도 미역 자연 건조

울릉도 미역 현대식 건조

2. 상상하는 해조류, 바다 잡초에서 바다의 황금으로!

해조류의 활용과 미래산업

오래전 동양에서는 식물을 약과 같은 치료제로 이용해 왔다. 식물에서 추출한 천연 성분으로 건강 기능성 용품이나 의약품을 만드는 것은 서양 근대의학이 발달하면서부터이다. 인류가 최초로 식물을 활용하여 합성한 약은 아스피린이다. 버드나무에서 추출한 이 약은 1897년 독일 바이엘 연구소의 펠릭스 호프만 박사가 개발했는데 해열·진통제로 전세계적으로 이용되고 있다. 은행나무 잎에서 추출한 물질인 징코민이 혈액순환개선제로 사용되고 있는 것처럼 현대에는 천연소재에서 바이오의약품 개발이 적극적으로 이루어지고 있다.

바다는 인류가 생존할 수 있도록 오래전부터 어류 등의 식량자원을 제공해 왔으며, 실제 전체 산소 생산량의 약 70%가 바다에 사는 해조류와 미생물들이 만들어 내고 있다. 생물 전체의 80% 이상이 바다에 살고 있지만, 아직도 우리가 모르는 생명체가 발견되고 있는 무한한 가치가 있는 또 하나의 우주가 바로 바다다.

수산업의 현장이었던 바다는 이제 첨단 바이오산업과 유전자기술의 발전으로 다양한 변화가 일어나고 있다. 조류(藻類), 해초, 산호초 등에서 유용한 약효물질들이 개발되면서 21세기는 해양시대가 될 것이라고 예측하는 사람들도 많다. 이는 육상자원 탐색이 상당 부분 완료됨에 따라 글로벌 바이오기업들은 바다의 해양생물의 기초 효능을 활용하여 다양한 바이오 소재를 개발하는 쪽으로 눈을 돌리고 있기 때문이다.

해조류와 해초류는 해양생태계에서 생산자임과 동시에 연안에 생육하는 다양한 어패류의 산란장 및 은신처를 제공하여 연안어장의 자원 증대에도 크게 기여한다. 이외에도 의약품, 사료 등으로 이용될 뿐만 아니라 해양환경의 변화에 따라 출현종 및 군집구성이 변화하는 특징 때문에 장기적인 환경변화를 모니터링하는 생물지표로도 활용이 가능하다.[17]

해조 추출물은 식물 성장 호르몬, 아미노산, 비타민, 다당류 등을 풍부하게 가지고 있다. 아래 표는 해조류를 이용한 관련 산업을 정리한 것이다. 해조류는 크게 식용 분야와 비식용 분야로 나눠진다. 우선 식용 분야는 유용 해조류를 대량 생산하는 양식산업과 해조류를 원료로 사용하여 건강기능식품, 발효식품, 식품첨가물 등을 생산하는 식품산업으로 구분할 수 있다. 비식용 분야는 생물의약산업, 생물화학산업, 생물환경산업, 바이오에너지산업 등으로 분류할 수 있다. 생물의약산업은 해조류의 유용 생리기능성을 활용한 각종 의약용 소재 및 제품을 만드는 산업이다. 생물화학산업은 해조류를 특성을 활용하여 고분자재료, 산업용 및 연구용 시약류, 바이오화장품 및 생활화학품, 생물농약 및 비료 등을 제조하는 것을 말한다. 생물환경산업은 해조류 자원을 이용한 오염 제거 등의 제품을 만드는 산업이다. 마지막으로 바이오에너지산업에는 해조류 바이오연료(바이오에탄올 및 디젤 등)를 만들거나 온실가스 저감 CDM사업 추진 등이 포함되어 있다.

---

17 해양환경공단, 2019, 『국가 해양생태계 종합조사』, 3쪽.

해조류 관련 산업의 분류[18]

분야		주요내용
식용분야	**양식산업**	유용 해조류 자원의 생산(김, 미역, 다시마, 우뭇가사리 등)
	식품산업	해조류 자원을 이용한 건강기능식품, 발효식품, 식품첨가물, 사료첨가제, 기타 바이오식품(다시마환, 다시마국수, 조미김 등)
비식용분야	**생물의약산업**	해조류의 유용 생리기능성을 활용한 각종 의약용 소재 및 제품
	생물화학산업	해조류 자원을 활용한 고분자재료, 산업용 및 연구용 시약류, 바이오 화장품 및 생활 화학품, 생물농약 및 비료, 펄프 및 제지 등
	생물환경산업	해조류 자원을 이용한 생물환경 제품
	바이오에너지산업	해조류 자원을 이용한 바이오연료(바이오디젤, 에탄올), CO_2 저감 CDM 인증

이상과 같이, 해조류의 관련 산업은 처음에는 해조류를 단순히 식용 또는 사료용으로 직접 이용하는 것에 불과하였고 산업의 분야도 매우 단순하였다. 최근에는 식용, 사료용 이외에 의약, 화학, 환경, 바이오 등 사업의 역이 넓어지고 있고 점차 부가가치가 높은 산업으로 옮겨가고 있어 유망한 미래 산업으로 각광받고 있다.[19]

특히 해양바이오(Marine biotechnology)는 해양생물에서 바이오소재를 개발해 제품과 서비스를 생산하는 분야인데, 현재는 전 세계 약 33만 종의 해양생물 중 1% 정도만 바이오 소재로 이용되고 있어 향후 해양생물을 통한 바이오 신소재 개발 가능성이 매우 높은 것으로 평가되고 있다.

바다자원의 활용에 있어서도 홍합의 접착단백질 성분을 활용해 세계 최초로 인체에 무해하고 수중환경에 접착이 가능한 의료용 지혈제, 생체접착 소재가 국내에서 개발돼 동물실험을 완료하고 인체적용 시험단계에 있으며, 새우와 게 등 갑각류의 키틴 성분을 활용, 강도와 항염성, 골재생 능력이 개선된 치과용 소재가 개발되어 동물실험이 진행 중에 있다. 불가사리 추출성분을 이용한 친환경 제설제를 개발하여 도로파손과 차량부식을 억제하는 동시에 불가사리 퇴치를 통해 바다환경도 지키는 효과도 내고 있다.

---

18 국립제주박물관, 제주 해조산업 RIS사업단 내부자료.
19 한국해양수산개발원, 2009, 『해조류 바이오산업화를 위한 전략 및 정책방향』, 62~63쪽 참고.

아울러 크릴(관절건강), 미세조류(눈건강·면역강화·체지방개선), 김(면역증진), 굴(피부건강·운동능력), 스피룰리나(인지능력개선), 심층수 등을 활용한 각종 건강기능식품 개발돼 인체 적용을 위한 준비단계에 있다. 고령화 시대에 맞춘 웰에이징·항노화 소재 개발, 해양치유자원을 활용한 기능성 헬스케어제품 개발, 해양미생물을 활용한 바이오수소 생산 등 새로운 산업소재 발굴을 위한 해양바이오산업 등에 대한 전망은 매우 밝다.

해조류를 활용한 해양바이오 분야에서도 큰 변화가 이루어지고 있다. 해조류 소재를 활용한 암진단용 근적외선 조영제가 상용화 단계에 있다. 외국인이 보는 미역은 잡초였으나, 잡초를 먹던 한민족은 이제는 잡초를 황금으로 만드는 민족이 되었다. 과거에 미역은 기껏 산업 분야 응용이라고 해야 사료, 비료 및 연료에 머물렀으나 이제는 바르는 화장품 등 치유제품에서 인조 고기의 배양, 그리고 후코이단 성분을 활용한 의료건강용품, 그

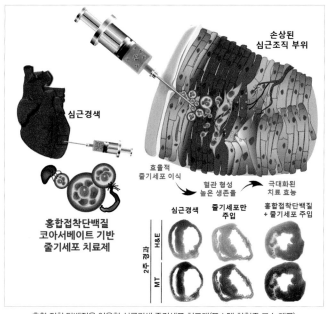

홍합 접착 단백질을 이용한 심근경색 줄기세포 치료제(포스텍 차형준 교수 제공)

리고 바다 환경을 지키는 기술로도 진화하고 있어 미지의 자원인 미역을 비롯한 해조류 자원의 미래가치는 엄청나다.

해조류의 주요 용도는 직접 먹거나 가용성 탄수화물 제품(해조콜로이드)의 추출 원료로 이용되며, 해조 콜로이드는 점도를 높이기 위한 해조류에서 추출한 물질로 점증제, 겔, 식품안정제와 화장품 등의 상품에 이용된다. 홍조류에서 얻어지는 중요 해조 콜로이드는 캐러기난(carrageenan)과 한천(agar)이다.

한천(寒天)은 홍조류인 우뭇가사리를 원료로 추출해 만든 식품으로 해조엑기스이다. 우무를 동결 탈수하거나 압착 탈수하여 건조시킨 식품인데, 보통 우뭇가사리·개우무·새발 등 우뭇가사리과의 해조로 만든다. 꼬시래기·갈래곰보 등의 해조로도 만들 수 있다.

우무는 실 모양으로 가늘게 썰어 콩국에 띄워 여름철의 청량음료로 이용하여 왔다. 한천 용액은 응고력이 세고, 응고한 것은 비교적 용융점이 높고 잘 부패하지 않으며, 또 물과의 친화성이 강하여 수분을 일정한 형태로 유지하는 능력이 크기 때문에 젤리·잼 등의 과자와 아이스크림, 양조시의 찌꺼기 앉힘 등의 식품가공에 많이 이용되고 있으며, 세균의 작용으로 잘 분해되지 않고 응고력이 강하기 때문에 세균배양용으로도 쓰인다.[20]

한천은 처음엔 우무를 말린 것이라 하였으나 한 스님이 맛을 보고 추운 겨울날 하늘의 차가운 기운으로 만든 것이란 뜻으로 한천(寒天)으로 부르게 되었다고 한다. 한천은 무더운 여름 시원하게 즐겨먹는 콩국의 재료이기도 하며, 우리가 잘 알고 있는 양갱이나 젤리같은 것의 원료로 묵처럼 생겨, 달달하며 맛있는 건강식품의 재료이기도 하다.

조선시대 어의(御醫) 전순의(全循義)는 세종대왕이 나라와 백성을 살피느라 정작 자신의 건강은 다스리지 못하고 많은 질병으로 고통스러워 하

---

20 네이버 지식백과, 한천(한국민족문화대백과, 한국학중앙연구원) 참고.

자, 우모전과(牛毛煎果)를 처방식으로 올렸다고 한다. 우모전과는 우무 한 사발을 다시 끓여 꿀 다섯 홉에 산초가루를 섞어 만든다. 우모전과를 마시면 대사증후군에 좋다고 한다.

이처럼 한천은 조선시대 어의가 임금의 병을 낫게 할 때 쓰는 재료로 활용할 만큼 비만과 콜레스테롤 등 성인병 예방에 탁월한 효과가 있다고 한다. 한천은 여러 가지 미네랄을 많이 함유한 건강식품으로, 우리나라에 제일 많이 분포되어 있어 일제 강점기에는 제주 해녀들의 우뭇가사리 채취는 주요 수탈 대상이었다. 밀양에는 한국 한천산업의 개척자이신 야옹 김성률 선생을 기리는 공원과 한천박물관이 있다.

유럽에서 불리는 켈프(kelp)라는 말은 다시마목에 속하는 감태나 대황 등 대형 갈조류에 대한 총칭이다. 이러한 켈프류를 태운 재는 나트륨염, 산화칼륨, 요오드를 추출하는 데 이용했다. 켈프류, 해조를 태운 재는 1720년경에 영국에서 생산되기 시작하여 18세기 말까지 계속되었다. 스코틀랜드에서만 연간 400,000톤의 갈조류 생체로부터 20,000톤의 해조재가 생산된 때가 있었다. 이는 화약에 사용할 칼륨을 제조하기 위해서 뿐 아니라 해조로부터 추출된 나트륨염과 산화칼륨은 1810년까지 유럽에서 유리산업에 주로 이용되었다. 요오드는 1850년대까지는 주로 해조재로부터 추출되었으며, 1940년대에 이르러 무기 화합물로 대체되었다.

캘리포니아에서는 1910년과 1930년 사이에 켈프가 집중적으로 채취되어 1차 세계대전에 필요한 화약을 제조하는 데 쓰였다. 산화칼륨과 아세톤 역시 해조재로부터 생산되었다. 산화칼륨은 검은 화약의 주성분으로서, 아세톤은 코르다이트 폭약을 만드는 데 쓰이는 원료로 이용되었다.[21]

---

21 오윤식 역(Clinton J. Dawes 저), 2006, 『해산식물학』, 393쪽 참고.

우리나라에서도 염초(焰硝)라고 불리던 초석의 주성분인 질산칼륨은 화약의 주재료이기도 하며, 흑색화약은 초석과 숯, 황을 혼합해서 만든다. 흑색화약은 질산칼륨을 이용해 만든 대표적인 화약인데, 질산칼륨을 얻기 위해 칼륨을 많이 함유한 식물을 태운 재 등을 활용한 것으로 추정된다.

해조류는 중세로부터 가축을 사육할 때 사료 첨가물로 이용하거나 직접 사료로 먹였다. 가축, 말, 가금류 사료에 해조류 10%까지 첨가하였을 때 성장률이 증가하였는데, 이는 해조류에 들어 있는 미네랄 함량, 특히 미량원소에 기인한 것으로 보고 있다. 지금까지도 아일랜드, 아이슬란드와 노르웨이, 프랑스, 스코틀랜드의 연안지역에서는 사료 첨가물로 이용되고 있으며, 동물사료에 첨가하는 혼합물이나 해조 첨가물이 현재 시판되고 있는 해조비료는 대부분 액상 첨가제로서 영국의 Maxicrop[22]과 필리핀의 Algafer 등이 있다.

해조비료(manure, 거름)는 유럽 연안지역에서 오래전부터(4세기) 이용되어 왔다. 폭풍이 지나면 떠올라온 많은 해조류를 긁어모은 다음에 밭에 뿌려 놓거나 파종을 할 때 함께 갈아엎었다. 해안지역에서 해조비료를 이용할 경우 장점은 미량원소가 함유된 값싼 비료로 토질을 개선할 수 있다는 데 있다.[23]

켈프(Kelp) 해조는 한국, 일본에서부터 아일랜드, 미국 등지에 이르기까지 전 세계 연안 지역에서 볼 수 있는 여러 가지 해조류 품종 중 하나다. 이는 대부분의 먹이 사슬의 토대가 되며 수많은 해양 생물에게 안식처를 제공한다. 이 외에도 해조류는 신뢰할 수 있는 항균 및 항염증 기능을 가지고 있다.

---

22 Maxicrop is a company that sells seaweed-based liquid or powdered organic fertiliser, promoted as a "bio-stimulant".
23 오윤식 역(Clinton J. Dawes 저), 2006, 『해산식물학』, 월드사이언스, 393~394쪽 참고.

켈프류에 풍부한 후코이단은 미역귀, 다시마와 같은 갈조류에 함유된 끈적끈적한 점성 성분으로 식이섬유의 일종이다. 해조류는 바다에서 자라면서 뜨거운 햇빛과 파도에 상처를 입는데, 이런 상처를 보호하기 위해 점액질이 분비된다고 한다. 이 점액질이 상처를 감싸서 아물게 하는데, 이 성분이 바로 후코이단의 주성분이라고 한다.

후코이단은 흔히 알려진 보습제인 히알루론산보다 높은 보습력을 지녔으며, 알레르기 매개 물질 분비를 억제하여 알레르기 증상을 완화시키는 효과와 항산화 및 주름개선 효과까지 과학적으로 밝혀지고 있어 주목받는 화장품 원료다. 국내에서 활발하게 이를 활용한 신제품 화장품들이 개발되고 있어, 해조자원을 활용한 K-beauty의 새로운 분야가 열릴 것으로 기대된다.

제주 미역귀 성분을 담은 안티에이징 라인(스팟 트리트먼트, 오일 세럼, 아이 크림)과 울릉도 대황에서 추출한 것으로 만든 아이크림, 마스크팩, 핸드크림 등이 출시되고 있다. 아울러 후코이단을 활용한 반려견 먹이 기능식 간식까지 나오고 있을 정도로 그 활용이 다양해지고 있다.

푸드테크(food technology)로 진화하는 해조류

유엔에 따르면, 남획과 지구 온난화 등이 오랫동안 바다 생태계에 대혼란을 일으켰고, 해양 어획량의 3분의 1은 생물학적으로 지속가능하지 않은 수준으로 어획되고 있다고 한다. 세계야생생물기금(World Wildlife Fund) 조사에 따르면, 캐비어 수요가 확대되면서 주요 강 유역의 야생 철갑상어 숫자는 지난 세기 동안 70% 감소했다고 한다.[24]

---

24 그린포스트코리아(http://www.greenpostkorea.co.kr) 기사 참고.

해조류는 지난 몇 년 사이 새로운 식품 트렌드로 부상했다. 채식 시장이 커지며 대체 단백질을 찾는 소비자들에게 해조류가 인기를 얻기 시작한 것이다. 실제로 이노바 마켓 인사이트(Innova Market Insights)는 2018년 식음료 동향 중 '오션 가든(Ocean Garden, 바다정원)'을 핵심 트렌드로 꼽기도 했다. 이에 따라 다시마, 해초, 스피룰리나와 같은 '바다 채소'를 가공한 식품들이 늘고 있다.

최근 글로벌 이슈로 푸드테크가 주목받는 이유는 먹거리에도 혁신이 필요하다는 인식 때문이다. 생화학자, 인터넷 기반 테크기업, 지놈 연구자 등 다양한 배경을 가진 혁신적인 스타트 기업들이 식품산업에 진입하고 있다. 기존 푸드테크가 배달과 결제 과정에만 초점이 맞춰져 있었다면 지금은 음식을 만드는 재료부터, 무엇보다 지구의 환경을 지키면서도 건강한 음식을 만들기 위한 신기술로 초점이 확대되었다.

고기를 먹기 위해 키우는 소가 엄청난 양의 풀과 물을 소비하면서 또한 엄청난 양의 이산화탄소를 배출한다는 점을 감안하면, 식물성 재료로 고기를 완전히 대체하면 보다 많은 자원이 사람과 야생 동물에게 돌아갈 수 있다. 이에 따라 대체육(alternative meat) 식품시장이 첨단 산업으로 각광받고, 식물육(植物肉, plant-based meat) 시장에 과거 단순히 콩고기에서 이제는 해조류로 만드는 고기까지 다양한 진화가 이루어지고 있다.

사실 축산업이 초래하는 환경 오염은 저명한 미래학자 제러미 리프킨이 1992년 『육식의 종말(Beyond Beef)』이라는 책에서 이미 경고한 바 있다. 그럼에도 불구하고 고기 맛을 포기하는 채식주의자는 소수에 불과했고, 여전히 가축 수는 늘어나고 있다. 콩 버거나 베지 버거 등이 나왔지만, 소고기 버거 맛을 따라잡지는 못했다.

미국의 대체 먹거리 시장을 이끌고 있는 푸드테크 벤처기업인 임파서블 푸드, 멤피스 미트, 비욘드 미트, 저스트 등은 모두 육류를 생산한다. 항생

제 남용, 대기 오염, 분뇨 처리 등 축산업에서의 다양한 문제를 발견하고, 고기를 대체할 육류 개발에 뛰어든 것이다. 임파서블 푸드는 소고기를 쓰지 않고도 소고기 맛을 완벽히 재현하는 데 분자 화학을 활용했다. 임파서블 푸드 창업자인 스탠퍼드 대학 생화학과 팻 브라운 교수는 헴(Heme) 분자에서 고기 맛의 해답을 찾았다. 헴 분자는 우리 몸에 산소를 공급하고 피를 붉게 보이게 하는 헤모글로빈을 구성하는 분자이다. 콩에서도 이것을 뽑아낼 수 있다. 임파서블 푸드는 효모 배양 방법으로 헴 분자를 대량 생산했고, 2016년에는 고기처럼 붉고 육즙이 흐르는 식물성 햄버거 패티가 나왔다.

현재 대체육의 주류를 이루는 식물육은 농작물에서 단백질을 추출한다. 그런데 작물을 재배하는 데도 토지와 물, 비료, 농약 등 많은 자원을 투입해야 한다. 소나 양 같은 가축이 직접 배출하는 온실가스는 없지만 작물 재배 과정에서 많은 대기오염 물질과 온실가스가 배출된다. 미국의 신생기업인 아쿠아(Akua)가 식물육의 이런 단점을 극복하는 방법으로, 바다의 해조류인 다시마(켈프)에서 식물성 단백질을 뽑아내는 기술을 개발하고 있다. 아쿠아의 다시마버거는 로스앤젤레스의 패스트푸드 체인점 허니비 버거에서 '시 비(The Sea Bee)'라는 이름으로 시범 판매중이다.[25]

여기에 최근 한 가지 트렌드가 더해졌다. 지속가능한 먹거리, 동물복지, 채식주의 등으로 식품 소비 형태가 다양해지고 있는 가운데 주요 식품기업들과 스타트업 기업들은 식물을 기반으로 하는 '대체 해산물' 식품 개발에도 주목하고 있다. 축산 못지않게 바다 생태계 파괴가 심각하다고 보는 사람들이 '대체 생선' 개발에 나선 것이다. 이처럼 수산물 식탁에서 지속가능한 바다를 만들려는 노력들이 여러 각도로 이루어지고 있다.

---

25 한겨레신문, 2020. 12. 4, 〈식물육도 지구엔 부담, 해초육이 있다〉 기사 참고.

대표적인 식품이 '새우 없는 새우'이다. 식물을 원료로 한 대체 생선은 새우 트롤 어선의 문제점에 주목했다. 트롤 어선은 쌍끌이 방식으로 그물을 쳐서 다양한 해저 자원을 싹쓸이한다는 비판을 받고 있다. 뉴웨이브 푸드사의 대체 새우 제품 원료는 해조류이다. 해조류 추출물을 활용해 새우와 비슷한 맛을 내고, 식물성 단백질로 실제 새우와 비슷한 영양분을 확보하고 있다.

한편 2018년 미국의 대표 비건푸드 기업인 아틀란틱 내츄럴 푸드사가 대체 참치 제품인 'TUNO'를 출시하여 해조류 혼합분말 등으로 식물성 참치 캔을 판매 중에 있다. 이외에도 식품 기술 스타트업 기업인 스웨덴의 휴케드(Hooked)사가 식물성 원료 기반의 연어 제품을 개발해 대체육 시장에서 이목을 집중시키고 있다.[26]

아울러 오션 허거 푸드사는 껍질을 제거한 생토마토를 기반으로 생참치 대안식품을 만들었다. 해당 생참치는 비건 스시 재료로 화제를 모은 바 있다. 일본에서는 두유 기반 재료와 향미유를 가지고 식물성 성게알을, 홍콩의 단백질 세포배양 회사 '아방미트'는 세포 배양육으로 생선 부레와 해삼을 만들었다.[27]

이처럼 이제는 식물성 기반으로 한 고기 없는 햄버거, 새우 없는 새우, 참치 없는 참치, 장어없는 장어, 성게 없는 성게 요리를 식당에서 만나는 것이 자연스러운 시대가 올 듯하다.

오메가3 지방산은 생선에 많이 들어있지만, 생선이 직접 생산하는 건 아니다. 해조류의 DHA가 생선살에 들어가서 생성된다고 한다. 때문에 생선

---

26 한국수산신문사, 2010. 7. 27, 〈식물성 원료 기반 수산식품 개발에 주목〉 기사 참고.
27 그린포스트코리아(http://www.greenpostkorea.co.kr) 기사 참고.

을 먹지 않고도 오메가 영양분을 섭취할 수 있다. 오메가3는 체내에서 스스로 합성할 수 없기 때문에 식품을 통해서 섭취해야 하는 필수 지방산이다. 오메가3의 1일 섭취 권장량은 500~2,000mg인데 칼로리가 낮으면서 오메가3의 생체 이용률이 높은 해조류는 다이어트 식단 메뉴일뿐 아니라 지구를 지키는 대안 식품으로 개발되고 있다.

우리나라에서도 최근 해조류 공학 기반 기술을 통해 배양육 개발 스타트업, 씨위드(Seawith, 2019년 설립)[28]가 공동 연구팀과 함께 세포를 길러 인공고기인 한우 배양육 생산 기술을 개발했다고 밝혀 주목받고 있다. 기존 배양육은 실제 육류와 동떨어진 식감, 긴 배양시간과 높은 생산 비용 등이 문제로 꼽혀왔다. 그러나 씨위드는 해조류를 기반으로 세포 배양 구조체를 만든다. 이는 한우 근세포의 성장과 분화를 표적해 설계된 것으로, 본 구조체에 대용량의 한우 세포를 심은 뒤 근육 세포 분화 장비(바이오리액터, bioreactor)에 넣으면 생체 내부와 유사한 환경에서 조직이 형성돼 고기와

씨위드 연구진(가운데가 이희재 대표)

미역으로 만든 한우 세포배양육

28 www.seawith.net

유사한 식감을 낼 수 있다고 한다. 해조류를 기반으로 하는 만큼 안전하게 섭취할 수 있다.

미역의 고장, 부산 기장군이 고향인 씨위드(Seawith) 이희재 대표는 "기존의 공장식 축산업은 아프리카돼지열병, 조류독감과 같은 수인성 전염병에 취약하고, 동물 윤리에도 반하며 폭발적 인구 증가에 따른 고기 수요 증가에 대응하기 어렵다."라며, "씨위드는 핵심 기술을 발전시켜 배양육을 상용화해 이런 문제에 대한 새로운 해결책을 제시하고자 한다."고 밝혔다. 공동 연구팀이 개발 중인 한우 배양육은 2023년 말 시범운영 식당을 통해 소비자에게 선보일 예정이다. 앞으로 해조류로 만든 스테이크가 밥상에 오를 날이 얼마 남지 않은 듯하다.[29]

우리나라는 미역, 다시마, 김 등 해조류를 일상적으로 먹고 있기 때문에 아마도 요오드 충분지역일 것이라 추측한다. 최근 호주 뉴사우스웨일즈(NSW)주 보건부가 "미역국에 무기질 요오드가 과도하게 포함돼 있어 산모와 신생아에게 해롭다."고 경고했다는 보도가 있었다. 미역에 들어있는 요오드는 갑상선 호르몬의 구성 성분으로, 산모에게는 하루 25µg의 요오드가 필요하다. 그러나 미역국 한 그릇(250ml)에는 약 1천705µg의 요오드가 포함돼 있어 한국계 산모처럼 삼시 세끼 미역국을 먹으면 적정량의 33배를 초과하는 5천~9천µg 정도의 요오드를 섭취한다는 결과가 나온다. 이 경우 갑상선 기능 문제 등 인체에 해로울 수 있다고 보건부는 경고하고 있다.[30] 호주 보건부를 전적으로 믿을 수는 없지만 이러한 우려를 해결할 방법이 생겼다. 씨위드(Seawith)는 해조류에서 요오드만 줄이는 방법을 연구했다. 이 회사는 해조류가 바닷속에서 여러 스트레스에 견디기 위해 스스로 요오

---

29 스타트업투데이(https://www.startuptoday.kr) 기사 참고.
30 세계일보, 2017. 4. 29, 〈삼시세끼 먹으면 요오드 적정량 33배〉 기사 참고.

드를 함유하기 때문에, 이를 반대로 응용하면 요오드를 제거할 수 있다는 사실을 밝혀냈다. 한국, 일본 등 아시아 국가들은 해조류를 꾸준히 먹어왔기 때문에 요오드에 대한 체내 저항성이 높은 편이지만, 유럽 및 북미 국가에서 해조류의 요오드 과다 섭취에 대한 문제가 제기됐다. 이 때문에 최근 서양에서도 해조류가 웰빙푸드로 각광받으면서 수요가 늘고 있음에도 수출이 원활하지 못했다. 시위드(seawith)는 저요오드 식단 제품의 양산화를 위해 저요오드 미역·다시마 시제품의 개발을 거의 마쳤다고 한다.

또한 해양바이오 소재가 건강식품, 화장품 등으로 제품화되는 데 걸림돌이었던 해양생물 특유의 점성, 냄새 등의 문제를 해결하고 체내 흡수율도 높이는 기술이 국립수산과학원에서 개발되어 기술이전 등이 됨에 따라 급식과 수출에도 청신호가 켜졌다. 수산물의 소비를 가로막는 생선의 비린내와 해조류 특유의 향(해조취)을 제거하는 기술을 2016년부터 개발하고 이를 다양한 요리와 가공식품들에 적용하는 연구를 하고 관련 기술을 각각 민간에 이전했다.

이에 따라 생선의 비린내를 제거할 수 있는 기술을 개발하여 응용한 고등어 핫바와 고등어 케이준 샐러드, 삼치 떡갈비, 미역의 해조 냄새를 제거하는 기술로 만들어진 미역빵 등이 개발되고 있다.

이제 바다에서 한우고기를 만들어 햄버거 패티를 만드는 세상에 살고 있다. 미역을 비롯한 해조류가 스타트업의 첨단보물로 변화되고 있다.

헬스케어, 에코테크(ecotechnology) 등에 응용되는 해조류

국립암센터와 한국광기술원 공동 연구팀은 미역에서 추출한 알긴산을 활용하여 쉽고 정확하게 암 조직의 위치를 확인할 수 있는 수술용 근적외선 형광 표지자[31]가 개발되어 동물 대상 효능시험까지 마쳤다고 밝혔다. 알긴산은 미역, 다시마 등과 같은 해조류에 들어있는 점액질의 다당류로, 생체 적합성이 우수하고 독성이 없어 의료용 소재로 활용한 것이다.

최근 각종 의료분야에서 많이 시행되고 있는 복강경 수술의 경우, 형광염료를 사용하여 위장 등에 발생한 종양의 위치를 미리 표시해 두는 것이 중요하다. 그러나, 현재 사용 중인 형광염료는 번짐 현상이 있고, 24시간 이후에는 형광 신호를 검출할 수 없어 병변 확인이 어렵다는 문제가 있었다. 이에 국립암센터와 한국광기술원 공동 연구팀은 미역 등 갈조류에서 추출한 알긴산의 생체 적합성이 높고 젤을 만드는 능력이 뛰어남에 착안하여 이를 활용한 새로운 수술용 형광 표지자를 개발하고 돼지를 대상으로 효능시험을 실시하였다. 그 결과, 새로 개발한 형광 표지자는 번짐이나 손실이 없고 주입 후 72시간이 지난 후에도 병변의 위치를 나타내는 형광신호가 검출된다는 것을 확인하였다.

이번에 개발된 수술용 형광 표지자는 암 조직의 위치를 나타내는 형광신호의 지속성과 정확성 측면에서 기존 염료의 단점을 대폭 개선하여 수술의 정밀성을 높이고 수술 시간을 단축하는 데 기여할 것으로 기대된다.[32]

이외에도 대구가톨릭대 의대 교수팀들은 해조류에서 유래 다당 및 생리활성 물질의 고순도 정제 및 가공을 통하여 콘텍트렌즈 개발 등 고부가 가치 의료용 소재 개발과 심혈관 중재시술 디바이스 제조 산업화를 추진하고 있다.

---

31 수술 1~3일 전에 내시경 검사를 통해 절제할 종양 등의 위치를 표시하는데 사용되는 염료나 장치.
32 대한민국 정책브리핑(해양수산부 보도자료), 2020. 4. 6, 〈미역 추출 소재로 암 조직 위치를 쉽고 정확하게 확인한다〉 기사 참고.

이러한 헬스케어 쪽의 해조류 활용과 함께 중요하게 대두되는 것이 바로 바이오 에너지(bio-energy) 분야다. 바이오에너지는 바이오매스로부터 생성 배출되는 유기물에서 얻어지는 에너지를 말하며, 바이오 에너지원으로는 곡물, 목질계, 부산물 및 해조류 등이 있다. 그러나 곡물을 이용한 에너지 생산은 식량문제와 우리나라의 토지 이용의 한계로 인하여 크게 제약 받고 있다.

가장 많이 쓰이는 바이오에너지는 사탕수수, 옥수수와 같은 식용작물이다. 이것이 1세대 바이오 에너지였다면, 풀이나 나무 등 비식용작물을 에너지원으로 하는 2세대를 거쳐 3세대 에너지원인 해조류가 미래 차세대 에너지자원으로 부상하고 있다. 해조류는 가장 자연친화적이고 생산력이 뛰어난 바이오매스로 알려져 있다. 육지의 담세조류에 이어 해조류를 이용한 바이오 에너지 활용을 위해 다양한 기술 연구가 진행 중이다. 맛있게 먹는 해조류로 에너지를 만들고 있는 시대가 다가오고 있는 것이다.

해조류는 지구상의 모든 식물과 마찬가지로 바이오 에너지화할 수 있는 성분을 가지고 있어 해조류로 바이오 에너지를 생산할 경우 화석연료를 대체하여 온실가스를 감축하는 기능도 한다. 해조류는 해양생물자원으로서 바닷물 속에 녹아 있는 탄소를 흡수할 뿐만 아니라 광합성을 통해서도 탄소를 흡수하면서 성장하기 때문에 1차적으로 탄소흡수원의 역할을 하게 된다. 삼림의 탄소흡수력보다 1.5배 내지 2배 이상의 효과가 있다는 것을 생태지표로서의 해조류에서 살펴본 바가 있다.

우리나라는 3면이 바다인 지형적 특성과 세계 최고 수준의 해조류 양식 기술을 보유하고 있어, 국내 원료 수급에 강점이 있다. 전남 고흥군에는 해조류 바이오에탄올을 생산하는 기술과 양식방법 및 종자개량, 부산물 처리(사료화), 기타 유용물질 추출 등에 관련한 연구를 수행하는『해조류 바이오에탄올 연구센터』를 설립하였으며, 완도군은 해조류바이오 활성소재 생산시설과『해조류 바이오 유효성 실증센터』건립을 추진하는 등 관련 해양 바이오산업 기반시설 구축에 주력하고 있다. 프랑스도 스피루나를 이용한 에너지 추출 연구와 노력을 하고 있으며, 네덜란드의 인라다(Inrada)라는 회사는 2019년 이미 1헥타르당 800톤의 해조류를 생산할 수 있는 해상 플랫폼을 만들었다.

해조류 바이오에너지는 알코올 발효률이라든지, 안정적 공급을 위한 대량생산 가능성, 수생 생태계를 파괴하지 않는 해조류의 종류 선정, 지역에 맞는 파종방식과 수확방식의 확보, 태풍 등 해상에서의 기후 여건 등 효율적인 측면에서 아직 상용화 단계까지 가는 데 시간이 걸리겠지만, 언젠가는 섬 지역이나 해안가 지역에서의 소규모 발전시설까지 진화할 것이다.

해조류는 미세 플라스틱 문제 해결에도 하나의 대안으로 다가오고 있다. 우리나라는 해양 미세 플라스틱에 의한 환경 위해성 연구를 진행 중이고, 국내 연안 해역에서 미세플라스틱 오염평가를 시행, 2030년까지 플라스틱 폐기물 발생량을 절반으로 감축, 재활용률을 70%까지 끌어올리기 위해 제조부터 재활용까지 전 단계를 대상으로 종합 대책을 강구하고 있다.

특히 바다에 버려진 그물(폐어구) 등은 어두운 곳에서는 잘 보이지 않으며, 암초에 걸리거나 바다 위를 떠다닌다. 물고기, 돌고래, 바다거북, 상어, 바다새 등 여러 바다 생물들이 죽는 경우가 심각하여, 해조류 기반 생분해성 바이오플라스틱 어구 개발이 진행 중에 있다. 아울러 독일, 아이슬란드 등 세계 여러나라에서도 해조류를 이용해 생분해가 가능한 플라스틱 물병 대용품을 만들고 있거나 연구 중이다.

세계적으로 1년에 1,100억개를 생산하고 있는 코카콜라 플라스틱병으로 인한 바다오염에 대해 환경단체의 거센 비판이 제기되자 코카콜라도 100% 화석연료를 사용하는 기존 PET 수지의 약 30% 가량을 식물성 소재로 대체

한 플랜트 보틀(Plant Bottle), 착한 페트 용기를 개발해 보급 중에 있다.

한편 영국 에든버러 예술대학(Edinburgh College of Art)에서 텍스타일을 전공한 디자이너 재스민 라이닝턴(Jasmine Linington)은 해초를 이용해 새로운 직물과 액세서리 요소로 만든 해초소녀(Seaweed Girl) 프로젝트를 선보여 해초가 패션 섬유산업에 이용될 수 있음을 보여 주었다.[33]

독일 디자이너, Nienke Hoogvliet는 해조류에서 한지 섬유처럼 해조류 섬유를 만들어, 가구를 만들거나 섬유에 염색을 활용하는 등 다양한 시도를 하고 있다. 씨미 가구(Sea Me seaweed furniture) 제품의 패브릭은 해조류 실을 손으로 직접 짠 것이다. 여기에 사용된 실은 비스코스와 성질이 유사하지만 켈프라는 바닷말에서 추출한 섬유소를 원료로 한다. 가구를 만들고 남은 해조류 찌꺼기는 바이오 플라스틱 그릇을 만드는 데 사용됐다. 앞으로 해조류로만 지어진 집에서 살게 될 날이 올 것이라고 디자이너는 확신하고 있다.[34]

스포츠 브랜드, 아디다스는 2025년까지 10개 제품 중 9개를 지속 가능한 제품으로 만들 계획이고, 버려진 낚시 그물, 폐섬유로부터 섬유를 만드는 기술을 활용하여 이미 코오롱, BYN블랙야크, 노스페이스, 파타고니아 등에서는 친환경 섬유제품들이 나오고 있다. 울산의 사회적 기업, 우시산에서는 페페트(PET)병을 활용한 고래, 해마 인형을 비롯한 업사이클링 옷을 비롯한 침구류 등을 만들고 있다.

폐플라스틱 병으로 만든 아웃도어

33 한국환경산업기술원, 2019. 9. 25, 〈셀룰로오스, 해초류로 만든 드레스〉 인터넷 자료 참고.
34 www.dezeen.com(Nienke Hoogvliet's Sea Me furniture is made from woven seaweed) 자료 참고.

앞으로 자연계의 정화능력을 인위적으로 제어하는 기술로서의 에코테크(ecotechnology) 발전에 따라 해조류의 활용가능성은 더욱 높아 보인다.

플라스틱 프리, 제로 웨이스트의 물결에도 플라스틱 없는 라이프는 단 하루도, 어쩌면 한나절도 가능하지 않을지 모른다. 그래서 대체 플라스틱을 만들자는 방향 전환이 일어나고 있다. 플라스틱 프리 운동을 비거니즘

폐플라스틱 병으로 만든 플라스틱 수거함

(Veganism)에 빗댈 수 있다면, 바이오 플라스틱 생산은 대체육 개발에 견줄 수 있다.[35]

저탄소 내지 탈탄소를 위해 바다에서 친환경 소재를 찾은 스타트업인 마린이노베이션은 해조류를 이용해 바이오 플라스틱 제품 개발에 전력을 다하고 있는 신생 스타트업이다. 미역귀, 우뭇가사리로 만드는 친환경 종이컵과 플라스틱을 만들고 있다. 해조류는 인체에 무해하고 빠르게 생분해되는 장점이 있다.

해조류를 혼합한 종이 제품은 매립했을 때 약 90일이면 분해된다고 한다. 태웠을 때도 유독가스를 뿜어내지 않는다. 또한 육지에 있는 식물 소재는 성장하는데 기본적으로 1년이 걸린다. 목재는 평균 30년이다. 반면에 바다식물인 해조류는 거의 40일 주기로 생장하고, 인도네시아 같은 동남아시아의 따뜻한 바다에서는 1년에 5모작도 가능하다. 따라서 소재 확보가 용이하다.[36] 마린이노베이션은 해조류 추출물로는 양갱과 해초 샐러드, 후코

---

35 프레시안, 2021. 2. 17, 〈플라스틱 플래닛, 지구의 새로운 가능성, 바다에서 찾는다〉 기사 참고.

36 프레시안, 2021. 2. 24, 〈미역귀, 우뭇가사리로 만드는 친환경 종이컵과 플라스틱 어때요?〉 기사 참고.

이단을 생산하고, 후코이단도 추출하고 나면 다 버리는데, 그 버려진 해조류, 즉 부산물을 재활용하고 재가공해서 계란판과 종이컵, 종이접시 등을 만들고 있다. 인도네시아의 친환경 포장지 제조기업 에보웨어(Evoware)도 미역, 다시마 같은 해조류에 전분을 섞어 먹을 수 있는 플라스틱을 개발하는 등 앞으로 에코테크의 전성시대가 오리라 본다.

우리 조상들은 전통 한옥을 지을 때 우뭇가사리 혹은 도박이라는 해초를 끓여서 회반죽에 섞으면 부착이 잘되고 균열을 방지하는 데 효과가 있는 해초풀(海草糊)을 사용하였다. 내벽인 경우 해초풀의 기능은 미장벽에 스며들어 흙이나 횟가루가 묻어나지 않게 하는 기능과 외벽인 경우는 비바람에 강한 벽을 만들어 주고 물이 스며들어 비가 새는 것을 막아 준다. 셀룰로즈 성분이 흙이나 석회 입자간 결합력을 강화시켜 주는 기능이 있기 때문에 바다의 해조류에서 그것을 활용했던 것이다.[37] 다시마로 만든 집이 함경도에 있었다는 사실이 과장 되었는지 모르지만, 앞으로 해조류에서 추출한 다양한 소재를 활용하여 생태주택을 짓는 것도 가능하다.

특히 액티브 하우스(Active House)는 태양열 흡수 장치 등을 이용하여 외부로부터 에너지를 끌어 쓰는 데 비하여, 패시브 하우스(Passive House)는 집안의 열이 밖으로 새나가지 않도록 최대한 차단함으로써 화석연료를 사용하지 않고도 실내온도를 따뜻하게 유지한다.

1991년 독일의 다름슈타트(Darmstadt)에 첫 패시브 하우스가 들어선 뒤로 독일을 중심으로 유럽에 빠르게 확산되고 있다. 특히 독일의 프랑크푸르트는 2009년부터 모든 건물을 패시브 하우스 형태로 설계하여야만 건축허가를 내주고 있는데 선조들의 지혜를 활용한 해조류 패시브하우스도 기대해 볼 만하다.[38]

---

37 해초풀(海草糊) 인테리어 용어사전 참고.
38 네이버 지식백과, 패시브 하우스 참고.

또한 이미 온실가스 배출량을 절감한 친환경 벽지들이 나오고 있고 인증제도를 하니 우리 전통 한옥을 만들던 도박풀로 만든 친환경 벽지풀이 보편적으로 상용화될 날도 머지않았다.

미국 메인주 로컬 양조장(Fogtown brewing company)에서는 말린 도박과 다시마를 활용한 수제 맥주를 판매하고 있다. 우리도 다양한 식용 해조류 문화가 있는 만큼 매생이 막걸리를 넘어 미역, 다시마를 소재로 한 다양한 로컬 맥주들이 개발되어 강릉 커피타운이 아니라 해조류 비어타운이 만들어지기를 기대해 본다.

우리 민족은 수천년 동안 생존을 위해서 채취하거나 거친 파도에 밀려온 것을 주워 와서 해조류를 먹었다. 요즘은 미역, 다시마와 같은 해조류는 양식기술과 수산산업의 발달로 전복의 먹이로 주로 활용되는 상전벽해의 시대에 살고 있다. 특히 첨단 유전자공학과 생화학 및 바이오 기술의 발달에 따라 해조류를 이용한 산업이 제2의 부흥기를 맞고 있다.

이제는 우리의 상상력만 있다면 얼마든지 진화가 가능한 황금 해조류 시대를 맞이했다. 현재 국내에서는 해양생물에 대한 연구 역사가 짧아 임상 등을 위한 정보가 부족하고, 소재를 대량생산하는 시스템도 미흡하여 정부는 기업의 해양바이오 산업을 적극 육성하는 정책을 펴고 있다.

이제 '먹는 해조류 시대'를 지나 '상상하는 해조류 시대'가 왔다. '바다의 잡초'로 분류되던 우리의 해조류가 '바다의 황금'으로 변화하는 시대에 우리는 살고 있다. 해조류에 미래 산업의 한 축이 달려 있는 것이다.

3. 하나의 바다에서 평화를 키우는 해조류

북한의 어업과 항구도시

통념상 동해(East Sea)는 한반도 두만강 하구부터 경상도 남쪽, 부산의 북쪽 바다까지이다. 두만강 입구에서 부산항까지는 1,723km, 직선거리는 809km이다. 동해는 한반도 해안에서 유일하게 한류와 난류가 교차하는 곳으로 세계 4대어장의 하나인 북태평양 서부 어장 가운데 중심어장을 이루며, 주요 어종은 살오징어, 꽁치, 방어, 삼치, 고등어 등의 성어류와 명태, 대구 등의 한류성 어류다.[39]

북한 바다나 수산물 생산에 관한 정보는 얻기 힘들다. 북한의 바다 현황을 알기 위해서는 북한과 가까운 남한의 강원도 해역이나 주변 국가 학자들이 발표한 내용 등을 참고로 해야 할 것이다. 다행인 것은 국립해양박물관이 2019년, 〈잊힌 바다 또 하나의 바다 북한의 바다 전시회〉를 하면서 북한 바다의 여러 정보를 수집했다는 점이다. 이 도록 내용과 통일부의 북한 정보포털이 북한 바다를 아는 데 큰 도움이 되었다.

---

39 한국민족문화대백과사전 참고.

1983년 발간된 북한총람에 의하면, 북한의 국가기념일인 '농업근로자절'이 1961년 3월 5일 제정되고 난 다음해, '어부절'이 1962년 5월 23일 제정되었다고 한다. 우리나라가 2012년 4월 1일에 수산업·어촌의 소중함을 알리고 수산인의 긍지 고취를 위해 '수산인의 날'[40]을 제정한 것을 보면 북한에서 차지하는 수산업의 위치를 파악할 수 있다. 남한이 중공업 등 기간산업과 철강, 자동차, 반도체가 중요시 된 반면 북한은 1차 산업인 농수산업이 매우 중요했던 것이다.

북한은 수산정책 추진의 기본방향을 "바다로부터 인민의 식량을 공급받고, 한편으로는 외화벌이의 중요한 산업으로 이를 장려하며, 이 목적을 달성하기 위하여 어장의 확대, 수산의 과학화, 생산의 극대화를 추진한다."는 것으로 설정하고 있다.

북한에서 수산업은 식량난 해결과 외화 획득의 수단으로서 매우 중요한 역할을 담당하고 있다. 경제발전 초기 단계에서 수산물 등 1차산업 수출 비중이 상대적으로 크다는 것은 각국의 경제개발 사례에서 잘 알 수 있다. 북한도 마찬가지로 경제개발을 위해서는 우선 농림수산물의 수출을 통한 외화벌이에 주력할 수밖에 없다. 그러나 현재 북한은 유엔의 대북제재에 따른 수산물의 수출금지, 수산관련 기술의 낙후와 기자재 부족, 에너지의 심각한 부족 등으로 어업생산능력이 충분하지 못하다.

북한의 행정 구역은 크게 직할시, 특별시, 도 등으로 나누어지는데, 직할시는 북한의 수도인 평양이다. 남한에서는 수도인 서울을 특별시라고 부르는데, 북한에서는 직할시라고 부른다. 북한의 특별시는 나선, 남포처럼 외국과의 경제 협력 등을 위해 특별히 만든 도시를 뜻하고, 도는 모두 9개로 황해남도, 황해북도, 강원도, 평안남도, 평안북도, 함경남도, 함경북도, 량강도, 자강도가 있다. 따라서 북한은 바다를 끼고 있는 곳은 동해안에는 나

---

40 1996년 농업이 국민경제의 근간임을 국민에게 인식시키고, 농업인의 긍지와 자부심을 고취하기 위해 11월 11일을 법정 '농어업인의 날'로 지정했다가 1997년에 '농업인의 날'로 명칭을 변경한다.

선특별시, 함경북도, 함경남도, 강원도가 있고, 서해안에는 평안북도, 평안
남도, 남포특별시, 황해남도가 있다.

　북한의 수산행정 체계는 행정조직인 수산성과 국영수산사업소 조직, 수
산협동조합 관리 조직의 3기관으로 구분된다. 수산성은 내각 산하로 전국
각도 수산행정을 통제·관리하는 북한 수산행정의 최고 집행기관이다.　바
다를 접하고 있는 6개의 도(道)에는 수산관리국이 있어 지역수산업을 관리
한다.[41]

　북한의 양식업 현황을 보면 북한 연안해역의 자연조건과 지리조건은 해
산양식에 적합하다. 서해는 패류의 양식에 적합한 자연조건을 가지고 있
고, 동해는 가리비, 문어, 홍합류, 미역, 우뭇가사리 등의 양식업에 적합한
것으로 알려져 있다. 특히 함경북도는 북한의 중요한 어업기지로, 그 양식
생산량과 어획량은 전국 수산물 생산량의 1/4를 차지한다. 함경북도의 나
진, 어대진, 청진, 사포, 강원도의 고성 등 지역에서는 미역 생산량이 풍부
하다. 문천과 동번에서는 굴 양식업이 성행하고, 북한의 강원도는 옛부터
우뭇가사리를 생산해왔다. 서해안은 김, 굴, 미역, 바지락, 대합, 전복 등을
생산하고 있다. 북한은 FAO에 따르면 '해조류 양식' 생산량은 연 55만톤으

---

41 통일부 북한정보포털 인용.

로 세계 5위 수준이다. 아래의 표, 북한의 수산사업소 설치지역을 보면 동
해안의 함경북도와 함경남도, 강원도에 총 61개소 중에 41개소가 있어, 함
경남북도가 중요한 수산물 생산지임을 추정할 수가 있다.

북한의 수산사업소와 잠수사업소[42]

구분	道 별	수산사업소 및 잠수사업소명
동해안	함경북도 (14개)	소수라, 웅기, 나진, 낙산, 연천, 청진, 고말산, 명천, 어대진, 명간, 무수단, 사포, 김책, 성남
	함경남도 (19개)	용대, 단천, 증산, 이원, 유성, 차호, 원평, 신창, 양화, 신포, 봉대, 육대, 홍원, 전진, 경포, 삼호, 서호, 퇴조, 가진
	강원도 (8개)	문천, 송도원, 원산, 고저, 통천, 두포, 장전, 염주
서해안	평안북도 (7개)	신의주, 용암포, 철산, 곽산, 정주, 운전, 염주
	평안남도 (5개)	문덕, 와우도, 온천, 남포, 한천
	황해남도 (8개)	몽금포, 구미포, 옹진, 강령, 해주, 평화, 평남
합계		61개소

---

42 자료 : 북한총람(1983년 자료) 참고.

북한 해역별 주요 어종 및 어장

구분	동해안			서해안		
	어종	주어장	주어기	어종	주어장	주어기
어류	멸치	연근해	5~6월	조기	평안북도, 황해도	4~6월
	명태	함경도, 강원도	11~1월	고등어		6월
	고등어	연근해	5~6월, 9~10월	뱅어	평안북도, 압록강 하구	4~6월
	청어	연근해	2~4월	(물)가자미	연근해	5~9월
	대구	연근해	10~1월	민어	연근해	6~7월, 10월
	가자미	연근해	연중	병어	연근해	5~9월
	방어	함경도 이남	11~1월	갈치	연근해	9~10월
	임연수어	함경도, 강원도	9~11월	삼치	황해도	6~11월
	정어리	연근해	6~7월	숭어		2월, 4월, 9월
	꽁치	연근해	6~8월	농어		6~7월
갑각류	꽃게	강원도 이남	5~6월, 9~11월	새우류	연근해	9~12월
				꽃게	연근해	3~5월, 10~11월
패류	굴	강원도 연안	11~3월	백합	평안남도, 황해도	
	가리비	전 연안		바지락	전 연안	
	조개류	전 연안		꼬막	전 연안	
연체동물	오징어	강원도, 함경남도 이남	7~8월, 9~10월			
기타	미역	강원도, 황해북도		미역	황해도	
	해삼	전 연안				
	성게	강원도, 함경북도				

출처 : 북한정보포털 http://nkinfo.unikorea.go.kr (원자료 : 농림수산식품부) 240쪽

일제강점기 동해안의 개항과 지정항(1876년 부산항 최초 개항)

소속	개항	지정항	최초 지정 시기	소속	개항	지정항	최초 지정 시기
경상남도		방어진	1925	함경남도		신포	1925
경상북도		감포	1925			신창	1930
		구룡포	1925			차호	1918
		포항	1918	함경북도	성진		1899
		강구	1930			어대진	1930
		도동	1925		청진		1908
강원도		정라(삼척)	1930		웅기*	나진	1925
		주문진	1925			웅기	1921/1918
		장전	1918			서수라	1925
		고저	1930				
	원산		1880				

*출처 : 『조선총독부관보』 제1908호(1918. 8. 16), 제3724호(1925. 1. 16), 제104호(1927. 5. 7), 제975호(1930. 4. 7).
*비고 : 웅기항은 1921년에 '개항'으로 지정되면서 '지정항'에서 제외됨.

자료 : 동해포구사

　북한 동해안 지역의 개항지나 수산물 생산 중심지는 일본의 군사적 목적과 수산물 착취를 위해 발전해 왔다. 각 항구는 일본인이 거주하면서 여러 뱃길로 연결되었다. 1876년 2월 27일 강화도조약 체결 이후, 1876년 부산, 1883년 인천을 이어, 동해안에는 1880년 원산, 1899년 성진, 1908년 청진이 개항이 된다. 1910년 국권피탈까지 서해안에는 인천과 진남포, 남해안지역은 부산, 동해안 지역은 원산, 성진, 청진, 웅기 등을 중심으로 근대 항구가 개발되기 시작하였다. 개항장에는 일본인이 수산물을 거래하기 위해 몰려들었으며, 곳곳에 일본인 거주지가 만들어졌다.

　특히 서해의 대표적인 항구인 진남포는 1897년 개항장으로 지정된 후, 러일전쟁을 거치며 군용항으로 주목받았으며, 일제강점기 이후 평남선, 경의선 등 철도가 연결되며, 서해의 중심 무역항으로 성장하였다. 동해안의 대표적인 항구는 원산항과 청진항으로 동해안의 해상 물류의 중심지가 되었다.

원산항은 조선후기 함경도 해안지역의 상업중심지로서 경원선(서울~원산)과 함경선(원산~함경북도 상삼봉)이 개통됨에 따라 더욱 발전하게 된다. 청진은 원산과 달리 러일전쟁 직후까지 작은 어촌에 불과했으나, 러일전쟁으로 일본에서 조선 동해안으로 이어지는 최단 항로의 개통과 함북선(청진~회령~나진), 함경선 등 철도가 연결되면서 만주~북한지역~일본을 잇는 중요한 군수보급선이자 물류기지 역할을 하였다.

동해안의 개항 및 지정항 위치

이처럼 동해안 일대의 항구도시들은 해산물을 비롯한 각종 물류의 중간 기착지이자 가공 창구로서 번성했으며, 일본의 군사적인 목적으로 제철소나 어유생산 시설 등이 건설되었다. 만주철도가 조선철도와 이어져 조선 동해안 일대 항구에 이르렀고, 이러한 동해안 개항지 항구도시에서 출발한 선박들은 동해횡단항로를 거쳐 일본의 여러 항구에 도달하여, 한반도 수탈의 주요 한일루트가 되었다.

1930년대에는 일본의 영향력이 만주로까지 확대된 가운데 일본 정부가 지원하는 청진~쓰루가, 북한~니가타 직항선이 차례로 개설되었다. 한편 도쿄, 나고야 등 일본 중부 지방과의 교류가 확대되면서 1928년 동해 연안을

경유해 도쿄로 가는 북선~도쿄선도 개설되었다.[43]

동해안의 수산물을 비롯한 수탈과 연계하여 울릉도도 일본인 거주가 시작됨과 동시에 항로가 개척되었다. 울릉도와 일본 여객선의 경우에는 1910년 5월에 사카이미나토와 울릉도 노선 오키호가 월 1~2회 운행 시작으로, 1913년 1월에 제2 오키호가 월 1회, 1916년 12월에는 사카이-하마다-울릉도-포항으로 신오키호가, 1930년에는 사카이미나토와 울릉도 노선으로 백양호가 월 1회 운행되기도 하여 1945년 해방 직전까지 운행되었다고 한다.

북한의 동해안을 낀 주요 항구도시들은 모두 지금 도청소재지이다. 나선특별시와 함경북도의 도청소재지인 청진시, 함경남도의 도청소재지인 함흥시, 강원도의 도청소재지인 원산시 등으로 과거부터 바다를 중심으로 발전해 온 역사를 잘 방증해 주고 있다.

서해안 대동강 하구에 있는 남포특별시가 조기, 도미, 새우, 민어 등 다양한 어종을 잡는 중요 항구이자 국제무역항인 것처럼 동해안 나선특별시는 나선시와 선봉군(웅기군)이 합쳐진 곳으로 자유경제무역지대를 설치하여 개발 중에 있다. 중화학공업과 수산업으로 유명한 곳으로 신포시와 더불어 동해의 주요 어업기지 가운데 하나이며, 굴, 다시마, 조개 등의 양식이 활발하다.

함경북도 도청소재지인 청진시는 러일전쟁 직후 일제의 대륙침략을 위한 물자양륙지로서 개발되기 시작하였으며, 1908년 개항하여 1916~1917년 청진~회령간 철도 개통 이후 1928년 함경선이 개통되면서 청진은 만주~북한~일본을 잇는 이른바 북선루트의 중요 물류기지로 기능하게 된다. 일제강점기 청진항의 주요 화물은 만주에서 들여온 콩과 동해에서 잡은 정어리를 가공 수출하여 도시가 발전하였고, 청진시는 북한에서 인구가 세 번

---

43 허영란, 『동해포구사』, 361쪽 참고.

째로 많은 도시가 되었다.

함경남도 도청소재지인 함흥시는 평양직할시에 이어 두 번째로 인구가 많은 도시(약 67만명)이다. 관북 최대의 도시로 한국 전쟁이후 대부분 파괴되었으나 옛 소련과 동독의 지원을 받아 재건된 북한의 대표적인 계획도시로 우리에게 흥남부두, 함흥냉면으로 익숙한 곳이며, 철도교통과 해운이 발달한 중공업기지로 탈바꿈했다.[44]

북한의 강원도 도청소재지인 원산시는 부산, 인천과 함께 가장 빨리 개항한 도시로 일제강점기에는 군수물자를 생산하는 도시로서 함흥, 청진 등과 함께 중공업이 흥했던 곳이다. 조선후기부터 명태를 중심으로 한 수산물 유통의 중심지로 자리잡았다. 명태가 북쪽 바다 생선이라는 의미의, 북어라는 다른 이름으로 불리는 것을 보면, 명태의 생산의 중심지를 짐작할수 있다.

북한 바다의 명태와 동해안의 식해 음식

조선시대에 서해는 조기, 동해는 명태로 대표되었다. 동·서해의 수산업은 조선후기 상업 발달과 더불어 해안을 따라 활발한 유통망이 형성되었다. 특히 동해의 명태는 말려서 북어 형태로 함흥·원산지역에서 태백산맥을 넘어 서울 혹은 해안을 따라 경상도 일대까지 이어졌다. 경상도 내륙에서 제사 지낼 때 꼭 올라가는 북어포와 안동지역의 보푸라기(북어무침)가 유명한 것을 보면 북어의 유통상황을 짐작할 수 있다. 일제강점기에는 주요 항구인 나진, 청진, 함흥, 원산 등의 수산 어획고와 정어리 어유 가공물 생산이 비약적으로 증가했다. 그 증가는 일제의 어족자원 수탈과 궤를 같

---

44 국립해양박물관, 2019,『잊힌 바다, 또 하나의 바다, 북한의 바다』, 88~89쪽 참고.

이 한다. 조선 제1의 어항 청진은 명태·정어리를 잡기 위해 축조되었으며, 다양한 가공시설이 들어서면서 도시가 발전하였다.[45]

동해안의 대표적인 한류성 어류인 명태는 원산만이 주요 어장으로 최성기인 11~12월에 산란하며, 강원도 연안으로 흘러들어와 부화, 성장한다. 명태는 우리 국민이 가장 선호하는 생선이지만 고려나 조선 전기까지의 기록에서는 명태가 확인되지 않는다. 명태라는 명칭은 17세기 중반 『승정원일기』 효종 3년(1652)에 처음 나오는데, 대구 알젓 대신 명태 알젓을 봉진한 일로 강원도의 해당 관원을 엄중하게 추고하라는 내용이 있다.

이후 이규경의 『오주연문장전산고』(19세기)에서는 "명태를 북어라 했고, 속칭을 명태"라고 했다. 이만영의 『재물보(才物譜)』(1798)에서는 "북쪽바다에서 산출되기에 북어"라 했으며, 유희는 『물명고(物名考)』(1820년대)에서 "명태는 동해의 북쪽에서 산출되므로 북어"라고 하여 북쪽바다에서 많이 나던 생선임을 알 수 있다. 한편 서유구가 『임원경제지』에서 '생것을 명태, 마른 것을 북어'라고 한 것을 보면 19세기에는 지금처럼 말린 것을 북어로 구분했음을 알 수 있다.

부산 바다에서는 명태가 잡히지 않는다. 그러나 함경도의 명태가 부산으로 왔음을 알려주는 곳이 있으니 바로 초량의 '명태고방(明太庫房)'이다. 지금은 사라지고 없지만 이곳은 부산 속 북한 바다의 존재를 알려주는 유일한 곳이다. 명태고방은 1900년(고종 37년) 초량 객주인 정치국(丁致國)이 함경도 객주들과 힘을 합쳐 설립한 부산지역 최초의 근대적 창고다. 주로 명태를 보관해 명태고방으로 불렀는데, 함경도의 명태는 함경도와 부산을 잇는 항로를 통해 부산으로 수송하고 가공 판매되었다. 1914년 경원선이 개통됨에 따라 명태 등 수산물이 원산에서 서울로 직송되면서 그 역할

---

45 국립해양박물관, 2019, 『잊힌 바다, 또 하나의 바다, 북한의 바다』, 102~103쪽 참고.

이 축소되었다.[46]

북한 동해는 해조류와 수산물의 보고였고, 특히 함경도 음식은 이러한 다양한 수산물을 활용한 바다 음식의 보고로 유명하다. 음식하면 '남쪽은 전라도, 북쪽은 함경도'라는 이유가 있는 것이다. 함경도 음식은 그 모양에서 먹음직스럽고 크며, 장식이나 기교를 부리지 않고 사치스럽지 않다. 맛은 담백하고 시원하다.[47] 그 대표적인 것이 함흥지방 향토음식의 하나로, 회냉면이라고 부르는 것으로 감자 녹말가루를 주재료로 한 질긴 국수에 동해안에서 잡히는 신선한 회를 떠서 양념하여 얹어 먹는 함흥냉면이다.

그리고 아버지의 함경도 사투리인 '아바이'가 의미하는 대로 크고 푸짐하여 주식 대용이 가능하며 다른 지방의 찹쌀밥을 넣지 않은 작은창자를 이용한 순대와는 다른 아바이순대가 있으며, 명태 내장을 다져 양념을 한 뒤 대가리에 채워 먹는 명태대가리순대도 있다.

특히 또 다른 남북한 동질성을 느낄 수 있는 동해안을 연결시켜 주는 것으로 오래전부터 내려오는 우리나라 전통 음식문화으로 식해(食醢)를 빼놓을 수가 없다. 식해는 내륙의 식혜(食醯)와 다른 음식으로 내륙지역의 식혜가 한자로, 식초 혜(醯)를 쓰고, 동해안 바닷가에서는 젓갈 해(醢)를 쓰는 것에서처럼 생선이 들어가는 차이가 있다. 발효음식이라는 점에서는 동일하다.

식해는 2세기 초『설문해자』에서는 "지(鮨)는 생선젓갈이고 자(鮓)는 생선의 또 다른 저장형태인 식해이다. 이것은 외래어이다."라고 하였다. 3세기의 『석명(釋名)』에서는 "자는 저(菹)이다. 생선을 소금과 쌀로 빚어 숙성되면 먹는다."고 하였다.[48] 이외에도 우리나라에서는 조선 중엽부터 『산가요록』(1450년),『규합총서』(1809년) 등 여러 책에서 식해를 설명하고 제조

---

46 국립해양박물관, 2019,『잊힌 바다, 또 하나의 바다, 북한의 바다』, 72쪽 참고.
47 엄경선, 2020,『동쪽의 밥상』, 온다프레스, 211쪽 참고.
48 한국민족문화대백과사전(식해(食醢)) 참고.

방법이 나오는 것으로 보아 동해안 지역에서는 보편적으로 만들어 먹었다고 추측한다.[49]

동해안에는 함경도 가자미식해, 강원도 북어(북어포)식해와 더덕식해(더덕과 참쌀밥, 골뚜기젓을 넣어 버무려 삭힌 식해), 경상도 마른고기식해(강원도 북어포식해와 유사), 도루묵식해, 울진식해, 경북 횟데기(홀데기, 홍치)식해, 영덕과 경주에서는 해녀들이 직접 만드는 가자미밥식해 또는 소라살식해, 진주식해(조기와 엿기름, 소금을 버무려 삭힌 식해), 밀양식해(말린 오징어와 북어, 조밥을 넣고 삭힌 식해) 등 지방마다 약간의 차이가 있으나, 대개 기본재료는 엿기름, 소금, 생선, 좁쌀이나 참쌀 등에 고추, 마늘, 생강, 무, 파 등 매운 양념이 첨가된다.[50] 어떻게 보면 동해안에만 있는 독특한, 배추 없는 무생선 김치라고 하면 맞을듯하다. 일부에서는 밥이나 참쌀, 조 등 곡물이 들어가니 식해가 생선초밥의 원조라고 주장하기도 한다.

지역별로 보면 함경도식 식해는 밥 대신 좁쌀밥을 쓰는 게 특징이다. 메좁쌀을 주로 쓰고, 종종 차좁쌀을 쓰기도 한다. 이같은 방식은 논농사가 발달하지 않아 쌀이 귀했던 함경도 지방의 지리적 특성이 반영된 것이다. 동해안 울진, 영덕, 경주, 포항 지역에는 밥식해가 발달했다.

북한의 해조류와 남북협력

북한의 동해 연안에서 고대, 중세에 항구도시로 이용됐을 것으로 보이는 곳으로는 함경남도의 원산, 함흥, 북청, 신창 그리고 함경북도의 경성, 청진, 선봉 등이다. 훈춘의 경우 지금은 중국 지린성에 속하지만 고구려는

---

49 국립해양박물관, 2019,『잊힌 바다, 또 하나의 바다, 북한의 바다』, 북한바다 사람들의 삶과 문화 54쪽 참고.
50 엄경선, 2020,『동쪽의 밥상』, 온다프레스, 90쪽 참고.

이곳에 책성부를 두고 동방 지배의 거점으로 삼았다. 발해 또한 이곳에 동경용원부를 설치하여 일본으로 향하는 해로의 중심지로 삼았다.

고고학 자료로 보아 동해안을 활용하여 교류가 이루어진 것은 이미 신석기시대부터였다. 3세기 자료『삼국지』'위서 동이전'을 보면 동예, 동옥저, 읍루 등이 동해 연안을 누볐음을 알 수 있다.『일본서기』에는 고구려가 570년 왜국에 사신을 보냈는데, 동해를 건너 일본 서안에 상륙했음을 기록했다. 고구려가 활용한 항구와 항로에 대해서는 알 수 없지만 당시 고구려의 동방 지배거점이었던 책성을 활용했을 가능성이 높다. 고구려를 계승한 발해도 일본과 교류를 활발히 했다. 발해가 처음으로 일본에 사절단을 파견한 것은 727년(무왕 인안 8년)이었다. 이후 발해는 919년까지 서른네 차례 일본에 사신을 파견했다.[51]

중국 고서『이아(爾雅)』에 "푸른 실로 땋은 끈 같은 것이 동해에서 나온다."라고 했는데 다산 정약용 선생이 쓴『경세유표』에서 이것이 바로 미역이라고 풀이했다. 청나라 문헌『길림외기』에도 "발해 남쪽 지방(함경도 지방 추정)에 맛있는 미역이 많다."고 기록되어 있다.

미역채취 기술과 관련된 1910년대 후반 전국적인 생산 자료가 나오는『수산편람』(1919)을 참고하면, 내륙지역인 충북은 물론 서해인 경기, 평남, 평북지역에서는 미역이 전혀 생산되지 않으며, 황해, 충남, 전북 지역에서는 생산되고 있기는 하지만 미미하다는 점을 알 수가 있다.

이 시기의 미역의 최대 생산지는 함북, 강원이며, 그 뒤를 이어 전남(제주 포함), 경남, 경북의 생산량이 많다. 함북은 두만강 유역에서 성진에 이르는 지역이며, 강원은 양양에서 울진에 이르는 연안 지역이고, 경남 역시 울산에서 통영에 이르는 동남해 연안지역이다. 반면 전국 생산량 3위인 전남지역은 연안이 아닌 제주도를 비롯한 외곽 섬지역이 주요 생산지이다.[52]

---

51 국립해양박물관, 2019,『잊힌 바다, 또 하나의 바다, 북한의 바다』, 북한바다 사람들의 삶과 문화 36~37쪽 참고.
52 오창현, 앞의 책, 36~38쪽.

미역의 최대 생산지가 북한 동해바다였다고 하면 북한지역에서만 생산되는 특산물로 한해성 해조류인 다시마가 있었다. 동아시아에서 최초로 다시마를 난해성 지역에서 양식을 성공한 것은 1953년 중국 칭다오(靑島)가 제1호이다. 양식이 되기전까지는 다시마는 한해지역인 홋카이도 근해 및 북한 연안 일대를 중심으로 서식하였다. 다시마가 좋은 질을 유지하기 위해서는 적정한 해수 온도 유지가 필수이다. 20℃ 이상 고온이 되면 검게 변해 버리고 또한 결빙되어서는 안 되기 때문이다.

중국에서 양식이 되기 전까지 다시마는 근대까지만 하더라도 한국의 강릉이북에서 원산일대, 일본의 산형(山形) 이북으로부터 홋카이도(北海道) 남부에 이르는 지역을 중심으로 생산된 귀한 물품이었다.『신당서』발해전에서 남해의 다시마를 주요 특산물로 지칭한 것과 부합되고, 흥미롭게도 일본의 다시마 주요 산지는 발해 사신이 초기에 도착했던 지역이자 귀국시 이용한 출항지이기도 하다.[53]

『조선왕조실록』명종 3년 5월 27일에는 "함경도에서 진상하는 곤포를 감하고 후라도(厚羅島)의 야인을 철거케 하다."라는 기록도 있다. 정약용의『경세유표』14권의 내용 중에 다음과 같은 내용이 나온다.

> "관북 원서에는 논한 바가 없다. 북도의 곤포는 천하에 진기한 것이었다.(곤포 가운데 작은 것은 방언으로 다시마라 함)…우리나라는 삼면이 바다로 둘러싸여 있으나 이 물건은 오직 함흥 바다에서만 생산되어서 그 맛이 뛰어나게 좋고 온 나라가 다 이것을 받아 먹는데. 원서에 도무지 논하지 않았음은 알 수가 없다."[54]

---

53 구난희, 2019,「다시마와 발해·일본의 교류」, 한일관계사연구 제65집, 13쪽 참고.
54 오창현, 2012,『동해의 전통어업기술과 어민』, 국립민속박물관, 49쪽.

청 왕조 때의 『성경통지』에도 "발해의 미역이 유명해서 당나라에 무역을 했다."고 한 것으로 보아, 지금처럼 동해안의 미역과 다시마 등 해조류가 유명하였던 것으로 추정된다.

해삼을 통해 국가간 문명교류의 역사를 추적한 쓰루미 요시유키(鶴見良行)는 『해삼의 눈』이라는 책에서 300년전 도쿠가와 시대의 후반기인 1695년경부터, 건해삼은 막부의 통화정책, 물가정책의 중요한 과제였고, 중국과는 비단과 해삼의 교환이 주요 교역 품목이었으며, 해삼문화를 발명한 것은 한반도 주변의, 아마도 퉁구스계의 해민이라고 주장한다. 그 해삼문화의 시발지가 함경도 일대라는 것이다.[55]

이외에도 북한에서는 천연기념물 제 134호로 지정된 황해남도 옹진군 남해노동자구에는 '옹진참김'이 있다. 옹진참김이 퍼져 있는 곳, 앞바다 주변에는 파도, 용호도, 신도가 있다. 이 섬들의 주변이 바로 참김의 분포지대로 이름난 곳이다. 옹진참김은 줄기가 없고 잎사귀 모양으로 생긴 것이 특징으로 특별히 질이 좋은 것으로 널리 알려져 있어, 원종보존을 위해 적극 보호하고 있다.[56]

우리나라에서는 전통 토종김 종자가 많지 않아, 대부분 품질개량을 통하여 생산성을 높은 종자를 양식하고 있는 실정이다. 충청남도의 김 생산량은 전남 다음으로 2위이며, 특히 서천은 단일 시군으로는 전국 최고 수준의 김 주산지라, 충청남도에서는 북한과의 교류협력사업으로 북한산 참김 보전과 종자교류 사업을 추진하고 있으며, 해삼, 바지락 종패산업 등도 추진할 분야로 선정하였다.[57]

한편 토종 김과 토종 다시마의 종자에 가까운 품종들이 북한에서 잘 보존되어 있다는 점에 착안하여, 국립강릉원주대학에서는 북한과 해조류에

---

55 쓰루미 요시유키(鶴見良行) 지음, 이경덕 옮김, 2004, 『해삼의 눈』, 뿌리와 이파리, 478쪽 참고.
56 한국과학기술정보연구원 인터넷 자료 참고.
57 김종화, 2019, 『북한수산업 현황 및 남북교류 활성화 방안』, 충남연구원 자료 참고.

대한 정보와 기술을 교류해 나가기 위해 '남북해조자원교류원'를 만들었다. 지금은 어족자원까지 포함하는 '남북바다자원교류원'으로 확대하여 동해안의 해양생물에 대한 남북교류를 통하여 민족 동질성을 회복하기 위한 다양한 과제들을 추진하고 있어 매우 의미가 있다.

남한과 마찬가지로 북한의 서해와 동해의 표층 수온은 지구온난화에 따라 상승하고 있다. 남한의 동서남해안과 마찬가지로 지난 40년 동안 약 1도 상승했을 것으로 보이는데, 바다생물과 해조류에는 경계가 없는만큼, 바다에서의 남북한 간의 긴밀한 해양수산 협력이 필요하다. 지구온난화로 명태가 점점 사라진 북한에서는 대신에 살오징어가 최근 많이 잡히는 것으로 보이는데, 살오징어는 최근까지도 울릉도 주민들의 주 수입원이었다.

동해안의 대표어종이자 울릉도 주민들의 삶과 개척의 역사가 담긴 살오징어에 있어서는 특히 북한과의 협력이 필요하다. 살오징어는 회유성 어종인데, 제주도와 동중국해 등에서 연중 산란하며, 먹이를 쫓아 동해로 이동하면서 수심이 얕고 난류와 한류가 교차하는 대화퇴 주변에서 주로 성장한다. 그 이유는 대화퇴는 살오징어의 먹이가 되는 꽁치, 멸치 등 소형어류과 갑각류, 해조류 등이 풍부하기 때문이다. 울릉도 주민들은 수산물 생산액의 93%가 오징어가 차지하고 있는데 중국어선이 북한 동해로 들어와 오징어를 남획하고 있다. 북중공동어로협약에 따라 2004년부터 중국어선의 동해 북한수역 쌍타망 어업이 시작되었고, 한국 전체 어획량과 맞먹는 양을 남획하여 우리 어민들에게 큰 피해를 끼치고 있는 것이 현실이다.[58]

따라서 이 대화퇴에서의 북한어업권을 남한에도 허용할 수 있도록 남북교류 협력사업이 절실하다.

---

[58] 한국해양과학기술원 인터넷 자료 참고.

하나의 바다, 동해, 우리 민족의 삶의 현장으로!

우리나라 연·근해의 해수 온도는 최근 100년 사이에 꾸준히 상승하고 있으며, 온대 기후에서 아열대 기후로 변화하는 초기 징후가 나타나고 있다. 이에 따라 아열대 혹은 열대 해역에서 잡히던 어종이 우리나라 근해에서 잡히는 등 해양생태계는 급변하고 있으며, 80년 뒤에는 국산 김이 사라진다고 우려도 있으며, 장기적으로 김과 미역의 양식장을 해외로 이전하는 방안도 고려해야 할 것이다.[59] 이런 변화에 대한 공동 대응과 함께 남획에 의한 어족 자원의 고갈도 심화되고 있어 해양생물 자원의 종 보존에도 공동 노력이 필요하다.

특히 동해안은 민물과 바다가 만나는 기수(brackish water) 지역이라 남북한은 공동으로 연어에 대해 모천국 지위를 가지고 있다. 모천국이란 소하천 어종의 산란 장소를 점유 혹은 영유하는 국가를 말하는데, 즉 연어가 바다에서 생활하다 알을 낳는 하천이 있는 나라를 뜻한다. 우리나라를 비롯한 대부분의 모천국에서는 기후변화와 인위적 개입으로 연어들의 회귀 본능이 퇴화해 유전적 특성을 잃고 있는 것으로 연구되고 있다. 상위 포식자인 연어의 건강은 강의 건강을 나타내는 지표라는 점에서 연어가 산란을 하는 강과 바다가 만나는 동해안 지역은 매우 중요하다.

대부분의 북태평양 연어의 어획은 '북태평양소하성어류위원회(NPAFC)' 회원국인 미국, 캐나다, 러시아, 한국 그리고 일본 등이 한다. 국제연어의 해(International Year of the Salmon, IYS) 프로젝트는 북태평양소하성어류위원회와 북대서양연어보존기구(NASCO)에서 설립한 국제 프로젝트이다. 기후변화로 인한 수온증가로 세계적으로 연어 회귀량이 줄면서 연어가 위험에 처해 있다는 인식하에 연어의 보존을 위해 계획된 사업이다.

---

59 KBS, 2021. 9. 7, 〈뜨거워지는 바다, 80년 뒤엔 국산 김 사라진다〉 기사 참고.

연어 회유경로

오츠크해
러시아
캄차카반도
쿠릴열도
알류산열도
알래스카 만

한국
일본

회유경로 : 18,000km
북태평양

경상북도민물고기연구센터

이러한 사업에도 남북한 공동 참여가 필요하다. 이외에도 최근 국내 소비량이 폭증하고 있는 대서양 연어가 남, 북한 모두 양식에 성공하여 상업화 단계에 있는 만큼 남한의 스마트 양식기술과 북한의 한해성 수온을 가진 넓은 부지 등을 활용하여 상생한다면 남북한이 연어 수출국이 될 수도 있는 만큼 수산분야의 교류 협력은 꼭 필요하다.

근대 서구 열강의 대항해시대의 역사에서 보듯이 우리 동해는 남의 나라의 포경업의 중심지, 러일전쟁의 중간수탈지이자 병참기지가 되어버린 아픈 역사를 가지고 있다. 이제는 남북한이 하나가 되어 동해(East Sea)를 하나의 바다가 되는 시대로 열어나가야 한다.

또한 기후변화에 따른 해수온도 상승 등으로 해양생태계 변화가 예측되므로 지속 가능한 해양생태 보존과 해양생물 주권 확보 차원에서도 남북 해양수산 분야의 협력이 절실하다. 미역과 다시마 등 해조류가 남북한이 하나의 바다, 동해 정책을 펴 나가는데 매개 역할을 할 수 있다고 본다.

한편 울릉도에는 북한의 해양쓰레기가 떠내려 오고 있다. 울릉군에서는 해양쓰레기를 청소하는 전용 배인 청항선을 건조하고 있는 만큼 남북한 공동으로 해양쓰레기 청소도 고려해 볼만하다.

경기도 파주에 산림청이 설립한 '남북산림협력센터'처럼, 정부가 동해안에 한류권 해양 환경 및 해양생태계 조사, 연안 생태계 보호, 남북 공동 어로 협의 등을 지속적으로 연구하고 추진해 나갈 주체인 '남북해양수산협력센터'와 '해양수산자원 유전자뱅크'를 설립하여 해양수산 유전자원의 보존과 지속가능한 이용을 통해 공동 이익을 도모하고, 울릉도가 '남북해양수산교류협력특구'가 되어 다양한 교류협력 사업들이 구체화 되기를 기대해 본다.

아울러 미역문화의 종주국이자 해조류 문화의 시발지인 대한민국이 태평양 연안지구에 보편적으로 활용되고 있는 해조류 숲들을 보존하기 위하여, 전세계 해조류 생태 분야 국제연맹 ISA(International Seaweed Association)과 협력하여 남태평양지역[60]을 포함하는 가칭 환태평양해조류보존기구(Pacific Rim Seaweed Conservation Organization) 창립을 주도하여, 국제해조류의 해(International Year of the Seaweed, IYS) 프로젝트를 추진해 보는 것도 좋을 것이다.

그리고 남북한이 먼저 지속가능한 해양이니셔티브(SOI)의 주요 아젠다로 해조류 보존을 위한 국제 협력을 제시하는 것은 어떨까. 이제 동해의 해양생물자원과 생태 보존을 위한 국제화 노력과 헌신이 동해를 지켜 나가는 길이다. 또한 자랑스런 선조들의 미역문화를 포함한 해조류 문화를 더욱 지속가능하게 만들어 나가는 것이다. 동해가 통일을 앞당기는 지렛대가, 미역을 포함한 해조류 문화가 평화를 견인하고 통일을 준비하는 데 중요한 역할을 할 수가 있다고 필자는 단언한다.

---

60 남태평양비핵지대조약(South Pacific Nuclear Free Zone Treaty) : 1985년 8월 6일에 쿡제도의 라로통가(Rarotonga I.) 섬에서 서명, 1986년 12월 11일 발효되었다. '라로통가 조약'이라고도 한다. 당사국은 11개국(자치령의 쿡제도, 니베를 포함). 남태평양에서의 프랑스의 핵실험의 계속과 일본의 방사성폐기물의 해양투기계획 등을 동기로 오스트레일리아가 1983년의 제14회 남태평양 포럼에서 비핵지대(→비핵무기지대) 설치를 제창한 것에서 본 조약작성을 위한 작업부회가 설치되어 본 조약을 기초하였다.(네이버 지식백과 참고)

월일 (매년)	기념 명	제정 근거 또는 의미	기타
4. 1	수산인의 날	수산업어촌발전기본법(해양수산부)	▶ 매월 1일은 해양안전의 날 (해사안전법, 해양수산부), 6. 18일은 연안안전의 날(연안사고예방법, 행정안전부) ▶ 매년 3월 넷째 금요일은 서해수호의 날(국가보훈처) ▶ 7. 21일은 문무대왕의 날 (국내 최초 해양행정기관인 선부(船府)를 설립하고 바다를 통해 나라를 지키고자 했던 호국정신을 계승코자 경상북도와 경주시가 제정) ▶ 매년 9월 셋째주 토요일은 해녀의 날(제주도 해녀문화 보존 및 전승에 관한 조례) ▶10. 25일은 독도의 날(대한제국 칙령 제41호를 기념하고, 일본의 영유권 야욕으로부터 독도 수호 의지를 다지는 날)
4. 22	지구의 날 (Earth Day)	지구 환경오염 문제의 심각성을 알리기 위해서 자연보호자들이 제정한 지구 환경보호의 날	
4. 28	충무공 이순신 탄신일	충무공 이순신의 숭고한 충의를 길이 기념하는 날(문화체육부)	
5. 10	바다식목일	수산자원관리법(해양수산부)	
5. 22	세계 생물다양성 보존의 날 (International Day for Biological Diversity)	유엔(UN)의 생물다양성협약이 발표된 날을 기념하고 생물종의 다양성에 대한 이해와 보존을 위해 유엔이 제정한 날	
5. 31	바다의 날[63]	바다 관련 산업의 중요성과 의의를 높이고, 국민의 해양에 대한 인식을 북돋우며, 관계 종사원들의 노고를 위로하는 행사(해양수산부)	
6. 8	세계 해양의 날 (World Oceans Day)	1992년 캐나다가 브라질 리우데자네이루에서 열린 리우 회의에서 제안한 기념일로, 유엔에서 2008년 공식적으로 세계 기념일로 채택	
8. 8	섬의 날	국민에게 소중한 삶의 터전이자 미래 성장 동력 섬의 가치와 중요성을 알리기 위해 제정 (도서개발촉진법, 행정안전부)	

---

61 일본의 '바다의 날'은 매년 7월 셋째 주 월요일로 공휴일로 지정되어 있으며, 중국은 명나라 환관 정화가 대함대를 꾸려서 첫 항해를 떠난 날인 7월 11일을 '중국항해일(中国航海日)', 즉 바다의 날로 정해 기념하고 있다. 내륙국가인 볼리비아는 바다와 만나지 않는 내륙국임에도 바다의 날과 해군이 있다. 태평양 전쟁에서 칠레한테 패해 안토파가스타 지역을 빼앗기며 내륙국으로 전락한 볼리비아는 태평양 전쟁의 첫번째 전투인 칼라마 전투가 발발한 3월 23일을 '바다의 날(Dia del Mar)'로 기념하며 언젠가 칠레에게 잃어버린 땅을 되찾아 반드시 바다로 다시 나가겠다는 결의를 다지고 있다.(나무위키 참고)

4. 정신을 맑게, 몸을 가볍게 해주는 미역의 친구들

해조류의 소비 증가

과거에는 쌀밥에 고깃국을 배불리 먹으면, 그게 최고였다. 20세기까지 대다수 한국인에게 삶의 풍요로움을 나타내주는 지표는 바로 쌀밥과 고깃국이었다. 쌀이 모자라는 건 큰일이어서 유사이래 통치자들의 주요 정책 목표가 바로 주곡인 쌀의 수급이었다. 전 국민에게 혼·분식을 강제했고, 쌀 품종을 개량하고 간척지를 늘리는 등 총력전을 펼친 결과 1975년에 드디어 쌀 자급자족을 달성했다. 그로부터 또 50년 정도의 세월이 흘렀다.

경제발전에 따른 소득 증대로 쌀 의존도에서 벗어나 먹을거리의 다양화가 이루어졌다. 육류와 유제품, 수산물과 과일류가 식탁에 자주 오르게 되었다. 쌀을 비롯한 양곡 소비는 줄고 수산물 소비는 더욱 늘어났다. 최근의 통계를 보면 쌀 소비가 줄어드는 대신 수산물 소비량은 꾸준히 증가 추세이며, 최근 9년 동안을 보면 약 25%나 증가하였다. 이는 소득이 높아짐과 동시에 건강에 대한 의식 수준이 높아져, 건강식품으로서 수산물 소비가 늘어났기 때문으로 보인다.

2017년부터는 1인당 연간 쌀 소비량보다 수산물 소비량이 비슷하게 전개되는 양상이지만 향후 몇 년 사이에 수산물 소비량이 쌀 소비량보다 많아질 것으로 전망된다. 2017년의 경우 1인당 연간 수산물 소비량이 65.9kg인데, 해조류가 27.7kg로 해조류가 약 42%를 차지하고 있는 것으로 나타나고 있어 해조류 산업은 새로운 도약의 기회를 맞고 있다.

전국 최근 쌀, 수산물 소비 현황(2011년-2019년) (1인당 소비량, 단위 kg)

구분	2011년	2013년	2015년	2017년	2019년
쌀	80.6	77.8	71.7	71.9	59.2
수산물	53.5	54.7	57.1	65.9	69.8

*통계청과 한국농촌경제연구원 통계를 토대로 재작성

아울러 한국인의 수산물 소비량은 세계 1위를 차지할 정도로 한국인의 수산물 사랑은 지극하다. 유엔 식량농업기구(FAO) 통계에 따르면 한국인의 2013~2015년 1인당 연간 수산물 소비량은 한국 58.4kg, 노르웨이 53.3kg, 일본 50.2kg, 중국 39.5kg, 미국 23.7kg로 일본과 노르웨이보다 많다. 국민소득 3만불 시대 이후에는 건강 식품에 대한 수요가 꾸준히 늘어나고, 양식업의 활성화와 수산물 판매처의 다양화, 그리고 미역이나 김 등 해조류를 좋아하는 입맛까지 작용해 수산물 소비는 더욱 늘어날 전망이다.

동해안의 자연산 회 정식 요리

하지만 생산량이 소비를 따르지 못해 무역수지는 적자다. 2014년 기준 수산물 수출은 16억 7453만 달러(약 1조 9207억 원), 수입은 42억 7115만 달러(약 4조 8990억 원)로 3조 원 정도 밑졌다. 수출은 세계 25위인데 수입은 10위다. 수산물의 세계 3대 수출국은 중국, 노르웨이, 베트남이고 수입국은 미국, 일본, 중국이다. 베트남이 의외인 것 같지만 대형마트의 새우 대부분이 베트남산이다.

그러고 보니 국내 마트에서 파는 수산물의 절반이 외국산이다. 이마트한 업체가 거래하는 수입국만 60곳이 넘을 만큼 수산물 식탁의 세계화가 진행되고 있다. 고가이면서 고급 수산물에 해당하는 노르웨이산 연어, 캐나다산 랍스터, 러시아산 대게, 세네갈 갈치, 모리타니 문어, 아르헨티나 홍어, 뉴질랜드 그린홍합 등이 한국 시장에 넘치고 있다. 하지만 해조류는 전부 국산이라는 점에서 앞으로 해조류 산업과 글로벌 식품트렌드인 해조류 식품을 우리가 주도할 수 있다는 희망이 보인다.

프랑스 주요 일간지 르 몽드는 스페인의 토마토, 라틴 아메리카의 콩, 캐나다의 연어 등과 함께 한국의 해조류를 인류의 6가지 20년 미래 먹거리로 선정한 바 있고, 아마존이 인수한 유기농 식품 체인 홀푸드(Whole Foods)도 해조류 식품을 프로바이오틱스, 햄프시드(대마 씨), 인조 고기 스낵 등과 함께 미국의 올해 주요 식품 트렌드로 선정한 바 있다.[62]

한국에서는 해조류 소비의 75%가 미역인 반면 일본에서는 김이 모든 식용 해조류의 45%를 차지한다. 이처럼 오랜 미역 섭취 문화는 여전히 소비로도 나타나고 있다. 미역의 생태적 가치의 재조명과 함께 양식 미역의 보급을 통해, 미역은 우리 밥상에서 꾸준히 사랑받고 생산량도 증가하고 있다. 이처럼 푸드테크로서의 진화 외에도 미역과 해조류는 화장품과 기능성 식품 등에 활용되어 다양한 진화를 거듭하고 있다. 우리나라에서 가장

---

62 리얼푸드 매거진, 2019. 10. 22, 〈미래 먹거리로 주목받는 '해조류'〉와 한국경제, 2017. 2. 14, 〈천자 칼럼(수산물 소비 1위 국가〉 기사 참고.

많이 애용되는 미역과 다시마, 김으로 대표되는 해조류 3총사 외에도 식재료의 다양성에 대한 수요가 높아지고 새로운 효능들이 알려지면서 다른 해조류의 잠재적 가치와 가능성은 무한하게 열리고 있다. 앞으로 해조류 종자전쟁시대를 맞아 지금이라도 미역이라고 불리는 유사한 미역의 사촌과 다양한 해조류 친구들을 체계적으로 연구 보존하고, 산업화하는 길을 열어야 한다.

앞에서 우리나라 해조류는 양식품종인 미역, 다시마, 김, 매생이, 톳, 청각, 모자반, 파래류, 개꼬시래기 등 9종류를 포함하여 자연산인 우뭇가사리와 도박류 등 총 11종류가 해수부 통계에 잡히고 있고, 도박류를 제외하고는 모두 식용과 가공용 또는 전복 먹이용 등으로 활용되고 있다.

미역이라도 그냥 건조 및 가공 방법에 따라 참미역, 돌미역, 물미역, 건미역, 염장미역 등 일반인들이 부르는 것과 상품화되어 판매, 가공될 때의 이름, 그리고 학자들이 사용하는 학명 등이 혼동되는 경우가 많다. 아직도 일반적으로 구별이 쉽지 않은 일부 해조류 제품들은 어촌 현지에서 불리는 용어들과 학계 용어들이 혼동되고 있다. 예를 들어 쇠미역의 경우, 곰피미역으로 불리는데, 학계에서의 지칭하는 곰피와는 전혀 다르다.

우리나라에서 해조류를 자세하게 다룬 책은 정약전의 『자산어보(玆山魚譜)』다. 이 책은 정약전이 1814년 흑산도에서 저술하였는데, 흑산도 주변의 물고기와 해양생물 226종이 수록돼 있는 해양생물 백과사전이자 우리나라의 다양한 해조류를 최초로 전문적으로 기록한 책이기도 하다. 자산어보에는 제1권 인류(鱗類), 제2권 무인류(無鱗類) 및 개류(介類), 제3권 잡류(雜類)로 돼 있다. 인류 20항목, 무인류 19항목, 개류 12항목, 잡류 4항목, 도합 55항목으로 분류해 취급하고 있는데, 잡류에는 다시 해충(害蟲), 바닷물새(海禽), 해수(海獸), 해초(海草)로 나누고, 해초(海草)부분에 해조(海

藻), 미역(海帶), 토의채(土衣菜), 김(海苔), 감태(甘苔), 나출우모초(蔓毛草), 청각채(靑角菜)를 포함하여 총 35종의 다양한 해조류까지도 부수적으로 기록하여 설명하고 있다.[63]

중국의 대표적 의학서『본초강목』에는 김이 구토와 설사를 치료하는데 효능이 있다고 설명했다.『난중일기』에는 이순신 장군이 군자금을 확보하기 위해 미역과 각종 해산물을 채취해 판매했으며 전투 때에는 밥에 미역을 비벼 먹었다고 기록돼 있다. 대장금이 당뇨병을 앓고 있는 명나라 사신에게 해조류 밥상을 권해 며칠 후 몸이 한결 좋아진 것을 느낀 사신이 감동했다는 일화도 전해진다. 한편 한산도대첩에서 일본 장수 와키자카 야스하루는 죽다 살아나 도망친 무인도에서 열흘동안 미역만 먹고 연명하다가 버티다 결국 생존했다고 하는 얘기가 전해지듯이 미역은 예전에는 훌륭한 구황음식이었지만 현재는 건강식품으로 각광받고 있다.

1600년대에 허균이 지은『도문대작(屠門大嚼)』에서는 해초를 다음과 같이 분류하였는데, 지금도 우리가 주로 먹는 것들과 별반 다르지 않다.

황각(黃角) : 해서(海西)에서 나는 것이 매우 좋다.

청각(靑角) : 서해에는 모두 나는데, 해주(海州)와 옹진(甕津)에서 나는 것이 가장 좋다.

참가사리[細毛] : 서해에는 모두 나는데 해서(海西)에서 나는 것이 가장 좋다. 또 우무[牛毛]라는 것이 있는데 열을 가하면 녹는다.(…중략…)

다시마[昆布] : 북해(北海)에서 나는 것이 가장 좋고 다시마[多士麻 다시마의 한자(漢子) 표기인데 저자의 착오인 듯함]·미역이 그 다음이다.

63 서울경제신문, 2021. 4. 11,〈'자산어보'에 11년 앞선 '우해이어보'〉기사 참고.

올미역[早藿] : 삼척에서 정월에 딴 것이 좋다.

김[甘苔] : 호남에서 나는데 함평·무안·나주에서 나는 것이 썩 맛이 좋아 엿처럼 달다.

해의(海衣) : 남해에서 나는데, 동해 사람들이 주먹으로 짜서 말린 것이 가장 좋다.[64]

미역과 김, 다시마의 활용법은 워낙 다양하고, 다른 해조류 친구들은 매생이굴국, 톳밥과 톳두부무침, 모자반무침과 모자반 몸국, 파래무침, 고시래기무침 등의 요리처럼 무침과 바다내음을 품은 뜨끈한 국을 만드는 데 함께 사용된다.

우리나라의 해조류가 세계적으로도 생산량과 소비량에서 1위를 달리고 다양한 요리와 가공품 등에 쓰임새가 있었던 것은 육지에서의 산채인 산나물 섭취 문화와도 밀접한 관련이 있다. 쌈과 된장·고추장 등 발효식품인 장류 문화가 해조류와도 잘 어울리기 때문일 것이다. 아마도 일본의 일식당과 우리나라 횟집의 차이를 말한다면 우리나라 횟집들은 회를 싸 먹는 문화로 인해 다양한 로컬 해조류 요리들이 함께 나온다는 점일 것이다.

우리나라 쌈에 대한 기록은 삼국시대로 거슬러 올라간다. 조상들은 정월 대보름에 복쌈을 즐겨 먹었다. 우리나라 쌈 문화의 특징을 잘 보여주는 복쌈은 취나물 등에 밥을 싸서 입을 크게 벌리고 먹는 것을 말한다. 입을 크게 벌린 것은 복이 덩굴째 들어온다는 느낌이 들도록 하기 위해서다. 복쌈은 눈을 밝게 하고 생명을 길게 한다고 해서 명쌈이라고도 했다. 이는 복쌈이 영영학적으로 매우 훌륭한 식사인 것과도 관련이 있다.[65]

육지에서의 쌈의 발달은 채소가 풍부한 우리 산천에서 기인한다. 밭작물은 말할 것도 없고, 산과 들의 무진장한 나물들을 훌륭한 먹거리로 발굴

---

64 한국고전종합DB(한국고전번역원, 신승운 역).

65 농민신문, 2013. 8. 5, 〈우리나라 쌈 문화 유래·특징〉 기사 참고.

해 낸 조상들의 독특한 섭취 방법이 바다에서 나오는 해조류와 젓갈 문화와도 접목된 것이다. 탄수화물의 주 원료인 밥뿐만 아니라 단백질원인 고기나 쌈장, 젓갈 등을 한꺼번에 섭취할 수 있기 때문에 영양학적으로도 쌈은 매우 우수하다. 특히 요즘은 한국인의 대표 회식음식이자 캠핑음식인 삼겹살을 상추나 깻잎으로 싸 먹는 대신, 다시마나 곰피미역과 함께 젓갈과 같이 싸서 먹는 것도 인기가 있다.

바다의 불로초, 해조류 3총사(미역, 김, 다시마)

미역(참미역)은 다시마목 미역과속이다. 미역이라는 이름이 붙은 것을 국립생물자원관 한반도의 생물다양성 홈페이지의 기준으로 알아보면 쇠미역사촌, 쇠미역(=곰피미역), 다실미역, 구멍쇠미역, 넓미역(=석미역) 등 다양한 종류가 있다.

쇠미역(쇠미역사촌)은 다시마목 쇠미역과에 속하는 갈조류인데 일반인들은 곰피미역으로 부른다. 어릴 때는 3줄이고, 엽신면에는 주름혹이 있고, 더러는 구멍이 있다. 우리나라에서는 동해안 영덕 이북에서 채집된다. 북태평양 온대성 해역에 분포하는 종이다. 쇠미역은 울퉁불퉁한 모양이 이상해보이지만 그래서 씹는 맛이 더 좋은 재료이다. 쇠미역은 주로 생으로 구입할 수 있고, 쌈미역으로 먹으면 일품이다. 곰취가 산나물의 대표 쌈밥의 재료라면 곰피미역인 쇠미역도 해조류 쌈밥의 대표 주자이다. 곰취와 곰피미역, 산나물과 바다나물의 쌍둥이라 부르면 어떨까.

한국의 고유생물인 다실미역은 제주도 우도의 수심 약 15m의 조하대에 서식한다. 제주도 우도 해협에 나는 한국 고유종이다. 우도 지역민에 의해 다실미역으로 불린다. 구멍쇠미역은 이파리에 다수의 구멍이 있거나 그물

모양이다. 동해안에 나며 북태평양 한온대성 해역에서부터 북극 해역까지, 북서 대서양에 분포한다.

넓미역(석미역)은 제주도 우도 조하대에 서식하며 북서 태평양의 온대성 해역에 분포하는 갈조류의 일종이다. 제주도 일부 지역에서만 자생하는 넓미역이 최근에 울릉도에서 발견, 서직지 확산이 확인되었다. 일부 지역에서는 4m 이상 크기로 성장하고 자생 상태에서 넓미역과 일반 미역이 합쳐진 교잡종도 확인돼 향후 식용는 물론 전복 등의 먹이로 대체 가능성도 있다고 한다. 넓미역 추출물은 높은 항산화 특성을 갖고 있기 때문에 기능성 식품, 화장품 및 의약품 등의 소재로 활용될 가능성이 높은 것으로 나타났다. 이외에도 넓은미역쇠(넓미역쇠)는 우리나라 삼척, 포항, 울릉도, 부산, 가덕도, 거제도, 제주도 등에 난다. 산업용 및 식용의 잠재적 가치와 유전자원, 생물지리 연구재료로서 활용 가치도 높다.

미역의 종류와 관련하여 이름이 다른 것은 지역마다 방언이거나 이전부터 부르던 이름을 그대로 부르기 때문이다. 예컨대 곰피미역은 곰보미역, 곰보, 곤피, 쇠미역 등 여러 이름으로 불린다. 일반적으로 곰피미역이라고 하는 이 미역의 정식 명칭은 쇠미역사촌으로 다시마목 쇠미역과에 해당한다. '개곤피'라 불리며 식용으로 거의 쓰이지 않는 다시마목 감태과의 곰피와 곰피미역은 구멍이 있다는 공통점 외엔 사뭇 다른 바닷말이다.

대황과 곰피는 지역마다 부르는 이름이 모두 다를 수 있다. 일부지역에서는 대황을 곰피로, 실파래나 창자파래 등 파래류를 곰피로 부르기도 한다. 하지만 곰피는 엄연히 대형갈조류로서 경남, 부산지역과 경북 일부지역에 자생하고 있으며 대황과 곰피 모두 현재 해중림 조성종이기도 하다. 석미역은 넓미역을 울릉도 및 제주도에서 지역의 방언이거나 이전부터 부르던 이름으로 보인다.[66]

---

66 http://blog.naver.com/oceanseaweed 참고.

　미역의 별미 반찬이나 술안주로 미역귀 요리도 주목받는다. 미역귀는 미역의 머리부분이지만 정확히는 뿌리 윗부분의 씨앗주머니, 즉 미역의 생식기관으로 미역의 모든 에너지가 응집되어 있다. 미역귀, 곽이(藿耳), 해채이(海菜耳)라고 했는데 민간에서 귀처럼 생겨 미역귀라고 했다.

　여름이 되면 미역은 녹아버리고, 미역귀에서 나온 유주자(遊走子)라고 하는 것이 가을이면 암수로 분리되어 수정을 한다. 이 수정란이 바위에 붙어서 미역으로 자란다. 미역귀는 끈적끈적한 점성의 성분, 후코이단의 효능이 밝혀지고는 귀한 식재료로 주목을 받고 있다. 건조, 냉동, 염장 방법이 개발되면서 국내는 물론 일본으로 수출되고 있다. 식이섬유소가 풍부해 변비도 예방하고, 다이어트에 좋은 미역귀는 미역귀고추장무침, 미역귀조림, 미역귀 튀각 등으로 다양한 요리로 이용된다.

　자연산 미역의 주산지인 동해안에서는 미역귀를 '꼬다리(꾸다리)'[67]라 부르고, 미역줄기를 '빼다리'라 부른다. 이른 봄 미역 수확기에는 말리는 것 외에 미역줄기를 일부 다듬어 손질하여 된장에 박아 미역줄기지(장아찌)를 담기도 한다. 이게 바로 빼다리지다. 빼다리지로 빼다리비빔밥을 해먹기도 한다. 미역줄기와 꼬다리를 썰어 간장과 식초, 매실엑기스 등을 넣어 간장

---

[67] 내장을 뺀 명태를 반건조 시킨 것을 '코다리'라 하며, 미역귀를 일컫는 '꼬다리'와는 다르다.

미역지를 만들어서 일년내내 먹기도 한다. 일반적인 미역무침은 주로 매가리(전갱이) 젓갈로 무쳐 먹고, 바싹 말린 꼬다리는 간식이나 안주 또는 보리멸치 꼬다리무침이나 꼬다리 조림이나 튀김 등 밥반찬으로 활용한다.

동해안에는 제철 자연산 미역이 3~5월 한 철만 생산되기 때문에 말리는 것 외에 오랜 보관을 위해 빼다리(미역줄기)를 장아찌로 담근 것이다. 동해안에 생산되는 미역은 쫀득쫀득한 북방형 미역, 쫄쫄이 미역이다 보니 줄기가 잎보다 발달해 있어 길고, 넓이가 좁고 단단하다 보니 장아찌를 담아도 오래 보관이 되고 깊은 맛이 난다. 일반적으로 미역지는 된장으로 담그는 방법과 집간장으로 담그는 방법 두 가지가 있다. 된장 미역지는 오래 장독에 묻어 가끔 꺼내 먹는 것이고, 간장 미역지는 생미역을 식초와 간장을 1 : 1로 넣고 설탕 등을 섞어 48시간 담근 후 다시 건져서, 다시 새로운 양념에 버무려 두고두고 먹는다. 거기에 미역귀를 잘게 썰어 함께 넣으면 식감이 꼬들꼬들하면서 아이들도 좋아한다. 드물게도 영덕의 한 전통시장의 식당에서 미역지를 판매하는 곳을 찾을 수 있었다.

된장 미역지와 간장 미역지

나들이 음식, 도시락의 대명사인 김밥

김, 꼬시래기, 우뭇가사리(한천), 갈래곰보, 세모가사리 등은 홍조류이다. 김을 활용한 국민음식이 소풍, 나들이하면 생각나는 음식으로 김밥 도시락이 있다. 도시락은 한자어가 아닌 순우리말이다. 북한에선 곽밥이라 한다. 찬합에 밥과 반찬을 담아 꽃놀이를 떠나기도 했지만 보통은 보부상이나 어부, 과거를 보러 길을 나서는 선비들의 주먹밥 정도가 도시락의 기원이었다.

김을 상용하여 먹는 나라는 우리나라와 일본뿐이다. 오랜 풍습으로 정월 대보름에 김쌈을 먹으면 무병장수한다고 하여 즐겨 먹었는데 다른 명절상에도 꼭 오르므로 '명쌈' 또는 '복쌈' 등으로 불렀다. 밥에 김을 싸 먹는 김밥의 본질적 원리는 우리나라에서 자생적으로 시작됐다는 의견이 많다. 심지

다양한 김 요리

어 김을 양식하고 즐겨 먹은 역사도 문헌상 일본에 비해 우리가 더 빠르다.

우리나라에는 조미김과 김자반의 원조인 '김쌈'이란 음식이 있었다. 일본의 노리마키 등장 시기인 에도시대와 비슷한 1800년대 말엽에 나온 『시의전서(是議全書)』에는 '김쌈은 김을 손으로 문질러 잡티를 뜯는다. 손질한 김을 소반 위에 펴 놓고, 발갯깃으로 기름을 바르며 소금을 솔솔 뿌려 재워 구웠다가 네모반듯하게 잘라 담고 복판에 꼬지를 꽂는다'는 내용이 등장한다.[68] 따라서 김밥은 기존에 이미 상식(常食)하던 음식 '김쌈'이 다양한 식

---

68 문화일보, 2020. 5. 22, 〈이우석의 푸드로지, 참기름밥에 얹은 단무지·우엉…'엄마표 소풍 영양식'〉 기사 참고.

마트에서 판매하고 있는 미역과 김 부각 제품 들

재료와 함께 말아먹는 형태로 변형된 것임을 유추할 수 있다. 김밥은 가장 평범한 음식이 됐지만, 자기가 원하는 제철에 나는 로컬 식재료나 고기나 해산물, 채식주의자들을 위한 독특한 재료를 넣으면 특별한 요리로 변신하기도 한다. 가장 역사와 전통이 긴 충무김밥을 비롯하여, 제주에는 꽁치 한 마리를 통째로 말아 썰어내는 꽁치김밥과 흑돼지톳김밥도 있다.[69] 필자는 울릉도 부지갱이 산나물을 무쳐 넣은 부지갱이 김밥을 제일 좋아한다.

다른 나라에서의 김의 일부 식용 사례로는 영국 남서부 웨일즈 지역에서는 캐비어라는 별칭이 붙을 정도로 맛이 뛰어난 레버브레드(laverbread) 즉 김빵이 지난 2017년 유럽 연합의 지리적 표시 제품으로 등록되기도 했다. 김 등 해조류 섭취 역사는 6세기 내지 7세기의 바이킹 시대까지 거슬러 올라가고, 1800년대 산업혁명 시기에는 탄광 노동자들의 건강을 지키는 파수꾼이었다고 한다. 전문가들은 김은 지구의 빙하기와 공룡 대멸종 등에도 살아남은 가장 오래된 다세포 진핵생물 중 하나로 인정받고 있어, 10억년 된 살아 있는 화석인 것이다.[70] 우리나라에서는 김구이, 김자반, 김장아찌, 김무침, 김부각, 김찬국 등 다양한 요리가 있다.

---

69 충무김밥은 통영지방의 향토음식으로 어부들의 간편식이었다. 통영시가 충무시였던 1970년대 전국적으로 알려진 음식이라 '충무김밥'이라는 이름이 붙었다.
70 KBS 뉴스9(순천), 2019. 12. 25, 〈세계인의 식품 '김'〉기사 참고.

천연 조미료와 쌈밥의 대명사, 다시마

다시마는 일본인이 특히 좋아하는 해조류다. 일본 요리에서 건조 다시마는 국물 맛을 내기 위해 사용하며, 다시마의 맛을 흔히 '우마미'라 한다.

다시마는 우리나라, 중국, 일본에서 먹어 왔으며, 우리나라에서는 동해안에서 양식을 시작하여 제주도를 제외한 전 연안에서 양식되고 있다. 다시마에 있는 라미닌이라는 아미노산은 혈압을 내리는 효과가 있다고 한다. 다시마는 건강식품으로 인정받고 있다. 한자로는 '곤포(昆布)'라 하는데 주로 날 것으로는 쌈을 싸 먹고 말린 것은 기름에 튀겨 튀각을 한다. 국물 맛을 내는데 쓰는 천연 조미료로 마른 멸치와 표고버섯과 함께 많이 사용된다. 일본인은 다시마를 미소국에 넣거나 녹차와 함께 먹는다.

다시마 성게알 쌈 요리

다시마는 '다시+마'의 합성어이다. 다시의 어원은 (닷)으로 같은 해조류인 '톳', 돋나물에서 새로운 잎을 뜻하는 '돋'에서 유래했다고 한다. '다시', '다사'는 "군침을 다시네.", "입맛을 다신다.", "아무것도 다실 게 없네."와 같이 마치 음식을 먹는 것 같이 입맛이 돌고, 군침이 먼저 솟아 나는 상황을 형용할 때 쓰는 말이다. '마'는 바다에서 나는 해초를 통틀어 뜻하는 '말'이 어원으로 'ㄹ'이 탈락한 경우이다. 중국어로는 昆布(쿤푸), 일본어로는 こんぶ(콘부), 영어에서는 kelp(켈프)로 주로 불리운다.[71]

일본에는 미역보다 다시마 요리가 더 많다. 특히 일본에서는 가츠오부시(가다랑어로 만든 숙성포)를 다시로 이용해 일본 국수나 미소 된장국의

---

71 https://blog.naver.com/kjhsss/222223818945, 국물왕 다시마 참고.

다시마 식초와 해조류 소금들

국물의 맛을 내는 데 다시마를 사용한다. 일본 음식 국물맛의 기본 조미료
인 것이다. 에도시대(江戸時代, 1603~1867)에 가츠오부시가 대량 생산되
기 시작하고, 다시마 또한 에조(蝦夷, 현 홋카이도)를 중심으로 전국적으로
유통이 활발해지면서 다시 문화가 본격적으로 발달하게 되었다. 일본의 다
시는 천연 재료를 그대로 사용하는 것이 아니라 건조나 훈연 등의 가공 과
정을 거친 재료를 사용해 국물을 우려낸다는 점이 특징이다.[72]

미네랄과 섬유소가 풍부한 바다의 불로초, 다시마가 한국이나 일본에서
많은 국물요리의 기본 재료나 천연조미료로 사용되는 이유는 감칠맛 때문
이다. 또한 여러 비타민과 무기질이 들어있는 영양식품이기도 하다. 다시
마 감칠맛의 원천은 단백질 아미노산 성분 중 하나인 글루탐산인데, 1908
년 동경제국대학 이케다 기쿠나에 교수가 인공적으로 추출하는 데 성공했
다. 현재까지 인공조미료로 다양하게 사용되고 있다.

국물요리의 기본재료 이외에 쌈밥과 삼겹살 구이의 쌈에도 생다시마를
많이 먹는다. 다시마 대량 양식의 성공으로 인해 가격이 저렴해지면서 보
쌈이나 쌈밥으로 먹거나 고기를 싸서 젓갈로 간을 해서 다시마에 싸서 먹

---

72 네이버 지식백과. 다시(dashi), 참고.

는다. 다시마 젓갈쌈은 궁합이 아주 좋다. 이외에도 염장하거나 건조하여 다시마장아찌, 다시마차로 활용하거나 기름에 튀겨서 소금과 설탕에 묻혀 먹는 튀각이나 과자 또는 분말이나 국수 등의 건강식품으로 다양하게 식용하고 있다.

특히 사찰에서는 정신을 맑게 몸을 가볍게 해 주는 식재료로 예로부터 이용

다시마전

해 왔으며, 생으로 채다시마를 무쳐 먹거나 다시마 절임과 다시마 조림, 다시마 부각 등이 전해져 오고 있다. 다시마 식초를 만들어 다양한 사찰 정진음식, 선식(禪食)에 기본 소스로 사용하기도 한다. 아울러 최근에는 요리의 기본인 육수내기를 편하게 하기 위해 다시마 다시팩이 나와 국물요리, 찜요리, 볶음요리 등 각종 요리에 활용되고 있다.

차세대 건강식품인 톳, 매생이, 파래

전 세계 해조류는 약 1만여 종 이상이 서식하고 있으며, 우리나라는 약 500종 이상이 밝혀져 있다. 식품으로 섭취가 가능한 것은 약 50여 종이다. 이 중 대표적인 해조류의 3총사인 미역, 김, 다시마에 이어 사랑받는 것이 바로 톳이다.

정약전의 『자산어보(玆山魚譜)』에 톳은 '토의채'로 기록되어 있다. 육지에서 보릿고개에 잡곡밥을 지어 먹듯 어촌에서는 톳밥을 해 먹었다. 톳은 항암 효과가 있는 알긴산과 푸코스테롤을 함유하며, 단백질과 식이섬유,

비타민이 풍부해 탈모와 변비 예방에도 효과가 좋다.

톳은 오독오독한 식감을 자랑한다. 지역에 따라 따시래기, 뚤배기, 몰, 톨이라고 부른다. 톳의 모양새가 사슴 꼬리와 비슷하다고 해 사슴의 녹, 꼬리의 미를 따 녹미채(鹿尾菜)라고도 한다. 톳에 함유된 칼슘은 다시마의 2배, 김의 10배, 우유의 14배라고 한다. 시금치보다 철분 함유량이 15배 높은 훌륭한 건강식품인데 우리나라 톳 생산량의 약 90%가 일본에 수출되고 있다고 한다. 일본에서는 톳을 히지키(Hijiki)라고 하고 대부분 서양에서도 그대로 통용되고 있어 아쉽다.

일본의 대표적 가정식 집밥이 히지키 라이스(Hijiki Rice, 톳밥)와 간장으로 조린 히지키 조림이라고 한다. 우리나라보다 소비가 더 많은 해조류이다. 우리나라에서는 톳두부무침, 톳밥, 톳부추전,

톳냉면 외에도 다양한 레시피 개발이 필요하다. 톳파스타, 톳빵, 톳어묵 등 아이들이 좋아하는 다양한 퓨전 요리의 개발이 가능할 것이다. 그리고 서해안의 함초소금처럼 제주도에는 해조류 자염세트(톳 자염, 감태 자염) 등도 상품으로 나오고 있다.

매생이의 이름은 아름다운 순 우리말에서 왔다고 하는데, '생생한 이끼를 바로 뜯는다'라는 뜻이다. 전라남도의 강진, 완도, 장흥 등에서 남해안의 특산물로 생산된다. 주로 겨울철에 채취하며 파래처럼 생겼지만 김보다는 더 푸른빛을 띠고 김과는 달리 덩어리로 판매된다. 『자산어보』에는 '매산태(莓山苔)'라 이름하여, '누에실보다 가늘고, 쇠털보다 촘촘하며 길이가 수척에 이르고, 빛깔은 검푸르며 국을 끓이면 연하고 부드러워 서로 엉키

면 풀어지지 않는다. 그 맛은 매우 달고 향기롭다'고 기록되어 있다. 채취는 주로 11월부터 시작하여 3월까지 계속되나 채취한 것을 냉동하여 넣어두면 일 년 내내 먹을 수 있다. '신경'이라는 전라도 사투리로도 불리는 매생이는 포구에서 헹군 뒤 적당한 크기로 뭉치는데 이를 '재기(잭이)'라고도 부른다.[73]

다이어트와 피부 미용, 골다공증과 빈혈 예방 등 여성 몸에 좋기로 소문난 매생이는 1970~80년대 그물을 이용한 말목식 김발에 혼생해 김의 상품가치를 떨어뜨리는 잡초로 취급돼 천대받았다. 그러다가 매생이의 인생은 2003년 차세대 해조양식 품종으로 연구가 진행되면서 역전되어 미역, 다시마보다 비싼, 귀한 몸이 됐다. 조선시대 장흥 지방에서 임금께 올린 진상품이었을 정도로 귀한 재료였으며, 아무리 뜨거워도 김이 잘 나지 않는 매생잇국은 일부러 사위에게 먹여 입을 데게 했다고 하여 '미운 사위 국'으로도 불렸다.

많은 수난 끝에 매생이는 과거의 영광을 되찾으며 차세대 건강식품으로 떠올랐다. 매생이는 단백질, 지방, 탄수화물, 무기질, 비타민 등 5대 영양소를 모두 함유한 식물성 고단백 식품이다. 매생이굴국, 매생이떡국, 매생이전이 대표적인 음식이다. 특히 매생이는 NASA(미 항공우주국)로부터 우주식품으로까지 선정될 정도로 우수한 영양가를 인정받았다.

파래에는 창자파래, 잎파래, 모란갈파래, 가시파래, 납작파래, 구멍갈파래 등 다양하게 있는데, 통상 사람들이 파래라고 하는 것은 감태로 알려진 가시파래이다. 맛이 없어 사료용으로 쓰는 갈파래를 제외하고 모두 먹을 수 있다. 감태는 말리면 단맛이 더욱 강해진다. 『자산어보』에 "모양은 매산태를 닮았으나 다소 거칠고, 길이는 수자 정도이다. 맛은 달다. 갯벌에서 초

---

73 수산인신문, 2020. 12. 27, 〈바다의 실크 매생이〉 기사 참고.

겨울에 나기 시작한다."라고 했다. 이끼처럼 생긴 것이 단맛이 난다해서 붙여진 이름이다.[74] 파래나 매생이는 양식이 되지만, 감태는 양식이 불가능한 전혀 다

전통시장에서 판매되고 있는 파래와 김파래

른 종이다. 파래는 잎이 넓직한 편이고, 감태(가시파래)는 파래보다 잎이 가늘고 길다. 전통시장에서 파래는 애기 주먹만한 크기로 놓아두고 판매하고, 가시파래는 한 덩어리로 크게 뭉쳐서 판매한다.[75]

'신경'이라는 전라도 사투리로도 불리는 매생이와는 달리 경상도에서는 파래를 주로 싱기(신기)라 불렀다. 매생이와 파래의 중간쯤으로 생긴 감태는 김처럼 얇게 펴 말려 가공해 파는 것도 있는데 연둣빛 색만큼이나 생생한 바다 향이 상쾌하다.

뾰족뾰족한 세모가사리는 식감이 좀더 날렵해 샐러드나 비빔밥에 어울린다. 까사리파래는 파래와 세모가사리의 하이브리드라 설명하면 쉽다. 아닌 게 아니라 두 해초를 섞어 말렸다고 해서 까사리파래다. 까슬까슬하게 씹히는 식감과 김의 단맛이 어우러진다. 간장양념에 김무침처럼 무쳐 먹는 조리법이 일반적이다. 그리고 감태는 주로 감태전, 파래는 파래무침이 일반적인 요리이며, 파래김으로도 만들어 일반김과 색다른 식감으로 찾는 이가 많다. 최근 숙면에 좋은 식품인 감태 추출물을 활용한 수면 영양제가 나오고 있다.

---

74 한국민속대백과사전, 한국의식주생활사전 식생활 부분 참고.
75 https://greenhrp.tistory.com/entry/, 파래무침과-가시파래감태무침 [제철 찾아 삼만리] 참고.

이외에도 파래빵, 감태초코렛, 감태차, 감태곤약도 상품으로 접할 수 있다. 아울러 통영 지방 향토음식으로 구파랫국이 있는데, 구파래는 홑파래 계통에 속하는 희귀한 바닷말이다. 밝은 녹색을 띤 구파래는 일반 파래보다는 몸통이 넓고 싱그러운 바다 향이 나며, 단단하고 톡톡 터지는 식감도 좋다. 개조개(대합)를 다져 썰어 넣고 구파래를 넣어 한소끔 끓여내면 봄 향기 완연한 구파랫국이 완성된다.[76]

다이어트 푸드인 우뭇가사리, 모자반, 꼬시래기

바다의 채소, 해조류가 미세먼지 배출을 비롯한 여러 효능이 있다고 알려지면서 슈퍼푸드로 급부상했다. 배고파서 먹던 바다 음식이 이제는 다이어트 건강 음식으로 애용되고 있다. 해조류가 알긴산을 포함한 섬유질이 풍부해 변비를 예방하며, 체내 피하지방이 축적되는 것을 막아 비만을 방지하는 데 탁월한 효능이 있다는 것이다.

양식과 가공기술의 발달로 최근 밀가루 대체면으로 다이어트 웰빙 식품으로 인기가 높은 것이 해초면과 우무묵, 꼬시래기 냉면이다. 해초면은 미역, 다시마, 톳 등의 해조류를 사용하여 일종의 국수처럼 면 모양으로 만든 것인데, 곤약처럼 칼로리가 거의 없고 식이섬유가 매우 풍부하다. 탱글탱글하지만 곤약면보다 좀 더 잘 끊어지는 식감이다.

국내 생산량의 80% 이상을 차지하여 철마다 제주도의 해안도로를 점거하는 것이 바로 식이섬유의 보고, 우뭇가사리다. 소털 같이 생겨 조선시대엔 우모(牛毛)라는 이름으로 불리기도 했다. 한천, 우묵이라는 다른 이름도 갖고 있는데, 우뭇가사리를 고아 만든 우뭇가사리묵을 '우무'라 하고, 이를

---

76 문화일보, 2021. 2. 25, 〈이우석의 푸드로지, 바다가 키운 미래식량〉 기사 참고.

건조한 것이 한천이다. 우뭇가사리묵을 동해안 지방에서는 천초묵이라고
도 부른다.

특히 여름에는 천초로 콩국을 많이 해 먹었다. 지금도 전통시장에서 콩
국이나 천초묵을 판매하고 있다.[77] 바다에서 채취한 해조류를 어떻게 묵으
로 만들어 먹을 생각을 했을까. 놀랍게도 우리 선조들은 아주 오래전부터
우무를 먹었다. 한천은 조선시대 어의가 임금의 병을 치료할 때 쓰는 재료
로 활용할 만큼 비만과 콜레스테롤 등 성인병 예방에 탁월한 효과가 있다.
이미 5백 년 전인 1520년, 충암 김정이 집필한『제주풍토록』에 우무가 기
록되어 있으며, 우뭇가사리가 바닷가에서 흔히 볼 수 있는 해조류임을 감
안하면 그보다 훨씬 전부터 먹었을 것으로 추측한다.

특히, '바다의 냉면'이라 불리는 꼬시래기에는 대표적인 성분이 타우린
으로 피로회복에 탁월한 효과가 있는 것으로 알려져 있다. 아울러 김치에
들어가는 감초인 청각도 있고, 몰(모자반)을 활용한 토속음식인 몸국과 몰
(모자반)설치국도 있다.[78]

이외에도 다양한 해조
류를 함께 섞어 만든 해초
샐러드는 글로벌 푸드 트
렌드이자 한류 음식문화
와 함께 해외에도 수출되
고 있다.[79]

전통시장에서 판매하고 있는 천초묵(우뭇가사리묵) – 가운데 흰 것

---

77 지역마다 사람마다 부른는 게 조금씩 달라 한천, 천초, 우뭇가시리, 우묵까사리, 우묵 등으로 불리는데 표준어
는 우뭇가사리이다.

78 국립수산과학원에서 발행하는 '동해안에 서식하는 우리나라 연안의 모자반'에 의하면 동해안에는 모자반, 검둥모
자반, 경단구슬모자반, 괭생이모자반, 꼬마모자반, 꽈배기모자반, 미아베모자반, 비틀대모자반, 싸리비모자반, 쌍
발이모자반, 알쏭이모자반, 왜모자반, 진가시모자반, 지충이모자반, 짝잎모자반, 큰열매모자반, 큰잎모자반, 큰잎
알쏭이모자반 등 다양한 게 있다. 우리가 몸국에 사용하는 모자반은 참모자반이고, 최근에 중국에서 급격히 불어난
모자반이 해류를 타고 우리나라로 들어오면서 문제가 된 건 억새고 맛도 없어 식용하지 않는 괭생이모자반이다.

79 한국일보, 2016. 2. 19, 〈식탁 위의 바다꽃 '해초'-지금 제철이다〉 기사 참고.

한천, 곤약, 젤라틴의 비교

이름	한천(식물성)	곤약(식물성)	젤라틴(동물성)
원료	해조 (우뭇가사리, 꼬시래기)	구약감자 (구약나물의 땅속 줄기)	동물의 가죽, 뼈, 힘줄
구성성분	아가로오스, 아가로팩틴	글루코만난	콜라겐
칼로리(100g 기준)	0 kcal	5 kcal	약 340 kcal
식품용도	우무, 양갱, 젤리, 두부	판곤약, 젤리	젤리, 마시멜로

자료 : 한천박물관 자료 참고

이외에도 동해안의 해녀들은 자연에서 터득한 해조류를 채취하는 1년 간의 사이클이 있다. 양력 1~2월에는 진저리, 3~4월에는 미역, 5~6월에는 톳과 천초(우뭇가사리), 가을 김장철에는 청각, 12월에는 돌김 등 계절마다 해조류를 채취하는 시기가 있다. 다르게 말하면 바다는 우리 어머니들의 자연 냉장고이다. 특히 진저리, 세실, 도복, 소치 등의 식용하던 다양한 해조류는 동해안 해녀들의 요리로 전해지고 있다. 요즈음은 이런 해조류 음식도 수요가 없어 사라질 위기에 봉착해 있다.

진저리는 동해안에서도 영덕군 창포리를 중심으로 한 포항과 울진 사이의 지역에서만 채취된다. 배가 진행하는 데 방해되어 '진절머리가 난다' 해서 진저리가 되었다고 하기도 한다. 진저리는 톳보다는 길게 자라고, 채취하는 시기는 톳보다 빠른 이른 봄인 양력 1월부터 3월까지다. 아주 햇순만을 따서 끓는 물에 슬쩍 데쳐서 나물 무치듯 무쳐서 먹으며, 고추장이나 된장에 묻어 두었다가 진저리햇순지(장아찌)로 해 먹기도 한다. 그 외에도 진저리물회, 진저리장치물회 등의 요리가 전해져 온다. 동해안 양양에 있는 베이커리집에서는 호두찰빵 비법으로 끓는 물에 진저리라는 해초를 섞어 만든다고 한다.

우뭇가사리 사촌인 세실이라는 해조류는 영덕 창포 해녀를 중심으로 전해지고 있다. 포항 구룡포 지역에서는 소치라는 해조류가 1년에 두 달 3~4

소치무침과 두복된장무침

월에 채취하여 다른 해조류처럼 생으로 된장 또는 진간장, 물엿과 설탕 등에 무쳐 먹거나 말려서 일년 내내 먹기도 한다. 또한 두복이라는 해조류도 있고, 도박(도복)이라는 해조류는 지금은 주로 전복 밑에 까는 부재료로 활용하지만 옛날에는 밀가루나 찹쌀가루와 함께 무쳐 버무리떡처럼 해 먹기도 하였다고 한다. 그리고 국립해양생물자원관에서 펴낸 '유용한 남해의 바닷말'에는 도박류에는 참도박, 개도박, 미끌도박 등이 있는데 지역별로 부르는 용어나 쓰임새가 차이가 있다.

　보통 무침이나 국, 나물 등으로 사용되는 모자반은 지역마다 다양한 언어로 불린다. 돼지뼈 우린 국물에 모자반을 넣은 것을 제주도에서는 몸국처럼 부르듯이, 제주도에서는 '몰' 또는 '모쟁이'라 부르고, 경상도에서는 '마자반', '마재기', 충청도에서는 '말'이라 불리기도 한다. 울릉도에서도 손꽁치잡이를 할 때 이 모자반을 엮어서 잡는데 몰이라 부른다.

　한편 뜸부기(듬북, 뜸북, 뜸북이)는 모자반과에 속하는 해조류인데, 옛날엔 진도와 완도 일대 바위틈에서 많이 채취되었으나, 요즘은 청정지역에만 자라나 보니 진도의 조도나 나배도 일대에서만 나오는 생산량이 매우 적은 귀한 해조류가 되었다. 뜸북국, 뜸북갈비탕은 진도 주민들이 경조사 때 소갈비, 돼지갈비 뼈 등을 여러번 고아 식히면서 말린 뜸북을 함께 넣어 끓인 해장국으로 제주도 토속음식인 제주몸국과 유사하다.

　체내 중금속배출 등의 효과도 있다고 알려진 다이어트 푸드인 꼬시래기

제주도 전통시장에서 판매하고 있는 다양한 해조류들

는 쌈용이나 무침, 볶음 요리로 다양하게 활용되고 있다. 꼬시래기와 비슷하지만 세모가사리, 섬가사리, 돌가사리, 불등가사리, 까막사리(흑색해조) 등은 된장국을 끓일 때 천연 조미료로 주로 사용하고, 회를 먹을 때 쌈용으로 다시마와 함께 나오거나 해초보쌈이나 해초돌솥밥, 해초샐러드에 컬러풀하게 나오는 녹색과 적색의 식용해조류인 고장초와 갈래곰보도 있다.

요즈음은 미역줄기, 쇠미역, 채다시마, 모자반, 한천, 톳, 꼬시래기, 돌가사리, 세모가사리, 불등가사리 등 10가지 이상이 골고루 들어가 있는 모듬해초가 판매되고 있어 샐러드용으로 인기가 많다.

그리고 미역, 파래, 김 등 잘 알려진 해조류부터 까사리(가사리, 불등풀가사리), 세모가사리(세모, 참가사리), 뜸부기 등 상대적으로 덜 알려진 해조류까지 우리나라에서 자생하는 16가지 해조류로 만드는 108가지 음식과 조리법을 소개한 『바다를 담은 밥상』이라는 책이 최근 출간되었는데, 해조류만을 담은 요리서로서 큰 의미가 있다고 본다.

세계적인 장수 마을로 알려진 오키나와 섬 북쪽에 위치한 오기미 마을은 세계보건기구(WHO)로부터 '세계 최고의 장수촌'으로 인정받아 1993년 '일본 제일 장수선언촌' 기념비를 세웠다. 이 선언비에는 "80살은 사라와라비

고장초
혈관의 활동과 영양흡수를
돕고 노폐물을 배출하는
고장초는 각종 무침이나
샐러드 등에 잘 어울립니다.

녹색 갈래곰보
대표적 약알칼리성 식품
이자 식이요소가 많아
성인병 예방과 미용에
탁월한 효과가 있습니다.

세모가사리
식이섬유를 비롯해 칼슘과
마그네슘 등이 많이 들어
있으며 씹는 질감이
좋은 해조류입니다.

적색 갈래곰보
녹색갈래곰보보다 더
깊은 곳에 서식해 적색을
띱니다. 역시 성인병
예방 미용에 좋은 식품이죠.

출처 : 제주씨그린(ollebadang.co.kr)

(오키나와어로 어린아이라는 뜻)이며, 90살에 저승사자가 데리러 오면 100살까지 기다리라고 돌려보내라."는 오키나와의 옛 속담이 쓰여있다. 오키나와 사람들의 식탁엔 지역에서 나는 섬야채와 우미부도(바다포도, 그린캐비어). 모즈쿠(큰실말) 등 다양한 해조류가 늘 함께하는데 그것이 장수의 비결로 알려지고 있다.

앞으로 양식기술의 발달과 첨단 가공 및 저장기술의 획기적 발전은 우리 바다를 더욱 가깝게 만들 것이다. 미역, 김, 다시마를 비롯하여 아직 부각되지 않은 여러 해조류의 다양한 변신도 기대된다. 그리고 한국이 종주국인 해조류 문화가 한류 문화와 접목되어 정신을 맑게, 몸을 가볍게 해주는 다이어트 음식과 비건 음식으로 더욱 새로이 조명되어 발전할 것으로 기대된다. 아울러 해조류는 생채, 자반, 무침 등 음식을 넘어 화장품, 건강기능성 보조제 등 바르고 몸을 치료하는 용도로도 진화할 것이다. 해조류는 지금도 미래를 여는 첨단 소재로 변화를 거듭하고 있다.

5. 미역(miyeok) – 해조류 문화를 유네스코 세계무형유산 으로!

한국, 중국, 일본 등이 연해 있는 동아시아 해역은 교류와 교역의 바다였다. 상인과 해적, 승려와 선교사, 유학생과 외교사절 등이 지식과 정보를 바다를 통해 전파했다. 각종 상품을 넘어 여러 지역의 문화, 심지어는 생물 종까지 교환하는 교류의 바다였지만 때로는 각종 해양 패권과 수산자원의 주도권을 둘러싸고 '정치의 바다'로 각축을 벌이기도 했다. 지금까지도 해양 자원에 대한 자원에 관할권 다툼과 해양 문화력 각축이 끝나지 않고 전개되고 있다.

그도 그럴 것이 오랫동안 같은 바다를 공유하면서 경합과 공생의 관계를 유지하면서 유사한 해양문화권을 형성해 왔기 때문이다. 또 수산 생물자원의 채집과 활용면에 있어서도 마찬가지로 개척이냐 수탈이냐의 개념차이가 있을지 몰라도 늘 국제적 이해관계가 충돌해 왔다.[80] 최근 일본의 후쿠시마 원전수 방류를 두고 입장 차이가 인접국가 간에 있었고, 제주해녀 유네스코 무형유산 등재를 놓고 일본 해녀 '아마(海女)'와의 한·일 외교전,

---

80 하네다 마사시 엮음, 2019. 『바다에서 본 역사』 참고.

배타적 경제수역과 어업협정을 두고 한·중, 한·일간의 우위 다툼 등 소리없는 바다의 전쟁은 계속되고 있다.

한·중·일은 같은 한자 문화권임에도 각자 독자적인 고유의 개성 있는 문화유산을 가진 나라다. 자국 민족주의를 존중하는 SNS 네티즌 세대에서는 자존심을 건 원산지 논쟁은 여러 곳에서 일어나고 있다. 한국의 일부 네티즌은 일본의 나라꽃인 벚꽃 가운데 가장 유명한 품종인 왕벚꽃나무의 원산지가 한국 제주도이며, '벚꽃놀이'는 한국 문화라고 주장한다. 중국 네티즌은 여기에서 한 걸은 더 나아가, 벚나무는 당나라 때 일본으로 전해졌으며 벚꽃의 원산지는 중국이라고 주장한다. 그뿐인가, 최근에는 중국 네티즌이 우리의 김치, 한복, 삼계탕 등 한국전통문화와 전통음식의 중국 유래설을 들고나와서 한국인들을 분통 터지게 했다.

앞에서 살펴보았듯이 미역과 김, 다시마 등 여러 해조류가 한국과 일본의 바다에서 자란다. 우리 선조들은 수천 년 이상을 왕실과 서민층에서 해조를 지속적으로 섭취해왔기에 해조민족이라 해도 무리가 아니다. 아울러 다양한 기록과 음식문화를 통해 우리가 해조민족임을 확인해 보았다. 그러나 일본은 근대 서양 과학기술을 빨리 도입 수용하면서 수산 양식기술을 발달시켜왔기 때문에, 우리가 60년대와 70년대에 일본으로부터 초기 해조류 양식기술을 이전받은 것은 부인할 수 없다.

한편 해조류 섭취문화가 거의 없는 서양에서는 주로 김의 시식을 통해 해조류를 접했다. 김을 크게 알리게 된 데에는 스시 레스토랑과 하와이 스팸무스비 등에 들어가는 김(노리) 덕분이다. 이때 seaweed 하면 스시라는 등식이 형성되게 되었다. 과거 한·중·일에서만 소비되다 보니 별다른 영어 명칭이 없어, 일본 용어가 그대로 정착되어 구운 김은 '야끼노리', 스시용 김은 '스시노리'로 통용되고 있다. 특히 톳의 경우 일본인들이 우리나라보다 더 많이 섭취하고 있다. 우리나라 제품이 대부분 일본으로 수출되다 보니 '톳'이라는 용어보다는 '히지키(hijiki)'로 이미 외국에서 통용되고 있는 실정이다.

　세계 최초로 해은 김여익이 김을 처음 재배했지만, 김 문화를 많이 보급한 일본의 '노리'가 세계적으로는 김의 보통명사가 되었다. 하지만 다행히도 우리나라 김(gim)은 제2의 전성기를 맞이하고 있어 '노리'보다는 '김(gim)', '노리마끼' 보다는 '김밥(gimbap)'으로 재인식되는 날이 곧 오리라 본다.

　김은 외국에서는 밥반찬이 아니라 웰빙 스낵으로 인식돼 조미김, 김스낵 등을 중심으로 꾸준히 수출이 증가했다. 김은 2019년에 이어 2020년에도 수산물 수출 품목 중 총액 1위를 차지했다. 2020년 김은 6억 달러라는 역대 최고 수출액을 기록하면서 2017년 5억 달러를 돌파한 지 3년 만에 6억 달러를 기록했다. 특히 조미김은 전년 대비 약 13% 수출이 증가하는 등 높은 성장세를 보이고 있다. 특히 2020년 상반기엔 미국으로의 김 수출액이 일본 수출액을 뛰어넘어 국가별 김 수출 1위를 차지했고, 김을 즐기는 국가도 100여 개국 이상으로 늘어나고 있다. 우리나라는 전 세계 마른 김의 약 50%를 생산한다. 전 세계의 연간 마른 김 생산량은 250억 장으로 한국이 124억 장, 일본 83억 장, 중국이 44

미역스낵과 수출되고 있는 조미김

억 장을 차지하고 있어 우리나라는 당당히 김 생산과 가공 분야 세계 1위로서의 종주국 지위를 확보하고 있다. 이것이 바로 김을 '검은 반도체'라 부르는 이유다.

하지만 외국에서 우리 미역을 seaweed라는 통칭으로 부르는 것은 우려스럽다. 미역을 miyeok으로 영문 표기하는 것에 대해서 지금은 별로 관심을 가지고 있지는 않지만, 일본에서는 와카메(wakame, 和布), 중국에서는 하이차이(海菜)라는 이름으로 부르고 있다. 미국 코스코 등에서는 seaweed slalad(해초 샐러드)라는 이름으로 건강식으로 판매하고 있다. 일본에서는 와카메어묵탕, 와카메라면, 와카메스프로 상표화하여 우리나라에까지 진출하고 있다. 우리나라에서도 만든 일부 제품이 와카메우동이라는 용어를 사용하고 있다. 다행히도 미역국밥, 미역컵반, 미역라면 등 다양한 간편식 제품이나 편의점 제품들이 생산 및 수출되고 있지만 미역의 원산지이자 세계 미역문화의 발상지로서의 종주국을 지켜나가기 위해서는 와카메가 아닌 미역(miyeok)으로 표기하는 노력이 계속되어야 하고 미역 자체의 이름을 알리는 노력을 계속해야 한다.

미역을 비롯한 해조류를 약재로 활용하고 있는 중국과는 달리 미역을 상식(常食)하며 먹는 나라는 한국과 일본이지만, 미역문화의 역사성과 그 다양한 활용도를 보면 한국이 압도적으로 우세하다. 외국에서도 해조류 관련 전문서적이나 음식서 등에서 미역을 포함한 해조류를 한민족이 최초로 섭취한 것으로 보는 연구 결과가 보고되고 있다. 따라서 일본과 중국에 비해 월등한 미역요리의 다양성과 보편적 이용성 등을 고려하면 당연히 미역문화의 종주국은 한국이다.

그리고 일본은 미소된장국에 말린 미역을 조금 첨가하는 정도의 부재료로 활용하는 반면, 우리는 앞에서도 살펴본 바와 같이 미역을 주재료로 해서 100여 가지 이상의 지역별로 다양한 미역국을 먹는다. 건미역 외에도 염장해서 먹거나, 장아찌 담아서 1년 내내 남녀노소 모두 즐기는 영양식이자 소울푸드이다.

이러한 다양한 미역문화나 미역의 상품화로 우리 국민 1인당 하루에 평균 7.5g의 미역을 섭취하고 있어 우리나라는 세계 최고의 생산량과 소비량을 자랑하는 미역 왕국이다. 내추럴 슈퍼푸드, 시위드(Seaweed)의 저자, Anne Brunner는 아래와 같이 신라시대부터 우리 민족이 해조류를 섭취한 것을 기록하고[81] 있지만, 한국의 해조류 문화를 제대로 소개하는 외국의 전문서적이나 요리 책은 거의 없다.

"The first records of people eating seaweed come from Asia, where fragments of fossilized laver or nori dating back 10,000 years have been found in burial mounds at Kyong-Ju in South Korea.
Eastern cultures have always placed a high value on sea vegetables. Seaweed, in particular, was a symbol of wealth, health, and longevity, a gift worthy of an emperor."

20세기 들어 조선이 일본의 식민지가 되면서 우리의 바다를 제대로 지키지 못한 흔적과 아픔이 여러 군데에 남아 있다. 동해가 일본해로 바뀌는 순간부터 동해와 관련된 여러 생물의 학명에 자포니카, 다케시마, 나카이 등 일본과 관련된 학명이 붙게 되었다. 조선에 식물 분류학은 태동

---

81 Anne Brunner, 2014. 『Seaweed, The Secret Key to Vibrant Health』, Modern Books. 10쪽 참고.

도 안했을 시절이다보니 '다케시마'로 이름 붙여진 자생식물은 섬초롱꽃(Campanula takesimana), 섬장대(Arabis takesimana Nakai), 섬기린초(Sedum takesimense) 뿐만 아니라 울릉군에서 자라는 식물 중에 독도의 일본명인 '다케시마'나 일본학자의 '나카이'의 이름이 포함된 식물은 32개나 된다.

그뿐인가. 1908년부터 1911년에 걸쳐 일제 강점기 시작 전후 우리의 해양생물을 철저히 수탈하기 위해 전국 수산업 기초조사서인 『한국수산지』에는 다음과 같이 조선의 바다를 평가하며, 해조류 한일 명칭 비교까지 해놓았다. 곰피(Ecklonia stolonifera Okamura)를 비롯한 주요 해조류에는 일본인 학명이 많이 붙어 있다.

> "일본 해안선의 총길이는 약 8,000해리이며, 그 수산액(水産額)은 무릇 1억원(圓)을 웃돈다. 한국 해안선의 총길이는 약 6,000해리이지만 수산액은 6~700만원에 불과하다. 곧 비슷한 거리의 해안선을 가지고 있는데도, 그 산출액을 비교하면 후자는 전자의 1/10에 미치지 못하는 상황이다. 게다가 한국의 연해는 무릇 한·난류 두 해류가 분기되는 곳이며, 이곳에 서식하는 어종은 계절에 따라 회유·왕래하는 바가 대단히 많다. 토착 어패류 및 해조류와 함께 어업경영에는 가장 적합한 지세를 가지고 있다. 특히 바다에는 크고 작은 섬들이 바둑알처럼 흩어져 있어, 이들 어종들이 모여 서식하게 하니 어업하기에 한층 편의를 얻을 수 있다. 따라서 어장으로서의 가치는 일본의 연해와 비교하면 오히려 뛰어나다고 할 수 있으며 결코 뒤떨어지지 않는다고 믿는다."[82]

---

82 이근우(대표번역), 2010, 『한국수산지 I -1』, 새미, 16쪽 참고.

해조류 한일 명칭 대조표[83]

한국 명칭		일본 명칭	
미역	감곽(甘藿)	와카메(わかめ)	若布
대황	대황(大荒)	아라메(あらめ)	荒布
다시마, 곤포	昆布(小), 海帶(大)	콘부(こんぶ)	昆布
김	海衣	노리(のり)	海苔
톳(녹미채)		히지키(ひじき)	鹿角菜
감태		가지메(かじめ)	搗布
파래		아오노리(あおのり))	靑苔
갈파래		아오사(あおさ)	
우뭇가사리	牛毛加土里	뎅구사(てんぐさ)	石花采

　최근 들어 우리나라에서도 해조류와 관련된 좋은 연구 성과가 나오고 있어 미역 종주국으로서 다행스러운 일이다. 대표적인 해조류인 미역 유전체를 우리나라 과학자가 세계 최초로 직접 해독에 성공하여 미역의 진화과정을 규명하는 등 과학으로 미역을 지켜나갈 수 있는 길을 개척하였다.[84]

　해수부가 유전체 분야 원천기술을 확보하고 산업화하기 위해 2014년부터 추진해온 포스트게놈 다부처 유전체사업의 일환으로 성균관대학교 윤환수 교수가 이끄는 연구팀은 '해양식물 유전체 분석' 과제를 수행하였다. 자연산, 양식산 미역 및 최근 유럽과 뉴질랜드에 도입된 미역 등 총 41개체의 미역 유전체를 해독하고 유전적 다양성을 비교·분석했는데, 유럽과 뉴질랜드에 자생하는 미역의 조상이 한국 미역이라는 사실을 표준 유전체 분석을 통해 확인하였다. 양식미역 집단의 유전적 다양성이 자연미역 집단보다 높은 것으로 나타났다. 유전적 다양성이 클수록 기후변화나 질병 등에 잘 적응할 수 있으므로 국내 양식기술로 육종과정에서 유전적 다양성을 잘 보존해 온 덕분이라고 한다.

---

83 이근우(대표번역), 2010.『한국수산지 I -1』, 새미, 268~273쪽 참고.
84 유전체 분석을 통해 미역의 진화 과정이 세계 최초로 규명돼 국제 학술지 '자연생태와 진화(Nature Ecology and Evolution)'에 게재됐다.

또한 NASA는 2021년 2월 23일 인공위성에서 포착한 지구의 모습을 소개하는 '지구 전망대(Earth Observatory)' 사이트에 지난 2월 19일 랜싯 8 인공위성이 촬영한 한국의 남해안 사진을 올렸다. NASA 갤러리(Landsat Image Gallery)에, Green Harvest in South Korean Waters이라는 제목으로 인공위성 사진으로 한국 완도군의 다시마(kelp), 김(laver), 미역(sea mustard) 등의 해조류 양식장을 한국의 전통적인 미역 섭취문화와 함께 아래와 같이 소개하였다. 우리나라의 미역문화와 미역산업을 알리는 데 의미있는 일이다.

"한국 산모들이 빠른 회복을 위해 매일 미역국(seaweed soup)을 먹는 풍습이 있고, 지금은 이 요리가 한국인들이 일상적으로 생일날 먹는 음식(birthday food)으로 보편화되어 있다. 특히 Pyropia(red seaweed의 종류)인 스시를 위한 nori를 만드는 김은 세계 1위의 수출량을 차지하고 있다. 인간이 먹을 수 있는 해조류의 약 90%가 양식이 되고 있는데, 해조류 양식은 별도의 담수 민물이나 비료가 필요하지 않아 환경 발자국(environmental footprint)이 남지 않아 환경 친화적이며, 해조류가 성장하면서 대기에서 온실가스인 이산화탄소를 제거하는 역할도 한다."

이처럼 우리의 미역 문화는 어촌마을 공동체를 지키는 해녀들과 과학으로 미역을 알리는 유전자 분석 과학자, 그리고 우리의 레시피만 고집할 게 아니라 세계인의 입맛에 맞게 다양한 상품으로 개발해 나가는 식품기업가들이 삼위일체가 되어야 지켜 나갈 수 있는 것이다.

한편 대항해시대의 우리가 빼앗긴 동해의 지명처럼, 사실 동해주권은 독도 영토주권과 연결되듯이, 앞으로 아픈 과거의 전철을 밟지 않기 위해 동해주권과 연계해 미역종주권에 대한 치밀한 과학화와 국제화가 필요하다.

이를 위해, 국가중요어업유산으로 등재된 울진·울릉 돌미역 떼배어업의 세계중요농업유산(GIAHS)의 등재와 함께 동해안의 미역을 비롯한 '전통 해조류 식문화와 어촌공동체 문화'를 유네스코 인류무형문화유산에 등재하는 작업이 필요하다. 세계식량농업기구(FAO)는 유네스코(UNESCO) 세계유산과 구분되는 세계중요농업유산제도를 도입했다. 이 제도는 전통적 농어업활동과 관련된 생물다양성이 잘 유지되고 있는 토지이용 체계와 경관 보전을 목적으로 하는데, 우리나라에서는 청산도 구들장 논과 제주 밭담, 하동 전통차 농업, 담양 대나무밭 농업이 세계중요농업유산에 등재되었고, 세계중요어업유산으로는 현재 경남 하동군의 섬진강 재첩잡이 손틀어업과 제주 해녀어업이 등재 신청 중에 있다.

현재 어업 관련 유네스코 세계 무형유산은 2014년 벨기에의 말을 타고 새우를 잡는 '우스트덩케르크의 전통어법'과 2016년 '제주도 해녀어업' 두 가지뿐이다.

유네스코가 지정한 인류무형문화유산에는 여러 음식 문화들이 있다. 프랑스의 미식(美食) 문화(2010년), 멕시코 전통요리-조상 전래의 지속적 공동체 문화(2010년), 케슈케크-터키의 전통 의식요리(2011년), 지중해식 식문화(2013년), 와쇼쿠(和食)-특히 신년 축하를 위한 일본의 전통 식문화(2013년), 조지아의 전통 와인양조법(2013년), 벨기에의 맥주문화(2016년), 이탈리아 나폴리의 피자 제조법(2017년) 등처럼 자기 고유의 음식문화를 지역공동체와 생태문화와 접목해 사활을 건 국제화 브랜드 전략을 구사하고 있다. 다행히도 김장, 김치를 담그고 나누는 문화(2013년)가 등재되었고, 콩을 발효시킨 제품으로 간장, 된장, 고추장 등 전통 장(醬)류의 유네스코 인류무형문화유산 등재를 추진 중에 있다.

필자는 전통 장류문화의 등재 이후에 꼭 '전통 해조류의 식문화와 어촌공동체 문화'의 등재가 필요하다고 본다. 이를 위해서는 제주 해녀의 등재 사례에서 보았듯이 일본어 이름으로 수출되는 우리 해조류의 고유명칭 사용이 필요하며, 유네스코 무형유산 등재 시 일본과의 다툼이 불가피한 만큼 치밀한 등재 준비가 필요하다고 본다.

감자튀김인 프렌치 프라이를 두고 벨기에와 프랑스의 다툼이 있었다. 벨기에는 프렌치프라이가 17세기 벨기에 뮤스 지방에서 시작됐다는 역사적 사실을 들어 세계유산 등재에 나서자 프랑스가 반발하여 등재에 실패했다. '지팡이'라는 뜻인 바게트빵은 언제부터 프랑스에서 만들어졌는지는 불투명하지만 프랑스는 등재 신청 중에 있다. 일본은 사케(청주)를 신청할 것으로 알려졌다. 세계는 음식 원조 자리를 놓고 유네스코 세계무형유산 등재를 통해 자국의 전통 식문화를 공인받고자 전쟁 중에 있어 우리에게 시사하는 것이 많다.

유네스코의 지정 기준은 '맛'이 아니라 '전통과 현대적 계승'을 중시한다. 김장도 김장을 담근 뒤 마을 사람들과 친척들과 나누어 먹는 풍습이 주목받았다. 이렇게 나누어 먹는 것은 공동체 내에서의 유대관계 증진은 물론, 김치에 관한 혁신적인 기술과 창의적인 아이디어가 공유·축적돼 왔다고 보는 것이다.

한민족은 미역국과 같은 해조류 섭생 전통을 우리의 대표적인 식문화의 하나로 밀어붙일 필요가 있다. 물론 김치와 고추장과 된장과 같은 더욱 기본적인 식문화가 있다. 김장문화와 장류문화 이후에는 해조류 문화, 더 구체적으로 미역국도 세계무형유산으로 등재하는 것이 가능하다고 생각한다. 산모가 해산을 하고 미역국을 먹는 독특한 문화, 생일이면 생일케이크를 자르는 것이 아니라 미역국을 먹는 독특한 식문화는 충분히 세계무형유산에 등재될 수 있는 것이다. 바다채소인 해조류 식문화가 수천 년 이상 지속되었고, 해조계와 어촌계를 통해 어촌마을 생태공동체가 전승 유지되어오고 있으며, 그리고 많은 역사적 사실과 민속이 남아 있는 만큼 미역국을 비롯해 다양한 해조류 식문화는 충분히 등재 가능성이 있다. 등재를 위한 여러 기관의 유기적 협조와 체계적인 준비가 필요하고 이를 묶어낼 수 있는 컨트롤 타워도 필요할 것이다. 이를 위해 「김산업의 육성 및 지원에 관한 법률」과 「소금산업진흥법」의 사례처럼 가칭 「해조류의 보존 및 산업진흥에 관한 법률」의 제정도 추진되어야 한다.

지금도 김치를 가지고, 중국에서는 파우차이, 일본에서는 기무치라 시비를 걸듯이, 일본에서는 와카메, 중국에서는 해채, 한국에서는 미역으로 고유명사가 다르지만, 서양에서부터 sea mustard가 아니라 미역(miyeok)으로, 그리고 미역국이 miyeok soup, 해조 샐러드(seaweed salad)가 미역 샐러드(miyeok salad)로 자주 병기하여 우리나라가 고유의 해조류 문화의 종주국임을 알리는 것이 중요하다. 이는 세계인의 음식인 감자튀김 원조 종주국이 벨기에는 자기라고 주장하지만 전 세계에서는 '벨지안 프라이'라고 하지 않고 '프렌치 프라이'라고 한다. 그게 현실이다. 그 현실을 인정하고 아직 고착화되지 않은 미역의 경우 빠른 선점이 필요한 것이다.

해조류의 삼총사 중 다시마를 제외하고는 김과 미역의 생산량 세계 1위인 명실상부한 해조류 종주국이자 해조류 산업의 선두 주자인 우리나라는 앞에서 살펴보았듯이 자랑스러운 문화유산으로서의 해조류 역사와 문화를 가졌다. 지방문화재로 동해안 울산시에 곽암(미역바위), 남해안 광양시에 김(海衣)의 시식지가 있다. 해조류 왕국인 울릉도와 천연기념물 제336호인 독도에는 미역바위와 김바위가 있다.

최근 해조류 전통어업에도 큰 변화의 바람이 불고 있다. 건강 다이어트 음식으로 해조류가 각광받고 다양한 기능성 건강 보조식품으로 개발 보급되고 있다. 이것이 우리에게는 기회이기도 하다. 우리가 해조류 역사문화를 주도적으로 이끌어 나가야 하며, 그러기 위해서는 해양문화의 역사적, 인문적 가치를 재인식하여야 한다.

완도군은 5월 8일 어버이의 날을 미역데이로 정하고, 국제해조류박람회를 통해 우리나라의 해조류 전통문화를 알리고 해조류 산업의 발전 방안을 모색하고 있다. 이와 같은 것이 모범사례라 할 것이며, 이러한 일에는 동해안의 광역자치단체들과의 협업과 중앙정부의 과감한 지원도 꼭 필요하다. 이런 사례들을 통해 동아시아의 대표 음식으로 해조류 음식을 한국이 주도하여 개발해 나가야 한다.

중국은 산모의 경우, 닭고기국을 주로 먹고 해조류가 약용으로만 사용되고 극히 제한적으로 일부 바닷가 지역에서 다른 음식과 함께 사용되어 해조류 문화가 미약하다고 해도 좋다.

반면 일본의 경우 해조류 양식 산업 발전을 주도해 왔지만, 우리나라와는 지향하는 맛의 가치가 다르다. 우리는 생선회와 해조류가 함께 나오는 밥상에서 전통 장류나 젓갈 장류와 싸먹는 융합조화의 맛을 강조하는 반면, 일본은 단순절제의 맛을 강조한다. 그리고 우리나라는 해조류 자체의 이용 가지 수가 엄청나고, 그것을 이용하는 형태도 다양하다. 무치고, 찌지고, 볶는다. 말려서, 염장해서, 장아찌로 1년 내내 먹는다. 그것이 우리 민족의 해조류 음식 섭취의 다양성이기도 하고 하나의 문화이기도 하다.

최근에는 우리나라가 일본과의 해조류 생산과 수출량을 추월하는가 하면 일본 김 수입의 90%를 우리나라가 차지하는 등 K-Fish를 넘어 K-Seaweed로 비상하고 있다.

일본해냐 동해냐, 와카메냐 미역이냐, 노리냐 김이냐, 노리마끼이냐 김밥이냐. 앞으로도 계속 될 바다 쟁탈전에서 이제 우리의 자랑스런 헤리티지로서의 해조류 문화의 재조명을 통해 한국의 해양 정체성을 체계화해야 한다. 과학화, 산업화, 국제화만이 건강한 우리 바다를 지키고 지속가능하게 경영해 나가는 길이다.

6. 해양력을 키워 해동성국(海東盛國)으로!

해양력(海洋力)의 역사와 우리의 갈 길

경상북도에는 신라의 수도인 경주시와 유교문화의 본고장인 안동시와 영주시, 그리고 대가야의 맹주였던 고령군이 입지해 있는 곳이다. 신라는 사막과 초원으로 연결되는 대륙 실크로드의 동쪽 끝 마지막 기착지이자, 해양 실크로드의 출발지이기도 하다. 아랍계가 분명했을 처용이나 혜초가 서역으로 오갔던 뱃길, 장보고가 개척한 신라방과 신라초, 그보다 훨씬 전에 금관가야의 허왕후가 왔던 길은 해양 실크로드 상에 있던 인적, 물적 교류의 장이었다. 또한 고령 대가야의 류큐왕국의 조개국자 유물, 고려시대의 청자 도자기 무역루트 등을 유추해볼 때 우리 민족은 고대국가시대부터

울릉도에 있었던 일본인들의 신사와 러시아 망루(대구은행 사외보 향토와문화 99호 참고)

통일신라시대나 고려시대에까지 서역과 매우 활발하게 교역했다. 바다를 삶의 터전으로 적극 활용, 경영했던 것이다.

삼국을 통일한 신라 문무왕(626~681년, 재위 661~681) 때는 해양행정기관인 선부(船府)를 병부(兵府)와 분리할 정도로 적극적으로 바다경영에 나섰고, 이런 해양력(海洋力)을 바탕으로 왜구의 위협을 극복하고 해상왕 장보고라는 걸출한 인물을 배출하게 되었다. 성덕왕 대인 731년에는 일본 왜구가 300여척의 선박으로 신라를 공격하지만 신라는 대승을 거둔다. 이로부터 100년 뒤인 828년에 해상왕 장보고(?~846)는 청해진을 설치하여 당나라와 신라, 일본을 잇는 해상무역을 주도하게 된다. 바로 이 시대가 한국 해양문화의 번성기였다. 하지만 조선 시대를 거쳐 일제강점기에 접어들자, 1929년 국제수로기구(IHO)에서는 동해를 동해(East Sea)의 명칭 대신 일본해로 표현한다. 힘이 약해지자 우리의 바다는 이름도 잃어버리고 강대국의 수탈의 대상으로 전락해버린 것이다.

1904년 러일전쟁시 일본 해군은 남하하는 러시아 함대를 감시할 목적으로 울릉도와 독도에 망루를 설치했다. 그 외에도 해군의 여러 전략적 거점

'푸른 울릉도독도가꾸기 모임' 사무실에 있었던 독도 미군 폭격 폭탄 잔해

을 우리 땅 울릉도와 독도에 마련했다. 미군정 때인 1947년 9월 16일, 미군은 독도를 미국 공군의 폭격연습장으로 지정하였다. 그로부터 일 년이 지나지 않은 1948년 6월 8일, 미군의 오인 폭격으로 독도에서 고기를 잡고, 미역을 채취하던 우리 어민들이 희생되었다. 우리 어민들은 이들의 영혼을 위로하기 위해 1950년 독도에 '독도조난어민위령비'를 세웠다. 이처럼 근대의 우리 바다는 열강 세력의 각축장이 되어 그 피해는 바닷가에 사는 어민들이 고스란히 입었다.

그뿐인가, 거기에 거치지 않고, 2005년 일본은 시마네현이라는 지방정부를 내세워 수천 년 동안 지켜온 우리의 땅인 울릉도의 부속섬, 독도(Dokdo)를 자기 땅인 양 주장하기 시작했다. 지금은 자기들 수도인 도쿄 한복판에 영토·주권전시관을 만들어 지속적으로 독도가 자기 고유의 땅이라는 주장을 펼치고 있다. 일본의 영토 침탈은 지금도 계속되고 있는 실정이다. 동해에는 1990년대까지 러시아의 핵폐기물 투기가 있었고, 최근에는 일본의 후쿠시마 원전수 방류로 시끄럽다.

오랫동안 바닷가에 사는 어민들은 어(漁)·염(鹽)·선(船)·곽(藿)의 해세(海稅)를 온전히 부담해야 했다. 갯가 백성의 노동은 혹독했고, 중간 관리의 농간 탓에 과한 세금에도 시달려서 많은 어려움이 있었던 것이 사실이다. 이는 일부 기록으로도 확인된다. 하지만 우리의 백성은 조선 시대에도 안용복의 활약에서 보듯이 해양 주권의식이 확고했다. 그 주권의식은 민족의식이나 국가의식이라기보다는 생활적 이익을 도모하기 위한 측면이 많겠지만 그렇다고 그 가치가 훼손되는 것은 아니다. 1896년 울진 죽변에서 일어난 조선 의병의 일본 어민 습격사건도 있었고,[85] 1932년의 제주 해녀 항일운동도 그렇다. 제주 해녀 항일운동은 식민지 우리 바다 수탈에 항거

---

85 『동해의 항구』, 대구은행 사외보 99호, 77쪽 참고.

한 우리나라 최대의 여성 중심 항일운동이었다.

조선 시대에 들어 조선 정부가 바다를 등한시했다는 일부 학자들의 주장은 크게 신빙성이 없다. 조선 초에는 조선 정부가 대규모 대마도 원정을 감행했다. 조선조 500년 내내 연안 항로를 활용한 선박 운송은 활발하게 전개되었다. 바다 운송은 한강과 낙동강, 금강과 영산강과 같은 내륙 수로의 거점 항만을 이어주면서 대규모 물류 수송의 원천이 되었다.

1592년 임진왜란 때 일본에 침략을 당했지만 결국 침략을 이겨낸 원동력은 이순신의 조선 수군이었다. 판옥선과 대포를 활용한 수군의 전술, 전략은 이순신이라는 불세출의 걸출한 전략가를 만나 빛을 더했지만, 조선 수군의 기본 바탕이 있었기에 가능한 일이었다. 임진왜란이 끝나고 조선 수군은 현재의 통영(삼도수군통제영)을 중심으로 굳건한 수군 해양 방어력을 구축한 것도 사실이다.

조선 후기에 들어 실학 사상이 태동하면서 보다 구체적으로 바다의 생물을 들여다보기도 한다. 19세기 초에는 해양생물 전문서인 『우해이어보(牛海異魚譜)』(1803)와 해조류까지 처음으로 정리하여 쓴 해양생물 백과사전인 『자산어보(玆山魚譜)』(1814)가 쓰여졌다는 점은 아이러니 하기도 하다.[86]

『우해이어보(牛海異魚譜)』는 우리에게 많이 알려진 정약전의 『자산어보(玆山魚譜)』보다 11년 앞선 1803년에 김려(金鑢)가 썼다. 우리나라 최초의 해양생물 전문서로 평가받는 이 책에서 우해(牛海)란 진해(鎭海) 앞바다를 이르는 말이다. 진해를 우산(牛山)이라고도 하였다. 같은 사건으로 유배를 당해 한 사람은 경상도 남해안(진해)에서, 한 사람은 전라도 서해(흑산도)에서 해양생물을 기록한 것이 흥미롭다.

---

86 우리나라 어류 전문서로 전어지(佃漁志)가 있는데, 전어(佃漁)는 사냥과 어로를 의미한다. 『우해이어보』, 『자산어보』와 함께 조선의 3대 어류 전문서로 평가받고 있다. 조선후기 실학자 서유구(1764~1845)가 펴낸 전어지는 목축·양어·양봉·사냥·어로 백과사전으로 4권 2책으로 구성되어 있다.

앞에서도 살펴보았지만, 세계적으로 처음으로 김을 양식하여 우리나라 '김' 문화를 발흥시킨 해은(海隱) 김여익(1606~1660)은 병자호란(1636년) 때 의병을 일으켰다가 그것이 빌미가 되자 오히려 당시 바닷가 오지인 광양 인호도(지금의 태인도)로 은둔하면서, 김 양식의 선구자가 되었다. 그의 호대로 바다에 은둔한 덕분에 조선에서 양식 '김'이 태동하게 되었다.

그런데 정약전의 동생인 정약용이 신유박해에 연루되어 전라도 강진으로 유배되기 직전에 동해안인 포항 장기면에 유배와 있었다는 사실을 아는 이는 많지 않다. 1801년 3월 신유박해로 정약용은 포항 장기에 유배된다. 1801년 3월 9일에 와서 10월까지 약 7개월 10일(220일) 동안 동해안의 오지인 장기에 유배온 정약용은 동해안 백성들을 지켜보면서 나름대로 그들의 삶에 도움이 되는 일을 거들었다. 어부들이 칡넝쿨을 쪼개 만든 그물로 고기를 놓쳐 버리는 것을 보고, 무명과 명주실로 그물을 만들 것을 권고했다. 또 현장 중심의 실학자답게 부식을 방지하기 위해 소나무 삶은 물에 그물을 담갔다가 사용할 것을 가르치기도 했다. 다음은 장기로 유배되었을 때 지은 시 한 구절이다. 울릉도에서 도착한 배에 대나무가 실려 있는 것을 보고 착상한 시다.

구름 바다 사이의 한 조각 외로운 돛
울릉도 갔던 배가 이제 막 돌아왔다네
만나자 험한 파도 어떻던가는 묻지 않고
가득 실은 대쪽만 보고 웃으면서 기뻐한다
一片孤帆雲海間 藁砧新自鬱陵還 相逢不問風濤險 刳竹盈船便解顔

(한국고전번역원, 양홍렬 번역)

정약용은 당시 병이 들어도 백성들이 무당을 찾거나 뱀을 잡아먹는 등 제대로 치료받지 못하는 것을 보고 『촌병혹치(村病或治)』라는 간략한 의서를 만들어 제대로 된 의술 처방을 받지 못하는 주민들에게 제공하는 등 실학 정신을 구현하였다. 아마도 정약용은 포항 장기면(유배문화체험촌)과 전남 강진군 도암면(다산초당) 일대에서 18년 이상을 살면서 서해 흑산도에 유배간 형에게 『자산어보』와 같은 저서를 집필하라고 부추겼을 수도 있다.

이러한 정약용의 유배 유적이 있는 강진 도암면과 포항 장기면이 자매결연을 통해 교류해 나간다니 수백 년의 역사를 이어나가는 길이기도 하다.

장기 척화비

그리고 정약용이 유배왔던 호미반도 장기면에 가면 장기면사무소 앞에 옛 장기현 관아인 동헌 건물로서 현감이 공무를 처리하던 건물인 근민당(近民堂)이 복원되어 있고, 그 인근에는 1871년경 설치가 되었던 척화비가 있다. 비문에는 "양이침범 비전즉화 주화매국 계아만년자손 병인작신미립(洋夷侵犯 非戰則和 主和賣國 戒我萬年子孫 丙寅作辛未立)"이 새겨져 있다. 번역하면 "서양 오랑캐가 침입하는데 싸우지 않으면 화해하는 것이요, 화해를 주장하면 나라를 파는 것이 된다. 우리의 자손만대에 경고하노라."라고 적혀 있다.

장기 동헌

이 책을 집필하는 동안 마침 〈자산어보〉 영화가 개봉하여 보았다. 흑산도 정약전과 장창대의 대화 속에 "홍어 댕기는 길은 홍어가 알고 가오리가 댕기는 길은 가오리가 알지요, 백성은 땅을 논밭으로 삼는데 아전은 백성을 논밭으로 삼는다."라는 말이 나왔다. 그 말은 나를 또 한 번 자성하게 만들었다. 정약전이 흑산도에서 기거했던 복성재(復性齋). 서학을 버리고 성리학으로 돌아간다는 의미를 담고 있다고 하지만, 나는 서학도 성리학도 아니고, 바다의 본성, 모든 것을 포용하는 백성처럼, 백성을 배우고자, '백성을 위하여 백성 속으로 돌아간다'는 의미로 해석하고 싶다.

정약용이 유배간 지역의 장기면사무소에 있는 척화비와 동헌, 두 역사유적이 우리에게 시사하는 것은 무엇일까. 그 당시 7개월 동안 유배를 왔다 가는 학자 선비도 어민들을 위해 명주로 그물 만드는 법을 가르쳐주고, 의서를 만들어 백성들을 도와주고 갔다. 하지만 현감은 현판에만 근민(近民)으로 해놓고, 다른 말로 하면 '백성 속으로, 백성 가까이'라는 슬로건만 내 걸고 과연 무엇을 했을까? 구체적으로 고증할 길은 없지만, 양반 관료들이 과연 '근민(近民) - 백성 가까이'를 실천했을지가 의문스럽다. 또 척화비의 내용도 지금 생각하면, 체제를 유지하려는 노력은 가상스럽지만, 이미 1871년이라면 백성들을 위해 문호를 개방하여 서양 국가들과 교류하고 과학문물을 받아들여야 했다는 생각이 든다. 다산의 생각은 늘 백성 속에 있었다.

19세기 중반 이후 조선왕조가 이렇게 실용적 생각을 갖춘 다산 같은 이가 주도했더라면 역사는 완전히 달라졌을 것이다. 역사에 가정이 없지만 한 20년이라도 먼저 서양문물을 받아들여 부국강병으로 갔다면 그렇게 허무하게 일본에게 국권을 강탈당하지는 않았을 것이다.

신라는 달랐다. 지증왕 때 '덕업일신 망라사방(德業日新 網羅四方)' 8글자 중 2글자 신(新)과 라(羅)를 따서 신라 국호가 확정했듯이 신라는 안으로는 변화와 혁신을 지향하고 밖으로는 세계화와 글로벌라이제이션을 이루었다. 바다를 건너 당나라와의 협력을 통해 신라는 국가의 위기를 극복했다. 당나라라는 외세를 끌어 들어 같은 민족인 백제와 고구려를 멸했다고 신라의 삼국통일을 곱지 않은 시각으로 보는 사람들도 가끔 있다. 그러나 고구려, 백제, 신라가 같은 민족이라는 개념이 생긴 건 신라의 삼국통일 이후이다. 구체적으로는 김부식과 일연스님이 『삼국사기』와 『삼국유사』를 기술한 고려부터이다. 통일 이전의 삼국시대에 고구려, 백제, 신라의 백성들에게 민족 개념은 없었다. 통일 이전 삼국은 서로 간에 얼마나 치열하게 수많은 전쟁을 치렀는지는 『삼국사기』를 보면 잘 알 수 있다. 삼국의 역사는 삼국 간의 전쟁의 역사다.

삼국 중에서 가장 열세에 있던 신라가 삼국을 통일한 건 해양을 통해 당나라의 힘을 빌렸기 때문이다. 그 이후 신라는 삼국을 통일하고 안정된 동아시아의 질서 속에서 해양 무역에서 패권을 차지한다.

고려와 조선 시대에는 장보고와 같은 해상세력이 가동할 정치적 공간이 없었다. 무역은 국가간 통제로 국제적인 해상무역은 각국의 정부에서 통제했다. 또한 왜구의 준동으로 인해 동아시아의 해상 활동은 입지가 줄어들기도 했다. 중국에서도 명나라 때의 정화 원정대 이후 해상 활동의 실익은 줄어들었다. 그러다가 어느 날 갑자기 나타난 서양의 배들이 동아시아 해상의 정치적, 경제적 질서를 완전히 재편하기 시작했다.

이른바 서세동점(西勢東漸)으로 중국과 한국의 해상 활동은 한계에 부딪혔다. 서양 함대의 위력을 목격한 일본의 일부 세력은 재빨리 서양의 해군력을 모방하여 무장하기 시작했다. 공고하지 못했던 일본 왕조의 권력 공백이 오히려 유연하게 작용하여 일본의 개혁은 빠른 시간 내에 이루어졌다. 해군력으로 우리 바다를 장악하지 못했다는 것, 이게 조선이 일본의 식민지가 된 가장 큰 이유다. 다른 이유는 부차적이다.

그러나 시대는 우리에게 기회를 주었다. 일본이 패망하고, 한국이 경제 개발에 나서면서 한국은 바다를 적극 활용하기 시작했다. 지금의 10대 경제대국으로 산업화를 이룬 데는 3면의 바다가 있었기 때문에 가능했다. 울산의 자동차산업과 조선산업, 여수산단의 정유화학산업, 포항의 철강산업, 동서해안의 원자력산업과 화력발전소 등의 융성은 모두 바다가 주는 혜택이 있어 가능한 일이었다. 일찍이 바다에 가깝게 산 민족적 기질로 인해 바다와 친근하기에 가능한 일이었다. 단적으로 전세계 원양어업산업에 진출한 수산역군들과 국가적으로 해기사를 양성한 덕에 우리는 많은 소득을 바다를 통해 획득하고 있지 않은가.

하지만 바다는 늘 같은 바다는 아니다. 국립수산과학원은 1968~2015년의 한반도 연근해 표층 수온 변화를 비교해본 결과 48년간 1.11℃ 상승했다고 밝혔다. 동해는 1.39℃, 서해는 1.20씨℃, 남해는 0.91℃ 올랐는데, 같은 기간 전 세계의 표층수온이 0.43℃ 증가했는 것과 비교하면 한반도의 주변 바다 수온이 2~3배로 증가한 수준이라고 한다. 그 결과 제주시 뿐 아니라 동해 바다에도 온대성 바다에 사는 맹독성 파란고리문어가 발견되곤 한다.

또한 해양폐기물과 미세플라스틱 등 해양쓰레기의 문제가 심각하다. 우리나라의 경우, 매년 해양쓰레기 수거량이 급속히 증가하고 있다. 국내 해양쓰레기 수거량은 2015년 6만 9천 129t에서 2019년 10만 8천 644t으로, 2015년 대비 2019년에 1.6배 증가했다. 그동안 우리 바다에 2012년부터 하수슬러지와 가축분뇨의 해양배출이 금지됐고, 음식물 쓰레기 폐수는 2013년, 유기성오니는 2014년부터 각각 금지되었다.

이러한 해양오염으로 뜨거워지는 바다로 인해 해수온 상승, 해양 산성화, 갯녹음 현상 등의 급격한 해양 환경의 변화로 인해 우리의 바다가 몸살을 앓고 있다. 흔히 보고, 먹던 해조류와 어패류에도 변화가 일어나고 있으며, 지속적으로 어획량이 감소하고 있어 앞으로 제철 수산물이 사라질 수도 있다. 울릉도 오징어가 금징어가 되었고, 동해안의 명태도 사라지는 등의 현실에도 불구하고, 역설적으로 일인당 수산물 소비량은 세계 1위를 차지하고 있다. 수산물 소비도 고급화되었다. 우리나라 소비자는 고급 수산물에 해당하는 노르웨이산 연어, 캐나다산 랍스터, 러시아산 대게 등을 비행기로 수송해서 먹는다.

우리 바다의 미래, 동해 바다가 나아갈 길

동해안은 아름다운 해안경관(Coastal Landscape)을 자랑한다. 아름다운 쪽빛 바다는 많은 관광객을 불러 모으고 있다. 최근에는 서핑, 요트, 스킨스쿠버 등 해양레저의 확산, 동해로 통하는 도로망 개선과 확장, 해안 접근을 통제했던 철조망 철거 등 여러 요인이 합쳐지면서 동해안으로 철따라 수많은 관광객이 몰려들었다. 하지만 각종 규제가 완화되면서 해안경관을 통째로 집어삼킬 만한 대형 시설물이 강원도 지역을 중심으로 잇따라 들어서고 있다. 또한 바다 전망이 좋은 곳은 어디든지 브런치 카페와 풀빌라들도 우후죽순처럼 어촌마을에 뜬금없이 들어서기 시작하여 마을경관을 해치는 것은 물론 공유수면인 백사장을 독식하며 인근 어촌 마을공동체와도 마찰을 빚고 있다.

특히 최근 동해안에는 차박과 캠핑, 낚시의 유행 등으로 바닷가 작은 포구마다 삼겹살 냄새가 진동을 하는가 하면 일부 해안가 공중화장실 옆에 캠핑카를 주차하면서 화장실을 독점하는 웃지 못할 풍경도 보이곤 한다. 오수도 그대로 바닷가에 버리고 쓰레기만 쌓여가기에 바다는 '치유의 바다'가 아니라 '유희의 바다'가 되어가고 있다고 한탄하는 사람들도 많다. 그리고 몰지각한 낚시꾼들은 갯바위나 방파제에서 치어를 남획하거나 낚싯배를 빌려 포획제한(catch limit)에 아랑곳없이 바다를 약탈하고 있다.

바다를 무대로 살아가는 어부들의 사회에도 심각한 문제점이 나타나고 있다. 어부들의 고령화가 심각하여 외국인 선원 없이는 수산업 자체를 유지하기 힘들다. 젊은 사람들중 어부 지망생은 거의 없다시피 하다. 특히 소형 어선의 경우는 더욱 심각하여 배를 놀리는 경우가 허다하다. 그렇다고 국내 해양수산고 등의 어업 교육이 만족할만큼 진행되는 것도 아니다. 국내 해양수산고등학교의 경우 권역별로 서해에는 충남해양과학고, 남해에는 완도수산고, 동해에는 포항해양과학고 등이 있지만 실상은 어업실습선조차 변변히 갖추지 못하고 있다.

필자는 해양을 전공한 전문가도 아니고, 바다를 보며 자란 항구의 남자도 아니다. 다만 2001년 경북 과학기술과장을 하면서 한국해양연구원 동해연구소와 경북해양바이오산업연구원(현 환동해산업연구원)의 울진 유치를 비롯하여 2005년 국제통상과장을 하면서 일본 시마네현의 억지 주장에 대처하는 울릉도·독도 해양연구기지 설치, 그리고 2008년에는 포항 영일만항과 울릉 사동항의 뱃길을 개척하고, 울진에 국립해양과학관의 설립을 주도하는 해양국장 겸 독도수호대책본부장, 그리고 2015년 경주부시장 시절에는 문무대왕 프로젝트 등을 기획하고 성사시킨 바 있다.

돌이켜보면 국가의 녹을 먹으면서 20여 년을 바다에 미쳐 독도와 동해의 전도사, 마린보이로서 많은 것을 배우면서 일할 기회를 가졌다. 마침 2019년과 2020년에는 경북 동해 업무를 총괄하는 경북 환동해지역본부장을 하면서 그동안의 해양과학과 해양교육의 기초 인프라 위에 '동해 인문학'의 정립을 위해 노력했다. 다행히 2021년에 그 노력의 보람이 나타나기 시작해 '울진·울릉 돌곽(돌미역) 떼배어업'이 동해안에서는 처음으로 국가어업유산으로 등재되었고, 미역의 주산지인 울릉도, 포항 호미곶 지역 뿐 아니라 울진 나곡리 일대가 추가로 해양보호구역 지정을 앞두고 있다. 이것은 미역문화가 해양문화콘텐츠산업으로 얼마든지 육성될 수 있다는 근거가 되기도 한다. 바다에 대한 새로운 융합적 시각을 이어나가는 계기를 마련하고자 올인했던 것이다.

왜냐하면 경북의 동해안은 그나마 상대적으로 보존이 잘 되어 있고, 제주도 다음으로 해녀가 제일 많아 어촌 공동체가 그대로 유지되고 있는 곳이기 때문이다. 그리고 해조류의 왕국인 울릉도와 독도도 경상북도에 있다. 그동안 근대의 역사에서 보듯이 동해(East Sea)와 독도(Dokdo)를 지키는 것은 물론이고 지속가능하게 발전시켜 북한을 비롯한 동북아의 평화와 번영의 바다로 만들기 위해서는 먼저 동해를 문화적으로 이해해야 한다고 생각했다. 향후 동해와 관련된 헤리티지 인문자산을 발굴하고 계승·발전시키기 위한 인문학 허브기관인 '동해 인문학센터 및 어린이해양생태관'을 '국립동해인문역사관' 설립과 연계하면 좋겠다고 생각하였다.

그리고 동해인문학의 핵심 콘텐츠로 몇 가지를 상정했다. 첫째로 동해를 지키고자 선부(船府)를 처음으로 만들고 세계적으로 유일한 수중릉까지 쓴 문무대왕이라는 해양인물을 활용하고, 둘째로 세계적 브랜드로 발전시킬 테마를 한민족 고유의 미역문화로 잡고 동해의 정체성과 접목하고자 하

였다. 이를 위해 수천년 동안 이어온 동해안지역의 포구를 체계적으로 연구 조사하는 '동해포구사'를 발간 지원하고, 경주시의 양북면 지명을 '문무대왕면'으로 개칭하고, 문무대왕해양역사관을 설립하는 단초를 열었다.

아울러 경주의 문무대왕면 지역과 신라시대 동해묘가 있었으며 세계 최초로 미역문화의 발상지이면서, 경북 해녀들이 제일 많은 호미반도 일대를 '호미반도 국가해양정원'으로 연결하고자 한다. 마침 2021년 2월 19일 발효된 「해양교육 및 해양문화의 활성화에 관한 법률」을 잘 연계하여 이곳에 대한민국 최고의 해양교육의 성지가 들어섰으면 하는 것이 필자가 실천해야 할 마지막 소망이기도 하다.

우리는 동해에서 미래를 보았다

동해안 지역의 미역 문화의 핵심은 공동체 인식이다. 때문에 필자는 어민 스스로가 자기들이 하는 일이 중요하고, 함께 지켜나가도록 하는 것이 무엇보다도 중요하다고 생각하여 울진·울릉 돌미역 떼배어업을 세계중요농업유산으로 장기적으로는 미역문화를 유네스코 세계무형유산까지 등재하고자 하였다. 등재과정에서 미역문화의 과거, 현재, 미래를 기록 또는 연구 발전시키고자 이 책을 쓰게 되었는데, 그러면서 오히려 많은 것을 배우게 되었다.

무엇보다도 구룡포에서 귀어해녀학교를 설립하고자 하는 용기있는 성정희 해녀를 비롯한 출가해녀들을 만났고, 외지가 고향이지만 수십년 포구생활을 기록하고 사는 권선희 시인을 만났다. 장기면에는 자랑스럽게 장기면의 정약용 유배문화와 해돋이문화를 설명하고 안내해 준 서석영 면장이 있었다. 그리고 미역에서 한우고기를 만들어내는 씨위드 대표, 이희재 청년의 도전정신을 보았다. 이들이 있기에 지속가능한 동해의 미래가 있는 것이다.

지방공무원으로서 운이 좋아 동해안 업무를 오래하면서 지역 해녀와 어촌계, 수협 등 현장에서 여러분들과 만나면서 근민관동(近民觀東)의 마음으로 근민위민(近民爲民)을 실천하기 위한 노력으로 이 책을 쓰게 되었고, 동해안의 숨은 미역이야기를 통해서 사라져가고 있는 동해안의 해양민속 문화와 전통 어업의 오랜 지식과 경험들이 문화인류학, 해양생태학 및 문화산업적 관점에서 융합적으로 체계화되기를 기대해 본다.

포항 호미곶 해녀분들과 대화

영덕 창포 해녀분들과 대화

　우리 밥상에 올라오는 미역을 결코 우습게 볼 일이 아니다. 백성이 지켜온 바다, 유배해 온 사람이 기록한 우리의 바다, 갯 냄새와 짠 냄새가 난다고 소외와 착취를 받다가 이제는 먹방과 불멍을 위해 찾아오는 바다가 되었다.

　동해(東海)는 맛으로 기억되는 어머니의 바다다. 그리고 미역은 어머니의 맛이다. 미역을 통해 어머니를 만나고, 어머니의 바다에는 미역이 산다는 것을 보았다. 동해에는 동해 제사를 지내는 동해묘, 연오랑 세오녀의 이야기, 고래가 먹던 미역 이야기가 있는 미역 문화의 발상지다. 근원적으로 보면 우리 민족은 생일날 어머니의 바다를 그리워하며 미역국을 먹는다. 대한민국의 대표적인 해양 헤리티지 자원인 해조류를 비롯한 미역문화의 재조명을 통해, 흩어져 있고 무관심으로 방치되고 있는 각종 동해안의 전통 해양민속 자원과 전통어업 자원들을 체계적으로 전승·보전하는 일은 동해안의 해양문화공동체를 보존해나가는 길이다. 미역을 품은 동해의 가치와 해조류의 의미를 되새기면서 과거의 신화의 바다를 탐구하고, 생명의 바다와 인문의 바다로 나아가기 위한 앞으로의 바람을 정리하면 다음과 같다.

첫째, 풍곽제와 '해양문화자산 제도'의 시행

쌀과 고깃국을 잘 먹자고 달려온 세대를 넘어 이제는 바다가 수산물 먹거리를 제공하는 어장 이상의 가치로 인식되고 있는 시대로 나아가고 있다. 어촌 공동체의 결속을 이어준 선물이자 어민들의 보배였던 미역 밭, 미역바위(곽암)인 짬들은 여전히 우리 바다를 지키고 있다. 이를 기념하기 위해 미역의 풍년 농사를 비는 짬고사를 더욱 발전시키고, 미역 농사에 감사하는 풍곽제(豊藿祭)를 지내는 것은 어떨까. 앞에서 살펴본 바와 같이 세계 최초로 김 양식이 시작된 전남 광양만 지역에서 김의 풍작을 기원하기 위해 마을 사람들이 제사를 지내고 함께했던 민속놀이인 '용지마을 큰줄다리기'는 큰 의미가 있다고 본다.

포항시 동해면 일월사당에서 일월신제를 봉행하며 연오랑세오녀를 기리고 시민의 안녕을 기원하는 일월문화제와 연계하거나 음력 8월 16일 행해졌다고 하는 장기면 모포줄다리기 행사와 연계해도 좋을 것이다.

앞으로 이러한 연오랑세오녀 이야기가 있는 동해면, 그리고 고래가 많이 살았고, 경북 해녀가 제일 많은 호미곶면과 구룡포읍, 그리고 정약용 유배지와 아름다운 해안마을 숲, 그리고 연어가 찾아오는 장기면 등 4개 지역에 동해안의 마을공동체의 인문자원을 체계적으로 보존할 수 있도록 국립동해인문역사관과 어린이해양생태관, 해조류박물관(seaweed museum) 등을 포함하는 '호미반도 국가해양정원'이 꼭 성사되기를 기대한다.

아울러 울릉도에 국립독도아카이브센터가 설립되어 독도와 관련된 모든 연구서, 학술서, 관련 사진 등이 체계적으로 보존·관리 및 전 세계에 디지털로 열람되는 서비스가 시작되기를 기대해본다. 한편 해양수산부는 산림청의 「산림문화·휴양에 관한 법률」에서 시행하고 있는 산림문화자산 제도처럼, 「해양교육 및 해양문화의 활성화에 관한 법률」을 개정하여 사라져가고 있는 어촌마을의 유·무형의 다양한 전통 해양수산자원들을 체계적으로 보전, 전승할 수 있도록 관리하는 '해양문화자산 제도'를 시행해 보는 것도 좋을 듯하다.

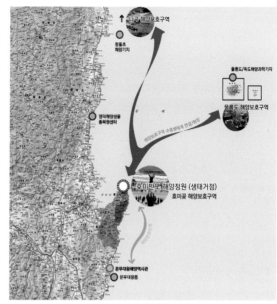

호미반도 국가해양정원 구상도

예를 든다면 대한민국 해기사 양성의 산실이었던, 한국해양대학교의 국내 첫 실습선으로, 1975년 건조되어, 지구 둘레 20배인 50만 마일(80만4672㎞)을 항해하며 5,000여 명의 해기사를 배출한 40여년 이상된 옛 한바다호는 해양교육사에 큰 의미가 있는 해양문화자산이었음에도 불구하고 폐선, 고철로 매각되는 아픔을 겪지 않았던가.

참고로 산림청에서 규정한 산림문화자산의 정의와 지정기준은 다음과 같다.

"산림문화자산"이란 산림 또는 산림과 관련되어 형성된 것으로서 생태적·경관적·정서적으로 보존할 가치가 큰 유형·무형의 자산을 말한다.

「산림문화·휴양에 관한 법률 시행령」 제14조(산림문화자산의 지정기준)
1. 유형 산림문화자산 : 토지·숲·나무·건축물·목재제품·기록물 등 형체

를 갖춘 것으로서 생태적·경관적·예술적·역사적·정서적·학술적으로
보존가치가 높은 산림문화자산일 것

2. 무형 산림문화자산 : 전설·전통의식·민요·민간신앙·민속·기술 등 형
   체를 갖추지 아니한 것으로서 예술적·역사적·학술적으로 보존가치가
   높은 산림문화자산일 것

앞으로 세계 미역문화와 김 음
식문화가 처음 시작된 곳인 포항
시 영일만 연오랑세오녀 유적지
와 광양시 광양만 김 시식지 유적
이 있는 곳이 해양문화자산으로
지정될 날을 기대해본다.

최근 제주도는 근현대 어업문
화와 해양 생활을 살펴볼 수 있는
소중한 해양 문화자원으로, 역사
성 및 학술 가치가 있다고 평가하
여 제주 고유의 옛 등대인 '등명
대'(燈明臺, 일명 도대불) 6기를
처음으로 제주도 지정 문화재로
등록한 것은 좋은 사례라고 본다.[87]

제주도의 옛 등대, 한경면 고산리 도대불 재현

둘째, 청소년들에 대한 해양교육과 해양문화의 활성화
지속 가능한 건강한 동해바다를 만드는데는 건강한 어촌마을 공동체의
해양인문자원을 잘 보존하여 알리는 동시에 생태지표로서 미역을 비롯한

---

87 연합뉴스, 2021. 8. 15, 〈제주 섬 밝힌 '등명대' 100년 만에 문화재로〉 기사 참고.

해조숲은 해양생태계 보존과 해양생물 다양성 확보에 매우 중요하다. 이러한 해양생태와 해양과학 이야기를 통하여 자라나는 청소년들에게 체계적으로 해양적 소양(Ocean literacy)을 높일 수 있도록 하는 교육이 매우 중요하다는 것을 앞에서 살펴 보았다.

동해는 1900년대 초까지 고래를 잡기 위해 일본을 비롯한 서양 열강의 각축이 있었던 지역이며, 이러한 현실을 잘 보여주는 사례로 포항시 호미곶면 구만리 바닷가에 일본 '수산강습소 실습선 쾌응환 조난기념비'가 있다. 1907년 7월 7일 일본 수산강습소(현 동경수산대) 快鷹丸(쾌응환, 카이요 마루)호는 어업실습을 위해 영일만 호미곶 앞바다에 9월 9일 도착했다. 그러나 때마침 불어닥친 태풍에 좌초돼 교관 1명, 학생 3명 등 4명이 성난 파도에 휩쓸려 숨지고 말았다. 쾌응환호의 좌초와 학생들의 희생은 결국 대보등대(현 호미곶등대)를 건립하는 계기가 됐다. 일본은 이 사건이 한국의 해안시설 미비로 발생하였으며, 해난사고 발생 책임이 한국에 있다고 주장하여 손해배상을 요구하므로 하는 수 없이 조선의 국비로 등대를 제작한 것이다.

수산강습소 실습선 쾌응환 조난기념비와 호미곶등대

필자는 동해안 지역에 유일하게 해양 실습선을 가지고 있는 해양수산 전문 인

391

력양성을 담당하고 있는 포항해양과학고등학교를 다가오는 해양수산분야의 환경에 대비하여 스마트 해양 수산 분야의 마이스터고로 지정하였다. 동해안을 스마트 양식산업과 첨단 푸드테크 산업으로 나아가는 인적 자원을 양성하기 위함이었다. 아울러 우리 지역 청소년들이 광복절에 맞추어 독도까지 요트 레이싱을 하도록 하여 일본 실습선들이 돌아다녔던 동해를 스스로 지켜나갈 수 있는 길을 열어나가고자 했다. 마침 다행히도 2020년 울진의 국립해양과학관이 개관했고, 영덕에는 국립해양생물종복원센터가 설립될 예정에 있어, 앞으로 할 일이 많다.

셋째, '전통 해조류 식문화와 어촌공동체 문화'의 유네스코 등재

일본에게 빼앗긴 '김' 문화의 전철을 밟지 않고, 와카메가 아닌 미역으로 당당히 국제적인 브랜드를 지켜나가기 위한 노력을 해야 한다. 산업화를 통한 가공품의 수출 등도 중요하지만 어머니의 손에서 '바다잡풀'에서 '바

포항 해양과학고등학교 학생들의 독도요트원정대의 모습

다나물'로 거듭난 지식과 경험, 공동체 문화 등을 체계적으로 문화유산화하는 작업이 중요하다. 동시에 우리나라에서 시작된 해조류 문화의 국제교류 및 해외 진출을 촉진하기 위한 국제화 작업도 매우 중요하다.

프랑스·지중해·멕시코의 음식 문화 뿐 아니라 일본식 전통 가정요리 와쇼쿠[和食]가 유네스코 세계무형유산에 등재가 되었다. 일본 술 사케도 추진하려고 한다는 소식도 있다. 세계 각국이 자기들의 '먹는 문화'에 관한 관심을 고조하고 있는 만큼 우리의 미역, 김 등 해조류 문화도 세계유산화 해나가는 것을 적극적으로 검토할 때가 되었다. 우리나라 충남과 전북, 전남으로 넓게 펼쳐진 서남해안 갯벌이 유네스코 세계자연유산으로 등재된 것이 좋은 사례이다.

자랑스러운 미역문화의 종주국으로서 어업유산 등을 국제화하고 해조숲 보존을 위한 국제협력 네트워크를 구축했으면 한다. 또 남북한이 동해안 해양생태계 지키기 위한 경계를 벗어나는 협력 방안을 구축하여 실천했

코리아컵국제요트대회(울진-울릉도-독도)

으면 한다. 국가중요어업유산으로 등재된 동해안의 울진·울릉 돌미역 떼배어업의 세계중요농업유산(GIAHS) 등재를 추진하고, 북한과 함께 동해안을 함께 공유하고 있는 만큼, 미역을 포함한 김과 다시마 등 '전통 해조류 식문화와 어촌공동체 문화'를 유네스코 세계무형유산에 등재하는 공동작업도 필요하다고 본다. 아울러 강릉원주대학에 있는 남북바다자원교류원이 활성화되고, 경북이 추진하고 있는 남북해양수산협력센터 등이 설립되어 해양생물자원 보존과 양식산업의 활성화 등이 이루어졌으면 한다. 이를 통해 부가적으로 남북의 평화가 증진되고 동해를 통한 남북한의 공동체 의식이 함양될 수 있다.

아울러 미역문화의 종주국이자 해조류 문화의 발상지인 동시에 세계 최초로 바다식목일을 제정한 대한민국이 전세계 해조류 생태 분야 국제연맹인 ISA(International Seaweed Association)와 협력하여 국제해조류의 해(International Year of the Seaweed, IYS) 프로젝트를 추진하고, 남북한이 먼저 지속가능한 해양이니셔티브(SOI)의 주요 아젠다로 해조류 보존을 위한 국제 협력을 추진한다면, 미역을 같이 먹고 자란 한민족이 해조류 문화를 통해 통일로 나아가는 데도 중요한 역할을 하리라 본다.

넷째, 동남해안의 암반 생태계의 지속가능한 보존과 지원

우리나라 법령에 해조류가 언급된 것은 『수산자원관리법』의 제2조(정의) 부분에 "바다숲이란 갯녹음(백화현상) 등으로 해조류가 사라졌거나 사라질 우려가 있는 해역에 연안생태계 복원 및 어업생산성 향상을 위하여 해조류 등 수산종자를 이식하여 복원 및 관리하는 장소를 말한다(해중림(海中林)을 포함한다)."로 되어 있다. 그리고 제3조의 2(바다식목일)에는 "바닷속 생태계의 중요성과 황폐화의 심각성을 국민에게 알리고 범국민적인 관심 속에서 바다숲이 조성될 수 있도록 하기 위하여 매년 5월 10일을

바다식목일로 한다."고 규정하고 있다. 이러한 해중림의 체계적 관리와 조성도 중요하지만 각종 개발로 미역바위, 짬이 사라지지 않도록 하고 낙엽이나 유용한 퇴적물이 유입되는 기수역 하천의 생태계도 함께 관리되어야 한다.

그리고 앞에서도 살펴보았지만 서남해안의 갯벌생태계의 체계적 조명과 김, 천일염 등 관련 특산물의 체계적 진흥 시책을 참고하여, 동해안의 암반 생태계에도 앞으로 많은 관심과 지원 시책을 고민해 나가야 한다.[88]

서남해안과 동해안의 해양생태자원 비교

구분	대표지역(灣, bay)		특산물과 대표 염생식물	자연산 대표 해조류 및 어종	대표 해양인물	관련 법률	비고
서남해안 (갯벌생태계, 뻘)	서해	천수만·가로림만, 곰소만(태안반도, 변산반도)	염전(소금), 함초	김, 굴, 낙지, 굴비, 꽃게 꼬막, 서대 쭈꾸미	장보고 (? ~ 846) 이순신 (1545~1598)	「갯벌 및 그 주변지역의 지속가능한 관리와 복원에 관한 법률」 「김산업의 육성 및 지원에 관한 법률」 「소금산업진흥법」 ※ 한국섬진흥원 설립	제주도의 화산섬과 용암동굴, 서남해안의 갯벌은 유네스코 세계자연유산에 등재됨. 제주도, 신안 다도해, 고창, 순천 등은 유네스코 생물권보전지역임. ※울릉도는 추진중
	남해	순천만, 여자만(고흥반도, 여수반도)					
동해안 (암반생태계, 짬)	영일만(포항시, 호미반도), 갈마반도(북한, 원산시) ※ 울릉도·독도		곽전(미역) 방풍초	미역, 전복 문어, 과메기 (청어, 꽁치), 대게, 소라 가자미, 오징어	문무대왕 (626~681) 안용복 (?~?)	「해조류산업 진흥법」 필요	

---

88 2008년 3월 28일 천일염이 법적으로 '광물'에서 '식품'으로 전환된 날을 기려 법정 기념일은 아니지만, 이날을 '천일염의 날'로 정했다. 삼면이 바다로 둘러싸인 우리나라에서 서해안·남해안 갯벌을 중심으로 생산되는 천일염은 바람·햇빛으로 바닷물의 수분을 증발시켜 만든 소금 산업의 진흥과 소금의 품질관리에 필요한 사항을 정하는 「소금산업진흥법」이 만들어져 2021년 5월 27일 발효되었다.

　동해안과 남해안의 보물인 미역을 비롯한 해조류와 해조류 어촌 마을공동체 보존을 위해 가칭 「해조류의 보존 및 산업진흥에 관한 법률」의 제정이 필요하고, 해조류의 왕국인 울릉도의 유네스코 세계자연유산 등재도 추진이 필요하다고 본다. 아울러 전주에 있는 유네스코 아시아태평양 무형유산센터 분소형태로 '아태해양무형유산센터'를 포항 호미반도에 설립하는 것도 좋은 방법이다. 그렇게 된다면 서남해안의 갯벌문화와 함께 동해안의 미역문화를 비롯한 해조류 문화산업이 중점적으로 육성될 것이다.

　한편 지속적으로 바다숲 조성을 하고 있으나 해수온도 상승 및 연안 해양오염 등으로 해조류 자원은 사라지고 있다. 어촌마을은 지금 몸살을 앓고 있다. 특히 동해안 연안지역은 밤만 되면 취미형 해구질이 아니라 기업해적이 마을 어장에 몰래 나타나 어족자원을 마구 훼손하고 있다. 마을마다 해녀들이 낮에는 물질을 하고, 밤에는 감시조를 짜서 밤새 돌아가면서 경계를 쓰고 단속을 하고 있지만, 외지 해적들은 장비도 좋고 법령도 미비

영덕 창포 대부리 어촌계 마을어장

해 별 뾰족한 해결책이 없다. 이로 인해 해녀들의 수확량은 줄고, 자원도 남획되는 등 이중으로 수난을 겪고 있다.

현행 법령상 외지인들의 자연산 어패류 채취는 불법이 아니다. 다만 마을에서 종패나 포자를 배양해서 방류하는 경우 재산으로 보고 단속이 된다. 하지만 단속이 되어 해양경찰에 신고하더라도 입증이 어렵고, 해녀들이 고령화되다 보니 적극적으로 마을어장 훼손에 대응하기 어렵다. 예를 들어 마을 어촌계에서는 문어의 경우 600g, 전복은 7cm(제주 10cm) 이상만 잡을 수 있도록 자율규약으로 정해 놓았는데, 외지인들은 싹쓸이를 해 버린다.

이러한 문제를 개선하기 위해서 해조류와 어패류의 서식처인 마을어장의 보존을 위해 마을 공동체가 보다 적극적으로 나설 수 있도록 하는 제도적 보완이 필요하다.

그리고 대중적으로 판매되는 양식미역과 달리 자연산 미역의 경우 오랜 전

경주 감포 '해맑은수산'의 건미역 제품

통 때문에 말리는 틀 사이즈가 같다 보니 2kg의 대곽, 1kg의 중곽, 대중없이 소곽 등으로 팔고 있는데, 부산 기장의 하트미역 사례에서 보듯이 요즘 추세에 맞게 사이즈가 좀 작게 소포장 등 표준화, 규격화도 필요할 듯하다.

이외에도 모든 강은 바다로 흘러가고, 바다도 대지를 둘러싼 가장 큰 강인 것처럼 육지와 바다는 둘이 아니듯이 민물과 바다가 만나는 기수역의 환경보존은 해조류 연안 서식환경에 매우 중요하다. 이는 섬진강과 남해바다가 만나는 광양만 일대에서 김 양식의 역사가 시작되었고, 형산강과 동해바다가 만나는 영일만 일대에서 미역문화가 태동되었다는 것을 통해 잘 알 수 있다. 현재의 법령 체계상 환경부와 해수부의 부처간의 협업이 필요하다. 기수역 지역 주변부터 바다까지 오기 전에는 환경부 소관이고 바다부터는 해수부 소관이다. 모래언덕의 사구(沙口)의 보존 및 염생식물 등의 보존은 환경부이고, 해양생물자원은 해수부다. 해양쓰레기의 대부분이 육지에서 기인한 것인데, 육상 쓰레기는 환경부이고, 바다쓰레기는 해수부다. 염분 성분 등으로 인해 바다에서 수거된 해양쓰레기는 육상 쓰레기 소각장에서 소각 및 처리를 꺼리는 경향도 있다. 아울러 「해양치유법」을 관장하는 해수부와 캠핑과 트레킹 관광을 총괄하는 문체부와의 협업, 바이오산업 총괄하는 산자부와 해양생명 바이오산업을 하는 해수부와도 협력이 필요한 것은 당연한 일이다.

다섯째, 울릉도를 탄소중립 해조마을과 플라스틱 제로섬으로!

앞에서 보았듯이 동해안의 유일한 섬이자, 해조류 왕국인 울릉도·독도는 교통이 불편하고 육지와는 수백 km 떨어져 있어 다양한 육상 및 해중 생태계가 보존되어 있고 섬 전체가 해양보호구역으로 지정되어 있을 뿐 아니라 우리나라 고유의 산나물(산채) 공동체 문화와 바다나물(해채) 섬 문화가 고스란히 남아 있는 세계적인 생태섬이다. 따라서 갈라파고스섬에도 환경세가 있고, 제주도에서 관광객들에게 환경오염비용을 부과하는 환경기여세 논의가 활성화되고 있는 만큼, 울릉도도 이와 유사한 입도세(入島稅)를 도입하여 섬에 들어올 때 플라스틱을 가급적 줄이는 인센티브를 도입하고, 해양쓰레기를 줄이는 대신에 '해중숲 조성 생태 기금'을 마련해 나가는 것도 좋은 방법이라고 본다. 블루카본으로서의 미래 잠재력이 무한한 울릉도·독도에 자생하는 다양한 해조와 해초류들을 활용하여 이산화탄소 흡수원으로 활용해 나가는 탄소제로 해조마을(Carbon Zero Seaweed Town)과 플라스틱 제로섬(Plastic Zero Island)으로 나아가기를 기대해본다.

해조성국(海藻盛國)을 통해 해동성국(海東盛國)으로!

산과 들은 어머니의 자연 텃밭이고, 바다는 어머니의 천연 냉장고였던 시절이 있었다. 아울러 어머니의 천연 냉장고에 자라는 해조숲은 바다생태를 지키는 탄소저장고이자 바다 속 산소공장이다. 우리 어머니들이 가족의 배고픔을 해결하고자 가까운 산이나 바다에서 구황음식으로 찾은 것이 산나물이고 바다나물이다. 이제 배고픔이 해결된 지가 불과 반세기, 50년도 채 되지 않아 밥보다 커피가 더 비싼 시대에 살고 있다. 자라나는 세대에게 해조류 전통 식습관을 제대로 물려주도록 노력해야 한다.

아이들에게도 해조류 문화가 계속 이어갈 수 있도록 하기 위해서는 토속 해조류 음식의 레시피 보존과 현대적 계승을 위하여 쿠킹스쿨(cooking school)의 운영이 중요하다. 특히 「해양교육문화법」이 제정된 만큼 바다학교(마린스쿨)나 해조류생태학교가 함께 생겨 바다를 지키는 해양쓰레기 청소와 연계한 다양한 해양교육 체험 프로그램의 운영이 필요하다.

해녀분에게 직접 요리한 토속 해조류 음식 중에 손자들이 제일 좋아하는 게 무엇인지 물었더니, 소고기미역국 외에는 별로 먹지 않는다는 대답이 돌아왔다. 입맛이 변했다는 거다. 옛날 동해안의 빼다리 장아지와 보리멸치 꼬다리무침, 진저리, 세실, 두복, 소치무침 이런 것들은 아예 입에 대지도 않는다고 한다. 함께 하는 음식의 단절은 세대간의 소통의 단절과도 같다.

아이들이 먹어 주고 해야 해녀 할머니가 이른 봄에 따서 말려서 준비하는데, 먹지 않으니, 따지도 않고, 따지도 않으니 관련 음식도 사라지는 형편이다. 옛날 손맛 어르신의 레시피의 보존과 기록이 중요한 이유이다. 그리고 현대화도 함께 필요한 이유이다. 마침 충무김밥으로 유명한 통영시는 아이들에게 바다의 풍부한 해산물과 다양한 식재료로 지역의 독특한 음식문화를 기억하게 하고 체험하며 보존, 계승하기 위해 국내에서 처음으로 '어린이 미각도서관(Tongyeong Taste Library)'을 개관했다니 좋은 사례라고 본다.

제주도 낭푼밥상이 현대적으로 재해석되어 다양한 변화를 거듭하고 있어 관광객들에게 인기가 많은 것처럼 동해안에도 건강식 토속 해조류 밥상인 시그니처 메뉴를 개발할 필요가 있다. 미역지(장아찌)와 미역국으로부

통영시 어린이 미각도서관(꿈이랑도서관)

터 시작된 어르신들의 미역요리가 젊은 셰프들과 만나 손주들이 좋아하는 미역빵, 미역피자, 미역파스타로 퓨전요리화 되고, 미역맥주와 미역막걸리도 개발되어 가족들이 함께 다양하게 미역을 즐길 수 있도록 해야 한다.

예를 든다면 울릉도에서도 스테이크 고기 요리와 랍스터 해산물 요리가 같이 나오는 미국 캘리포니아 지역의 메인 코스 요리인 서프 앤드 터프(Surf and turf)처럼 울릉도 약소고기와 독도새우, 그리고 대황밥과 돌미역무침을 토핑한 울릉도 아일랜드 시그니처 요리를 개발하면 어떨까.

아울러 그리스 신화의 바다의 신인 폰토스(Pontus, Pontos), 파도를 다스리는 포세이돈(Poseidon)이나 영어의 해양(Ocean)의 이름을 나은 오케아누스(Oceanus), 그리고 스타벅스 로고에 활용된 바다의 인어인 사이렌 이야기 뿐 아니라 우리나라의 미역문화를 낳은 연오랑 세오녀 이야기, 비바람을 일으키는 여신인 영등할매 이야기, 별주부전의 용왕 이야기, 용이 되어 바다를 지키는 문무대왕 이야기 등 다양한 바다 문학이 전개가 되어, 우리 바다를 보다 풍부한 상상력으로 뒤덮어야 한다. 한편 아이들이 바다 생태 문화를 좀 더 친근하게 이해할 수 있도록 '아기상어' 동요나 '문어 목욕탕' 그림 동화책, '나의 문어 선생님' 다큐 영화처럼 다양한 문화 콘텐츠로 개발해 나가기 위해 한국해양문화교육진흥원과 어린이 바다도서관도 필요하다고 본다.

앞에서 살펴보았듯이, 선조들에게는 뻘과 짬, 바당(바다)은 유배의 바다이자 왜양(倭洋)이 앞다투어 수산자원을 착취해 나가던 아픔의 바다, 그리고 백성들에게는 공납과 부역의 짐만 강요했던 바다였다. 지금은 배고픔에서 벗어나 다양한 식단에 구색을 맞추는 데 꼭 필요한 미식문화로서의 바다이자 서퍼와 캠퍼들에게는 유희의 공간이지만, 나에게는 남다른 의미가 있다.

고향과 같은 바다이고, 어머니의 그리움이 있는 바다다. 그리고 나를 늘 깨어있게 하고 상상하게 만드는 곳이 동해다. 그리고 동해는 돌미역의 해양문화가 수천 년 이어져 내려온 곳이다. 문무대왕이 지향하던 해양민족으로서의 공동체와 미역문화의 종주국으로서의 자긍심과 희망의 에너지를 얻어가는 힘의 원천인 곳이다.

그냥 바라만 보던 동해가 아니라 미역문화의 원형이 고스란히 남아 있는 동해! 미역문화는 동해민이 지켜왔고 동해 해녀가 만들어 온 전통 해양문화 공동체다. 이제는 그런 터전 위에서 동해를 깊이 이해하고 지켜나가야 한다. 동해는 우리를 더 이상 기다려 주지 않는다. 개발이냐 보존이냐 기로에 서 있는 동해, 해조류의 터전을 지켜나가는 것은 우리 동해를 지켜나가는 일이기도 하다.

아울러 해양 민속자원, 수산어업 자원의 체계적 보존 등으로 우리의 전통 어촌 바다문화 공동체를 대대로 이어나가야 한다. 적극적으로 미역문화의 전통문화적 가치를 좀 더 제대로 이해하고 지속가능하게 보전, 전승하는 것이 우리가 자주적으로 건강하고 평화로운 동해를 후손들에게 전해 줄 수 있는 길이다. 행복한 밥상을 주는 바다가 되기 위해서는 다양한 생물종뿐 아니라 거기에 살아가는 사람들도 건강하고 다양한 문화를 품어야 한다. 깨끗한 바다와 함께 살아가는 어민과 해녀의 아름다운 생활을 잘 기록하고 보전해야 하는 이유이다.

밀양 한천박물관과 아이들 해조류 체험

아는 만큼 보이고 상상하는 만큼 행복하다고 했다. 매년 다시 태어나는 미역, 바다나물처럼 동해에서 우리네 삶도 무언가를 위해 고민하고 흔적을 남긴다는 것은 우리가 살아가는 이유이기도 하다! 근민위민(近民爲民)으로 백성을 위해 상상하는 동해! 이 책이 그러한 정신에 조금이나마 기여하기를 바란다.

한민족은 수천년 동안 동해의 희망을 먹고 살아온 해조민족(海藻民族)이다. 우리가 앞으로 동해에 관심을 가져야 하는 또 다른 이유는 생태지표로서의 해조류 가치와 식품산업뿐 아니라 다양한 메디헬스산업과 융합이 가능한 신산업으로서 각광받고 있는 미역의 원산지인 동해(East Sea)와 해조류 왕국인 울릉도·독도(Dokdo)가 있기 때문이다.

해조류 산업의 국제적 위상과 유전자 생명 과학의 발달로 충분히 해조류가 진화되어 가고 있고, 한류 문화의 붐으로 김스낵, 해초샐러드 등 한국의 대표적인 수산물 가공산업 또한 덩달아 날개를 달고 있다. 미역이 식품으로서만 생각되는 풍족과 과잉의 과거시대가 아니라 바다의 건강을 지키고 어머니의 따뜻한 마음을 품을 수 있는 존중과 가치의 미래시대를 열어나가야 한다. 이는 우리 동해바다가 착취와 소비의 바다가 아니라 힐링과 창의의 바다로 나아가는 길이기도 하다. 이제 자랑스런 수 천년동안 이어온 미역을 비롯한 해조류문화를 우리가 제대로 알고, 생태지향적 관점이나 어촌공동체의 헤리티지의 보전 전승 관점에서 동해인문 자원을 체계적으로 브랜딩하고 국제화하는 작업이 필요한 시점이 온 것이다.

우리는 일출과 희망, 고래 문화, 모태 미역을 품은 해양민족이다. 동해의 미역이야기인 동해곽담(東海藿談)를 통해 우리나라의 미역 공동체 문화를 지속가능하게 발전시켜 해조성국(海藻盛國)으로 이어가자!

해조성국을 만들어 나가는 길이 우리나라가 해양민국(海洋民國)과 해동성국(海東盛國)으로 나아가는 지름길이자 한반도의 동해가 아니라 유라시아 전체의 동쪽, 대양을 향한 관문, 동해바다로 나아가는 길이다.

참고문헌

자료

국립생물자원관 한반도의 생물다양성 홈페이지
국립수산과학원 수산생명자원정보센터 홈페이지
국립해양생물자원관 생물다양성백과사전
국사편찬위원회, 조선왕조실록 홈페이지
규장각 한국학연구원
디지털울진문화대전
도문대작
동의보감
삼국사기
삼국유사
어식백세, 한국수산회 공식 블로그
올레바당, 제주씨그린 주식회사 홈페이지
울릉남선생, 남선생의 울릉도이야기 블로그
자산어보
제주해녀박물관 전시관 자료
통일부, 북한정보포털
한국고전번역원
한국민속대백과사전 홈페이지
한국민족문화대백과사전 홈페이지
한국수산자원공단 홈페이지
한국콘텐츠진흥원 홈페이지
한국해양과학기술원 홈페이지 및 블로그
한국향토문화전자대전
한천박물관 전시자료
해양생명자원통합정보시스템(MBRIS) 홈페이지
해양수산부 홈페이지(보도자료)와 공식 블로그
해양환경공단 홈페이지

저서

김도연, 2020, 『모두의 해초』, 맛있는 책방
김창일, 2020, 『영도에서 본 부산의 해양문화』, 부산시(국립민속박물관)
김진백, 2016, 『조선왕조실록상의 수산업』, 수산경제연구원BOOKS,
김윤배외, 2018, 『울릉도·독도의 바다생태계』, 지성사
김창일, 2019, 『동해안 어촌의 돌미역 채취방식과 소득분배 방식 비교』

권삼문, 2001, 『동해안 어촌의 민속학적 이해』, 민속원

권선희, 2020, 『숨과 숨 사이 해녀가 산다』, 걷는사람

명정구 외, 2013, 『울릉도, 독도에서 만난 우리 바다생물』, 지성사

박병섭, 2009, 『한말 울릉도·독도 어업』, 한국해양수산개발원

박정배, 2013, 『음식강산-바다의 귀한 손님들이 찾아온다』, 한길사

법송 스님, 2021, 『바다를 담은 밥상』, 도서출판 자자

선재, 2000, 『선재스님의 사찰음식』, 디자인하우스

松永勝彦 저, 윤양호 역, 2010, 『숲이 사라지면 바다도 죽는다』, 전남대학교출판부

엄경선, 2020, 『동쪽의 밥상』, 온다프레스

오윤식 역(Clinton J. Dawes 저), 2006, 『해산식물학』, 월드사이언스

오창현, 2012, 『동해의 전통어업기술과 어민』, 국립민속박물관

윤제운, 2015, 『교류의 바다, 동해』, 경인문화사

이근우 등 번역, 2015, 『한국 수산지』, 새미

이동춘, 2020, 『잠녀, 잠수, 해녀』, 『경북 동해안 민속사진 자료집』, 경상북도

이애란, 2012, 『통일을 꿈꾸는 밥상, 북한식객』, 웅진 리빙하우스

이영준, 2020, 『김수영 전집』, 민음사

이태원, 2007, 『현산어보를 찾아서』, 청어람미디어

정문기 옮김, 2003, 『자산어보-흑산도의 물고기들』, 지식산업사

정익교, 2021, 『해조류 바다숲과 기후변화-해조가 답이다』, 부산대학교 출판문화원

쓰루미 요시유키(鶴見良行) 지음, 이경덕 옮김, 2004, 『해삼의 눈』, 뿌리와 이파리

장계남, 2002, 『해조류·갑각류양식』, 삼광출판사

전경일, 2910, 『해녀처럼 경영하라』, 다빈치북스

주강현, 2009, 『울릉도 개척사에 관한 연구』, 한국해양수산개발원

주강현, 2015, 『환동해문명사』, 돌베개

최영웅 외, 2012, 『아기 낳는 아빠 해마』, 지성사

하네다 마사시 엮음, 2019, 『바다에서 본 역사』, 민음사

한복진외, 2015, 『우리가 정말 알아야할 우리 음식백가지』, 현암사

한재열 편저, 2020, 『동아시아 해역세계의 인간과 바다』, 도서출판 선인

자료집

경상북도, 2020, 『경북동해생활문화총서』

경상북도, 2021, 『경상북도 해녀문화인문사전』

경상북도, 2020, 『동해인문학』

경상북도, 2019, 『동해안 옛길 역사문화관 건립 기본구상 연구』

경상북도, 2020, 『울진·울릉 돌곽 떼배 채취 어업 국가중요어업유산 신청서』

경희대학교 혜정박물관, 2009, 『동해의 역사와 형상』

국립공원연구원, 2019, 『국립공원 주요 섬 수중생태계 조사』

국립공원연구원, 2015, 『해양국립공원 해설도감Ⅳ(해조류, 해초류, 염생식물)』

국립민속박물관, 2019, 『미역과 콘부, 바다가 잇는 한일 일상-한일 공동 특별전』

국립민속박물관(강원도), 2014,『큰섬이 지켜주는 갈남마을』

국립강릉원주대학교, 2018,『다시마 산업화의 길 심포지엄 자료집』

국립강릉원주대학교, 2019,『남북해조자원정책 국제심포지엄 자료집』

국립수산과학원 동해수산연구소, 2010,『테마가 있는 생물이야기, 동해』

국립수산과학원 동해수산연구소, 2008,『한국 동해연안 해조류 생태도감』

국립수산과학원, 2018,『미역양식 표준 매뉴얼』

국립수산과학원, 2009,『생태계가 살아 숨쉬는 바다, 서해-그 현황과 특성』

국립수산과학원, 2007,『속담속 바다이야기』

국립수산과학원, 2016,『우리나라 수산양식의 발자취』

국립중앙박물관, 2020,『서봉총 II (재발굴 보고서)』

국립해양박물관, 2019,『잊힌 바다, 또 하나의 바다, 북한의 바다』

국립해양박물관, 국립제주박물관 등, 2020,『해양 제주』

국립해양생물자원관, 2017,『유용한 남해의 바닷말』

농촌진흥청, 2010,『구황방 고문헌집성』

대구은행 사외보, 2007,『향토와 문화 45호-동해』,

　　　　　　　　2020,『향토와 문화 95호-보듬다』

　　　　　　　　2021,『향토와 문화 99호-동해의 항구』

사단법인 북한연구소, 1983,『북한총람』

안동대학교 민속학연구소, 2001,『끝나면 도리깨질 점심은 없다』

안동대학교 박물관, 울진문화원, 2005,『보부상 십이령 바지게꾼 놀이 자료조사』

완도군청, 2015,『바다의 채소, 해조류』

울진문화원, 2005,『보부상 십이령 바지게꾼 놀이 자료조사』

울진문화원, 2010,『울진의 동제』

울산대곡박물관, 2016,『울산 역사속의 제주민, 두모악 해녀 울산에 오다』

충청남도, 2018,『연안역 블루카본 잠재적 가치평가 연구용역』

제주도, 2003,『제주여성, 시대를 어떻게 만났을까』

제주도, 2018,『제주해녀의 자취를 따라서』

제주도, 2017,『제주해녀 음식문화』

지역과소셜비즈, 2020,『사회적경제 지역생태계 구축 지원사업(지역특화 결과보고서)-경상북도 해녀자
　　원 실태조사』

한국수산자원관리공단, 2015,『한국의 잘피』

한국민요학회, 2006,『수산노동요연구』, 민속원

한국수산자원관리공단, 2016,『갯녹음 원인과 대책-2016년 한국 연안의 갯녹음 실태』

한국조류학회, 2017,『한국조류학회 30년사구』

한국해양과학기술원 동해연구소, 2019,『독도(울릉도·동해안 주요지역) 수중생태지도』

한국해양수산개발원, 2017,『해양문화정책 방향에 관한 연구』

한국해양수산개발원, 2019,『해양생태도의 정책활용도 제고방안 연구』

한국해양수산개발원, 2009,『해조류 바이오산업화를 위한 전략 및 정책방향』

한국해양연구원, 2009,『동해 숨겨진 평원, 왕돌초』

해양수산부, 2020, 『해양수산 주요 통계』
해양수산부, 2020, 『2020 해양수산 통계연보』
해양환경공단, 2019, 『국가 해양생태계 종합조사』

논문

구난희, 2019, 『다시마와 발해·일본의 교류』, 한일관계사연구 제65집.
김성준, 고초령(높을재)과 등금쟁이 이야기, 구슬령(珠嶺) 선질꾼 옛길, 울진문화원
김종화, 2019, 『북한수산업 현황 및 남북교류 활성화 방안』, 충남연구원
김준수, 2019, 『영일만 전통 어로 항법과 생업지식 구축』, 비교민속학회.
김현희, 2018, 『고고자료로 본 고대 음식문화』, 신라학 국제학술회의 : 신라의 식문화
김혜정, 2009, 『동해의 문화적 층위와 문학적 형상』 경희대학교 혜정박물관
송기태, 2012, 『어획(漁獲)과 어경(漁耕)의 생태문화적 기반과 어업집단의 신화적 형상화』, 한국고전연
　구학회
오선화, 1998, 『죽변지역 이주잠녀의 적응과정 연구』 안동대학교 석사논문
이근우, 2013, 「명치시대 일본의 바다조사」, 한국수산경영학회 논문

외국서적

Anne Brunner, 2014, 『Seaweed, The Secret Key to Vibrant Health』, Modern Books
Josie Iselin, 2019, 『The Curious World of Seaweed』, Heyday
Kaori O'Connor, 2017, 『Seaweed, A Global History』, Beaktion Books
Lisette Kreischer & Marcel Schuttelaar, 2016, 『Ocean Greens』, The Experiment
Nicole Pisani & Kate Adams, 2018, 『The Seaweed Cookbook』, Firefly Books